U0555413

赵琛法学论著选

二十世纪中华法学文丛

赵琛法学论著选

何勤华 姚建龙 编

中国政法大学出版社

二十世纪中华法学文丛

总　序

二十世纪是中华文化经受空前巨大、深刻、剧烈变革的伟大世纪。在百年巨变的烈火中，包括法制文明在内的新的中华文明，如“火凤凰”一般获得新生。

大体上讲，二十世纪是中国法制现代化的世纪。这一个世纪的历程，不仅仅是移植新法、开启民智、会通中西的法制变革的历程，更是整个中华文明走出传统的困局、与世界接轨并获得新生的历程。百年曲折坎坷，百年是非成败、得失利弊，值此新旧世纪交替之际，亟待认真而深刻的反省。这一反省，不仅有助于当代中国法制建设的深入，亦有助于推进新世纪中国民主与法治社会的形成。这一反省，是一项跨世纪的伟大工程。作为这一工程的起始或基础，我们应全面系统地检视、总结二十世纪中华法学全部学术成就，并试图作初步点评。为此，我们特郑重推出“二十世纪中华法学文丛”。

一八九八年，光绪皇帝接受康有为、梁启超等人建议，实行“新政”。中国法制现代化的事业于此开始萌动，但旋即夭折。四年之后，在内外剧变的巨大压力下，这一事业再次启动。一九○二年，清廷命沈家本、伍廷芳为修订法律大臣，设修订法律馆，开始翻译欧美各国法律并拟订中国之刑律、民商律、诉讼律、审判编制法等新型法律。这一年，应视为中国法制现代化的正式开始。自此，中国法律传统开始发生脱胎换骨的变化：以五刑、十恶、八议、官当、刑讯、尊卑良贱有别、行政司法合一为主要特征且“民刑不分，诸法合体”的中国法律传统，在极短时间内仓促退出历史舞台，取而代之的是一个又一个令国人颇感生疏的新式法律体系和法律运作机制。不宁惟是，一套又一套从前被认为“大逆不道”、“不合国情”的法律观念——“民主”、“自由”、“平等”、“法治”、“契约自由”、“无罪推定”、“制约权力”、“权利神圣”等等，随着新型法律制度的推行一起被带给了人民，使人民的心灵深处渐渐发生革命。与此同时，近代意义上的中华法学，亦与“沟通中西法制”的伟大事业相伴而生，渐至发达。出洋学习欧美日本法律成为学子之时尚，法政学堂如雨后春笋，法政期刊杂志百家争鸣，法学著译如火如荼，法学成为中国之“显学”。据不完全统计，仅本世纪上半叶，全国各出版机构出版发行的法律和法学著译及资料，多达六千余种，总印行数多达数百万册。本世纪下半期，“法律虚无主义”一度盛行，为患几近三十余年，中国法律和法学一派凋零。七十年代末以后，国人痛定思痛，重新觉醒，中国又回到法制现代化的正轨，法律和法学重新兴旺和昌盛，法学著译出版再次空前繁荣。据估计，一九七八年至今，我国法学著译资料的出版多达万种，总印数可能在千万册以上。这期间，不惟基本完成了前人未竟的法制和法学现代化事业，亦开始了向法制和法学更高的境界的迈进。

这一个世纪的法学著译和资料编纂，是中国法律现代化历程的忠实记录，是中华法学界百年耕耘的结晶。从“全盘欧化”、“全盘苏化”的偏失到“中国特色”法制与法学的探索，百年上下求索留下的这份宝贵的学术遗产，值得我们珍惜；即使仅仅作为一部时代的病历，也值得我们借鉴和分析，以期发现和治疗我国法制现代化过程中的常见病症。不幸的是，这份学术遗产，特别是本世纪上半叶的法学著译资料，现在正面临着悄然毁失的危险。由于印刷技术低下、纸质粗劣、馆藏条件落后，许多法学书籍破旧枯朽，不堪翻阅，有些甚至图文蚀褪无法辨读。加之种种人为的原因，那些汗牛充栋的法学资料长期尘封蛛网，很少有人记起，半个世纪的探索和成就竟被视若虚无。馆藏制度之限制又使借阅者困阻重重。人们常叹：《尚书》、《周易》乃至秦汉野史随处可得，几十年前的法学著译竟一书难求！此种文化“断裂”现象，实有碍于今日中国法律教育和研究事业之正常进行，亦有损于中国法律现代化事业之发达。以上诸端，不仅本世纪上半期的书籍如是，本世纪下半期的一些作品亦已经或很快将面临同样的命运。有感于此，我们遂有整理本世纪中华法学遗产之愿望及筹划，不意与中国政法大学出版社之设想不谋而合，是以有“二十世纪中华法学文丛”之选印。

本“文丛”选印的书籍或选编的论文，纵贯二十世纪始终。凡能代表本世纪不同时期法律学术水平、法制特色，有较大影响且为当今中国法学教育研究所需要者，均在选印之列。即使是五十至七十年代间特定背景下的法律和法学作品，只要有历史文献价值，亦可收入。在选印的顺序上，大致由远及近，优先选印上半个世纪的著译资料。目前选印编辑的重点是本世纪前半期作品。本世纪后半期的法学成就，拟在以后条件成熟时再行整理。选本范围将不局限于内地学者的作品，还将涉及五十年代以后台湾、香港地区和海外华人学者的法学作品，因为他们的成就也是二十世纪中华法学不可忽视的一部分。除曾正式出版的单本著译外，还将汇聚若干法学家的个人文集，或重新编辑本世纪各个不同时期的法规、案例及习惯调查资料。不过，凡近二十年间已为各出版机构再版的法学著作、译作，原则上不再选印。

为了保证选本的权威性、准确性，我们特聘请了六位本世纪上半叶即涉足法学或司法工作的前辈学者出任顾问。老先生们不顾古稀耄耋之年，亲自批点方案、确定书目、选择版本，并以口头或书面的方式提出了许多宝贵的意见。幸赖于此，我们的计划才得以顺利进行。

本“文丛”之选印，旨在集二十世纪中华法学之大成。为体现历史真实，我们将恪守“尊重原作”的原则，不作内容上的任何更动。即使有个别观点与今日不符，亦予以保留。作为不同时期的特殊历史记录，保持原貌更有利于比较和借鉴。为了使读者对每本书的作者及该书的学术地位等有一个必要的背景了解，我们特约请法学界一些学者为各书撰写关于其人其书的专文，置于书前。除此之外，我们所做的纯粹是一些技术性工作，如纠正原作的排印错误，注明原书所引事实、数据、名称之错误等等。为方便起见，可能将同一法学家的数个单行著作合而为一，也可能将原合印在一起的不同著作分开重印，还可能将当时或今日学人对其书或其人的有关评论或有关的图表、法规资料选附于书后。总之，尽可能使其全面、完整。

本“文丛”的选编校勘，是一项看似简单实则复杂艰难的工作，需要相当的学养和责任心。我们虽兢兢业业，如临深履薄，但仍难免疏漏。恳请各界朋友批评指正。除此之外，还期待学界朋友推荐符合本“文丛”宗旨的法学著译资料，与我们共同完成这一跨世纪工程。

谨以本“文丛”献给中国法制现代化事业，献给中国民主法治的新世纪！

二十世纪中华法学文丛
编委会　谨识
一九九七年七月于北京

二十世纪中华法学文丛

凡　　例

一、本文丛系有选择地整理二十世纪的法学经典文献，不作任何有损原意的改动，仅作适当的技术性加工。

二、原书为竖排版者一律改为横排。原文“如左”、“如右”之类用语，相应改为“如下”、“如上”等等。

三、原书繁体字一律改为简体。个别若作改动会有损原意者，则予以保留。另加注说明。

四、原书无标点符号或标点符号使用不规范者，一律代之以新式标点符号。

五、原书无段落划分者，适当划分段落。

六、原书所用专有名称、专门术语（特别是外国人名、地名、书名之译名及学科名称）今日有更通用统一提法者，酌加改动或注明。

七、原书引用之事实、数字、书目、名称（包括人名、地名）及其他材料确有错误者，酌加改动，并加注说明。

八、原书排字确有错误，当时未能校出者，酌加改正，并加注说明。

九、个别特别重要的著译，酌于书后附上新编之名词索引。

十、原书某些附录确无保留必要者，不再编入，但加注说明。

前　言

赵琛（一八九九年——一九六九年），原名懿琛，字韵逸。巍山人。日本明治大学毕业，获硕士学位。民国十三年（一九二四年）归国，次年加入中国国民党。历任安徽大学、复旦大学、法政大学、法科大学、政治大学法学教授。民国十七年，在沪与沈钧儒等五人组成联合法律事务所，兼行律师事务。民国二十二年，任国民政府立法院立法委员，参与制订《中华民国宪法草案》、起草《刑法》。民国二十五年，任南京中央警官学校教授。

民国三十一年，赵琛任考试院法规委员会委员。民国三十二年，受聘中央训练团台湾行政干部训练班司法组导师，以起草及考订重要法规，获“景星”勋章。抗战结束后，获胜利勋章。民国三十五年南京首都高等法院成立，任推事兼院长，参与审理汉奸溥侗、殷汝耕、王荫泰、梅思平、周佛海、林柏生等案。民国三十七年十二月，任司法行政部政务次长、代理部长。一九四九年四月改任广州大学、岭南大学教授。

一九四九年九月赴台湾，任台湾大学、陆军大学、军法学校、政工干校教授。一九五一年一月，任“行政院设计委员会”委员兼“司法组”召集人。一九五二年任“最高法院检察署”检察长。

赵琛为民国时期著名法学家，对于促进中国近代法学的创立与发展颇多贡献。他涉猎广泛，著述甚丰，在刑法学、行政法学、监狱学、犯罪学、刑事政策学等方面均有很深的造诣。其主要法学著作包括《新刑法原理》、《中国刑法总论》、《刑法总则讲义》、《刑法总则》、《刑法分则实用》、《最新行政法各论》、《最新行政法总论》、《少年犯罪之刑事政策》、《监狱学》、《法理学讲义》、《保险法纲要》等十余部，主编《新编最新六法全书》。另有《刑法学之任务及其辅助科学之教育》、《唐虞时代刑罚思想之一斑》、《刑法之国际化的倾向》等论文若干。[1]

一、刑法学研究

赵琛在刑法学上的造诣与影响最大，其著述也以刑法学方面的为最多。后人将之与王宠惠、居正、王觐、郗朝俊、陈瑾昆、张知本、蔡枢衡、瞿同祖等人同列为对中国刑法学的创立与发展做出重大贡献的刑法学家，足见其在中国刑法学发展史上之贡献与地位。

（一）主要刑法学著作概述

赵琛刑法学方面的主要著作包括五部——《新刑法原理》、《中国刑法总论》、《刑法总则》、《刑法分则实用》、《刑法总则讲义》。

《新刑法原理》一书由上海中华书局于一九三〇年出版。该书二十五开，二册，共五百七十八页。民国初年将《大清新刑律》略加修改定名为《暂行新刑律》于一九一二年三月十日公布援用；一九一四年北洋政府法律编查会又将《暂行新刑律》加以修改为《刑法第二次修正案》；一九二七年四月国民政府司法部依据《第二次刑法修正草案》增删编订《新刑法》，一九二八年三月十日公布。本书即论述这部刑法的原理、原则、立法精神。除绪论外，分犯罪论和刑罚论二编。后附《新旧刑法总则之比较》及刑法学的参考书目。本书出版后，受到时任司法院院长王亮畴先生的推崇，影响较大，是赵琛的刑法学代表作。

---

〔1〕 参见本书附录《赵琛主要著述一览表》。

《中国刑法总论》由上海世界书局于一九三五年出版，一九四七年出新一版。该书二十五开，共二百六十一页。分绪论和总论。绪论概述刑法的本质、沿革、学派及刑罚权、刑法学、刑法解释、犯罪预防原则等。总论分法例、犯罪论、刑罚论、保安处分论四编，论述了犯罪的一般要素、犯罪构成要素及量刑等。本书较《新刑法原理》一书“于刑法理论之构成当有更进一步之了解”，同为赵琛刑法学的代表作。

《刑法总则》由重庆商务印书馆于一九四四年出版，一九四五年在上海再版，一九四七年上海出第三版。该书三十二开，共四百二十三页。分法例、刑事责任、未遂犯、共犯、刑、累犯、数罪并罚、刑的酌科及加减、缓刑、假释、时效、保安处分等十二章，援引例证及中外法条讲述犯罪的一般构成要件及适用刑罚的一般原则等，并逐条加以说明。

《刑法分则实用》由重庆大东书局一九四六年出版，一九四七年在上海出第四版，一九七九年台湾梅川印刷公司出第十三版。该书共二册，九百七十九页。该书按一九三五年刑法分则之体例配以例证逐条说明。第一册包括内乱罪、外患罪、妨害国交罪、渎职罪、妨害公务罪、妨害投票罪、妨害秩序罪、脱逃罪、藏匿人犯湮灭证据罪、伪证及诬告罪等十种。第二册包括公共危险罪、伪造货币罪、伪造有价证券罪、伪造度量衡罪、伪造文书印文罪、妨害风化罪、妨害婚姻及家庭罪、亵渎祀典及侵害坟墓尸体罪、妨害农工商罪、鸦片罪、赌博罪。

《刑法总则讲义》于一九四七年由沈阳中央警官学校第三分校印行。该书三十二开，共三百四十八页。按一九三五年刑法分十二章，概述法例、刑事责任、未遂、共犯、刑名、累犯、数罪并罚、加减刑、缓刑、假释、时效、保安处分等。

从赵琛的刑法学著作来看，其刑法学研究主要集中在刑法总论部分，包括了四部著作——《新刑法原理》、《中国刑法总论》、

《刑法总则》、《刑法总则讲义》。其中《刑法总则》、《刑法总则讲义》二书属于刑法诠释性著述，而《新刑法原理》和《中国刑法总论》则注重刑法原理的研究，在研究方法上已经开始尝试在法条之外研究刑法。

此外，赵琛还发表了刑法学方面的论文多篇，主要有《刑法学之任务及其辅助科学之教育》、《唐虞时代刑罚思想之一斑》、《刑法之国际化的倾向》、《刑法修正案初稿之要旨》、《想象数罪牵连犯及连续犯》、《我国宪法之刑罚制度》等。

（二）刑法学主要观点

第一，关于刑法学绪论的研究。赵琛的刑法学绪论研究主要包括刑法的概念、刑法学的概念、刑法的学派、刑罚权之基础观念、刑法学的发展趋势、刑法与宪法等其他部门法的关系、刑法思想史等问题。

在《新刑法原理》、《中国刑法总论》中赵琛指出，刑法者，规定犯罪与刑罚之法令也。它属于公法，是普通法，是实体法，也是强制法，以国家刑罚权为后盾。以研究刑法上犯罪及刑罚的原则、原理，并予以系统说明为目的的学问，就是刑法学。刑法学在发展中，演化出了一系列辅助学科，如比较刑法学、刑法史、刑事人类学、刑事社会学、刑事心理学、刑事统计学、犯罪学、刑事政策学等。

在《新刑法原理》、《中国刑法总论》等著作中，赵琛指出，推动近代刑法学发展力量最大的是新旧两个学派，其诞生地都在意大利。旧派的创始人是意大利启蒙思想家贝卡利亚（Baccaria，1738—1794）。旧派理论认为，人是有理性的，具有避害趋利之自由意思；犯罪是对理性的违反，是自由意思的恶果；因果报应，是自然之法理，有恶行就必然会有恶报，故对犯罪者不可不处以刑罚；科刑以犯罪为前提，而犯罪以自由意思为前提，故无自由意思者就无刑事责任；各人之自由意思均系平等，故犯罪之轻重，应以由其行为所造成的恶害之大小为标准，处刑也以此为标准；刑罚者，当以犯罪事实为目的，不应以犯罪人为目的。

新派的创始人为意大利医学家龙伯罗梭（Rombroso，1836－1909）。刑事人类学派和刑事社会学派，都是与旧派对立的新派。这一派的总的观点是：人类的意思，非尽平等、自由，而是受生理要素、自然现象和社会环境的左右；因此犯罪非发生于自由意思，而是在行为当时受犯罪人的个性及周围环境的影响而产生的恶害；刑罚并不是针对犯罪人的报应，而是社会自卫的必要，以预防犯罪为目的，是社会的责任；刑罚的目的，非犯罪之事实，而是犯罪人；预防犯罪，当以犯人之社会危险性的大小为准，而分其种类，个别对待。旧派、新派刑法学的出现，标志着近代刑法学的诞生。新旧两派理论的学术争鸣，推动了二十世纪世界刑法学的进步，使其不断成熟。

在《中国刑法总论》中，赵琛指出，刑罚权的根据有社会契约说、纯正正义说、社会必要说、折衷说四种学说。“按社会契约说，涉于抽象的理论，纯正正义说，偏于哲学的思索，社会必要说，置重于实证的观察，而折衷说则出于中庸之态度，均有其相当之真理”。关于刑罚权之目的，也有绝对主义或应报主义、相对主义或防卫主义、折衷主义或浑成主义三种观点。赵琛主张折衷主义的教育刑论，认为“刑罚之目的观，除顾及社会利益之目的外，更有刑罚本身之价值……吾辈应以理性的批判，观察刑罚之理想，刑罚之理性的认识不外为文化价值之实现，理想的刑罚，自有其绝对的文化价值，故其目的，亦必至纯至高，然则刑罚之理想的目的为何？要不外为犯罪之绝灭耳”，“教化改善犯人以防止犯罪之复发，斯足为刑罚惟一之最高目的耳”。

关于刑罚权之基准，即关于刑罚之量定以何者为准则，赵琛指出有客观主义与主观主义之争，“刑法理论之进化，已由本能冲动的应报主义，趋向于社会防卫的目的主义，复由一般预防主义，倾向于特别预防主义，至客观主义主观主义之争，亦已前者让步于后者”。赵琛自信地认为：“德国之刑法趋势，正向社会防卫主义主观主义之方向前进，其足以掀动世界各国立法方针之转变者，可以预测，请拭目视之。”对于其参加草拟的一九三五年刑法，赵琛指出这部新刑法典侧重主观主义，但是也具有调和的色彩，没有“置客观事实于完全不顾”。

在主要刑法学论文中，赵琛还提出了关于刑法学绪论问题的一些重要观点。例如在《中华民国宪法与刑事法》一文中，赵琛指出：“刑事法与宪法有不可分离之关系，研究刑事法者，自应理解宪法之精神，而研究宪法者，亦不可不涉猎刑事法之内容，从事法学理论与事务问题之研究者，固无论矣，凡国民之关心宪政者，亦有明了宪法与刑事法关系之必要也。”在《舜代刑法思想之一斑》一文中，赵琛认为“舜典为吾国正史记载刑罚制度最古之书，抑亦世界法制史上最古之研究资料也”，舜典已经提出了“罪刑法定主义”、主观主义刑法的基本立场和折衷主义刑罚目的观，“其思想之邃远，人权之尊视，足与近世法理相辉映”。在《刑法之国际化的倾向》一文中，赵琛指出：“刑法国际化之问题，已有三种之倾向，一为刑法之比较法学的研究，二为刑法原则之国际的统一，三为国际刑事法庭之设置。”在《刑法学之任务及其辅助科学之教育》中提出刑法学有三大任务：一是教育的任务；二是科学的任务；三是政策的任务。

第二，关于刑法总论的研究。在赵琛的主要刑法学著作中，均对罪刑法定主义进行了论述。赵琛指出，从刑法进化史上观察，有罪刑擅断主义及罪刑法定主义的分别，前者为擅断的刑法、倾向人治，后者为法定的刑法、倾向法治。罪刑法定主义的要义为“犯罪与刑罚，概须法律明定，法律无明文者人和行为不得处罚”。赵琛指出，虽然当时日本、德国等国家有许多学者反对罪刑法定主义，德国等国有破弃罪刑法定主义的立法实践，但是“立法之基础，不能离开本国之时代与环境”，我国的知识程度法治观念都较落后，因此应当坚持罪刑法定主义，“使法官权力有所限制，人民权利有所保障”，以避免任意出入人罪，罪刑擅断的黑暗情形重现。

《中国刑法总论》、《新刑法原理》、《刑法总则》、《刑法总则讲义》等书中，赵琛指出：“法律上所谓犯罪者，乃刑法所列举科以刑罚制裁之有责违法的行为也。”对于犯罪可以从四个方面观察：一是实质上的犯罪，是指对于社会秩序的侵害行为；二是形式上的犯罪，是指法律上认为犯罪之行为；三是广义的犯罪，是以法律上处罚原因之行为为犯罪；四是狭义的犯罪，是指刑法所列举的，以刑罚为制裁之有责违法的行为。犯罪为犯人之反社会的行动，一方须有反社会的犯人，一方须有反社会的行为，前者为犯罪之主观的要素，后者为犯罪之客观的要素。犯罪之主观的要素为责任能力与责任意思两种。犯罪之客观的要素，即行为之反社会性，分为行为之危险性和行为之违法性两种。赵琛还专门对于犯罪之形态进行了专门探讨，研究了犯罪行为之阶段、既遂犯与未遂犯、共犯等问题。

赵琛指出，在与犯罪有实质与形式之定义一样，刑罚也有实质与形式的界定。实质上的刑罚，是国家刑罚权所发动之作用，而淘汰一般危害国家之生存条件者之方法。形式上的刑罚，则是国家对于犯罪者，所加之制裁，而剥夺其私人之法益的措施。刑罚的种类，有一个演变的过程。民国元年（一九一二年）《暂行新刑律》施行以后，乃分刑为主刑和从刑。主刑有五：死刑、无期徒刑、有期徒刑（分五等）、拘役、罚金。从刑有二：一为没收，二是褫夺公权。一九二八年和一九三五年刑法沿用了上述分类。

在刑法学总论研究的著作中，赵琛对刑罚的种类、刑罚的执行、刑罚的适用、缓刑、假释、刑罚的消灭等刑罚基本问题都进行了详细的论述，这些论述多属于对刑法条文的诠释性论述。由于一九三五年刑法引入了保安处分制度，在《中国刑法总论》、《刑法总则》、《刑法总则讲义》中，较《新刑法原理》增加了关于保安处分的阐释。从这些论述来看，赵琛强调刑罚的法定性、平等性、人道性，主张不定期刑，支持保安处分二元论立法。

第三，关于刑法分则的研究。赵琛关于刑法分则的研究，主要见于《刑法分则实用》一书中。在该书中，赵琛阐述了刑法分则与刑法总论的关系，指出："刑法总则，规定犯罪之一般构成要件，及适用刑罚之一般原则。而刑法分则，则规定各种犯罪之特别构成要件，及应科刑罚之限度。总则所规定者，为分则之共通原则，于各种犯罪之分类，及何罪应处何刑，均无规定，而分则对此，则规定至为详尽。不具总则之一般要件，固无以援分则而论罪，不具分则之特别要件，亦不能据总则而量刑。故刑法总则与刑法分则，法意实相贯串，义理互为经纬，适用时，当融会贯通，不可顾彼失此也。"对于刑法分则编制的体例，各国立法例上有分类排列法及按罪排列法两种，赵琛认为分类排列法"非仅在学理上未尽得当，而在实务上亦颇不便"，一九三五年刑法采按罪排列法较为得当。

综观赵琛的刑法学研究，从其主张罪刑法定主义、坚持教育刑论、支持不定期刑等观点来看，基本上可以归入新派、主观主义刑法学者的范围。在《新刑法原理》自序中，赵琛指出：中国刑法的起源虽然很早，但其思想是封建的、过时的、保守的，以西方新的理念创作的刑法学著作很少，即使有一些，也大多是对刑法条文的逐条解释，以西方的法学思想，来观察中国的刑事立法，并对刑法有所批判的极少。赵琛的刑法学著作在许多方面阐述的都是西方的法理和作者自己的观点，这可能就是赵琛的刑法学著作与其他同类著作的最大区别。[1]

二、监狱学研究

赵琛所著《监狱学》一书，是民国时期监狱学的代表性著作，迄今仍为监狱学学者所推崇。该书于一九三一年由上海法学编译社初版，一九三二年再版，一九三七年出第六版，一九四八年又再次出版，全书二十五开，共三百五十八页。据考，此书是民国时期同类著作中印行次数最多[2]的一种。《监狱学》一书，分绪论、监狱与监狱学、监狱史及监狱学史、犯罪与刑罚、监狱之主体与客体、监狱之制度、犯罪之预防、监狱构造法等八编，正文前有卷头语交代写作动机，书后附录《前司法部所颁监狱图说》。本书旨在讨论监狱学上的一般原理原则，对于监狱内各种实务没有涉及。《监狱学》一书集中反映了赵琛的监狱学思想，概述如下：

（一）监狱与监狱学

关于监狱的概念。赵琛认为："晚近因监狱学之发达，监狱的语意，亦随之而变迁，其意义有二：广义的监狱，即指凡以威力监禁一切人类的场所而言，拘禁于此项场所之人，非必基于国法或有刑事上的关系，无论为俘虏，为乞丐，为浮浪，为癫狂，为滞纳租税，为解犯教律，甚或因负债务或单因请求财产之目的，千差万别，无不可拘留于其中，所以拘禁之目的如何，拘禁的原因如何，拘禁的种类如何，于国法是毫无根据的，这在中古以前及现代未开明国之监狱，大抵是如斯的。""狭义的监狱，此指今日文明各国的监狱而言，更有法制的意义与法理的意义二种"。"法制的意义

---

〔1〕 何勤华："中国近代刑法学的诞生与成长"，载《现代法学》二〇〇四年第二期。

〔2〕 郭明：《中国监狱学史纲》，中国方正出版社二〇〇五年版，第一百三十二～一百三十三页。

之监狱，即依国法，以一定目的，拘束人身自由行动之公的营造物”。“法理的意义之监狱，乃指依国法，专以囚禁受自由刑之执行者，所特设之公的营造物而言。”“最狭义的监狱，仅指法理的意义之监狱而言，其目的以执行自由刑感化犯罪人为主旨”。

关于监狱学的概念与范围。赵琛认为：“监狱学者，乃关于监狱之一切原则主义学说及其法令的智识，简言之，就是研究监狱制度之学问。如监狱之管理与构造，狱吏之养成与任命，囚人之入监与释放，监狱内之德育与智育，囚禁与戒护之事务，卫生与病囚之看护，免囚保护之事业，囚人之劳役与工资，囚人之惩戒与奖赏，以及会计记录，统计报告等，均属于监狱学研究之范围。”

关于监狱学的学科地位。赵琛认为：“监狱自形式上观察，为执行自由刑的场所，所以监狱学可说是刑事学的一部分。自实质上观察，为强制教育犯人的机关，所以监狱学又可说是广义教育学的一部分。”赵琛还指出：法律学为监狱学的直接基础，而刑法、刑事诉讼法与监狱法与监狱学的关系最为密切。此外，赵琛还研究了监狱学与哲学、行政学、心理学、医药卫生学、经济学、建筑学、统计学等学科之间的关系。

（二）监狱史及监狱学史

在《监狱学》中，赵琛专设一篇，研究了监狱史及监狱学史。赵琛认为，刑罚的历史可以分为社会的制裁时代与国家的刑罚时代两个时期，监狱的发达史亦可分为社会的制裁时代与国家的刑罚时代两个时期。在社会的制裁时代“对于犯行的制裁，纯系一家一族一私人间的私事，生杀予夺的权力，操于家长族长或被害者之手，无须囚禁犯行者，而得径行拿杀或引渡于被害者，所以没有监狱的必要。而且此时所云族内制裁，与复仇，都以私人暴力，对付加害者，所以更没有像现代所云国家制度的监狱观念之存在”。

在国家的刑罚时代，监狱的发展可分为三个时期。“第一期的监狱，有拘置场、囚禁场与威吓场的性质，未能谓为近世监狱的起源”。“第二期的监狱，虽已变更其囚禁场的目的，可是内部组织，仍是无规律的不整齐的状态”。在这一时期，受到基督教的教义的影响，一些国家开始对监狱进行改革，设立了新的惩治监，但“犹未至于确认自由刑的制度，因为上述狱制，不外刑事法的反射，所以只是监狱的滥觞，未可说是狱制上积极的改良”。中世纪的监狱“固有依据新思想而设立者，唯当时的状况……非惩治场，毋宁称为酒楼青楼，或共同便所……‘为犯罪学馆’也”。

自十九世纪以来，各国开始致力于监狱改良，“所采方法，虽然不同，可是无不从根本上改革，而一新其面目的”。

中国监狱制度，发生甚早，考其沿革，可分四期：上古之监狱、中古之监狱、近世之监狱和民国成立以来的监狱。

赵琛指出，监狱学的渊源发生于荷兰和比利时两国，监狱学诞生的原因主要在于各国推行的监狱改良、学术的进步和思想的变化等方面。在监狱学发达史上有三个人做出了巨大的贡献：罗马法王克勒曼斯十一世、比利时子爵威廉十九世和监狱学的鼻祖英国人约翰·霍华德。

（三）监狱的主体与客体

赵琛指出：“监狱为国家的设备。狱政乃国家的行政行为，而狱政权在法理上当然属于中央的统治权之下，惟行政的实际，每设各种机关，分掌事务，因此对于监狱亦有监督机关与执行机关的分别”，两者都属于监狱的主体。各国狱政最高监督机关的设置有分属主义和统一主义之别，民国的狱政最高监督机关是采司法行政的统一主义。狱政执行的机关，以典狱长为主脑，监狱具体事务由管理、会计、卫生、劳役、教诲等辅助人员执行。

赵琛认为，监狱的客体是囚人，“囚人与犯人，不可相混，犯人者乃犯罪已判决的人，此处称为囚人而不称犯人，便是因为监狱所收禁者，并非都为有罪的人，有已判决者，有刑事被告人其罪的有无尚未证实者，复有受监禁处分人之不论罪者”。国内关系上的囚人，可大体分为司法上与行政上的囚人两种，前者包括军事囚、刑事囚、民事囚三类，后者包括幼狂囚、拘留囚、贫浪囚三类。

（四）监狱制度

赵琛指出：“监狱制度，即囚禁的制度，亦称为行刑法(Strafvellxugssystene)，学者谓改良狱制，犹如渡海，囚禁制度，实其暗礁，足见其性质的重要，各国虽有所谓杂居制、分房制、缄默制、分类制、采分制、阶级制的区别，而通例则大别为杂居制、分房制及阶级制的三种。”“杂居制者，集多数囚徒，使其起卧就役于同一监房同一工场之谓”。“分房制者，是囚人各别囚禁于监房的制度，或称隔离法，亦称独居制”。“阶级制者，区分刑期为数级，同分房而杂居，由杂居而假出狱，处置渐次从宽，以举其改悛的实效，乃狱制中最良的制度，此制折衷于分房杂居两制之间，故又名折衷制，因其奖励囚人的方法，层累而渐进，故亦名累进制”。

较近出现的新制度有美国监狱的囚人自治制，“囚人自治制(Inmate self - government)，是假定监狱为一个社会，将行刑事务，使囚人自行处理的制度。一方与囚人以充分的自由，一方养成其相互的自治心与责任心，所有监内的取缔及教养，原则上委之彼等自身的经营，监狱官吏，不过立于辅助的地位而已”。赵琛特别指出，囚人自治制“对于传统的封建的行刑制度，为一大革命，在现代刑事政策上不失为一甚值注意的新狱制”。

（五）出狱人保护

赵琛认为：“对于出狱人，防其再为犯罪的行为，莫如出狱人保护之制，在监狱学上为一至重问题。”在研究各国出狱人保护事业经验后，赵琛提出了关于出狱人保护的十条主张：保护事业官办不如民办；须使保护者与出狱者间有亲密如家人的关系；监狱与保护者要常有密接之联络；保护出狱人须于未出狱时预为准备；保护事业的资金政府只立于补助的地位；保护出狱人，与以金钱不如与以物品，与以物品又不如与以劳动；保护出狱人不可专收容于一处；保护事业的经营者团体不如个人；妇女与幼年之出狱人应特设保护会管理之；如移送出狱人垦殖边疆应有一定的标准。

（六）监狱构造

赵琛认为："行刑目的，在于感化囚人，迁善改过，刑法规定纵甚致密，行刑制度纵甚适当，然非有良好的监狱，终不能达行刑之目的，因而监狱构造论，在监狱学上占有重大的位置。"监狱的建筑及其构造应遵守六个要点：要坚固足以拘禁囚人，而防其逃逸；杂居或独居或阶级制度，要能适当配置以别异囚人；对于在监人的卫生，尤须注意；监中附属的设备，均需适当配置；一切建筑，以坚固为主，虚饰华丽，务当除去，尤以节省经费为要。

监狱位置，不宜建筑于都市烦嚣之地，然监狱亦不可建筑于僻远的地方，最适当者莫若建筑于离城市数里而沿近铁路线火车站或停车场之地。"狱舍形状颇多，有十字形、扇面形、八角形、星光形、算盘形、H 字形、花状形、长延形、马蹄形、圆轮形、正角形、方状形之别。诸形各有长处，亦各有短处，或便于约束，而不便于卫生，或便于卫生，而不便于经费，从经验上称为最宜者，小监狱容二百人以上者，宜十字形，大监狱容五百人以上者，宜扇面形"。关于监房的结构，应根据昼夜分房、夜间分房、杂居房的各自情况来建造。

在中国监狱学发展史上，赵琛《监狱学》一书颇受推崇，被认为是中国监狱法学初步发展阶段的力作。由于赵琛写作《监狱学》时，国际监狱会议已召开了十届，教育刑论早已取代报应刑论而风靡于世界，刑罚目的观已发生根本性的转变，人们由注重自由刑的裁判而转向自由刑的执行，监狱改良不断深入，监狱法学的研究也有了较大的发展。因此，赵琛的《监狱学》较之前人的同类书亦有了较大的发展，其许多关于监狱学的分析和论述，无论从深度还是从广度上都超过了其前人。赵琛的《监狱学》与前人同类书的主要区别，也是赵琛对中国监狱学的最大贡献，是他对监狱学的意义、地位及发展史等学科本身问题的分析与阐述，由此奠定了监狱学在中国社会科学中的地位，对中国监狱学科的建设具有开拓性的意义。[1]

三、犯罪学与刑事政策学研究

在犯罪学与刑事政策学研究方面，赵琛也进行了可贵的探索，在《监狱学》、《少年犯罪之刑事政策》、《新刑法原理》、《中国刑法总论》等著作以及《少年犯罪之原因与防治》、《少年犯罪问题需要经常注意》等论文中，集中体现了赵琛的犯罪学与刑事政策学观点。

（一）犯罪学研究

第一，关于犯罪原因的研究。在《监狱学》一书中，赵琛指出研究犯罪的原因其说有四：意思说、生理说、社会说、社会生理混合说。“以上四说，各有见地，要之生理、社会两说，涉于偏见，如果以犯罪为生理所使然，则改良社会减少犯罪，将至绝望，对于犯罪者，惟尽杀之使无遗类而后已，此说当然不可为训。至谓犯罪原因，都存于社会，则是以生人境遇的良否，断定犯罪的有无，何以处同一的境遇，受同等的激刺者，而或为非行，或为善良？可知原因不专在此。所以比较研究之余，觉得以混合说较为完

〔1〕 赵国玲：“二十世纪之中国监狱法学”，载《中外法学》一九九八年第三期。

美”。

赵琛进而指出，犯罪之内界的原因包括犯人之身体的特质、犯人之精神的特质、遗传关系、养育、教育、性别、年龄、精神病等因素，犯罪之外界原因包括季节、都市与地方、经济状况、家族生活、职业、酒害、卖淫、赌博等因素。

对于犯罪原因因素，赵琛着重研究了文明与犯罪的关系，认为文明与犯罪增加有密切关系，“观各国犯罪的统计表，犯罪之数，有日益增加的趋势，这是因为社会愈进文明，其事情变动愈烈，而刺激力亦愈强，假使我们的意志不能制胜环境，就要陷于罪网，此种助成犯罪的原因”包括人口的增殖、法令的增多和智愚贫富的悬隔。此外，文明还与犯罪的种类、犯罪的性质也有密切关系。总之，“文明与犯罪，实有连系俱进的关系，将来世界文明日进，犯罪增加，将不知何所底止，不过犯罪必有原因，只要知其原因所在，而施以补救防止的方策，则文明虽无止境，而犯罪或许有止境的呢”。

第二，关于犯罪人的研究。赵琛指出，犯罪人之间存在三大差异：一是男女的差异，男子犯罪，较女子为多；二是因年龄而差异，“就犯罪能力的年龄而言，可分为未成年期（十三岁至未满二十岁）、成年期（已满二十岁至四十岁）、垂老期（四十一岁至六十岁）、已老期（六十一岁以上）的四期，据各国犯罪统计以观，四期之中，以第二期年龄犯罪数为最多，第三期次之，第一期又次之，第四期为最少”；三是因性别而差异，“男子犯罪的人数，独身者多，结婚者少”，“女子犯罪人数，则无夫者多，有夫者少，有夫而怨偶者多，佳偶者少”。

犯罪者的分类方法，大别为四：从犯罪次数上为初犯、累犯；从犯罪年岁上分为未成年犯、成年犯；从犯罪性质上分为偶发性犯罪、惯习性犯罪、职业性犯罪；从犯罪精神上分为低能犯罪者、完能犯罪者、病的犯罪者。

第三，对于少年犯罪的特别研究。赵琛撰写了中国第一部少年犯罪研究专著——《少年犯罪之刑事政策》,[1] 该书将少年犯罪界定为“未满二十岁之男女，触犯国家法令，违背社会道德，破坏人类生活之反社会性的行为也”，这是结合生理学、犯罪学及当时刑法及民法规定所下的定义。

赵琛指出，少年犯罪研究十分必要，其原因有三：一是“少年为我辈之继续，负将来复兴民族富强国家之重任”；二是“少年犯罪之研究，足以遏止犯罪之发生”，是最易实行、能收效果、经济且治本的措施；三是大多数习惯犯在少年时代养成犯罪的习惯，因此“少年犯罪之研究，非仅足以改善少年，且于一般犯罪之减少，亦有其效果也”。

赵琛指出，第一次世界大战后各国少年犯罪日见增多，具有：一是狡猾性者居多，强暴者较少；二是犯财产罪犯罪者居多，尤以盗窃为甚；三是伤害罪居于财产罪之次位的三大趋势。根据司法行政部统计数字，指出中国少年犯罪具有鸦片罪居第一位、日趋严重等特点。

该书分析了少年犯罪与成人犯罪的重大区别：“少年心理，本极单纯，故其犯罪之动机，大抵出于冲动，而不暇深思熟虑，已有所欲，必思夺取，已所愤恨，必思报复，此与成年人之富有理性者颇异其趣。”少年犯罪动机错综复杂，其陷于犯罪并非偶然。应当关注少年累犯问题，注意犯罪的常习性。提出了少年犯罪的多因素论。“少年犯罪之构成，决非一朝一夕之事，实由内外种种情形，交互错综，于长年月间，缠绕少年之周围，驱使其陷入犯罪之途，莫能自拔也”。强调要关注导致少年犯罪原因的外界诱导性动机因素，强调少年犯罪原因与成人犯罪原因的差别性。

---

〔1〕 长沙商务印书馆一九三九年版，重庆商务印书馆一九四五年再版，三十六开本，共计二百三十二页，纳入王云五主编的“百科小丛书”，分弁言和九章。

（二）刑事政策学研究

在赵琛的法学研究体系中，刑事政策被置于刑法学总论的研究体系之内，如在《新刑法原理》、《中国刑法总论》中均设置专门的章节研究刑事政策。赵琛认为，刑法学“应对于立法者，提示刑罚及类似制度之原理，批评现行法而指导以将来立法之方针，不啻为立法者之师范与乡导，此种政策论的构成，可由刑法学分化而为刑事政策学（Kriminalistik）”（《刑法学之任务及其辅助科学之教育》）。

在《新刑法原理》、《中国刑法总论》中，赵琛更为详细地阐述了其刑事政策学观点。他认为刑事政策（Criminal Policy，Kriminal Politik）尽管是个现代用语，但其思想早在古代就已产生。在中国古代，就有“刑期于无刑”（《尚书·大禹谟》）的思想。在古代希腊柏拉图和亚里士多德的学说中，也有“罪者，一疾病也，故刑非对于既往，而以防其将来”的观点。十九世纪，先是亨克（Henke），随后是李斯特，使用了“刑事政策”一词，从而使该词得以在各国获得传播。

犯罪的产生，可以分为内因与外因两个方面。内因为刑事人类学派所重视，外因为刑事社会学派所研究。而刑事政策，则是以这些原因为对象，考虑如何将其消除，以扑灭犯罪为目的的对策。它分为三个方面：刑事立法政策、刑事社会政策和刑事司法政策。具体涉及如何确立一个比较健全的法律体系，对一些特定的犯罪人如生来性犯人、癫狂性犯人和习惯性犯人等的个别处理，营造一个减少犯罪的社会环境，关心社会弱势群体的生存和关注青少年的成长等。

第一，关于刑事立法政策。在《中国刑法总论》中，赵琛指出“刑事立法政策，以现行刑事法令之改革为目的”。赵琛具有丰富的立法经验，在晚年修订的《刑法分则实用》一书的增订版自序中，他综合表达了关于刑事立法政策的观点：其一，刑事立法应谨慎。“盖司法者办错一案，不过一案中人受其冤屈，立法者如错立一条刑法，则戕害于此一条文之下者，将不知有几百千万人，故立法不可不慎”。其二，刑法应当重在执行。“刑法不在必重，而在乎必行，必行则虽不重而人肃，不行则虽重而人怠”。其三，刑事立法应当简洁。“法令在简，简则明”。其四，刑事立法应当保持稳定。“行之在久，久则信”。其五，非常时期的刑事立法政策应与通常时期不同。赵琛在《抗战时期刑事立法政策之商榷》一文中提出，在抗战时期应制定特别刑法；应以抗战建国纲领，为战时刑事立法之最高准则；为适应抗战时期之需要，应将各种显而易见之妨害抗战的行为，尽量规定于特别刑法之内；抗战时期的刑事立法，应有民族利益高于一切的精神，自由主义的刑法理论，可以毋庸顾虑。

第二，关于刑事司法政策。在《中国刑法总论》中，赵琛指出：“司法者依据刑事立法运用刑事政策而为适宜之处分者，为刑事司法政策，其适用不限于刑罚，保安处分亦包括之，而运用刑事司法政策者，除法院外，如监狱看守所以及保安处分之机关，亦有其择务焉。”

在《刑法分则实用增订版自序》中，赵琛更进一步阐明了其关于刑事司法政策的观点：刑事司法应当要尽量依法宽恕。“国家制定刑法，旨在惩奸禁暴，立法虽有不得不严，然有司执法不可不恕，不严不足以禁天下之恶，不恕不足以通天下之情，若深文周纳，刻薄寡恩，则去平恕之旨远矣”。刑事司法还应当情法结合，方能达到司法的最佳效果。他指出：“法有增损，情有重轻，若情重法轻，固不妨在法定刑内科以较重之刑，若情轻法重，则用法贵恕，务当矜宥减免，以保其平。”

第三，对少年犯罪刑事政策的特别研究。《少年犯罪之刑事政策》一书集中阐述了赵琛关于犯罪学和少年犯罪刑事政策的观点：

其一，少年犯罪之刑事立法政策。该书介绍了一九三五年民国时期新刑法中的少年犯罪刑事责任、刑之宽宥、保安处分等规定，主张制定专门的少年法和感化法："刑法上虽有关于少年犯少数之条文，不过举其重大者而为规定，而欲贯彻防止少年犯罪之方针，尤非专为少年人另定若干辅助法不可。"

其二，少年犯罪之刑事司法政策。该书介绍了少年法院的基础观念、产生的历史、国外少年审判机构设置情况、少年法院的设置原则。他指出："少年裁判制度之重要意义，在乎打破责罚观念，代以慈爱精神，其性质半为法律机关半为社会组织，与普通法院诸多不同。"他不无感情的提出："愿社会上有志之士及为民众喉舌之新闻纸，极力鼓吹提倡各种保护儿童之事业，使少年法院之成立，得早日见于事实也。"在主张建立少年法院之时，他特别强调："少年法院惟依法律为相当之保护处分，矫正少年犯之性格，而其事业之收效，则有待于从事于保护事业的慈善事业多数有志者之援助，否则虽有少年法院之设置，徒存躯壳而已。"此番论述，对于今天筹建少年法院，仍有重大的借鉴价值。

该书还介绍了少年监狱的历史及意大利、英国、日本等国及当时的国民党政府少年监狱的情况。介绍了各国感化院情况，主张扩充添置感化院以改善因年龄问题不予刑罚制裁之少年。主张添置查访少年犯的专门警察："警察机关中亦应仿照各国设置儿童部，并添置专对少年犯罪之男女警察。"

其三，少年犯罪之刑事社会政策。赵琛认为这些刑事社会政策包括虐待儿童之防止、儿童给食与收容、戏剧电影之取缔、不良图书之取缔、恶性遗传之防止、儿童教育之注意、改善儿童之家庭环境等。[1]

---

〔1〕 姚建龙："赵琛著《少年犯罪之刑事政策》述评"，载《青少年犯罪问题》二〇〇四年第四期。

四、行政法学研究

赵琛是中国近代著名行政法学家，对于中国近代行政法学的成长有着重要的影响，其行政法学著作主要包括两部：《最新行政法总论》和《最新行政法各论》。《最新行政法总论》一书由上海法学编译社一九三一年初版，到一九三七年已经出第五版，抗战后又于一九四六年十一月重印。全书二十五开，共二百七十页，分绪论与本论两部分。绪论概述行政及行政法的观念，行政学与行政法学，行政法的研究方法及法源；本论分公法关系、行政组织、行政作用、行政争讼四章。

《最新行政法各论》一书由上海法学编译社于一九三二年初版，一九三三年再版，二十五开，共三百七十二页。除绪论概述行政法各论的研究范围及方法外，分纯粹行政、司法行政、立法行政、监察行政、考试行政五部分展开论述。此书广收行政法规，就其特殊的法理原则，研究其规律性。赵琛的行政法学主要观点，可概括如下：

（一）行政法总论的研究

赵琛认为，行政法总论是“就行政法规之原理原则，作一一般的总括的讨论”。在赵琛的行政法学体系中，总论包括绪论和本论两部分。

绪论探讨了行政的概念、行政法的概念、行政法与行政学的关系、行政法的研究方法、行政法的法源等有关行政法学的基本问题。赵琛认为，“行政为国家的作用之一种，与立法、司法、监察、考试相对立”，可分为实质上的行政和形式上的行政。“实质上所云行政者，除属于纯粹立法与司法范围外，其他一切行政法规之下的国家作用之谓也”。“自形式的意义言之，行政者，属于国家之行政机关，及公共团体权限内之作用也”。“行政法为国内公法之一部，乃规定行政权之组织，及为行政权团体之国家及公共团体与其所属人民之关系者也”。“行政学以研究国家之行政，宜如何而后可为目的，属于政治学之范围。行政法学，以研究现在国家行政，当依若何规律而行之为目的，故属于法律学之范围”。行政法的法源是指“行政法所由发生的根源之谓也”，包括制定法和非制定法两大类。前者包括宪法、宪法施行前之法令、宪法施行后之法令、国际条约、自治法规五种；后者包括惯习法、法理两种。

赵琛的行政法本论研究包括公法关系、行政组织、行政作用、行政争讼四大基本问题。

第一，关于公法关系。赵琛认为：“人类生活关系为法律所规律者，曰法律关系。法有公私法之分，则法律关系，亦有公法的私法的之别。私法关系者，个人生活上相互间之法律关系也。而公法关系，则统治团体相互间或统治团体与其服从者间之法律关系也。”国家不仅仅为立法权的主体，而且是行政权、司法权、考试权、监察权的主体。一切国家法律，不独拘束人民，也拘束国家自身，其统治只能在国家法所定的范围内从事活动。“故国家与人民之关系，绝非无限制的权力服从之关系，国家仅能于国法认定限度内，有要求其人民之行为不行为的权力，而人民对于国家，亦可于国法所定之范围内，主张权利”。“国家与人民，均为有权利义务之主体，其双方间公法关系，亦绝非绝对的权利服从之关系，而同为权利义务之关系，惟均存立于国家法承认之下，须互相尊重也”。

公法上的权利属于权利的一种，是“国家或公共团体所有之意思力，与个人或团体对于国家或公共团体所有之意思力也”。公权可分为国家之公权和人民之公权，前者是基于统治权之权利，一般分为考试、立法、行政、司法和监察五权，也可分为绝对权和相对权；后者是对于统治权之权利，即人民对于国家所有之权利，包括请求权、自由权、参政权三大类。

第二，关于行政组织。行政组织是赵琛行政法本论研究的重点，其篇幅占了《最新行政法总论》一书的五分之三。赵琛指出，“行政机关者，为国家掌理行政作用之机关也，就执行机关职务者个人而言，固有人格，然就机关本身而言，则止为国家，完其人格，行其权利，而非自为其权利之主体”，国家政治首领也属于行政机关的范畴，通常所称的行政机关是指行政官署。“社会组织，日益复杂，国家统治关系，自亦不得简单，故近世国家，不仅有行政官署已也，而进而令国内公共团体，处理其公务之一部，于是行政机关之组织，复成二大系统，即官治组织及自治组织是也。官治者，国家元首，使其隶属官署，掌理公务之谓；自治者，国家依法承认公共团体之成立，使自经营其公务之谓”。

相应的，有官治行政和自治行政之分。前者“直接归于国家负担为原则，又互于国土全部，故称为国家行政或普通行政”，由官署与构成官署的官吏组织而成；后者“以公共团体为主体，其设立或依地域，或依特定事务，故其行政，称为地方行政，或特别行政”。赵琛在《最新行政法总论》中详细论述了官治行政和自治行政的基本问题，并介绍了北京政府时代和国民政府时代的官治行政和自治行政的情况。

第三，关于行政作用。赵琛指出，“行政作用者，乃法规下行政权之公的意思表示，或类于此种意思表示之精神作用的表现，而发生某种法律的效果也，换言之，即行政机关之一切公的行为之总称也”，具体包括命令、行政处分、公法上双方的行为、行政上之执行。命令是指“国家运用行政权之意思表示，以厘定一般法则为目的，依一定形式公布于民众者也。命令之观念，纯为形式观念，非如法律有实质形式二种相异之意义，其与法律别者，惟在经立法机关议决与否而已”。行政处分是指，“就实在事件，以行政权之一方行为，定其法律关系者也”，它既有拘束人民之力，也有拘束国家自身之力。公法上双方的行为包括公法上之协定和公法上之契约两种。凡是国家的意思，如法律、命令、处分、契约等均需要执行，行政上之执行手段包括两种——行政罚和行政上之强制执行。

第四，关于行政争讼。行政争讼包括行政救济和机关争讼。“国家既可以法规或处分令限制人民之自由，然所发之法令，岂能尽善，其中难保不有损害人民利益及权利之事，故不可不有方法以救济之”。救济可分为两种，一是对于法规上之救济，二是对于处分令之救济。对于法规救济的方法是请愿，对于处分令之救济方法包括诉愿和诉讼两种。行政上之救济手段通常指后者，即包括行政诉愿和行政诉讼。行政诉愿“非广义之诉愿，系有法律为之根据，以诉愿为人民一种权利，所谓正式之诉愿是也，官厅负有受理及再审查之义务”。行政诉讼为个人公权之一种，关于其性质有权利说、法规说和折衷说，赵琛认为折衷说较优。机关争议也有广狭义之分，“广义之机关争议，包括争议与权限争议”，狭义的机关争议仅仅指权限争议。

（二）行政法各论的研究

在《最新行政法各论》中，赵琛指出行政法各论是“须将各种行政法规，蒐罗靡遗，就其重要特殊之法理法则，加以特别的分析的研究也。”行政法各论体系包括绪论和纯粹行政、司法行政、立法行政、监察行政、考试行政五部分，除了绪论概述行政法各论的研究范围及方法外，纯粹行政、司法行政、立法行政、监察行政、考试行政的各部分体系均十分庞大，涉及面非常广泛。

难怪赵琛在《最新行政法各论》的弁言中感慨说：“各国学者俱认为行政法学为难精之业，以其千头万绪，整理綦难也。行政法总论之编述不易，行政法各论之遍述尤不易。”限于篇幅，对其行政法各论的观点难以面面俱到，只能取其各论体系之精要，概述如下：

赵琛认为，“行政机关所行各种行政行为，在行政法规之下，如何分配？如何机关，得掌如何事务，而行如何作用乎？学者多将此等问题，归于行政法各论研究范围之内。”行政法各论的研究方法主要有两种，一是“按照国家事务之法律关系，别其性质之异同，而分类研究之”；二是“不问法律关系之性质如何，惟视国家事务之目的及实质，而分类研究之。”赵琛的行政法各论体系实际采用的是第一种研究方法。

纯粹行政是赵琛行政法各论研究的主体内容，其篇幅占了《最新行政法各论》一书逾五分之四。赵琛将纯粹行政分为内政、外交、实业、财政、教育、军事、交通七篇。

“内务行政之大半，直接为人民谋安宁图福利，而间接者，始为国家目的之作用。”内务行政事务可分为积极的内务行政和消极的内务行政。以维持现状为目的者，为消极的内务行政，如警察行政。如果不仅仅是维持现状，“更于现状以上，为增进安宁福利之事业者，为积极的内务行政，如卫生、民治、土地、礼俗等行政”。

“外交不外为国与国间之交涉，原无权力服从的关系，自与普通行政作用，不能混同。然如国法上外交机关之组织，以及保护本国旅外侨民与取缔国内外侨等事项，则属于国家的行政作用，即外交行政是也。”外交行政机关包括外交部、使馆和领事馆三类。

“实业行政，为国家积极设施之事业，与国利民福，关系至巨”。赵琛根据当时的实业行政法规，将实业行政分为林垦行政、农业行政、渔业行政、畜牧行政、狩猎行政、矿业行政、劳工行政、工业行政、商业行政。

交通行政包括路政、电政、邮政、航政。教育行政包括学校教育行政和校外教育行政。

财务行政是指“关于国家资产之管理，国费之征收及支配等”。

军事行政是一种特殊的行政，与通常的行政不同，具体包括军事勤务、军事负担、军事教育等。

对于司法行政、立法行政、监察行政、考试行政的论述则十分简单。赵琛指出："实质的司法权，在于审判诉讼事件，形式的司法权，在于实质的司法权，由一定之机关（即法院）依一定之法则，以从事活动，但机关应如何筹设，官吏如何任用，任用之后，如何加以监督，检察事务，如何加以指挥，以及审判结果又将如何执行，均不可不赖有行政权之作用，此之行政权，即所谓司法行政权是也。"司法行政包括法院行政、律师行政、司法行政之监督、刑罚执行行政等方面。

对于立法行政，赵琛仅简要介绍了当时的立法制度和立法院议事程序。关于监察行政亦简单论述了监察权的起源、当时的监察院组织及其弹劾与审计权。对于考试行政的论述也仅简单涉及考试制度的起源与发展、当时《考试院组织法》关于考选行政和铨叙行政的有关规定。

五、保险法研究

一九二九年上海新建设书店发行了赵琛著《保险法要纲》一书，尽管这是一本仅有二万多字的小册子，但却是中国第一部保险法著作。其体例为弁言、第一章总论、第二章损害保险契约、第三章人寿保险契约、附录"前北京司法部公布商行为法关于保险部分之规定"。赵琛的保险法主要论点可以概括如下：

（一）保险法制定的必要性

在弁言中，赵琛指出"世情万变，祸福无常，吾人之生命财产，无日不在危险现象中也；思除此危险现象，固非易易，然因危险所遭损失，则不无轻减之之道，其道维何？胥赖保险。保险者，由多数人分担责任，填补耗损，以轻减偶遭危险者经济上精神上之痛苦为目的，一方保护个人利益，可期生产之增殖，一方奖励冒险事业，促成文化之进运，实施政上不可忽视之重大问题；西儒谓一国保险制度发达之程度若何，足以觇其国民经济与社会文化之状况，殊有至理存焉。虽然，经营保险，颇含射幸性质，倘不衡量利害，豫设公平规定，则当事者权益关系，动摇无定，而社会顿呈不安现象，故保险法之制宜，尤为必要。”

（二）保险法的概念

赵琛指出，保险法有广狭义之分。“广义所谓保险法，乃以保险为法规对象之总体，得分为保险公法与保险私法。保险公法，更可别之为保险事业监督、劳动者保险法、社会的保险法，盖依法律之强制规定，与国家间发生一定之公法关系者也。保险私法，即规定保险之私法关系的法规，其主要者，为保险契约法，狭义之保险法，即指此。”

（三）保险契约的一般理论

赵琛认为“保险契约者，当事者一方（要保险者）支付酬金，约定关于一定之财产生命，将来有不确定事故发生时，由对方（保险业者）给付金钱，以充经济的需要之契约也。”

保险契约有五个特征：其一，保险契约，当事者之一方，应支付酬金，即保险费于对方；其二，保险契约，以充将来不确定事故发生时之需要为目的；其三，保险契约，为关于一定之财产生命事故发生之时，给付金钱之契约；其四，保险契约者，事故既发生时，为金钱的给付之契约也；其五，保险契约，须由保险者为企业而缔结之。保险契约的性质为独立契约、诺成契约、双务契约、射幸契约、诚意契约。

根据不同的标准可以对保险契约进行不同的分类：以保险金额之范围为分类之标准，可将保险契约分为损害保险、定额保险；依保险之目的为区别之标准，可分为财产保险、人寿保险；依保险事故种类为标准，可分为海上保险、陆上保险。

保险契约中直接利害关系人包括保险者、要保险者、生命人和保险金受领者。保险契约之要素，随各种保险性质而不同，但事故、保险契约之目的、保险期限、保险金额、保险费则为一般的共通之要素。

（四）损害保险契约与人寿保险契约

赵琛指出，“损害保险契约者何？由当事者双方，约定一方（保险业者）担任填补因偶然一定事故所生之损害，一方（要保险者）与以报酬之保险契约也。”在第二章中，赵琛探讨了保险价额与保险金额之关系、保险申请证与保险证券、保险者之义务、保险者之权利、要保险者及被保险者之义务、为他人缔结之损害保险契约、保险契约之变更、保险契约之消灭、火灾保险契约、运送保险契约等损害保险契约的基本知识。

赵琛指出，“人寿保险契约者，谓当事者一方，担任关于对方或第三者之生死，约定支付一定之金额，而由对方，给与报酬之保险契约也。”在第三章中，赵琛探讨了保险者之义务、保险者之权利、他人之人寿保险、为他人缔成之人寿保险契约、保险契约之变更、保险契约之消灭等有关人寿保险契约的基本知识。

总的看来，作为大学讲义的《保险法要纲》基本属于法律诠释性论著，其篇幅较小、探索也较浅，但它在中国保险法学发展史上的开拓性价值是不可否认的。

此外，赵琛的重要著作还有《法理学讲义》（上海法政学院一九三一年印，十六开，七十九页）。该书概述研究了法哲学的目的、法的理念、本质、进化、派别等。关于法律的进化，引述了美国庞德的五个时期说，即：古代法时代，严格法时代，自然及衡平法时代，法律成熟时代，法律社会化时代。后附《最近法理学之新学派》。该书共分五章，脱稿于一九三一年五月。

本书选录了赵琛的著名判决七篇，收录了赵琛的主要论文十余篇，选录了赵琛的重要著作《监狱学》、《保险法要纲》、《少年犯罪之刑事政策》三部。对于刑法学和行政法学的代表作，考虑到其篇幅较大，拟单独校勘出版，故未予以选编。尽管我们试图尽力避免编选中的错误与疏漏，但问题可能还会有不少，敬请读者批判指正。

感谢台湾政治大学法学院黄源盛教授、辽宁大学法学院副教授王素芬、中国人民大学博士后姚建平、上海政法学院颜湘颖等对编选本书所提供的帮助，感谢中国政法大学出版社编辑对本书的出版所付出的辛勤劳动。

何　勤　华

于上海华东政法学院

二〇〇五年十一月十九日

目 录

第一部分　判决书选

周佛海汉奸案判决书

【首都高等法院特种刑事判决　三十五年度特字第三四六号】

公诉人　本院检察官

被告　周佛海，男，年五十岁，湖南沅陵县人，前中央宣传部部长，住南京西流湾八号，现在押

选任辩护人　章士钊律师、王善祥律师、杨嘉麟律师

上被告因汉奸案件，经检察官起诉，本院判决如下：

主　文

周佛海共同通谋敌国，图谋反抗本国，处死刑，褫夺公权终身。

全部财产，除酌留家属必需生活费外没收。

事　实

周佛海在日本留学时期，原系共产党党员，后改入国民党，历任国民革命军总司令部政治部主任，江苏省政府委员兼教育厅厅长，中央民众训练部部长，及中央宣传部部长等职，民国二十六年中日战争发生，敌势猖獗，淞沪战事激烈之际，周佛海与梅思平、

高宗武、陶希圣等，在其家内（南京西流湾八号）密议主和，当时曾有低调俱乐部之称，迨京沪失守，国民政府决定长期抗战，西迁重庆以后，即存心违反中央既定国策，以汪逆兆铭为中心，酝酿和平运动，更趋积极，首由梅思平、高宗武，于二十七年十一月中旬潜赴上海，向日本军部代表影佐祯昭及今井武夫商得丧权辱国之和平基本方案，遂于十一月二十七日由沪转港飞渝，密陈汪逆，经汪逆认可后，周佛海有意被叛中枢，假托中央宣传部部长出外视察名义，先于十二月六日离渝前往昆明，同月十九日转赴越南河内，而汪逆亦于二十日飞逃河内，二十三日敌国首相近卫文麿，果以梅思平等所商得之条件发表声明，汪逆亦即拟就艳电，交由周佛海、陈公博、陶希圣携至香港，转交林柏生与梅思平一同署名负责，于三十日夜送往报馆发表，（因顾孟余反对耽搁一日）响应近卫之声明，冀图淆乱听闻，动摇抗战决策，二十八年四月十二日，周佛海与梅思平同至上海，结集党羽，推进和运，旋高宗武与汪逆亦先后到沪，复与影佐祯昭等商得敌国当局之同意，周佛海与梅思平、高宗武、周隆庠等随同汪逆飞往日本东京，与敌酋密议和平条件，归国后，复以和平反共建国为号召，在沪开第六次伪中国国民党全国代表大会，发表宣言，周佛海被推选为伪中央执行委员会常务委员，至十一月间偕梅思平、林柏生、周隆庠、高宗武、陶希圣与日方代表影佐祯昭及须贺等商订《中日基本关系条约草案》，嗣后高宗武、陶希圣良心发现，潜至香港在大公报揭破内幕，即逃往后方，而周佛海执迷不悟，始终追随汪逆左右，二十九年一月二十日，出席青岛会议，与“临时”、“维新”两伪政府会商改组问题，又参加同年三月二十日至二十二日之伪中央政治会议，决定中日新闻系调整方案，伪国民政府纲，伪中央政治委员会及伪华北政务委员会组织条例，并决定伪国民政府名称，推定各院部人选，至三月三十日，以国民政府还都方式，合组伪国民政府于南京，并发表我国民政府对内对外各种政令及条约协定等一概无效之宣言，由汪逆自任主席兼伪行政院院长，周佛海任伪财政部部长，又先后兼任伪国民党中央党部执行委员会常务委员，伪中央财务委员会主任委员，伪中央政治委员会委员兼秘书长，伪最高国防会议委员兼秘书长，伪军事委员会委员，伪行政院副院长，伪中央储备银行总裁，伪税警总团总团长，伪敌产管理委员会委员长，伪物资统制审议委员会委员长，伪军事委员会副委员长，伪清乡委员会委员，伪上海特别市市长，兼伪上海保安司令暨上海特别市警察局局长等职，大权在握极得汪逆宠信。其在伪职期内，仰承日寇意旨，滥发伪币，扰乱金融，供给敌人金钱物资，以增加敌寇侵略之势力，伪国民政府于二十九年十一月三十日，在南京与日寇正式签订《中日基本关系条约》，允许日寇在蒙疆华北驻兵，并在我国领海内河屯驻舰队，及实行经济提携，同时发表中日满共同宣言，承认伪满洲国，以破坏我国领土之完整，三十年六月十四日，周佛海随汪逆访问日本朝野，订立伪中央储备银行在外资金换算日元协定，并借得日元三亿元以支持伪政府之经济，太平洋战事爆发后，附和日寇，于三十二年一月九日，以伪国民政府名义，对盟邦英美宣战，同年十月三十日与日寇缔结同盟条约，声明同生共死，周佛海复以特使名义访问伪满，藉以媚敌，其他种种祸国殃民之罪恶，不胜枚举，周佛海自附从汪逆公然主和，直至日寇投降，伪组织解体，始终参与其事，经军事委员会调查统计局诱捕移送本院检察官起诉。

理　由

本件被告周佛海，对于上开附从汪逆兆铭，违反中央既定国策，私自主和，与日寇密议丧权辱国之条件，以至共同组织伪国民政府，签订《中日基本关系条约》允许日寇在我国领域内驻兵驻舰，实行经济提携，暨发表中日满共同宣言，承认伪满洲国，破坏领土之完整，以伪政府名义对盟邦英美宣战，又被告以伪特使名义访问伪满，其主持之伪中央储备银行发行伪券四万一千亿元，禁止人民使用法币，扰乱金融，供给敌人金钱物资，以及担任党政两方各项重要伪职，直至日寇投降为止等情，均经在侦查或审判中详细自白不讳，且有伪《国民政府公报》、伪《行政院公报》、伪《财政部公报》、伪宣传部编印之《和平反共建国文献》，《主席访日言论集》，《汪主席访日纪念画刊》，《还都第四年画报》，及日人吉田济藏编辑之《华中现势》等刊物记载可证，（另编目录附于本判决之后）此外组织伪府以后，觍颜事敌，为虎作伥，祸国殃民之恶迹，不但当时各种伪公文及报纸之记载在在，足以证明，而且为中外人士所共见共闻，是该被告与汪逆等共同通谋敌国，图谋反抗本国之事实，已属彰明昭著，自可认定无疑，惟应审究者，被告所持辩解之理由能否成立是已，兹分别论列于次。

（一）据辩称，组织伪府，藉以试探和平，动摇敌寇军心，为沦陷区人民减少痛苦，且在沦陷区组织伪府，于抗战阵营并无任何影响云云，查抗战到底，为中央既定国策，民国二十六年十二月十二日，国民政府迁驻重庆宣言，内有“迩者暴日更肆贪黩，分兵西进，逼我首都，观其用意，无非欲挟其暴力，要我为城下之盟，殊不知我国为决定抗战自卫之日，即已深知此为最后关头，为国家生命计，为民族人格计，为国际信义与世界和平计，皆已无屈服之余地，凡有血气，无不具宁为玉碎不为瓦全之决心，国民政府，兹为适应战况，统筹全局长期抗战起见，本日移驻重庆，此后将以最广大之规模，从事更持久之战斗”等语，昭告全国上下，该被告曾受高等教育，在党政各界均有相当地位，尤其是当时担任中央宣传部部长，一言一动，均足影响中外之观听，乃竟与汪逆等背叛中枢，组织伪府，且发表“抗战到底，底是什么，底在那里，如不愿谈和，那何异说要抗战到亡呢”等歪曲言论，（见被告自撰回忆与前瞻一文，载在和平反共建国文献内），欲以自己不真确之认识，而淆乱全国之听闻，企图减低抗战情绪，一时人心为之动摇，使非中央领导有方，则抗战阵营不因而崩溃者几希。今犹谓为试探和平，无碍抗战，将自欺欤，抑欺人欤。至伪府在沦陷区一切措施，如招募伪军，公卖鸦片，搜刮物资，奴化青年，假借清乡，实施封锁，凡此种种，无一而非祸国害民之举，竟亦谓为拯救人民，解除痛苦，尤属颠倒是非。再自伪府成立后，编练伪军，不独巩固敌军后方，而且助敌攻我防地，以致敌焰愈炽，侵入益深，被告所谓动摇军心者，其结果适得其反，事实俱在，不容狡辩也。

（二）据辩称，被告曾于三十一年冬，托人向中央自首供给军事情报，设立电台，布置军事，配合国军反攻，营救中央地下工作人员，及协助中央发展沦陷区党务文化云云。查该被告早于二十八年十一月四日，经最高法院检察署明令通缉有案，并非在犯罪发觉前，自动投案而受审判，且《汉奸自首条例》规定，更有严格的特别条件，其第一条载，汉奸于发觉前自首，合于下列各款之一者，得免除其刑，或免其刑之执行：①检举其他汉奸案件，经判决确定，或查获重要证据，确有价值者。②揭发汉奸或间谍之阴谋策略，确实可信者。③密告敌方机密确有利于本国者。④携带军器来献者。试问该被告曾否有上开四种情形之一之事实表现，而能提出确切之证据乎？况据各证人之证言及书面陈述，在三十一年冬被告曾有自首之意思，未能达到中央，而以后之自首，又经军统局复函证明并无其事乎，是该被告所称自首一节，既与条件不合，又与事实不符，自可毋庸置疑。至营救地下工作人员，密报敌情，联络国军，配合盟军，预备反攻，及发展沦陷区党务文化各节，就各证人之证言及书面陈述而论，亦属似是而非，自太平洋战争发生后，该被告或徇私人之交谊，或有其他之作用，固曾偶一援手，营救少数之中央地下工作人员，但数年来地下工作人员，被敌伪捉捕而牺牲者不知凡几，京沪一带，殆已一网打尽，其受营救能为之证明者，不过寥寥数人，权衡利害，有何协助抗战工作或有利人民行为之可言乎？诚如证人马元放证明函内所云，不敢以其对于个人之私，影响国家之公也，又据第一保安纵队，第二保安纵队，第三保安纵队各司令部，来函证明紧切联系，密商策应国军反攻等情，姑无论与国防最高委员会核准所示“反奸人员，须由各部队或特工人员之最上级长官，正式证明事前派委有案，方予准许”之案不合，即该各部队之本身，亦因日寇屈服投降，未获反攻之机会，不曾建立殊动，而被告更属无功可表。复查军统局复函及移送书，亦仅谓被告因其母及岳丈杨自容均被捕押，为图营救，并为将来留地步计，表示其行动之错误，经奉准策动运用以来，态度冷淡，初无成绩表现，再经多方筹划，加强运用，始对地下工作人员加以掩护，并有小量经费之接济，此与陆军总司令部复函所谓被告于三十三年秋，曾用书函表示愿运用伪军相机反正，配合国军反攻，业经密报中央等等情形相同，然被告所愿策应之地域，盟军既未登陆，伪军更未反正，是该被告与中央方面发生连系则有之，而协助抗战则未也，决不能以未来之事实据为卸罪之地步彰彰明甚。该被告因见盟军节节胜利，敌势穷蹙，始与中央所属人员稍有连系，但查其再后之言论行动，仍极尽反抗中央诋毁政府之能事，徒见其骑墙观望两面投机而已，若论沦陷区党务文化，尤堪痛恨，当时伪组织为吸收民众，而办党务文化，莫非仰承敌人意旨，养成奴性青年，及推行奴化教育，岂可认为有利人民之行为乎？该被告所提出之反证，认为有调查之必要者，均经一一审核，殊不足供量刑之参考。

（三）据辩称，发行伪中央储备券，为抵制敌人滥发军票，搜刮物资，统制物价云云。殊不思敌人行使军票，仅及于敌军驻扎之少数据点，而不能深入民间，更不能向后方内地套取物资，即不能达统制搜刮之目的，因此，使伪府发行伪券，大量供给，以便其所图，而被告固有相当学识之人，对于此中利害，岂有不知之理。惟尔时被告与汪逆等意图永久窃据国土，颠覆中央政府，正有操纵金融之必要，于是在互相利用情况之下，以伪府所谓之国家银行发行伪券，名之曰新法币，以二对一比率掉换法币，同时颁布《妨害新法币治罪暂行条例》，禁止人民使用法币，违者严厉处罚，一面无限制地发出伪券，充斥市场，以致物价逐日飞涨，哀我沦陷区人民之财产，无故骤然减少一半又受物价影响，无形中损失不赀，而日寇从此得向伪中央储备银行予取予求。虽名义上订有借款协定，但其心目中，不独无还债之意思，并债权人之资格亦不承认。当初我后方内地，因敌伪以二对一掉换所获法币，向内地套取物资，一时物价突飞猛涨，金融动荡不安，必需物品日益减少，如非当局荩筹硕画，人民公忠体国，各具抗战必胜信心，上下一心一德，应付适宜，则不屈服于军事，亦必败于经济矣，至今思之，犹有余憾。(一般短视者，现在犹怨物价之高涨，不知实为日寇搜刮物资，伪府发行伪券之流毒)。此种恶迹，昭昭在人耳目，被告纵有如簧之舌，亦无饰词诿卸之余地，抑有应予说明者，日寇已投降之后，该项伪币尚尽量发出（据供发行额为四万一千亿元，已与报上发表之数目不符，其实决不止此数，现亦无从计算）。所有伪府所属区域各机关人员，概发解散费，如汪文婴发到四亿元马骥良发到三千万元（均据供明有卷可稽），即以二百对一换算，亦不为少数，恐非一般小民所能及，必欲使劫后灾黎，增加如许负担，则主持发行伪币如被告者，不能不负重大之罪责。

（四）据辩称，与日签订条约，被告只是参加，并无签订之权，对英美宣战，都由汪逆一人主张，当时以伪特使名义访问伪满，所至各地，俱悬国旗，唱国歌，实属有功，何得谓媚敌云云。查该被告与梅思平等，以汪逆为中心，共同组织伪府，历任要职，对于伪府发号施令，何得以仅是参加，并无签订之权，而置身事外乎，又何得以对英美宣战，推在汪逆一人之身乎。且与日寇订约，声明同生共死，足以蛊惑人心，与盟邦英美宣战，使我中央抗战阵营，陷于孤立，均属反抗本国之行为，毫无疑义。至于当日伪满完全在日寇势力之下，纵使民众偶然见到国旗，听到国歌，亦无济于事，被告之访问伪满，其为媚敌之表演，显而易见岂容任意狡展乎。

（五）据辩称，胜利后被告即被任为上海行动总队长，恪遵中央意旨，负责维持上海及沪杭沿线一带治安，防制奸伪，稳定人心，迨国军与中央接收人员先后抵沪，即将所属军警全部，交与中央接收，不无微功云云。查关于此点事实，据军统局移送书，及复函所开，确系实情，但参照被告提出之戴故局长先后函电，足见我最高统帅当初顾念沦陷区人民，八载以来，颠沛流离，痛苦万状，再不容正在胜利之际，遭受无谓之骚扰，以及避免其他种种损失起见，不得不有此权宜之计，此乃匆促应变之策略，亦为谋国者之苦心，绝非对于罪大恶极之巨奸有所宽宥也。故当时中央广播，凡敌伪占据之区域，均责令原有敌伪军队官兵，务须守住岗位，维持地方秩序，不独沪杭一带为然也，再就报载何总司令发表谈话，“周佛海虽早经自首，因其在为组织所任职务重要亦也加以看管”及军统局解案公函内开，“查周逆佛海，丁逆默村，罗逆君强，杨逆惺华，马逆骥良等五名，业经本局于去年九月三十日，在沪诱捕到案，惟当时沪杭两地，受降国军甫经到达，奸匪环伺，人心浮动，如将周、丁两逆在沪扣押，恐将影响周、丁两逆所掌握之伪税警总团全部，及沪杭伪保安团队，伪第十二军之十二个团，伪警卫军一三两师等部队官兵心理之不安，而影响沪杭两地之治安，故奉准将周、丁等逆派机解送重庆禁押，现各地巨奸，均已就逮，用特派员押解周逆佛海等五名，连同原卷，备函送请查收依法讯办”各等语，参观互证，更足见当初之措施，如何深思熟虑，审慎周详。其用意何在，昭然若揭，乃被告怙恶不悛，目无法纪，胆敢在答辩书内称“敌寇投降后，差不多一个多月，中央没有一兵一卒到上海，在这个期间，不是没有人劝被告，以上海做根据地，另立新帜，不得已也可以搜刮上海的财富，把部队带往江北，今天很放肆的说，那个时候，只要被告一句话，或一点头，东南的风云就要变色”，则其大逆不道，心怀叵测之态度跃然纸上，竟以勾结敌寇蹂躏八载犹不足，直欲实行抢劫糜烂地方而后快。于此益佩我中枢神机妙算，料事如神，卒使元恶巨憝，俯首就范，计不获逞也，由此观之，该被告恃才善变，言不由衷，朝秦暮楚，谲诈多端，即其所主张如何愿输诚中央，协助抗战，如何掩护地下工作人员，如何设立电台供给情报，概非真实可信，又被告所谓“只要一句话或一点头，东南的风云就要变色”，未知究何所指，即如日寇在华军队尚有百万之谱，一经屈服，只得俯首帖耳，遵令缴械，该被告所掌握之军队，不过数万耳，即有所图，亦无非快意于一时，岂能永久割据为雄乎。况其部下之军队，不无深明大义，亦未必肯为被告所利用乎，若谓另有所指，则兄弟阋墙外御其侮。古有明训，如被告之卖国求荣，已为国人所共弃，无论走南走北，走胡走越，终无肯与之携手者，乃竟大言不惭，挑拨离间，无所不用其极，似此反复无常，言之深堪痛恨。是被告在胜利之后，维持地方治安，交出全部军警，大势所趋，不得不尔，有何功绩之可言。最后应予指明者，被告一则曰政治论，再则曰法律论，似乎政治与法律截然两途也者，要知政治者，所以谋多数人之福利，法律者即政治之反映，如欲改革政治，应以合法之手续，运用多数人之意思，先行修改国法，断不许违法乱纪，另树政权，果如其说，则世界各国，何必有政治犯之制裁（不过依据国际公法对于政治犯得拒绝引渡而已），而刑法内亦不必有内乱罪之规定矣。兹因该被告平日言论荒谬，临讯哓哓置辩，惟恐庸耳俗目所不能测，故不惮词费，详予指驳，以袪天下后世之疑。

按日寇处心积虑，并吞我国，匪伊朝夕，自“九一八”以后，节节进逼，夺我东北四省，出兵内蒙，进窥平津，演成七七事变。我国民政府，忍无可忍，起而抗战，并决定宁为玉碎，不为瓦全，从事更持久之战斗，凡在血气之伦，无不同仇敌忾。乃该被告曩受中枢特达之知，迭膺要职，战时正负宣传使命，地位重要，宜如何同心协力，尽忠报国，竟于敌寇深入，国家危急之秋，脱离抗战阵营，私通敌寇，甘心附逆，背叛中央，只图逞个人政治之野心，不顾国家民族之存亡。若非中央坚持抗战到底，最高统帅指挥若定，攻防得计，将使我国陷于万劫不复之地步，似此甘冒不韪，实属法无可恕，纵树微功，难掩巨过，偶施小惠，莫蔽大辜，权衡轻重，量刑未便从宽，自应处以极刑，并褫夺公权终身，以伸国法尊严，而正人民视听，全部财产，除酌留家属必须生活费外，并予没收。

据上论结，应依特种刑事案件诉讼条例第一条，刑事诉讼法第二百九十一条前段，惩治汉奸条例第一条第二条第一项第一款第八条第一项第九条，刑法第二条第一项前段，第二十八条第三十七条第一项判决如主文。

本件经本院检察官陈绳祖莅庭执行职务。

中华民国三十五年十一月七日

首都高等法院刑事庭
审判长推事　赵　琛
推事　葛之覃
推事　金世鼎

梅思平汉奸案判决书

【首都高等法院刑事判决 三十五年度特字第一号】

公诉人 本院检察官

被告 梅思平，男，五十岁，浙江永嘉人，住南京北平路四十二号，现在押

指定辩护人 刘贤才

上被告因汉奸案件经本院检察官起诉本院判决如下：

主 文

梅思平共同通谋敌国，图谋反抗本国，处死刑，褫夺公权终身。全部财产除酌留家属必需生活费外没收。

事 实

梅思平系国民党党员，并担任党务工作。民国二十六年间，任江宁实验县县长兼江宁区行政督察专员等职。"八一三"中日战事发生，敌势披猖，淞沪不守，震撼首都。国民政府决定长期抗战，西迁重庆。以后于二十七年三月派梅思平任香港艺文研究会研究委员，与林柏生等在港秘密研究国际问题。汪逆兆铭因见战事失利，即存心违反中央既定国策私自主和。梅思平受汪逆之指使，亦为竭力主和之分子，于二十七年十月中旬与高宗武密约，十一月中旬潜赴上海向日本军部代表影佐祯昭大佐及井武夫中佐商得丧权辱国之和平基本条件。遂于十一月二十七日由沪转港飞渝密陈汪逆后返

港。而汪逆即于十二月二十日背叛中央飞逃越南河内。二十三日，敌国首相近卫文麿果以梅思平等所商得之条件发表声明，汪逆亦于二十九日草就艳电交由周佛海、陶希圣、陈公博带至香港转交林柏生与梅思平一同署名负责于三十日夜送往报馆发表（因顾孟余不主张发表耽搁一日）响应近卫之声明。梅思平明知汪逆之举动有悖中央抗战建国之国策，亦甘心与汪逆一致行动而为通谋敌国反抗本国之各种行为。于二十八年四月十五日奉汪逆之命与周佛海、同至上海宣传和平结集党羽，旋高宗武与汪逆亦先后到沪。复与影佐祯昭等商得敌国当局之同意，于六月一日梅思平与周佛海、高宗武随同汪逆飞往东京与敌酋密议和平条件。因知中央抗战决策不可动摇，于回国后复以和平建国为号召，在沪开第六次伪全国代表大会并发表宣言以增强其反抗中央出卖本国之力量。其后欧战暴发，敌国对我国之侵略变本加厉。至十一月间，梅思平同周佛海、高宗武、陶希圣与影佐祯昭等商谈“中日和平方案”。后高宗武、陶希圣良心发现，在香港大公报揭破内幕，即逃往后方。而梅思平执迷不悟，仍随同汪逆与影佐祯昭等接洽，参加二十九年一月二十日在青岛之会议，与维新临时二伪政府商谈合并另组联合政府，嗣又参加同年三月二十日至二十二日之伪华北政务委员会组织条例，并决定伪国民政府名称，推定各院部人选。至三月三十日，即以国民政府还都之方式合组伪国民政府，并于南京并发表重庆政府对内对外各种政令及条约协定等一概无效之宣言。当其时梅思平任伪工商部部长兼伪中央政治会议委员。而敌国由阿部信行任伪府大使，庆祝还都并着手新关系之调整。双方派定全权代表在南京举行调整会议，自二十九年七月五日起至八月三十一日止共开会十六次，梅思平均出席参加。嗣于十一月二十八日由伪中央政治委员会第二十八次会议通过关于中华民国、日本国间基本关系条约，承认伪满洲国，并允许日本在蒙疆及东北驻兵，又广播中日经济提携之基本条件及中日条约与经济建设，且发表《中日满共同宣言》。复陆续议决与盟邦英、美宣战及成立伪中央储备银行，发行伪币以扰乱金融，搜刮物资并供给敌军军粮以增加敌国侵略之实力计。该被告在伪组织内除历任伪中央政治委员会委员、伪国民党中央执行委员会常务委员、组织部部长、伪国防最高委员会委员外，并继续任伪工商部部长兼伪粮食委员会委员长、伪实业部部长兼伪浙江省政府主席、伪内政部部长兼办禁烟事务直至日本投降，伪组织解体，迄未间断。经军事委员会调查，统计局拘获移送本院检察官侦查起诉。

理　由

本案被告对于当初如何与高宗武潜赴上海，由高宗武与日本军部代表影佐祯昭大佐及今井武夫中佐商得丧权辱国之和平基本条件，后由其飞渝密陈汪逆兆铭；如何将汪逆艳电与林柏生一同署名负责在港发表；如何奉汪逆之命与周佛海同至上海宣传和平运动，并随同汪逆飞往东京，由汪逆与日本当局接洽；如何参加第六次伪全国代表大会发表宣言，如何同周佛海、高宗武、陶希圣等与影佐祯昭等商谈和平条件；如何参加青岛会议商谈组织联合政府，及在伪组织党政二方担任重要各职直至日寇投降为止，均经分别在侦查或审判中供承不讳，且有据其提出亲笔所书《和平运动始末记》及《辩诉书》各一册足资佐证。至于上开其余详细事实亦有伪《国民政府公报》、伪宣传部编印之《和平反共建国文献》及《国民政府施政概况》、西岛五一编辑之《日华条约及日满华共同宣言解说》、《中央导报》出版之《世界政治经济年鉴》等刊物记载可证。此外，附从汪逆组织伪府以后觍颜事敌，为虎作伥，祸国殃民之恶迹不但各种伪公文及报纸之记载足以证明，而且为中外人士所共见共闻。是该被告与汪逆等共同通谋敌国图谋反抗本国之事实已属彰明较著，自可认定无疑。惟据该被告抗辩意旨：其一，艳电以前之奔走系奉汪逆之命而为，探得和平条件之后飞渝报告汪逆即无异报告中央；其二，汪逆以国民党副总裁之地位手写电稿嘱为发表，又岂有加以拒绝之理；其三，与汪逆同飞东京纯以私人随员之资格，并未与日当局见面，即汪逆亦未与日当局密议和平条件；其四，在沪召开第六次伪全国代表大会被告以一普通党员何能有此力量；其五，伪中央政治委员为主席所聘任或指派，无异于主席之顾问咨议，且中政会之决议主席有最后之核定权，凡官员外交或财政金融上各种施策、微论不足认为反抗本国，即使反抗本国亦与被告无涉等情词，或为自欺欺人，或为颠倒是非，殊无足采。盖民国二十六年十一月三十日国府移驻重庆宣言，内有“殊不知我国自决定抗战之日即已深知此为最后关头，为国家生命计，为民族人格计，为国际信义与世界和平计，皆已无屈服之余地。凡有血气无不具宁为玉碎、不为瓦全之决心，国民政府兹为适应战况统筹全局、长期抗战起见，本日移驻重庆，此后将以最广大之规模从事更持久之战斗”等语昭告全国上下。该被告曾受高等教育，在党政学各界均有相当地位，岂有不知之理。无论汪逆是否为被告之上级公务员，而此种违反既定国策之命令亦不应接受，况主持国家大计自有一定程序，何得谓报告汪逆即无异报告中央乎？该被告一再声述政治之见解与汪逆始终一致，则其决心参与汪逆之叛逆行为既有意思之联络又有行为之分担，应负共同之责任彰彰明甚。汪逆当时飞往东京，不议和平条件究为何事而往乎？即在沪召开伪全国代表大会亦何得推在汪逆一人之身而自己欲置身事外乎？查伪中央政治委员会组织条例明明规定军事及外交大计、财政及经济计划应经中央政治委员会之决议。该被告既为伪中央政治委员之一，且自承出席会议，则对于伪国府种种施策自应负共同责任。再查伪国民政府公报第一号载伪国民政府还都宣言内有“国民政府此次还都南京为统一全国，使向于实现和平，实施宪政之大道，勇猛前进，全国以内只有此惟一的合法的中央政府。重庆方面如仍对内发布法令，对外国缔结条约协定，皆当然无效”等语。一则曰只有此惟一的合法的中央政府，再则曰重庆方面对内、对外法令条约等皆无效。惟恐重庆国民政府不早日崩溃之情节昭然若揭。则是参加组织伪国民政府之人其居心不堪闻问，其罪行亦暴露无遗矣，恐有百嘴亦难辩解。至于该被告附从汪逆卖国求荣，自奔走和平及组织伪府历任要职至日寇投降为止，乃出于概括的、通谋敌国、反抗本国之一贯意思。凡伪国民政府一切发号施令、祸国害民之事实均应负共同正犯之罪责甚为明显，因而对于发行伪币、供给敌军军粮等等行为亦已吸收在内，毋庸分别论罪。按日寇处心积虑并吞我国非一朝夕。自“九一八”以后，节节进逼，夺我东北四省、出兵内蒙、进窥平津，演成七七事变。我国民政府忍无可忍起而抗战并决定宁为玉碎，不为瓦全，从事更持久之战斗，凡在血气之伦无不同仇敌忾。乃该被告平日研究政法，战时负有使命，竟于敌寇深入国家危急之秋，甘心附逆背叛中央，只图个人私利，不顾民族存亡，若非中央坚持抗战到底，将使我国陷于万劫不复之地步。似此甘冒不韪实属法无可贷。虽据该被告在侦查中声明曾于三十三年冬掩护抗敌工作及日寇投降以后维持地方治安，协助中央接收各节，纵使果有其事，亦无非途穷日暮出此投机取巧之手段要，不足供量刑之参考，自应处以极刑并褫夺公权终身，以维法纪而正人心，全部财产除酌留家属必需生活费外并予没收。

据上论结应依特种刑事案件诉讼条例第一条，刑事诉讼法第二百九十一条前段惩治汉奸条例第一条、第二条第一项第一款、第八条第一项、第九条，刑法第二条第一项前段、第二十八条、第三十七条第一项判决如主文。

本案经本院检察官李师沆莅庭执行职务。

中华民国三十五年五月九日

首都高等法院刑事庭

审判长推事　赵　琛

推事　葛之覃

推事　郑礼锷

林柏生汉奸案判决书

【首都高等法院刑事判决　三十五年度特字第十七号】

公诉人　本院检察官

被告　林柏生，男，年四十五岁，广东省信宜县人，住南京上海路七十三号，现在押

指定辩护人　刘贤才

上被告因汉奸案件经本院检察官起诉本院判决如下：

主　文

林柏生共同通谋敌国，图谋反抗本国，处死刑，褫夺公权终身。

全部财产除酌留家属必需生活费外没收。

事　实

林柏生，原系中国国民党党员，为汪逆兆铭之心腹，二十三年曾任立法委员。中日战事发生后迁居香港，兼任中央党部驻港特派员及国际问题研究所主任等职。民国二十七年十二月间，汪逆兆铭违反抗战国策，背叛中央，潜往越南河内草拟艳电，响应敌酋近卫文麿十二月二十三日之声明，由陈公博、周佛海、陶希圣带至香港，交林柏生、梅思平一同署名负责宣布，继由林柏生所主持之南华日报馆及中央社香港分社于十二月三十一日发表。林柏生虽于二十八年一月十七日曾遭爱国志士狙击，伤愈后毫不悔悟，复参加在

沪召开第六次伪全国代表大会，讨论伪党纲、政纲及和平问题，接受该会选任伪中央执行委员一职。其后欧战爆发，敌国对我国之侵略变本加厉。十一月间随同汪逆兆铭与日本军部代表影佐祯昭、须贺等商订和平基础方案，旋于二十九年一月二十日出席青岛会议，与伪临时、维新两政府会商合并办法，另组联合政府。迨协议既成，即于三月三十日以国民政府还都之方式成立伪国民政府，于南京汪逆自任主席，林柏生则任伪宣传部部长，并发表“重庆政府对内、对外各种政令及条约等一概无效”之宣言。同年五月九日汪逆率领伪使节团赴日答礼，林柏生以团员资格参加。同年十一月二十八日，林柏生出席参加伪中央政治会议，通过中日基本关系条约，并承认伪满洲国以破坏我国领土之完整。三十年五月间兼任清乡委员会委员，三十一年更兼任伪新国民运动促进委员会秘书长、伪中国青年团总监及伪中国青年模范团书记长等职。三十二年一月九日，伪政府附和日寇对我盟邦英美宣战后又参加讨论缔结中日同盟条约，三十四年春调任伪安徽省长及伪蚌埠绥靖公署主任等职及至日寇投降，林柏生始畏罪潜逃。日本经国民政府电令拘捕解回本国，经军事委员会调查统计局移送本院检察官侦查起诉。

理　由

查本案被告林柏生附和汪逆兆铭违反中央既定国策，私自主和，发表汪逆艳电，影响近卫声明，虽经爱国志士之狙击，被告仍执迷不悟，参与伪全国代表大会讨论和平问题及青岛会议，复与汪逆兆铭等共同组织伪国民政府担任党政各要职，并偕汪逆兆铭赴日答礼。嗣后又与汪逆东渡参加大东亚青少年指导者会议，他如《中日基本关系条约》、《中日同盟条约》、《中日满共同宣言》及对我英美盟邦宣战表示与日寇同生共死各种会议，该被告亦莫不参加，且在伪宣传部长任内迭在报端及广播词中颂扬日寇，诋毁中央及发表反对抗战之谬论，无所不用其极。而于其所著《由九一追想到九九》文中，对于最高统帅领导神圣抗战之国策极尽诽谤诬蔑之能事，冀图扰乱人心、动摇抗战，已据在侦查及审判中自白不讳。核与共犯梅思平在侦查中及另案之供词悉相附和，并有其署名之宣传刊物、演讲录音片及伪国民政府公报等可证，是其服从汪逆反抗本国罪证确凿毫无可疑。惟据被告抗辩意旨：其一，艳电系奉汪逆以国民党副总裁之地位嘱为发表不能拒绝；其二，其行使伪政权之地域乃系取之于日寇之手，原冀抢救人民保存原气，待机反攻；其三，随从汪逆兆铭参加和平与敌人接洽对于汪逆因职务所在（担任宣传部长）有发表新闻之义务，仅以随员资格追随汪逆兆铭，并未直接与外人勾结；其四，没有分裂国家，没有变更团体，没有把整个国家送给敌人不得谓为通敌谋反；其五，伪政府对英美宣战但未实行出兵，其目的在分散敌人的实力，从日本人手中收回权利等情。关于第一点，查持久抗战为我中央既定国策，该被告负有中央使命当无不知之理。纵汪逆系其上级公务员，依刑法第二十一条第二项之法意观之，违法之命令自不应接受。关于第二点，我军移转阵地，采取消耗战术，原为战略上关系，藉以抵制日寇速战速决之企图。我中央决定长期抗战，在沦陷区域分布队伍，军事上固待机反攻，政治方面对于各级地方政府亦皆明令保留执行政务，原期收复失地后抚慰人民，绝无委弃不顾之理。被告与汪逆等甘受日本利用妄行组织伪政府，致使国军不易活动，中央政令不易推行，而日寇势力反臻巩固，肆行搜刮，陷人民于水深火热之中，所谓抢救人民、保存原气自属欺人之谈。关于第三点，从根本上研究日本袭击我国领土即为我四万万同胞之公敌。汪逆兆铭既不遵守中央政策，共同抗战反谬唱和平运动，与日本公然勾结即为国家之巨奸，被告甘心附逆参与种种行为，应与汪逆负共同叛国罪责毫无疑义，乃反藉口和平运动且诿称随员资格参加实属自欺之语。汪逆兆铭受日本之指使而被告又为汪逆之爪牙，乃被告竟称职责所在有发表新闻之义务，殊不知被告与汪逆等通敌叛国一切措施皆属法所不容，尚有何职务之可言？关于第四点，查自伪国民政府成立以后，受敌人之卵翼，盘踞金陵为所欲为，以致河山变色，危急万分，加以承认伪满洲国且将国土显然分割，被告犹谓并未分裂云云，真所谓掩耳盗铃，其将谁欺乎？关于第五点，伪政府对英美宣战之举明明为德日增加实力，一面摧残同盟国之战斗，力使我国陷于孤立之地，其有颠覆中央政府之意图，显然可见被告反谓以此分散敌人实力，从日本人手中拿回权利实属矛盾之词，不攻自破。按被告曾受高等教育，身为立法委员会竟于敌寇深入，战事危急之际，甘心附逆，发表种种反对抗战之言论，几至国本为之动摇。似此罪迹昭彰，实属法无可恕，自应处以极刑，并褫夺公权终身以申国法而正人心，全部财产除酌留家属必需生活费外并予没收。

据上论结，应依特种刑事案件诉讼条例第一条，刑事诉讼法第二百九十一条前段惩治汉奸条例第一条、第二条第一项第一款、第八条第一项、第九条，刑法第二条第一项前段、第二十八条、第三十七条第一项判决如主文。

本案经本院检察官李师沆莅庭执行职务。

中华民国三十五年五月三十一日

首都高等法院刑事庭

审判长推事　赵　琛

推事　葛之覃

推事　金世鼎

殷汝耕内乱罪案判决书

【首都高等法院刑事判决　民国三十五年度特字第八四号】

公诉人　本院检察官

被告　殷汝耕，男性，年五十八岁，浙江平阳县，住北平前圆恩寺十六号，现在押

选任辩护人　章士钊律师、张文伯律师

上被告因内乱罪案件，经本院检察官起诉，本院判决如下：

主　文

殷汝耕意图破坏团体，窃据国土而首谋暴动，减处无期徒刑，褫夺公权终身。

事　实

殷汝耕系日本早稻田大学毕业，回国后曾历任驻日特派员、航政司司长、总司令部参议及上海市政府参事等职。民国二十二年初日本企图侵略华北，屡寻事端。被告适于同年十一月任蓟密区行政督察专员，二十四年八月复兼任滦榆区行政督察专员，竟利用华北当时混乱环境，于同年十一月二十三日率领冀东保安队总队长五人谒见冀察政务委员会委员长宋哲元，藉五总队长胁迫宋氏，要求宣布冀东自治，宋哲元拒绝接见。是时日本有十数万军队在华北调动，复与日本特务机关长土肥原协商该项问题，并凭藉日本军队压境之势威胁中央，遂于同月二十五日合并蓟密、滦榆二区二十二县

成立冀东防共自治委员会。未及一月复于十二月改组为冀东防共自治政府，共设五厅三处，自任政务长官，改县五色旗，取消各学校三民主义课程，禁止适用中央关于人民团体各项章程，设立冀东银行发行巨额钞票，扰乱中央金融，推行奴化教育，重行制定学校教科书，与日人合办长城煤矿，协助日人收买柳江煤矿，指挥保安队与日军合作，受其调动，建筑飞机场，安置电话电台，以便利日本军事需要并纵容日本、朝鲜浪人走私偷运白银出口，种种行为无非背叛中央，博取日本欢心。民国二十六年七月底，被告统筹之保安队激于爱国热忱，对于在边州之日兵加以攻击，被告阻止无效，日本士兵伤亡甚多，因而迁怒于被告，遂将其拘禁。嗣经日人头山满保释，闲居数年，复于民国三十二年春出任伪职至胜利为止。三十四年十二月间经军事委员会调查，统计局拘捕，移送本院检察官侦查，以汉奸罪一并起诉。

理　由

本件被告对于上开犯罪事实，业经在侦查及审判中均供认不讳，核与军事委员会调查统计局所送案被告之询问笔录、被告之自白书以及其所编之《冀东纪念专刊》暨《十年来日本侵华回顾录》等证件相符，被告犯罪事实自堪认定。查中华民国永为统一共和国，在中华民国训政时期约法第三条定有明文，被告既窃据冀东二十二县宣布自治，复成立冀东防共自治政府，实行独裁，使民国割裂，有悖于统一共和之组织，显属破坏国体，窃据国土。据被告辩称，成立冀东防共自治政府系应环境需要暂图缓卫日寇之毒手，以谋华北数省之安全。盖冀察政务委员会委员长宋哲元以筹备五省自治需时，令被告先行宣布冀东自治以谋缓和日方之催促，事前曾由宋氏密报中央取得默契，并于宣布前三日尝由被告率领冀东保安队总队长张庆余等五名晋谒，宋氏因病未克接见，承派秦德纯、萧振瀛两氏代见，对于被告及五总队长勉励有加，并声明一周后华北全体之自治必相继宣布，而以冀东蓟密、滦榆两区作一单位加入，且于冀东自治宣布后，曾经冀察政务委员会令饬长芦盐务稽核分所及北宁铁路局，各按月拨给冀东政府津贴数十万元，足证冀东自治得该会委员长之同意云云。然查秦德纯次长本年九月十三日复函，以土肥原为侵我华北，割裂我国家计，曾以各种横暴卑劣手段威胁利诱宋哲元将军，假自治为名脱离中央，均经宋将军严词拒绝。冀察政务委员会经中央明令组织之后，宋将军任委员长，其行政措施悉遵中央政令，在不丧权、不辱国之原则下与日寇折冲，未闻派陈觉生与土肥原联络筹划五省自治之事。殷逆所谓曾商妥宋将军率蓟密、滦榆两区军民自成单位，参加五省自治一节全为饰词避罪之语。关于本人代表宋将军接见殷逆及五总队长全系捏造事实，是被告所称得宋哲元之同意，中央之默许各节纯系狡展之词，不足凭信。再查财政部盐政总局三十五年九月三十日局财普卅五字第二六二号代电节称卷，查冀东防共自治委员会于二十四年十二月十九日以财字第七七号函以本会前曾上公函，请将本自治区内二十二县盐税暂由贵所保存，不得向南京政府报解，谅邀鉴察，兹拟请贵所按月拨付本会洋六十万元以资接济，并请于六日内惠覆，如逾期不得要领，本会为适应环境起见不得不采取便宜处置。嗣由冀察政务委员会以二十五年一月二十日第四九号训令核定，于冀东政府存在期间内长芦盐务稽核分所，每月给付大洋二十五万元，截至二十六年二月份止先后拨付冀东共计四百万元，至三至六月份及以后是否续拨则无法查得等语，足见关于盐税津贴一节，冀察政务委员会所以令饬按月拨付者显系出于被告之威胁，殊难用以证明宋哲元对冀东自治之同意。至北宁铁路局之津贴，查交通部三十五年十月二十六日第一三五零一号公函，据其所属之平津区铁路管理局十月七日会赈字第四零六号呈以前北宁路局档卷赈册等大部分均在伪天津铁路局时期为日人焚毁。关于津贴冀东自治委员会一案已无卷可稽，难以查考。然据秦德纯次长之复函及盐政总局之代电，北宁铁路之津贴亦可断定由于被告之胁迫自亦难用以证明，冀东之自治得宋哲元之同意，复参照伪冀东纪念专刊绪言，其第一页内载有“党政府以训政为名行独裁之实，假公济私，言行相背，以言内政则纲纪荡然，以言外交则彷徨无策，民生凋敝，国运日蹙，而于华北特殊情形尤无正当解决之方，徒为模棱延宕与愤激夸张之论，以致华北人民日处忧疑恐怖中，战区各县几等于无国籍之穷民，生灵涂炭，中央政府丝毫不得为谋而敛赋之苛扰如故。共匪[1]潜滋中央政府丝毫不能防止，而夜郎之自大如故我不识。冀东人民何负于中央而敝履视之，如此吾民处兹环境，始知中央政府之无可倚恃，不得不急谋自救，而自救之方舍实行防共自治处别无良策”等等荒谬言论，则被告宣布冀东自治，居心背叛中央显无疑义。被告所有之辩解均非事实，不足采信，已如上述。该被告私通外国，窃取国土违法乱纪，其罪实不容诛，惟查被告宣布冀东自治之犯行系在民国二十四年十一月至二十六年七月间依照当时法律，被告实犯民国二十年一月三十一日公布之危害民国紧急治罪法第一条第二款之罪。然该法已于二十六年九月四日修正之危害民国紧急治罪法颁行后失其效力，而修正之危害民国紧急治罪法又于本年三月十二日明令废止。依刑法第二条之规定，行为后法律有变更者适用裁判时之法律，是被告之犯行自当适用刑法之内乱罪或外患罪论处。然被告虽与日本同谋宣布冀东自治，而其欲使中华民国冀东领土属与该国或他国之意图无从证明，殊难论。以刑法第一百零四条之外患罪，被告意图破坏国体，窃据国土，凭藉冀东保安队及日本在华北军队之势力而着手实行，自应负刑法第一百零一条第一项内乱之罪责，但因被告之犯罪在中华民国三十三年六月一日以前合于减刑办法第一条前段规定，应减轻本刑二分之一处断。按被告一身兼任蓟密、滦榆两区

---

〔1〕 宥于特定时代背景，本书一些提法及观点是错误或者值得商榷的，请读者明辨。——编者注

行政督察专员，负国家重任，乃竟丧心病狂，意图使冀东脱离中央而首谋暴动，似此甘冒不韪，实属法无可逭，自应处以无期徒刑，并褫夺公权终身以申法纪而儆效尤。又被告实行犯罪行为时，我国尚未对日作战，核与惩治汉奸条例所规定“通谋敌国”之条件不合，亦即被告之罪行与汉奸之罪质不符。检察官以该项罪行与其后参加伪组织之罪行合并，认被告统犯汉奸罪，以惩治汉奸条例第二条第一项第一款之罪，对被告起诉尚属未洽，应变更其所引用之法条，与其以后所犯之汉奸罪行依普通刑事及特种刑事二种诉讼程序分别裁判，合并说明。

据上论结，应依刑事诉讼法第二百九十一条前段、第二百九十二条，刑法第二条第一项前段、第一百条第一项、第一百零一条第一项，减刑办法第一条前段，刑法第六十四条第二项、第六十五条第二项、第三十七条第一项判决如主文。

本案经检察官王文俊莅庭执行职务。

中华民国三十五年十月三十一日

首都高等法院刑事庭

审判长推事 赵 琛

推事 葛之覃

推事 金世鼎

溥侗汉奸案判决书

【首都高等法院特种刑事判决　三十五年度特字第二〇六号】

公诉人　本院检察官

被告　溥侗，男，年七十二岁，北平人，住南京南捕厅十五号

选任辩护人　王炳钧律师

上列被告因汉奸案件，经检察官提起公诉，本院判决如下：

主　文

溥侗共同通谋敌国，图谋反抗本国，处有期徒刑一年三月，褫夺公权二年。

全部财产，除酌留家属必需生活费外没收。

溥侗缓刑二年。

事　实

溥侗在抗战前原任蒙藏委员会及中央候补监察委员，于民国二十九年秋间受敌宪之劝诱参加伪组织，担任伪国府委员兼伪中央监察委员会秘书厅秘书长，直至日寇投降，伪组织解体为止。嗣经军事委员会调查统计局探悉前情，备函附同系结一纸移送本院检察官侦查起诉。

理　由

上开事实已据被告溥侗供认不讳，核与先后在侦查中及审判中

呈递辩诉状所述情词亦属相符，已可认为明确查伪国民政府系日寇卵翼下之组织，专以破坏中央抗战国策及颠覆政府为目的。该被告参加伪府担任伪职应负共同通谋敌国，图谋反抗本国之罪责毫无疑义。惟据辩诉要旨略称："被告束髪受书，深知大义，嗜好艺术，敝履尊荣，平生服膺先总理之所为，辛亥革命时曾主张清帝逊位，以是兵不血刃，奠定共和。"九一八"事变后纷传逊帝宣统即溥仪将赴东北，被告因彼年青恐一旦为敌利用，将殆国家无穷之患。曾赴天津力加劝阻，虽未获效而效忠党国不敢后人，耿耿此心已为全国人所共鉴。嗣溥仪在东北组织傀儡政权成立伪满洲国，宗人旧臣多去拥护而被告不愿与彼等同流合污，即只身南下专以提倡艺术，发扬文化为事。民国二十二年十一月，蒙行政院提出派为蒙藏委员会委员，二十五年又被选为中央候补监察委员。及抗战军与国府西撤，被告贫病交加又因家小牵累，未克随往，辗转沦落上海。二十八年，汪逆兆铭等在沪召开第六次伪全国代表大会，被告曾被骗出席。是年十一月，晤蒋鼎文将军告以参加和运情非得已。当蒙蒋将军谅解交由国立暨南大学校长何炳松转赠千金，得款后即离沪返平家居，不料被告以满人宗室之故随在皆遭日寇之监视，随时以赴满赴京相逼，乃不得已于二十九年秋间来京任伪国民政府委员兼伪中央监察委员会秘书厅秘书长，但每每称病始终未出席开会一次，亦即所以报蒋将军之诺言。如果甘心卖国，在"九一八"后何必阻止溥仪赴满，又以被告地位如在满卖国何求不得，何致随汪为逆"等语。详予审核，确系实情，自可供量刑之参考。盖被告当日愤溥仪受日寇之利用，即只身南下表示断绝关系，一时传闻遐迩，颇为舆论所赞许。我中枢认其志行可嘉，畀以相当要职，固为真确显著之事实，是该被告参加伪组织究与自始甘心附逆为虎作伥者不同，按其情节尚属轻微，且该被告精神耗弱，在任伪职期内亦无具体恶迹犯罪，情状殊可悯恕，应予递减量，处有期徒刑一年三月，褫夺公权二年，全部财产除酌留家属必需生活费外没收。又以前未曾受有期徒刑以上刑之宣告而年老多病，暂不执行为适当，特宣告缓刑二年以示矜恤而昭平允。

据上论结，依特种刑事案件诉讼条例第一条、刑事诉讼法第二百九十一条前段、惩治汉奸条例第一条、第二条第一项第一款、第二项、第八条第一项、第九条、刑法第二条第一项前段、第二十八条、第十九条第二项、第五十九条、第六十六条前段、第七十三条、第三十七条第二项、第七十四条第一款判决如主文。

本件经检察官陈绳祖莅庭执行职务。

首都高等法院刑事庭
审判长推事　赵　琛
推事　葛之覃
推事　葛召棠

王荫泰汉奸案判决书

【首都高等法院特种刑事判决　三十五年度特字第八七号】

公诉人　本院检察官

被告　王荫泰，字孟群，男，年五十九岁，浙江绍兴人，住北平后马厂十号，任伪华北政委会委员长，现在押

选任辩护人　戴修瓒律师

上列被告因汉奸案件经检察官提起公诉，本院判决如下：

主　文

王荫泰共同通谋敌国，图谋反抗本国，处死刑褫夺公权终身。全部财产除酌留家属必需生活费外没收。

事　实

王荫泰，字孟群，早岁留学东瀛，卒业于德国柏林大学法科，原任前北京政府外交司法总长、兵工厂长等职。北伐完成，蛰居故都，嗣至沪滨，改操律务，芦沟变起，北平失陷，王克敏、王揖唐、汤尔和、董康诸逆，受敌指使组织伪临时政府，分任行政司法议政委员长。王荫泰聆讯弹冠，疾驰北上，听其怂恿，遂于民国二十七年五月出任伪临时政府实业部长，二十八年兼充伪华北合作事业总社理事长，征集物资摧残农村经济，迨汪逆兆铭背叛中央与伪南京维新政府、伪北平临时政府协商，合组伪国民政府于二十九年三月三十日成立，该逆任伪华北政务委员会常务委员兼伪实业总署

督办。三十二年十一月，伪实业总署奉令改为伪农务总署，仍兼任该总署督办暨伪华北政委会总务厅长官、伪物资物价处理委员会常委，并被任伪南京国府全国经济委员会委员。三十三年五月，兼伪华北食粮公社理事长，强征食粮，配给敌伪至三十四年二月，调任伪华北政委会委员长，兼伪新民会会长，与王逆克敏等同一意旨，反抗本国，强化中日提携，拥护敌邦为东亚盟主，奉承意旨，强征劳工供敌驱使。复授命伪中联准备银行总裁，汪逆时璟增发伪券，扰乱金融，推广烟政，荼毒生民，强制人民献铜，故宫铜器，任敌搜取供敌收藏军火，编练伪绥靖军，巩固其地位扩充其权势，主持伪新民会灌输亲日思想，麻醉人民，又出席伪国府还都五周年纪念仪式，发表谬论，训示伪军警学校学员，加深"和运"根基，直至日寇投降伪组织解体后，始行卸职。经军委会调查统计局将被告捕解本院检察官侦查起诉。

理 由

本件被告王荫泰对历任伪临时政府实业部长兼伪华北合作事业总社理事长、伪"临时"、"维新"两政府合并组成南京伪国民政府后特任被告为伪华北政务委员会常委兼伪实业总署督办，施改为伪农务总署，仍兼督办及伪政委会总务厅长官、伪全国经济委员会当然委员、伪食粮公社理事长、伪物资物价处理委员会常委，三十四年二月调任伪华北政委会委员长兼伪新民会会长等职。迭据供认不讳，核与军统局送案之罪行调查表及被告自白书所载内容悉相吻合，有查获之伪国民政府任命状三纸存卷足证，参以另案共犯汪时璟、唐仰杜、余晋龢等之供述（供词见各该案卷）亦复相符，事实极为确凿。查被告原在沪滨操律务足堪维持生活，讵于事变后闻挚友王克敏、王揖唐、汤尔和等逆受日人指使，组织伪临时政府。王克敏自任伪行政委员长，董康自任司法委员长，汤尔和自任议政委员长，乃遄返北平，听其怂恿，出任伪职（按伪华北政委会系伪临时政府之替身，管辖冀鲁晋三省及平津青三特别市之广大区域，具军政特殊化，除受南京伪府节制外并得发布伪法令）。被告与王克敏等一贯反抗本国，主张强化中日提携与亲善，拥护敌国为东亚盟主，聘任敌人顾问，秉承其意旨设立伪劳工局，督导伪劳工协会，强征华工充敌军役，授命伪财委会主委兼伪中联银行总裁，汪逆时璟增发伪券为数惊人，金融为之紊乱，与敌合办华北食粮公社，藉词购买粮食，调济民食而实际配给故陆军联络部及甲第一八四二部队暨服务敌军，伪华系人员食用。计有天津附近驻军一百零三单位，约配面粉五万一千零四十五袋，配发各军队杂粮二十九万一千六百四十公斤，他如驻津伪满洲国总领事馆总领事小滨繁领事、下田要副领事、水红令宣伊藤初太郎主事、能仁俊夫等四十八名均受该社配给食粮，已准天津市政府本年九月十日丙秘参字第二四一零号复函附抄卷件及调查表在案堪资印证。食粮资敌遂其"以战养战"之伎俩，纵容僚属强制人民献铜，故宫铜器任敌擅取制造军用品，残杀我同胞，使有历史文化性考据价值之古铜化为乌有，损失甚巨。开放故宫任敌收藏军火，赓续王逆克敏所召集之敌伪特工组织之伪"东亚学术研究会"并主持伪新民会灌输亲日思想，麻醉人民头脑，复编练伪绥靖军创设伪陆军宪兵清河陆军军官及绥署陆军等学校，育成青年干部，充实伪军力量。观其迭次在伪新民会、伪军校训词及伪南京国府还都五周年纪念会之广播演说（词详《王孟群言论集》），足证被告钦仰汪逆荒谬言论，不堪瞩目。次查其委程希贤充伪北平禁烟总局局长，推行毒化政策，公开贩卖烟毒，荼毒生民。莫此为又侵占郭氏觯齐珍藏之唐越元钧、宋东元龙泉诸窑名贵瓷器六件，经故宫博物院派员接收时始行发觉有行政院院长临时驻平办公处，未江秘代电附郭瓷清单一纸可供参核（原电及附单均在卷）。即质之被告亦承认伪政委会拟买郭瓷，曾派专家挑选且与瓷器主任郭葆昌相善等语无异。此外伪华北政务委员会一切发号施令，祸国害民之罪行皆应负共同正犯之责任。虽据辩称恢复年号正朔，悬总理遗像，唱党歌，谒衣冠冢，广传主席宏著（指《中国之命运》一书）；索还敌金五吨，仍依伪券定案；严拒故宫收藏军火，破烂铜铁勉强应付；掩护地下工作人员张恺（伪师大校长）、陈肇基（十一战区党政总队长）、张畏苍（中央宪兵司令特派员）、吴光弼（军统局工作员）、陈旭东（中央特派员）秘密工作；营救许惠东（北平市党部主委）、董洗凡、英千里（北平辅仁大学教授）、陈秀峰（十一战区军法官陈庆元之父）等脱险；保护瑞士总领事郝卜礼、外侨福开森小姐、美新闻记者钟戈特等权益；救助北平辅仁大学宠德堂、高桑医院养老院、海淀基督教会、北平婴儿寄托所、昌平县半壁村及四平台村等；胜利后维村平津治安，静待中央接收，确保华北地区掌握机场、海口，此种协助接收有利人民之工作应请依照处理汉奸案条例第三条第一项规定，减轻其刑云云。然查其一，被告系一公民，奉行国父遗教，传诵总裁嘉言，恢复年号王朔乃应尽职责，何功之有？增发伪券漫无限度，奚有定案，索敌黄金无异与虎谋皮，自取其辱。被告安肯出此顽敌鸱张，军火藏宫，其谓一函拒绝，欺人之词，铜铁献敌故言破烂，避重就轻已可概见。其二，营救董洗凡等脱身虎口、掩护张恺等地下工作、保护外宾郝卜礼、侨福开森等权益、捐助辅大食堂及慈善机关、实物救济村民等情即令属实要，无非取之于民，康人之慨或履行道德上之义务，友谊间之协助，不能认为有利于人民之行为。其三，维持地方治安，严防匪军活动，确保华北重镇掌握机场、海口，静待中央接收亦不过因倭寇投降，伪府解体，日暮途穷，无以善其后，出此投机下策，何协助接收之可言，显不合处理汉奸案件条例第三条第一项之规定，要难减轻其刑，空言置辩殊无可采。是被告王荫泰有共同通谋敌国，图谋反抗本国之事实已属灼然无疑，自难任其饰词图卸，再查被告留学德日，精心读律，民初综理秋曹，复掌外部，应如何洁身自爱，忠贞报国，何乃于七七变起，故都陷落之际，不潜入内地共纾国难，效力中枢，遽尔离沪返平，甘心附逆，受汪逆伪命主政华北，形成割据，献媚岛夷，倚仗淫威，破坏我抗战国策，殂丧我民族意识，通敌叛国罪孽昭著，核其恶性极深，情节重大，应处死刑，褫夺公权终身，以昭炯戒而彰国法，全部财产除酌留家属必需生活费外并予没收。

据上论结，应依特种刑事案件诉讼条例第一条第一项、刑事诉讼法第二百九十一条前段、惩治汉奸条例第一条、第二条第一项第一款、第八条第一项、第九条、刑法第二条第一项前段、第二十八条、第三十七条第一项判决如主文。

本件经本院检察官王文俊莅庭执行职务。

中华民国三十五年十月八日

审判长推事　赵　琛

推事　葛之覃

推事　葛召棠

汪文悌汉奸案判决书

【首都高等法院特种刑事判决　三十五年度特字第五五号】

公诉人　本院检察官

被告　汪文悌，男，年二十二岁，广州番禺人，住南京热河路三四号，前充伪广东教导总队少校大队长，现在押

选任辩护人　端木恺律师、王善祥律师

上被告因民国三十五年特字第五五号汉奸一案经检察官提起公诉，本院判决如下：

主　文

汪文悌通谋敌国，图谋反抗本国，处有期徒刑一年六月，褫夺公权两年。

全部财产除酌留家属必需生活费外没收。

汪文悌缓刑五年，在缓刑期内付保护管束。

事　实

汪文悌系汪逆兆铭之次子，于事变后政府西迁随乃父赴渝，肄业南渝中学，旋至港补习，迨伪府组成，秉父命晋京入伪中央军官学校受奴化军事教育。民国三十二年九月在炮兵科毕业，见习教导总队，六月期满充任伪警卫第一师炮兵营连长，三十三年八月其父病笃就医日本，即辞职驰往随侍移。时汪逆病故，遄返祖国。三十四年四月奉伪军委会委员长陈逆公博令，派充伪广东教导总队少校

大队长，日寇投降后经军事委员会调查统计局捕解来京，送由本院检察官侦查起诉。

理 由

本件迅据被告汪文悌在侦查中及公判庭对历任伪警卫第一师连长、伪广东教导总队少校大队长等职务供承不讳，核与军委会调查统计局送案之罪行调查表及自白书悉相吻合，堪以凭信。查伪中央军官学校系伪组织卵翼下之训练机构，专以养成破坏我抗战国策，供敌伪驱使之意志薄弱青年军人为惟一目的。被告卒业斯校，备受奴化军事教育之熏陶，复见习于伪教导总队，服务于伪警卫一师炮兵营暨伪广东教导总队，其思想行动均受敌伪支配，毫无国家民族观念，其任伪职从事训导附逆份子，造就敌伪鹰犬，自贻伊戚，其凭藉势力为有利于敌伪不利于本国与人民之行为已昭然若揭，岂容否认。惟被告持为免除罪责之辩解，约分三点：其一，被告固系汪逆兆铭次子而无特别犯罪身份，依现行法例罪止一身主义，罪不及妻孥子嗣。其二，被告入伪中央军校尚未满十六岁，充任伪军官时尚未满二十岁，不负刑事责任，且投入伪军校系奉家庭之命非出于本意，毕业后服务伪军部队乃强制性质。其三，通谋敌国意旨在图谋反抗本国，须被告与敌国协议双方意思合致之表示，更须有反抗本国之计划，被告任职伪警卫师教导队，责在维持京师省垣治安，迄日本投降仍在广东维持治安静待收复，并无通敌叛国行为等语。关于第一点，查汪逆兆铭背叛中央，组织伪府，为国人所共弃。被告在敌伪奴化教育融化之下长成，耳濡目染以为常，其有不正确之传统思想，乏正义感之一贯主张已不待言，固无特别犯罪身份，然其迭任伪职，安能无罪？关于第二点，被告稚龄入校，弱冠卒业，谬长伪队以迄日寇投降，早届责任年龄了无疑问。关于第三点，被告既在伪组织机构中充任伪军职，当有通敌谋叛之举动与计划，其谓维持京师省垣治安静待接受，要不过受伪军首长之命，巩固伪府基础，杜绝爱国志士地下工作之进行，其掩过饰非、欲盖弥彰。综上以观，其应负通谋敌国，图谋反抗本国之罪责至臻明确，殊非狡饰所能诿卸。惟其年少识浅，随父从逆奴化教，深积难反。初任伪官校尉尚无积极叛国行动，核其情节要非重大，复因不谙法律，率尔操觚，依法减轻其刑二分之一，且误入迷途情状不无可悯，并应酌减其刑。再查被告未曾受有期徒刑以上之宣告，合于缓刑条件，故谕知减处有期徒刑一年六月，缓刑五年，在缓刑期内付保护管束，俾得自新藉观后效，其全部财产除酌留家属必需生活费用外没收。

据上论结，应依特种刑事案件诉讼条例第一条、刑事诉讼法第二百九十一条前段、惩治汉奸条例第一条、第二条第一款第二项、第三条、第八条第一项、第九条、刑法第二条第一项前段、第二十八条、第五十九条、第十六条但书前段、第六十六条、第三十七条第二项、第七十四条第一款、第九十三条第一项判决如主文。

本件经检察官王文俊莅庭执行职务。

中华民国三十五年六月二十六日

审判长推事　赵　琛

推事　王鸿全

推事　葛召棠

第二部分　论文选

法治精神

一、法治之意义

法治即法律统治之谓，国家一切活动，必须循法以行，不能由政府，以自由意思，擅行决定，必须以法律为其轨辙与准绳，人民的自由及其他权利，应由法律加以保护，人民应负之义务，亦应由法律加以规定，政府机关非依法律，不得限制人民之自由与权利，亦不得任意课人民以义务，人民固应服从法律，政府亦应遵守法律，此即法治之真谛。

二、宪法与民主法治

依宪法规定，中国为民主法治国家，盖若法治而不民主，是专制政府，若民主而不法治，是暴民政治，若不民主又不法治，则是极权暴政，故民主法治，必须连结而不可分。中国宪法遵国父遗教，分立五权之治，五院相互间，各有权责，互相尊重，互不侵犯。宪法上法治精神之表现，其重点约略如下：

1. 法律之前人人平等。
2. 人民有权，政府有能。
3. 元首与民意代表，出自民选。

4. 宪法之修改，须经严格程序。

5. 人民之自由权利，由宪法保障非有宪法第二十三条情事，不得以法律限制人民之自由权利。

6. 行政、立法、司法、考试、监察五院，均依宪法行使治权。

7. 审判独立，不受任何干涉。

8. 法律命令，与宪法抵触者无效。

三、司法与法治精神

“总统”蒋公曾云：“遵宪法轨道发扬民主，循法律范围维护自由。”又云：“奠定法治基础，应以健全司法为中心。”惟徒法不足以自行，徒人不足以为政，要推行法治，健全司法，必须有良好之法律与优良之法官。法治精神，司法上最能表现，司法官必须操守清廉，居心仁恕，公正不阿，用法平允，始足称理想之法官。

兹试举中外古来尊重法治之人数，略述如后：

1. 汉张释之。汉文帝时，上行出中渭桥，有一人从桥下走出，乘舆马惊，于是使骑捕，属之廷尉奏当一人犯跸，当罚金。文帝怒曰：“此人亲惊吾马，吾马赖柔和，令他马，固不败伤我乎？而廷尉当之罚金？”释之曰：“法者，天子所与天下共也，今法如是，而更重之，是法不信于民也。且方其时上史诛之则已，今既下廷尉，廷尉，天下之平也，一倾而天下用法，皆为轻重，民安所措手足？惟陛下察之。”良久，上曰：“廷尉当是也。”其后“有人盗高庙前玉环，文帝怒，下廷尉治，释之按律盗宗庙服御物者为奏，奏当弃市，上大怒，曰：‘人无道，乃盗先帝庙器，吾属廷尉者，欲致族之，而君以法奏之，非吾所以共承宗庙意也，释之免冠顿首谢曰：法如是足也，且罪等，然以逆顺为差，今盗宗庙器而族之，有如万分一，假如令愚民取长陵一抔土，陛下将何以加其法乎？’久之，文帝与太后言之，乃许廷当是”。

2. 唐戴胄。唐初伪造资历之风甚盛，太宗降诏嗣后再犯者，杀无赦。不久又有人伪造经历图悻，大理寺少卿戴胄依当时法律处以徒刑。太宗大怒，云不处死刑乃违背敕旨。戴胄从容奏道：法者，所以昭大信于天下，诏书不过人主一时之喜怒耳，太宗释然嘉其憨直。

3．唐狄仁杰。“唐高宗仪凤元年，狄仁杰为大理丞，将军权善才、中朗将范怀义，误砍昭陵柏，当除石，上特令杀之，仁杰奏罪不当死。上曰：‘我不杀则为不孝’，仁杰固执不已，上怒，令出。对曰：‘犯颜直谏，自古以为难，臣以为遇桀纣则难，遇尧舜则易。夫法不至死，而陛下特杀之，是法不信于人也，人何所措手足？且张释之有言，设有盗长陵一抔土，陛下何以处之？今以一柏杀二将军，后代谓陛下为何如主？臣不敢奉诏者，恐陷陛下于不道，且羞见释之于地下也’。上怒解，遂贷之，仍擢仁杰为侍御史”。

4．宋赵抃。“赵抃为殿中侍御，弹劾不避权倖，声誉凛然，京师目为铁面御史”。

5．宋包拯。“龙图阁直学士包拯立朝刚毅，贵戚宦官为之敛手，闻者皆惮之，人以拯笑比黄河清，京师谓之语曰，关节不到，有阎罗包老。”

6．英王法庭审判长加斯可因。十五世纪英王亨利五世（Henry V）为太子时，其宠臣犯罪被逮，开始公判于王座法庭，太子闻之大怒，立赴法庭，命法官开释，粗暴绝伦，合庭愕然！审判长加斯可因（Chief Justice Gascoigne）徐徐答曰：“殿下稍安毋躁，静候法律之处分，若处分过苛，则请陛下特赦可也。”太子置若罔闻，欲挽救被告以去。加氏曰：“止！止！太子速退！”太子益怒不可遏，按剑前趋，似欲手刃加氏，加氏泰然自若，厉声斥之曰：“今日之审判长席，即系英王宝座，今上又为殿下之父王，殿下非有二重服从义务乎？本官仰体圣意，禁止殿下之横暴，并愿殿下以身作则，俾他日北面而事殿下者，知所遵循，应即宣告殿下已犯侮辱法庭之罪，姑禁锢于王座法庭之狱，以待陛下后命”。加氏神态严肃，凛若冰霜，此少年气盛之太子，竟为所折服，掷剑于地，向法官鞠躬而退，自投于法庭之拘留室。事为英王亨利四世所悉，仰天谢曰：“朕既得守正不屈之法官，复获忍辱守法之太子，实拜上帝之赐，感谢无极！”

7. 日本大审院长儿岛惟谦。明治二十四年五月十一日滋贺县巡查津田三藏，殴击来日游览之俄国皇太子〔即废帝尼古拉斯二世（Nicholas II）〕于大津町，以佩剑创伤其头部，消息传播，聚过震骇；政府当局，深恐强俄兴问罪之师，苦心焦虑，以策善后，然当时刑法（旧），对于谋杀未遂之罪，应自死刑减一等或二等，津田三藏最重仅能处以无期徒刑。政府当局认为若非置三藏于极刑，将不足以谢强俄，乃决定以对于日本皇室之罪，适用于俄国之皇室，遂援用刑法（旧）第一百六十条“对于天皇、皇后、皇太子加以危害或欲加危害者，处死刑”之规定，命令检事总长，提起公诉，时日本宪法（旧）施行及一年，宪法既保障司法权之独立，又以明文保障人民之权利，而有“日本臣民，非依法律不受逮捕拘禁审问处罚”之规定，刑法（旧）第二条更有“法律无正条者任何所为不得处罚”之明文，乃均未经意，检事总长既迎承当局意旨，欲以对于日本皇室之罪，适用于三藏之犯行，而司法大臣及内务大臣，且亲赴大津，面晤法官授意重罚。幸而当时之大审院长儿岛惟谦，不惜牺牲其生命地位，拒绝行政官之压迫，多数法官，亦克尽忠职守，不允曲解神圣之法文，卒论以通常之罪，依谋杀未遂之例，处三藏以无期徒刑，遂使日本宪法史中，不留污点。世界各国莫不赞美日本司法之独立精神，终成为二十世纪初期强盛之法治国家，岂偶然哉？

8. 美国最高法院首席法官马歇尔。美国为联邦制国家，州议会与联邦议会均有独立之立法权，故州法律与州法律间，以及州法律与联邦法律或联邦宪法间，互相抵触，乃不可避免之事，在如此错综复杂的法律体系之下，若无最高及最后的法律裁判者，人民势必陷于无所适从的困扰。此一问题，终于在一八〇三年，由联邦最高法院首席法官马歇尔（Chief Justice - John Marshall）提出解决办法，马氏在马伯利对梅迪生（Marbury V. Mardison）一案的判决中有云：阐明法之意义，乃法院之职权，法官适用法律以审判诉讼案件，更有解释法规之必要，两种法律互相抵触，法院必须决定适用何种法律，故法律若与宪法抵触，而法律与宪法又均可以适用于某种案件时，则法院宜舍法律而适用宪法？抑或舍宪法而适用法律？如法院尊重宪法以为宪法效力应在法律之上，则宜舍法律而适用宪法，否则一切成文宪法，将无存在之必要。马歇尔此一判例，创立联邦最高法院司法审核权之原则，即联邦最高法院有解释宪法及拒绝适用其认为有违背宪法精神之联邦法律或州法律之权。惟法院不能主动审查法律，必待当事人对于法律之合宪性发生争议而提起诉讼时，方能审查争议中之法律是否违宪。

以上不过略举足为法治楷模之数例，足见有好的法律制度，更须有好的法律人才，才能充分发挥法治精神。

（原载《中国一周》第九七八期，选自一九六九年编《赵琛先生纪念集》）

论司法道德

道德是个人修己善群的根本，做公民，要有公民道德，做公务员，也要有政治道德。

“总统”蒋公在《中国之命运》一书第一章中有云：“中国国民道德的教条，是忠孝仁爱信义和平，而中国立国的纲维，为礼义廉耻，在这八德和四维熏陶之下，中华民族，立己则尽分而不渝，爱人则推己而不争，义之所在，则当仁不让，利之所在，则纤芥无私，不畏强梁，不欺弱小，积五千年的治乱兴亡，以成就我民族明礼知耻，忍辱负重的德性，惟其明廉，故能循分，惟其知耻，故能自强……”这八德四维，是公民道德，亦是政治道德，是各人都应该确守的信条。

做一个现代司法官，除了八德思维的熏陶以外，尤须修养廉明公正的节操，才算是法界的完人，因为普通行政机关，各僚属知识辅佐长官执行政策，各人依长官之命令而行事，不能各自独立行使职权。惟有司法官，是独立执行职务，操生杀予夺之大权，不受任何干涉，假如没有完美的道德修养就不能树立司法维新。吕叔简有言：“一切人为恶犹可言也，惟读书人不可为恶，读书人为恶，更无教化之人矣，一切人犯法犹可言也，做官者不可犯法，做官者犯法，更无禁治之人矣。”足以发人深省。试就廉明公正四义简要说明，野人献曝，倘足供有志司法者修德之一助，幸何如之！

一、廉以律己

廉指清廉、廉洁而言，古人以清慎勤三字勉励亲民之官，而以清廉为居官的第一要义，很有深意存在，因为官不清廉，则慎为畏人，勤为为己，虽勤而慎，于国于人究有何补呢？太平盛世，生活安定，做一个清廉之官并不太难，当今国家危难时期，官俸低微，物价高涨，想做一个清廉的法官，实在难能可贵。养廉之道务要远声色、薄俸养、崇节约，做到“俸薄俭常退，官卑清自高”，虽过着极困苦的生活，有此安贫乐道的精神，则清风两袖，亦会自得其乐的。古人谓：“万分廉洁，止是小善；一点贪污，便是大恶。”又云：“居官贪墨者，必有余殃。”须要时时存此戒慎恐惧之心，才可以上不愧于天，下不怍于心。不过清廉只可律己，不可傲人，清廉而傲人足以招人之忌，亦非处世之道。如能做到洁己爱民，守身如玉就是一个好法官。汉书载：“东汉杨震迁刺史，清廉自矢，时王密为昌邑令，夜怀金十斤遗震，曰暮夜无知者，震曰，天知神知，我知子知，何谓无知。”又董仲舒传“清廉平，赂遗不受，请谒不听，据法听讼，无有所阿”。这种暮夜拒绝馈赠的故事，至今犹传为美谈。前美国驻苏及驻法大使蒲立德。于其所著访华随感录中，有“法官亦有少数败类，但大体说来皆能忍受生活痛苦，而洁身自好”一段话，法界中人不可以此而自满，古人谓“临财毋苟得”，“见得思义”，“及其老也戒之在得”，务要把这些话时时警惕在心，万不可受环境的诱惑，同流合污，才能树立清廉的风气，保持司法的尊严。

二、明辨是非

明指明白是非辨别事理而言，所谓清官，非仅不名一钱也，须兼廉明两义，廉者一尘不染，明者一毫不蔽，如果只是一介不取，而不明事理判断糊涂，则虽清廉亦不足取。所以要下一番省察的工夫，即是“秦镜高悬”、“明察秋毫”的意思。在未断案前，众好之，必察焉。众恶之，必察焉。古人有察言观色，以五声听辞讼者，一曰辞听，不直则烦；二曰色听，不直则赧；三曰气听，不直则喘；四曰耳听，不直则惑；五曰目听，不直则眊。譬如恋奸情热者，顾盼相怜；被诱受欺者，疾视而怒；强盗则暴躁喧嚣，窃贼则瑟缩斜视；委曲难言者，嗒然若丧，或默不置答，或呆立泪下。只要视其所以，观其所由，察其所安，案情就可问得明白，采用证据，尤须慎重细密，譬如侦查中的自白，如系初次受讯，未经串供，易于吐实，故宜尽情鞫讯，以求发现真实，至于非直接询问所取之供词，不可过分置信。这种明察工夫，小处大处，都须观察，如果明足以察秋毫之末，而不见舆新，亦不能谓为明察。惟“明”不一定要过分的“察察为明”，否则就会吹毛求疵，涉于苛细，甚而至于刻薄寡恩，不近人情。唐太宗曾谓“隋文帝不明而喜察，不明则照有不通，喜察则多疑于物”。可见明察之中，仍须准以人情物理，出之平心静气的。“一人在狱十人在途”，审理案件的时候尤要有同情心，设身处地为当事人着想，则滥押无辜、积压案件的流弊，自可减少。放走了一个巨恶大憝，固无异于纵虎伤人，然而陷害了一个无辜良民，又和操刀杀人有何分别呢？所以法官于明察之余还须存心仁恕，宁可法内减一分，不可法外加一分，古人哀敬折狱，如得其情，则哀矜而不喜，就是此意，唐太宗谓：“有司断狱，惟采律文，虽情在可矜，而不敢违法，其间岂能无冤乎?”法官要时时存此念头。因为办案要适法而又适当，求其适法，有法可据，求其适当，则存乎其人，如能体察案情，明辨曲直，作妥当公允的裁判，自然能使人民折服。尤其是判决死刑的案件，必须要特别慎重，孔子云：“古之听讼者：恶其意不恶其人，求所以生之，不得其所以生，乃刑之；今之听讼者，不恶其意恶其人，求所以杀，是反古之道也。”汉书刑法志云“今之听讼者，求所以杀之，古之听讼者，求所以生之，与其杀不辜宁失有罪。”欧阳修亦谓“求其生而不得，则死者于我无憾”。法官如能抱此“如保赤子”的仁爱心情，去处理刑事案件，自会得到民众的爱护。

三、公则不偏

公指“大公无私”、“公平”、“公允”而言，法官办案须要“国尔忘家”、“公而忘私”、“公则不偏”、“虚心听断，不可偏执”。西谚谓“公平之裁判，重法不重人”，韩非谓“刑过不避大臣”，诸葛亮“尽忠益时者虽仇必赏，犯法怠慢者虽亲必罪，服罪输情者，虽重必释，游辞巧饰者，虽轻必戮”，以及其挥泪斩马谡的故事，都无非“天下为公”精神之表现。公平公允一定要摒除私见，管子谓“私意行则国乱”慎子谓“有法而行私谓之不法”。商君书亦有“君臣释法任私则乱，立法明分而不以私害法则治”之语。公明正直，毫无私意，乃为听讼之不二法门。昔张释之擢廷尉，守法严，持议平，时人语曰：“张释之为廷尉，天下无冤民”，法官既是平天下之不平，就要执法如山，绝不徇私，孟子上有一段记载“桃应问曰，舜为天子，皋陶为士，瞽叟杀人则如之何？孟子曰执之而已矣。”这就是说皇帝之父犯罪，亦要与庶民同罪，以保公平的。所以执法者万不可假公法以报私仇，亦不可假公法报私德，一有私意，羼杂其间，就不得其公平的。王阳明曾云“如问词讼不可因他应对无序生怒心，不可因他言词圆转生喜心，不可因其嘱托加意治之，不可因其请求屈意从之，不可因己事冗烦随意苟且断之，不可因旁人潜毁罗织随人意思处之，这许多意思都是私须精细审察惟恐有一毫偏倚枉人是非。”这一段话真可做法官的座右铭。曲法徇私，就是不公，私见偏见成见，固不可有，然而定见不可无的，办案而无定见，则其裁判亦不公平允当的，定见是透过国法人情物理，从良知的判断上把握住的，就是诸葛亮所说“吾心如秤，不可为人作轻重”的意思。

四、正大光明

正指“正直”、“正大光明”、“刚正不阿”而言，法官必须保持这种精神，法字古作“灋”，本含公平正直之义，从水如水之平，从廌所以触不直者去之，说文注：“廌一作獬豸，似牛一角，古者决狱令触不直言者。”前朝御史台刑部官吏官服，皆以獬豸为记，清代执法者，犹以为补服，就是象征法官要公平正直的。孔子谓“子帅以正，孰敢不正”，“其身正不令而行，其身不正虽令不从”。法官高坐堂皇，必须正大光明，始足为民表率，如果己身不正，坐在庭上，自问有愧，定会如芒刺背，更谈不上昭人折服了。“刚正”含有“无欲则刚”、“正直不阿”之意，加以富贵不能淫、贫贱不能移、威武不能屈的大丈夫精神，才能做到厉行检举、独立审判、不受任何干涉的地步。古来刚正不阿之法官足可矜式的，不乏其人，试举数则于后：其一，汉张释之……其二，唐戴胄……其三，唐狄仁杰……其四，宋赵抃……其五，宋包拯……其六，元张桓。“张桓为陕西行台御史，汝宁盗起，贼获之，桓大声詈叱，贼不忍杀，谓桓曰，汝但一揖亦恕汝死，桓嗔目白，吾恨不能手斩逆首，肯听汝诱胁而折腰哉。贼遂刺之，后语人曰，张御史真铁汉，害之可惜”。其七，英王法庭审判长加斯可因……其八，日本大审院长儿岛惟谦……[1]

以上数人都是“正大光明”“刚正不阿”具有“浩然正气”的好法官，人孰不可为这些历史上铁汉的模范法官，只在自己方寸之间能否力行而已。

（原载《军法专刊》第十二卷第一期，选自一九六九年编《赵琛先生纪念集》）

---

〔1〕 所举例与《法治精神》中所举例子相同者已从略。——编者注

讨论几个司法行政组织的问题

三中全会开幕在即，国人颇有提议将司法行政部依旧隶属于司法院者，余以此不过其一端，根本上对于整个司法院及其他司法行政机关，均有改革组织之必要。爰分数端，略陈管见于后：

一、司法行政部应归司法院管辖

民国十八年五院制成立之初，司法行政部本隶于司法院之下。旋以用人行政，不能甚满人意，时论佥谓其流弊所至，将见养成中国之新法阀，颇多攻击之词，遂于二十年各行政院改行责任内阁制时，将司法行政部改隶于行政院。然一年以后，司法行政当局又因偶有任意调动法官举措未尽适当之处，仍为外界所诋毁，足见为政之不易也。平心论之，司法行政部属于行政院之下，是以纯粹行政之人员，监督司法机关，如当局得其人，固能尊重司法，否则往往可以利用行政之权力，任意指挥法官之审判，此其弊一。司法经费归行政院支配，对于司法机关之清苦，漠然无视，司法经费，不能独立，安能望司法之改良，此其弊二。司法独立，司法行政亦以脱离纯粹行政为宜。如现在司法行政部改隶行政院，非但国务会议上增加不少司法行政之议案，而司法院虽为司法上最高机关，竟不能过问司法行政，反如无事可做，足使司法行政部得以利用行政院当局之不注意与不熟谙司法，而得任意操纵左右于其间，倘当局不得其人，即难免有以行政干涉司法之嫌，此其弊三。最高法院与司法行政，为对等并立之机关，徒以系统不同，而使最高法院之用人经费等行政受司法行政部之节制，以对等机关相监督，在法理上殊有不合，倘一方稍不经意，即足生龃龉刁难之事，此其弊四。故以制度而言，司法行政部归于司法院之管辖，本为我国所创制，不若改革现制，依旧改隶司法院之为愈也。

二、公务员惩戒委员会应改隶监察院

公务员惩戒委员会，本为司法院下之机关，乃近来国府又拟另组政务官惩戒委员会。夫政务官事务官均为国家之公务员，如必以其身份，而异惩戒之机关，则吾侪小民与官吏之犯罪，亦应异其审判处罚之机关矣，其为不合理一也。故为整饬官箴计，为节省经费计，均无分立之必要。余更主张公务员惩戒委员会，不应隶属司法院，而应改隶于监察院。盖监察院虽有弹劾之责，而无惩戒之权，以致一切被劾人员，依旧逍遥法外，奈何不得，殊与总理恢复监察制度之初意有背。如果监察院能弹劾又能惩戒，如统属于监察院，恐有自起诉自处罚之讥。然此实不足病。只须弹劾惩戒，分立二个机关，监察院长只能监督两机关之行政，而不能干涉两机关之职权，则其流弊自无。正与法院内部检察官执行侦查公诉之职务，审判官行使审理宣判之权限，职权各自独立，而对外仍为一个法院，并无自起诉自处罚之讥者相同也。

三、各级法院之名称组织应行重改

法院组织法，已见公布，其内容是否毫无瑕疵，非本文所能尽述，兹第就各级法院之名称组织，略一言之。各级法院，无须设立院长，只须分设两处，一为检察处，一为审判处，对外同属一个法院，对内各设处长一人，分掌两处事务，其审判处长，必须兼一庭长，初级应定名为县法院，中级为省法院，上级为中央法院，而当废最高、高等、地方法院等名称，并就现在各地方法院改设为省法院分院，俾人民便利上诉。至民事调解庭、民事简易庭，俟自治事业发达后，不妨附设于区公所，惟其推事则仍应由司法官担任，庶使细故琐案毋庸赴县起诉，可以无形化解也。现法院组织法犹未施行，对于法院名称法院内容之改革，似可稍加修正，以资整齐，而收划一也。

四、行政法院应早设立或在中央法院暂设行政法庭

北京政府时代，人民权利受行政官厅违法处分者，犹得向平政院提起行政诉讼，以资救济。国民政府为革命的政府，转无此种保障人民权利之机关。致数年以来，官厅违法滥权，人民权利，横受摧残，竟无呼颔之门，实属现在政治上之一缺憾。甚望此番三中全会通过从速成立行政法院之议案，使行政诉讼案件，早见解决。如以财政困难，组织匪易，则行政法院原为司法院所管辖，同属司法权之作用，不过一为纯粹的司法，一为行政的司法，稍有区别。仅不妨于中央法院审判处（最高法院）内，除民事法庭、刑事法庭外，暂设行政法庭数庭，处理行政诉讼，其评事应由行政法学知识宏富或具有行政经验者担任，则经费既省，责任亦专，未始非权宜可行之计也。

五、司法院内部应扩大其组织与权限

余既主张司法行政部脱离行政院仍隶司法院，同时主张即行裁废司法行政部，而扩大司法院本身之组织与权限即将司法行政部所有之权限，统归司法院自行处理之意。司法院内本设秘书处、参事处，如司法行政部裁废，即应在司法院内添设法官甄拔员会、律师甄拔委员会、总务司、民事司、刑事司、监狱司，以总揽全国司法行政，监督司法与行政之审判，而统一判决解释法令之权，则可尽归于中央法院。如是机关既已裁并，经费自然节省，而司法系统厘然有序，办事效率亦能增进矣。倘此议能采行，则司法行政可见统一，司法经费可以确保，司法审判可以独立，司法改良可以有望，

中国之司法前途，庶有豸乎。

总括前文之意，将余改革司法行政组织之提议，列为二表，以明系统。

（一）司法院之隶属机关

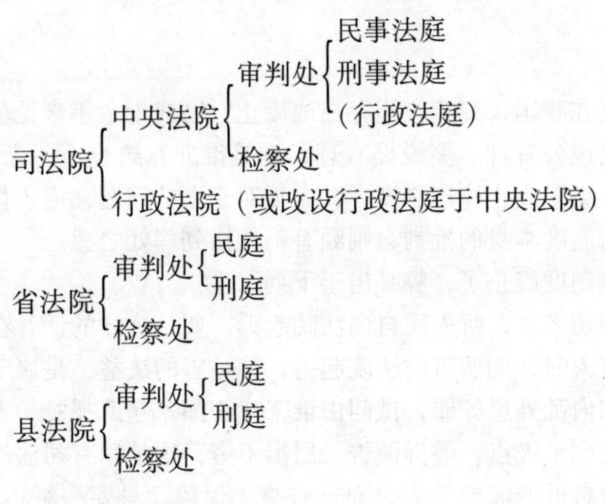

（二）司法院之内部组织

司法院
- 法官甄拔委员会
- 律师甄拔委员会
- 秘书处
- 参事处
- 总务司
- 民事司
- 刑事司
- 监狱司

（本文原载《法学杂志》第六卷第二期，一九三二年）

我亦来谈谈检察制度

检察制度在我国，究竟应当存在或废止？已成十余年来论争莫决的问题，公说公有理，婆说婆有理，谁是谁非？颇难下一断语。然平心论之，主张废止检察制度者，大抵对于人的问题，抱了怀疑的态度，而对制度本身的批判，则颇有不能搔到痒处之感。

如果检察制度废止了，势必出于下列三途：

其一，一切案件，听人民自向法院起诉。要是这样的话，在人民自己为被害人时，固然可向法院起诉，如被害的法益，是属于国家的时候，如内乱外患等罪，试问由谁来代表国家起诉呢？一方自诉范围，扩大到了极点，滥诉诬告，层出不穷，这是稍有司法经验的人，都知道自诉的流弊甚大，而被告毫无保障，只要一纸诉状，即须相见法庭，公开审理，个人的名誉地位，立刻发生影响。现行刑事诉讼法，虽非依照中央政治会议原则，扩大自诉范围，而防止自诉的流弊，亦没有许多的规定。譬如刑诉法第三百一十八条用意，就是叫法院方面，对于自诉案件，可以先开一次调查庭，如果案情轻微或无理由的，就叫他撤回自诉，如果可以和解的，就叫他和解了事，如系以民事混作刑事起诉的，就叫他另向民庭起诉，如果有诬告的情事，立刻移付侦查，不但被告的名誉地位，不至立时受了影响，而无形中又可减除不少滥诉与讼累。然而法院受理自诉的案件，大抵就公开审理，很少实行这一条规定的办法。现在尚且如此，到将来一切案件都听人民起诉的时候，诬告滥诉，讼累不休的事，一定增加无已，在强有力者，固然会毫不客气的放着胆子起诉，而无财无力的人，被强暴者所劫持，谁还敢向法院起诉呢?

其二，把侦查权公诉权，统统移到县市行政机关的手里。如果这样，县市政府及警察机关，都有侦查犯人提起公诉之权，这许多行政机关的人员，司法经验，未必丰富，侦查程序，既不公开，容易发生滥权拘捕、强暴逼供之事。万一决定起诉与不起诉，全凭一己武断之见解，不尊法定之限制，则其专横擅断，将有不堪设想之虞。现在行政机关的权力，已经很庞大了，如果废止检察制度，把侦查公诉之权，全都交给他们，恐怕有点不能放心吧!

其三，检举犯罪与审判犯罪，统由推事兼办。这样不但自己检举自己审判，难得公平的结果，现在推事专办审判事务，尚且应接不暇，还要叫他检举犯罪，恐怕事实上亦不可能吧。

上面说的三条路，似乎都走不通。所以我主张废止检察制度，终不如保存检察制度的好。况检察制度在我国已有三十余年的历史，经过它一度侦查，诬告滥诉之事，确能减少许多，对于情节轻微案件，又得便宜行事，不予起诉，健讼之风，亦可稍杀。当今苏俄、德、意等国，非但不废检察制度，并且把检察官的权限，极力扩充，将来国家的权力越是高大，检察官的地位将越加重要了。

检察制度，固然不可废止，然而因此就说它毫无缺点，却不尽然。我以为我国现在的检察制度，至少有下述数端，应当加以改革:

第一，检察官侦查犯罪，被动者多，自动者少。

第二，检察官所属司法警察，人数有限，行政警察，在刑诉法上，虽亦居于司法警察之地位，终不能指挥如意。

第三，刑事案件，往往经过警察机关与检察官两度侦查，然后移送法庭审理，确使当事人增加痛苦。

如要补救上述的缺点，我有一点意见，不妨提出研究一下，但是亦不过是我个人的理想吧。

一、检察机关与警察机关应相衔接

现在检察机关属于司法系统，警察机关属于行政系统，系统不同，指挥自多不便。有一老法官曾对我说过：十几年前他在某省做检察官的时候，有一次在路上看见两个人头破血流，互殴不已，有一警察袖手旁观，不加制止，他就叫那警察前去干涉，警察就说事不干你，你怎能叫我去干涉？他就说我是检察官，我有指挥证可以指挥你去干涉。警察看了指挥证莫明其妙，就说什么指挥证不指挥证，你是什么东西，居然管起我来，就把他连同相打的两个人一起扭送到警察局去，幸得警察局长还知道指挥证的作用，才向这位老法官道了歉，放他出来。这件事虽是十多年前的故事，也可反证检察官与行政警察因无隶属关系，虽有指挥证，其效力亦甚微的。所以我以为如果要检察官检举犯罪的权力，能够充分行使，就得要使检察机关与警察机关衔接起来。衔接之法，不外两途：

其一，将警察机关一律改隶于司法系统之下。现在的制度，检察自检察，警察自警察，刑事诉讼法上的一点连结作用，是不见有多大功能的。如将警察机关改隶司法行政之指挥监督，把全国市县警察局一律划归各法院检察处直接统辖，则指挥警察检举犯罪，就非常便利了。

其二，裁撤各地方法院检察处将检察官配置于各警察机关。前一个办法，如能实现，那是最彻底最便当的，然而有人必以为照这样办，市县行政当局，将无警察可以调动，行政事务无法推进，行政威信无法维持，且把整个警察系统改归司法，牵动未免太复杂了。这本是似是而非的话，我国从前行政司法不分，亲民之官，其最得人民信仰之处，即在能为人民审理词讼，平反冤狱，现在司法事务，已归司法管辖了，行政官办理行政事务，应用宣传开导的方法去推行一切，原用不着警察去威吓的，现在因为警察机关是隶属于行政系统，所以司法机关因司法警察不够调用，只好请行政机关派警协助，如行政机关不为协助，则司法机关往往感到棘手，这是很显明的事实。如果把警察机关改归司法统辖，行政机关如需警力推行政治，又何尝不可请求法院派警协助呢？我以为行政机关不设警察，少数人或许是不愿意的，但是好行仁政的行政官，他只要警力协助，绝对不需要全用警力去推行政治，所以警察机关改隶司法系统，并不会感觉到如何不便的。话虽如此，终究是改革整个机构的问题，牵动一定很大，实行决非容易，所以我提出第二个办法，就是警察机关仍属行政系统，不过要把地方法院的检察处一律裁撤，而把检察官配置于各地警察机关之内，办理侦查犯罪提起公诉实行公诉的职务，而检察官并不受普通行政的监督，仍须由司法行政最高署委派，并对司法行政最高官署负责，这与各机关的主计人员统由主计处委派，对主计处负责的超然主计的制度颇为相似。这样改制之后，仍由最高法院检察署监督全国检察官，高等法院检察处监督该省或该特别区配置于警察机关内之检察官，我想于指挥监督上，并无不便之处吧？

二、警察官与检察官侦查犯罪毋庸经过两度侦查手续

依现在警察机关与检察机关对立的系统之下，犯罪事件，要经两度侦查，是无法避免的。结果害得被告延长羁押时间，受了许多痛苦。警察机关每嫌检察官侦查尚欠严厉，而检察官亦多不信任警察机关，以为他们移送案件，其所得供词非出于强暴即出于胁迫。这等互不信任的情形，亦是事实，此种现象，足以影响司法尊严，实非彻底改良不可。我以为如能采用前述检警衔接的方案，无论是第一个办法，或是第二个办法，因为检察机关与警察机关既是混合了，那末，一切犯人逮捕到案之后，概由检察官直接侦查，毋庸警察官亦来一度侦查了。最好把行政上的罚锾及违警案件的处罚，统由检察官即决处分，如案关刑事，一经侦查明白，即为不起增加人民痛苦，而非法羁押滥权处罚等事，或许亦不大会发生了。

三、检察官应积极地、自动地侦查犯罪

现在诉讼法修正过了，检察官对于人事诉讼毋庸干预，对于自诉案件，毋庸莅庭，起诉手续亦简单多了，然而检察官侦查犯罪，仍居被动地位，出于自动的总是很少。大概不出三种原因：一因书面上的工作，仍旧很繁；二因检察官人数过少，不够分配；三因司法警察不够调遣，出外查访案情，有种种不便。所以应该想法把检察官处理事务的手续，力求其简单迅速，检察官人数，应酌量添置，俸级亦应相当提高，如果警察机关与检察机关实行衔接，则警察直接受检察官指挥，检察官正可常常出外明查暗访，积极地且自动地去检举犯罪了。检察官办理案件，尤其要抱着不淫不移不屈的精神，对于贪污土劣，汉奸恶棍，应该毫不畏葸，实行侦查。如有案经确定，事属冤枉，亦当多多提起再审或非常上诉，以资救济。检察官个个都能尽忠职务，民无冤狱，那真不啻是万家生佛了。

（本文原载《法学杂志》第九卷第六期，一九三五年）

论公诉制度

一、各国公诉制度概要

公诉者乃代表国家之公诉人请求法院对于犯罪嫌疑人，确定其有无刑事责任之诉也。各国行使公诉权之制度不一。兹概述之：

（一）法国公诉制度

各国刑事诉讼之方式，向有纠问式与弹劾式之别，纠问式系采不告而理之原则，审判官发觉有犯罪行为，得不待他人起诉，依其职权，迳行侦查讯问及蒐集证据。弹劾式则以不告不理为原则，审判官对于犯罪行为，必待他人起诉而后干涉之。纠问式之诉讼，无追诉犯罪之原告，侦查审判，均由审判官一手办理，负其全责，被告无防卫之权，擅断独行，难期审判之公平。弹劾式之诉讼方式，责原告追诉，被告防御，而由法院居间审理裁判，比较之下，自以弹劾式之诉讼制度为优。从前之私人弹劾制度，有畏惧权势不敢追诉及滥行追诉冤及无辜之弊，乃进而为国家弹劾制度，由国家行使追诉之权。

法国在十二、十三世纪时，仅有国王私人代理人代表国王赴法院起诉，后王权扩大，此种私人代理人，具有官吏之性质，形成国家之代表，以参与刑事诉讼之进行，至十五世纪检察官（Procurator）之权限及上下阶级检察官之分别，法有明文，自拿破仑一八〇九年之刑事诉讼法典颁行，以检察官主持公诉之制度，始告确定。

（二）德意志之公诉制度

德国刑事诉讼，大抵由检察官侦查后提起公诉，但被害人或其他代理人及行政官吏亦得告发。德国联邦最高法院设最高检察长，高等法院地方法院及区法院设检察官，有多数时设首席检察官。上级得亲自处理下级检察官之事务，下级检察官应服从上级检察官之命令。警察机关、治安官员，为检察官之辅助机关，必须服从管区检察官之指挥命令。

（三）奥地利公诉制度

奥地利司法制度，采取四级三审制，与德意志大同小异，提起公诉之权属检察官，奥地利刑事诉讼法，除规定纯粹公诉罪外，尚有得为告诉之自诉罪，由被害人提起自诉。最高法院置检察长一人及检察官若干人，检察长得提起非常上诉，各级检察官在职权范围内，均有保护国家法益之责任，检察官为便利公诉之进行，应与治安机关、国家地方行政自治机关，取得密切联系及要求协助，必要时并得要求武装部队协助，治安机关人员均应听命。

（四）英国公诉制度

英国各级法院设有公诉指挥官，处理追诉犯罪之责，除苏格兰一地类似罗马法制之国家，设有检察官外，凡属重要案件，悉由公诉机关进行。内政部之公诉局为英国最高之公诉机关，处理重大案件之追诉，此外普通刑事案件，或由警察追诉或由被害人自诉，警察控诉由警察机关内法律智识丰富之捕房律师从事追诉，其他轻微案件，由利害关系人提起控诉或自诉，英国为防止滥诉，对于诬告及伪证，每予以严厉之惩处。

（五）美国公诉制度

美国联邦宪法，中央设司法部，由国家律师长（Attorny General 亦称检察长）主持部务，联邦第一级法院为区法院，全国每区法院，设一区律师掌理公诉事宜，由国家律师长监督指挥，此外各州亦设司法部，由州律师主持之。依各州之组织，各法院中每州有若干区律师或州律师或公诉律师（警诉律师）对于刑事案件之追诉，均有完全控制及进行之权，私人虽得告诉，并请求拘捕人犯。但以后一切追诉事项均由公诉人任之。美国有组织庞大之联邦调查局（FBI）隶属于联邦司法部，凡违反联邦法规之案件，由该局详为调查，搜集证据，执行逮捕（如非现行犯，非经法院发给逮捕状调查局人员不得逮捕），再送交联邦公诉律师，由其决定起诉与否。该局仅为联邦政府之司法警察机关，并不能指挥州县市之警察，但在勤务执行上则彼此密切合作，该局并办理全国指纹及刑事鉴定事项，可见与各地警局联系极为密切。

（六）苏联公诉制度

苏联联邦最高法院检察官，对各共和国及自治区法院检察官，均有任命及管辖权，不仅有检举一般犯罪提起公诉之权，且有监督行政机关及各公务员违法事件之最高检察权，实兼有我国监察及检察两种职权。

（七）日本公诉制度

日本战后司法机构，审判部分离行政而独立，采四级三审制，法院、司法行政，由最高裁判所掌理。日本最高检察厅置总检察长，高等、地方区检察厅置检察长，均隶属于内阁之法务省，法务大臣非检察官，不得躬自执行检察职务，检察总长仅受法务大臣一般检察行政之监督，而关于各个事件之调查处分，则惟检察总长有最高之指挥权，检察官有个别行使检察之权限，但依检察一体之原则，处于上下服从之关系，检察首长得亲自处理所属检察官之事务，并得使其他检察官处理之。

日本不采自诉制度，刑事诉讼系采取公诉独占主义，以检察官为惟一追诉机关，并不认私人有追诉犯罪之权，但检察官除现行犯外，非有法院令状，不得逮捕或强制搜查，对于重罪嫌疑者，不及请求裁判所发令状时为紧急逮捕或强制搜索后，应速请求裁判所补发令状，如不获准时，应即释放被逮捕人或返还扣押物，逮捕后如有必要时，得声请羁押，自羁押日起，十日内应提起公诉，如有不得已事由，得声请展期，但不得逾十日，前后合计不得超过二十日，如重大事件二十日不能完毕时，只有为一部分之起诉。

二、中国公诉制度概要

民国十六年，国民政府奠都南京，于十七年制定公布旧刑事诉讼法，同年九月一日施行，二十四年一月一日将旧刑事诉讼法修正公布，于同年七月一日施行，三十四年十二月二十六日又经修正公布全文五百一十六条，同日施行。一九五三年“司法行政部”复就一部分拟具修正案，呈“行政院”送请“立法院”审议，历时十余载，于一九六七年一月十三日始将修正案三读通过，完成“立法”程序，于同年一月二十八日“总统”令将“中华民国刑事诉讼法”名称修正为“刑事诉讼法”，共五百一十二条，同日公布施行，是即台湾地区现行之“刑事诉讼法”。

依民国二十一年十月颁布之法院组织法，中国采取检察制度，以检察官为公诉人，最高法院设检察署，设简任检察若干人，以一人为检察长（三十一年国防最高委员会决议改为特任待遇）。其他各级法院各置荐任检察官若干人，以一人为首席检察官（高院首席为简任），对外以某法院检察处名义行之，最高法院隶司法院，检察署则受行政院司法行政部之监督。

检察官之职权：①受理人民之告诉告发及自动检举，侦查犯罪，并命司法警察官，协助侦查。②提起公诉。③实行公诉。④协助自诉。⑤担当自诉。⑥指挥刑事裁判之执行。⑦提起非常上诉。⑧视察监狱看守所。⑨声请宣告法人之解散。⑩判决之审核及上诉之提起。⑪其他依法令所定职务之执行。⑫起诉便宜主义之实施（刑诉法第二五三条、第二五四条）。

检察制度采检察一体之原则：第一，检察长及首席检察官得亲自处理所属检察官之事务，并得将所属检察官之事务移转于其他检察官处理之。第二，提起上述不限于原侦查起诉及莅庭辩论之检察官。第三，上级检察官得依法驳回或撤回下级检察官之上述。第四，检察长监督全国检察官。第五，各级检察官应服从上级检察长官之合法命令，司法行政部长仅有检察行政监督权，无检察事务指挥权，不得亲自执行检察职务。第六，无管辖权之案件，认为有急迫情形者，应为必要之处分，并得于管辖区域外行使其职务。全国检察官，纵横上下结为一体，贯彻命令，绝对服从，便宜行事，自行处理，机警应变，管外行权，如身使臂，如臂使指，上下策应，达成任务，此即检察一体之原则。

依刑事诉讼法之规定，检察官之职权如下：

（一）实施侦查

检察官因告诉告发自首或其他情事，知有犯罪嫌疑者，应即开始侦查，非有必要，不得先行传讯被告（刑诉法第二二八条），侦查不公开之（刑诉法第二四五条），犯罪事实，应依证据认定之，无证据不得推定其他犯罪事实，因发现真是之必要，检察官应依职权调查证据、被告之自白非出于强暴胁迫利诱诈欺违法羁押或其他不正之方法，且与事实相符者，得为证据。被告之自白，不得作为认定犯罪事实之惟一证据，仍应调查其他必要之证据，以察其是否与事实相符（刑诉法第一五四条、第一五六条、第一六三条）。检察官为实施侦查得传讯证人或命鉴定。为调查证据及犯罪情形得实施勘验（刑诉法第一七五条、第一九八条、第二一二条），被告嫌疑重大有刑事诉讼法第七十六条情形之一者如：①无一定之住所；②逃亡或有事实足认为有逃亡之虞者；③所犯为死刑、无期徒刑或最轻本刑为五年以上有期徒刑之罪者，得不经传唤迳行拘提，被告经讯问后认为有第七十六条所定之情形者，于必要时得羁押之羁押被告侦查中不得逾二个月，但有继续羁押之必要者，得于期间未满前，由检察官声请法院以裁定延长之。延长羁押期间，每次不得逾二个月，侦查中以一次为限，羁押期间已满起诉者视为撤销羁押，但得命具保责付或限制住居（刑诉法第一〇一条、第一〇八条）检察官对于被告之身体物件及住宅或其他处所必要时得搜索之。如为证据或得没收之物检察官得扣押之（刑诉法第一二二条、第一三三条）。综观以上各点足证检察官之权力实比日本检察官为大。

（二）提起公诉

检察官依侦查所得之证据，足认被告有犯罪嫌疑，应提起公诉，被告所在不明者亦应提起公诉（刑诉法第二五一条）。于第一审辩论终结前得就本案相牵连之犯罪或本罪之诬告罪追加起诉。检察官就犯罪事实一并起诉者，其效力及于全部，于第一审辩论终结前发现有应不起诉或以不起诉为适当之情形者，得撤回起诉（刑诉法第二六五条、第二六三条、第二六九条）。

（三）实行公诉

审判期日应由推事检察官及书记官出庭（刑诉法第二八一条），检察官就被告犯罪事实，负举证责任（刑诉法第一六一条），审判长调查证据完毕后，应命依下列次序就事实及法律辩论之：检察官、被告、辩护人。已辩论者，得再为辩论，审判长亦得命再行辩论（刑诉法第二八九条），故检察官必须始终莅庭充分准备辩论并就对于被告有利不利之点一律注意，始能保护国家利益，安定社会秩序，并顾及人民之权利。

（四）协助自诉担当自诉

检察官对于自诉案件，得于审判期日出庭陈述意见，告诉或请求乃论之罪，自诉人经合法传唤，无正当理由不到庭或到庭不为陈述者，以撤回自诉论，法院认为有必要者，得通知检察官担当诉讼，在自诉人于辩论终结前，丧失行为能力或死亡，如无承受诉讼之人者，法院应分别情形，迳行判决或通知检察官担当诉讼。检察官接受自诉不受理或管辖错误之判决书后，认为应提起公诉者，应即开始或续行侦查（刑诉法第三三〇条二项、第三三一条二项、第三三二条、第三三六条二项）。

（五）上　诉

检察官对于下级法院之判决有不服者，得上诉于上级法院。告诉人或被害人对于下级法院之判决有不服者亦得具备理由，请求检察官上诉，除显无理由者外，检察官不得拒绝。检察官为被告之利益，亦得上诉。检察官对于自诉案件之判决，得独立上诉。自诉人上诉者，非得检察官之同意，不得撤回（刑诉法第三四四条、第三四七条、第三五六条）。

（六）再审与非常上诉

有罪判决确定后有刑事诉讼法第四二〇条情形之一，或第四二一条之情形，检察官得为受判决人之利益，声请再审（第四二七条）。有罪无罪免诉或不受理之判决确定后，有四二二条情形之一者，检察官得为受判决人之不利益，声请再审（第四二八条）。

刑事判决确定后，发现该案件之审判，系违背法令者，最高法院之检察长，得向最高法院提起非常上诉（第四四一条），检察官发现有前条情形者，应具意见书，将该案卷宗及证物送交最高法院之检察长，声请提起非常上诉（第四四二条）。非常上诉以原审确定判决认定之事实为依据，而判定其是否违背法令，但最高法院不调查事实，如以认定事实有误，或采证不当为理由，依近年最高法院判例则认为不能提起非常上诉。

（七）执行裁判

执行裁判，由为裁判法院之检察官指挥之（刑诉法第四五七条一项），死刑之判决确定后，应由检察官检卷送经司法行政最高机关令准，于令到三日内执行之，但执行检察官发现案情确有合于再审或非常上诉之理由者，得于三日内电请司法行政最高机关再加审核（第四六〇条、第四六一条），以示慎刑恤狱之旨。

三、中国公诉制度之检讨

中国提起公诉由检察官行使其职务，一似日本检察官之公诉独占主义，然刑事诉讼法上，为防止检察官滥用权力，设有种种防弊之法，如开始侦查，非有必要，不得先行传讯被告，侦查不公开之，以免影响被告之名誉地位，一也；犯罪事实应有确实之证据以认定之，以免造成冤狱，二也；旧刑事诉讼法第七十六条、第一〇一条只需被告有逃亡之虞者即得加以拘提羁押，而新刑事诉讼法七十六条必须有事实足认有逃亡之虞或有事实足认为有湮灭伪造证据或勾串共犯或证人之虞者，始得加以拘提羁押，以免滥施拘提羁押之弊，三也；新刑事诉讼法，对于羁押期间不得逾二月，声请延长羁押，每次亦不得逾二个月，侦查中且以一次为限，羁押期满而未起诉者，视为撤销羁押，以示重视人权保障，四也；实行公诉时，检察官就犯罪事实，有举证责任，审判期日必须检察官莅庭辩论，就被告有利不利之点，均应注意，以安定社会，顾及民权，五也；检察官对于下级法院判决，无论对被告不利或有利，均得提起上诉，以期审判之公平与合法，六也；检察官之提起再审之诉，在纠正认定事实错误，检察长之提起非常上诉，则在平反冤狱，统一法令见解，七也。其优点不胜缕述，故中国刑事诉讼法为世界最新之法典，亦为最佳之公诉制度。

或谓中国采国家追诉主义结果，除被害人得向检察官告诉外，悉采不告不理原则，如检察官依刑诉法第二五二条不予起诉，或依第二五三条采便宜主义得不起诉，只有向上级机关声请再议，如再议之声请被驳回，则被害人含冤莫伸，至无告诉人之案件，检察官如拒予起诉，则不起诉处分亦随之确定，毫无救济办法，罪犯逍遥法外，司法威信丧失，殊非妥善之道，要知刑事诉讼法第二六二条规定，不起诉处分已确定者，如其一，发现新事实或新证据者。其二，有第四二〇条第一项第一款、第二款第四款或第五款得为再审原因之情形者，检察官对于同一案件，得再行起诉，尚非无救济之道。惟其再行起诉原因，限于第二六二条所列之情形，似感不足，例如案情重大，不起诉处分，显属违法者，仍属无法救济，余则主张仿照非常上诉之例，应许上级检察首长指出案情重大显然违法之点，得发交原检察官或其他检察官再行起诉，以资惩处重要犯人而维护国家之公益。

或谓检察官垄断公诉，亦不自动检举犯罪，则被害人法益及社会秩序无法维持，不如废止检察制度，听由被害人直接提起自诉之为愈，殊不知保障国家法益或社会公益之任务，不能委之个人，如内乱、外患、妨害国交、公务员渎职、妨害公务等罪，使无检察官专司检举提起公诉之事，将何以除暴安良，维持国家与社会之秩序？故检察制度殊难废止。至为防止检察官垄断公诉之弊，则有自诉制度，足以补救。旧刑事诉讼法起草之时，本有扩大自诉之议，维为防弊起见，旧刑事诉讼法第三一一条，凡犯罪之直接被害人，均得提起自诉，但以有行为能力者为限，以资限制。新刑事诉讼法第三一九条，关于自诉范围，更加扩大，不但犯罪之被害人，均得提起自诉，其无行为能力或限制行为能力或死亡者，亦得由其法定代代理人、直系血亲或配偶提起自诉，自诉范围之扩大，一至于此，深感民事案件混作刑事案件之滥诉，或利用自诉程序诬告或恫吓被告之诬诉，必将层出不穷，致被告之名誉地位，横受威胁，而法院之案件，亦将因之增加，故新刑事诉讼法第三一九条之扩大自诉，未见其利先见其弊，转不若旧刑诉法第三一一条规定之合理，深望立法上有所改正也。

又有谓检察官公诉制度，往往坐误时机，难于发现真实，不如采取英国之警诉或美国之国家律师提起公诉之制度，中国警察，年来甚多进步，但法律之理论与实务，终不若检察官之训练有素，令其协助侦查犯罪自有其必要，惟若委以提起公诉之重责，尚非其时也。至美国之公诉，由国家律师主持，且有联邦调查局及各州之警察机关协助检举，收效自宏。惟中国采用检察制自清末迄今，将逾六十年，人民见习于检察官提起公诉慎重办案之精神，一旦改检察官为国家律师配置于警察机关，恐多捍格难行，不若配置于法院贯彻检察一体精神以保司法制度之完整。至于检察官办案弛缓，绩效不彰，则因负额有限，经费不充，案件繁多，检警虽有联系，而因隶属不同，指挥不如理想，故检察效能，未能发挥尽致，故不能即谓检察官公诉制度之不合理也。时论复有主张检察官不应与审判长并坐法庭之上，应将检察官移至法庭之下，而与被告律师并座，若就检察官为公诉原告之立场，其说未始不言之成理，但此乃小节，无深论之必要耳。

（原载《法学丛刊》第十三卷第二期，选自一九六九年编《赵琛先生纪念集》）

指纹与累犯

指纹有人各不同、永久不变之特性，美国检察总署联邦调查局，搜集一亿七千万指纹卡片中尚未发现两个完全相同之指纹。故指纹对于个人之识别，实有决定性之价值。

指纹与司法业务有密切之关系，例如盗案命案之发生，依据现场所得指纹，是为侦查犯罪之凭证，或从千万张指纹记录中，足以来发现真正之罪犯。又发现无名尸体或被诱拐之幼童，均可于指纹记录中，找寻其身份与住址。尤以检查已决犯之指纹，是使有犯罪习惯之累犯，无法闪避其前科之身份。

普通所谓累犯，指一人先后犯二次以上之罪者而言。至法律上的累犯，则必须具备“刑法”第四十七条之法定要件，始足为累犯加重之原因。要件如下：

1. 须有曾受徒刑执行之前犯。徒刑包括无期徒刑、有期徒刑而言。前犯如受死刑宣告经执行后，已失生机自无再犯之理。前受拘役或罚金之宣告，经执行完毕再犯者，以其前科之罪，情节较轻，只需量刑时依法定刑科以较重之刑，而无论以累犯之必要。必以曾受徒刑之执行者，始可为累犯成立之基础。

2. 须在前犯受有期徒刑之执行完毕或受无期徒刑或有期徒刑一部之执行、而赦免后五年以内，发生再犯。无期徒刑禁锢终身，似不能再行犯罪，但受无期徒刑之执行者，因特赦或假释等关系，仍有出狱之望，则无期徒刑经一部执行而赦免后与有期徒刑执行完毕，或经一部执行而赦免之后，同可发生累犯问题。此之所谓赦免，系指特赦、减刑或免其刑之执行等情形，而不包括大赦在内。盖大赦有根本消灭罪刑之效力，以前所处之刑，纵经执行，而既经大赦，即与未曾犯罪未受刑之执行者无异，故虽在一定期限以内更犯同一或不同一之罪，亦不得以累犯论也。根据累犯统计，累犯以自徒刑执行完毕或赦免之日起算五年以内发现者为多。故其期间定为五年，如已逾五年而再犯，足证其人已受相当之感化，无复认为累犯加重其刑之必要。

3. 须再犯有期徒刑以上之罪。“有期徒刑以上”本包括死刑、无期徒刑，但死刑、无期徒刑，依“刑法”第六十三条、第六十四条，均不得加重，故累犯加重亦惟适用于最重本刑为有期徒刑之罪而已。

具备上述要件，即为累犯。依法必须加重其刑至二分之一，如已查明其为累犯，而未加重其刑，其判决即违法。惟是否累犯，犯人多讳莫如深，如无识别个人之科学方法，侦审上即亦无法确认其为累犯，已决犯指纹之调查鉴识，足以弥补此项之缺憾。

民国肇建四十余年，司法机关，向无统一之指纹制度，“最高检察署”，有鉴于指纹在司法业务上地位之重要，特请美国联邦调查局出身之指纹专家徐圣熙先生主持调查事务，于一九五二年七月首创已决犯指纹调查制度。两年来，至一九五四年十一月止已搜集已决犯指纹卡片二万一千五百三十二张，并从此项指纹记录中发现累犯二四一人，除通知各监狱对于此项累犯特加注意教化戒护外，并分令各级检察官依台湾地区现行“刑法”第四十八条及“刑事诉讼法”第四百八十一条规定，于裁判确定后发觉为累犯者，依“刑法”第四十七条更定其刑。复有于侦查或审判中讯问犯人，认为有再犯之嫌疑者，当场按印指纹，迳向“最高检察署”指纹储藏室验对，立即发觉其有前科之身份者。故已决犯指纹之调查，对于发觉累犯，预防累犯，已收极大之功效。“国防部”有鉴于此，经“参谋总长”迭次函商“最高检察署”开办指纹实习班五期，训练办理指纹人员数十人，分别派在军法机关及军人监狱主办指纹调查事宜。一年余来，军法指纹制度，亦已确立，军法累犯之发现，为数颇多。诚能增加员额经费，使此稀有之已决指纹调查制度，扩充设备，更求充实，其有俾于国家刑事政策之推行，必非浅鲜。

（原载《警民导报》第一九五期，选自一九六九年编《赵琛先生纪念集》）

立法院修正刑事诉讼法之经过

一、修正刑诉法之动机

立法院修正刑事诉讼法之动机，概括言之，可举者四：

1. 现行刑诉法，犹存四级三审制度，与法院组织法所采三级三审制不合。

2. 中央政治会议决定扩张自诉范围。

3. 刑法已经修正，实体法变更，程序法自有随之纂修之必要。

4. 现行刑诉法系十七年公布，大致抄袭北京政府时代之刑诉条例，核与现在民情不甚适合。

当由立法院刑法委员会，将修正刑法与修正刑诉法两案，并同办理，适司法行政部于二十二年六月，以所拟刑事诉讼法草案九编五百三十八条咨送立法院审议。同年十二月二十日由刑法委员会开始审查，就该草案详加研究，并参酌各方意见，及本考察所得，从事修正。中间因纂修刑法，致延搁至二十三年九月二十日始完成刑诉法修正案初稿，复于十月三日起继续审查，至十一月十月十日刑诉法修正案始告起草竣事，共九编二十章五百十六条，提出于立法院第三届第八十三次、第八十四次会议议决通过，并于本年一月一日与新刑法同时公布，定于七月一日施行。

二、修正刑诉法之方针

按刑诉法修正方针，提纲挈领，不外六点：

1. 确定三级三审；

2. 扩张自诉范围；
3. 程度力求简便；
4. 结案务期迅速；
5. 减少人民讼累；
6. 防止诉讼流弊。

兹分别简述如后：

（一）确定三级三审

法院组织法既采三级三审制，刑诉法自应与之一致，故新刑诉法第二章第四条规定，凡刑事案件，除内乱罪、外患罪及妨害国交罪由高等法院管辖第一审外，其余概以地方法院为第一审法院。将初级法院撤废，法院之等级遂为地方法院、高等法院及最高法院三级而已。将来各县皆应增设地方法院，自不待言。惟在法院组织法未施行以前，仍暂沿袭现行制度，然立法原则已确定无疑。

（二）扩张自诉范围

学者因种种理由主张废止检察制度，虽不无见地，第以吾国民情素畏多事，除暴安良，向赖有司，使无检察机关专司检举之事，社会秩序，或至不能维持，是以检察制度与自诉，可以并引不悖。惟检察官之权限，不妨加以限制。自诉之范围，乃有应予扩张之必要。现行刑诉法规定，得自诉者以初级法院管辖直接侵害个人法益之罪及告诉乃论之罪为限，新刑诉法第三一一条改为凡犯罪之被害人有行为能力者，均得提起自诉，以扩张自诉范围，由是不拘何项罪名，凡有被害人者均可依法提起自诉矣。

（三）程序力求简便

举例如下：

1. 新刑诉法第二十一条、第二十六条。按现行刑诉法，推事回避之申请，如所属法院不足法定人数，不能合议审判者，由直接上级法院裁定之。新刑诉法定为由院长裁定，以免送请上级法院核办，致稽时日，检察官回避之申请亦同。

2. 新刑诉法第二四四条。依该条规定检察官提起公诉者，于第一审辩论终结前，得以言词追加起诉，由书记官记明笔录。盖与本案相牵连之犯罪及本案之诬告罪，既应与本案合并审理，自不妨许检察官于审判期日以言词追加起诉，以期简单。

3. 新刑诉法第三五五条、第三七七条。不服第一审法院之判决而向管辖第二审法院提起上诉者，依现行刑诉法之规定，原审法院应以该案卷宗及证据物件送交该法院之检察官转送第二审法院之检察官，由第二审法院之检察官，将该案卷宗及证据物件送交第二审法院，辗转传递，虚糜时日，甚属显然。新刑诉法乃改为由原审法院直接送交上诉法院，不必经由检察官转手，直截了当，以免周折。

4. 新刑诉法第三六四条。查第二审程序，除有特别规定外，准用第一审审判之规定，故第二审审判，亦应指定日期，开庭审理，举行言词辩论。惟据新刑诉法之规定，第二审法院对于上诉违背法律上之程式，或上诉权已经丧失而为驳回上诉之判决，及对于原审谕知管辖错误免诉，或不受理之判决上诉时，第二审法院认其为无理由而驳回上诉，或认为有理由而驳回该案件之判决，得不经言词辩论为之，此种特别规定，为现行刑诉法所无。

5. 新刑诉法第四四二条。按照现行刑诉法第四六一条之规定，最重本刑为六月以下有期徒刑或专科罚金之案件，其犯罪事实据现存证据已属明确者，或被告于侦查中自白者，法院得因检察官之申请，不经通常审判程序，迳以命令处刑，以简单诉讼程序，立法原意甚善。新刑诉法原则上仍予维持，并扩充适用处刑命令案件之范围。凡新刑法第六十一条所列各罪，均得依简易程序，迳以命令处刑，其最重本刑为三年以下有期徒刑、拘役或专科罚金之罪，情节轻微，然非显可悯恕不能免刑者咸属之。惟所科之刑，以六月以下有期徒刑、拘役或罚金为限。此种案件仅以两审为止，以求程序简单。

6. 新刑诉法第四五九条。该条规定略式判决之办法。第一审法院就新刑法第六十一条列举轻微案件，谕知六月以下有期徒刑、拘役或罚金者，得以简略方式制成判决书，仅记载被告姓名，判决主文，犯罪事实，及适用之法条，由推事署名，宣示后当庭以正本交付被告。上诉期间，即自交付正本于被告之日起算，以免送达之劳，而收简捷之效。

（四）结案务期迅速

举例如下：

1. 新刑诉法第三十一条。最经本刑为五年以上有期徒刑，或高等法院管辖第一审之案件，经选任辩护人，于审判期日，无正当理由而不到庭者，审判长得指定公设辩护人，为其辩护，以免拖延。公设辩护人可由公家聘请，或由学习推事权限，亦无不可。

2. 新刑诉法第二八七条。被告心神丧失，应停止审判，但显有应谕知无罪免诉不受理或免刑之情形者，不必停止审判，得不待被告到庭，迳行判决。是又为修正刑诉法之特点。

3. 新刑诉法第二九八条。依现行刑诉法法院不待被告到庭陈述而得迳行判决者，应以法定刑之最重本刑为拘役或专科罚金之案件为限，新刑诉法加以扩张，以宣告刑为标准，换言之，如经法院认为应科拘役或罚金者，均许迳行判决，以一造辩论为已定，应谕知免刑或无罪者亦同，俾得迅速结案。

4. 新刑诉法第二九九条。法院为免诉，不受理，或管辖错误之判决者，均得不经言词辩论为之。

（五）减少人民讼累

举例如下：

1. 新刑诉法第三十六条——到庭。最重本刑为拘役或专科罚金之案件，被告于审判中或侦查中均得委任代理人到场，与现行刑诉法之规定略异。

2. 新刑诉法第一〇八条、第一〇九条、第一一四条、第三〇八条——羁押。

（1）新刑诉法第一〇八条。现行刑诉法对于被告审判中之羁押，法院可任意延长，不设限制，未免太不负责，流弊滋多，无辜被告，深蒙其害。新刑诉法特以明文限制羁押之延长，侦查中羁押被告不得逾二月，审判中羁押被告不得逾三月。但有必要时，得申请法院裁定延长羁押期间，每次不得逾二月，侦查中以一次为限，审判中以三次为限。

（2）新刑诉法第一〇九条。案件经上诉者，被告羁押期间，如已逾原审判决之刑期，除检察官为被告之不利益而上诉外，应即撤销羁押，将被告释放。此点在现行刑诉法并无规定。事实上往往有原审仅判徒刑三四月，因提起上诉反致羁留押所至三四年之久者，诚属骇人听闻，显失公平。新刑诉法纠正此弊，特设明文释放被告，以减讼累。

（3）新刑诉法第一一四条。被告所犯，情节轻微，最重本刑为六月以下有期徒刑、拘役或专科罚金之罪者，或女犯怀胎七月以上，或生产后一月未满者，或现罹疾病，恐因羁押而不能治疗者，如经具保，申请停止羁押，不得驳回，较现行刑诉法所定范围为宽，亦减少讼累之意也。

3. 新刑诉法第二〇八条。县长、市长、警察厅长、警务处长或公安局长、宪兵队长官于其管辖区域内为司法警察官，有协助检察官侦查犯罪之职权。据此规定，可知上述官员仅有协助检察官之职权，应受检察官之指挥，尚不能与检察官同日而语。倘拘提或逮捕之犯罪嫌疑人，认其有羁押之必要时，应于二十四小时内移送该管检察官。如检察官命其移送者并应即时移送，与现行刑诉法规定应于三日内移送者，时间上有所不同。立法院现已起草提审法，将来实施后，人民受法院以外之机关非法拘禁者，可即时请求法院提审，以期保障人权，而符法治精神。

4. 新刑诉法第二三二条。检察官于新刑法第六十一条所列各罪之案件，参酌刑法第五十七条列举事项，认为以不起诉为适当者，得为不起诉之处分。

5. 新刑诉法第三六二条。由被告上诉或为被告之利益而上诉者，第二审法院不得谕知较重于原审判决之刑。但因原审判决适用法条不当而撤销之者，不在此限。刑事被告上诉者，上诉法院能否加重其刑，现行刑诉法无明文规定。按被告上诉之意旨在乎减轻其刑，不言而喻，若因上诉反蒙不利，何贵乎有上诉制度，含冤莫伸，断非立法之原意。然法律无明文规定，易滋误会，是以新刑诉法明定如上。

6. 新刑诉法第三六八条、第四一四条。刑事诉讼既采三级三审制，最高法院之案件当然增多，不得不有所限制，故第三六八条规定刑法第六十一条所列各罪之案件，经第二审判决者，不得上诉于第三审法院。同时又于第四一四条规定，经第二审确定之有罪判决，如就足生影响于判决之重要证据，漏未审酌者，亦许为受判决人之利益，申请再审，以资补救。

（六）防止诉讼流弊

举例如下：

1. 新刑诉法第一条。犯罪非依本法或其他法律所定之诉讼程序，不得追诉处罚。军人军属之犯罪，除犯罪军法，应受军事裁判者外，仍应依本法规定追诉处罚。此两项规定之用意，在保障人民使受正式法院之审判而不受行政军事或其他机关之非法裁判。至若军人军属触犯军法者固应受军事裁判，若触犯普通刑法，应视同普通人民，一律须受法院之审判。盖欲防止军事审判人员之枉法徇私，并以保护军人之免受法外苛刑也。

2. 新刑诉法第一一一条、第一〇六条——交保、羁押。许可停止羁押之申请而交保者，以提出保证书为原则，缴付保证金为例外。保证书以该管区域内殷实之人或商铺所具者为限。缴纳保证金，得许以有价证券代之。

检察官对于羁押被告之处所，应勤加视察，以防止押所之黑暗。

3. 新刑诉法第三一一条。自诉范围固有应予扩张之需要，但于提起自诉之情形不加限制，颇多流弊。奸诈之徒，以年轻子女为饵，引诱他人入彀，事后即藉词代表受害人自诉，以达敲诈之目的者，比比皆是。受其欺者，不可胜数。新刑诉法乃规定，得提起自诉者以犯罪之被害人本人为限，且该被害人并须有行为能力，否则只能向检察官告诉，以为限制。

4. 新刑诉法第三一七条、第三一八条、第三一九条。自诉之撤回，不能漫无限制，故新刑诉法规定，除告诉乃论或请求乃论之罪外，不准自诉，即行撤回自诉，以法院为傀儡，供彼利用，不可不严加防止。故除告诉乃论或请求乃论之罪外，不准撤回自诉。又自诉者法院或受命推事得于第一次审判期日前讯问自诉人及被告。前项讯问不公开之。以保护无辜被告之名誉地位信用，免因他人提起自诉致受影响。若一经公开，则报章宣传，舆论喧腾，往往过甚其辞，耸人听闻，是非颠倒，黑白混淆，记载是否翔实，悉不细加查考，一般人士，不求真相，以误传误，致使被告之信誉，深蒙影响，无法挽救。故新刑诉法规定开调查庭，预先秘密讯问。如属民事纠葛，可移送民庭，可和解者谕令和解，有诬告者，立付侦查，依法起诉，使无滥用自诉之弊，狡黠者知所畏惧，明哲者愈益谨慎。又自诉人经合法传唤无正当之理由不到场者得拘提之，则挑拨讼端，包揽诉讼之弊，赖以防止。

5. 新刑诉法第四七四条、第四八四条。罚金罚锾之裁判，可不必定由检察官执行，推事于宣示裁判后，如经受裁判人同意，得由推事当庭指挥执行，当庭缴纳后即予释放，以免不法员役，故意留难，从中作弊。

判处罚金而易服劳役者，应与处徒刑或拘役之人犯分别执行，以保护被告之利益。

（原载《法学杂志》第八卷第三期，本文系赵琛讲，郑麟同笔述，一九三四年）

刑法学之任务及其辅助科学之教育

一、刑法学之三种任务

（一）刑法学之第一任务，为教育的任务

刑法学（Strafrecht wissenschaft）在大学讲座上，占重要之地位，其目的以养成将来之刑事实务家为主。而刑事实务家之任务，不外将抽象的法律之效果，适用于具体的一定之事件，简言之，即对于一定之犯罪事件，所定其应受若何之刑罚。然刑事实务家，行使其任务，应当如何，始得无戎职守，则首须充实下列两方之要求。

1. 须透辟了解规定犯罪与刑罚之法规，故刑法学之教育，当依法律的及论理的方法（Logisch - juristische methode）教授以有关犯罪与刑罚之主要的法规，即一方授以刑法上基本原则之理论，他方则以演习实例之方法，以完成其使命，此即属于狭义刑法学之范围。

2. 须明确认识犯罪之事实，只知法规，犹为未足，更须致力于犯罪事实之确认，始能成为贤明的刑事实务家。譬以杀人未遂为例！“杀人”之概念若何？犯意若何？实行之开始若何？以及刑法上之责任若何？应受刑罚之程度若何？等等问题，固须理解其法律上之概念，然于杀人未遂之事实真相，尤不能不求彻底之明了。是则其事件之发生，究为被杀未遂乎？为自杀未遂乎？抑为意外之灾害乎？如系被杀，为着手未遂乎？为实行未遂乎？抑系实行后而中止乎？犯人究为谁耶？犯罪之动机又如何耶？倘其犯人潜逃无踪，又将若何逮捕？如何侦查？如何鉴定，如何讯问证人？如何搜集证

据？是非有深邃之学识，丰富之经验，特殊之才能，必不能发觉其犯罪事实之真相也，然则研究犯罪事实之实际的技术，岂不重要欤。此种智识，在奥国学者汉斯格洛斯（Hans Gross）所著之《刑事采证学》（法官必携）一书中，论之颇详，而定其学问之名称为刑事术式学（Kriminalistik）。

（二）刑法学之第二任务，为科学的任务

刑事实务家之养成，犹未能谓为刑法学之惟一而最高的任务，盖较教育方面的任务，尚有重要者在焉，即对于犯罪及刑罚之独立科学的认识是也。科学之认识，不外为原因之说明（Kausale erk），对于一定之现象，说明其原因者也。故刑法学之第二任务，亦可谓为犯罪及刑罚的原因之说明。

1. 说明犯罪现象之原因者为犯罪学（Kriminalistik）。研究犯罪原因之始祖，为龙伯罗梭（cesare lombroso，1836－1909）。龙氏本一医学家，从生物学上研究犯人之结果，认定犯人有生物学的特征，而主张生来性的犯罪人之理论，称之为刑事人类学派（Kriminathropologische schule）。继之者为斐鹿（Ferri，1956－1928）、加罗法洛（Garofalo，1852－ ）则分犯立科学的说明焉。

2. 说明刑罚现象之原因者为刑罚学（Poenalogie）。无论何种民族与如何时代，苟有社会之成立，必有刑罚之存在，惟刑罚之原因与科刑之目的，不无争论耳。主绝对说者，此犯罪行为，为科刑之原因，非科刑之条件，故须就被害法益，侵害手段，犯罪意思，犯罪目的等主观客观之要素，定刑罚轻重之标准，而供刑罚与责任，保其平衡之状态；主相对说者，以犯罪行为为科刑之条件，非刑罚之原因，盖刑罚之原因，不在犯罪行为，而有保护之目的，科刑与否，以能否达此目的为断，刑之轻重，亦以保护之目的为准；其主折衷说者，则以犯罪行为为刑罚之基础，而科刑之际，须兼顾保护之目的，有科刑之必要时，国家始可行使科刑权，否则即无科刑之必要，此则附合于相对说，以矫正绝对说之失者也。此种主义之变迁及其内容，当归于刑罚学，为独近各国所采之感化处分、监护处分、强制劳动处分、戒酒处分、保护管束处分等，均与刑罚相类，具有机械的及精神的效力，对于有危害共同生存之处者，请求一定之处置，以确保社会之安宁，即保安处分之机械的效力。变更受拘束人之危险性，即为保安处分之精神的效力。由前之说，虽与刑罚无异，由后之说，则与刑罚，微有不同，盖保安处分，置重被处分人之危险性，苟无危险性，继令事实上之结果甚大，不能因一般预防之故，牺牲其利益，而使受保安处分。反之，事实上之结果，虽属轻微，若其危险性甚大，仍须对之为保安处分。是保安处分，纯以特别预防为目的，与刑罚兼有一般预防、特别预防之目的不同。且保安处分，一面图社会之安宁，一面又保护被处分人之利益，亦与刑罚损害受刑人利益之观念有异也。

（三）刑法学之第三任务，为政策的任务

刑法学之另一任务，应对于立法者，提示刑罚及类似制度之原理，批评现行法而指导以将来立法之方针，不啻为立法者之师范与向导，此种政策论的构成，可由刑法学分化而为刑事政策学（Kriminalistik）。

刑法学上刑事政策的议论，所以求刑法之根据，立刑法之标准，指摘刑法之不备，期望刑法之改正，实刑法精神之所寄托。夫刑期无刑，辟以止辟，立法司法，用意相若，刑事政策者，即示人以刑事立法之方针，欲假刑罚及类似之制度，镇压恶行，预防犯罪，以维持社会秩序，保护生活利益者也。

刑事政策，以防压犯罪保护利益为目的，欲达此目的，非除去犯罪之原因不为功，犯罪原因，有社会的与个人的两方面，除去社会的原因，虽属广义刑事政策之范围，顾刑事政策之纯粹目的，则不在此，而在刑罚及其类似之制度，以除去个人的原因。刑罚之预防作用，有二面之意义：一为一般预防，即以刑法之规定，及刑罚之执行，惩一儆百，一般人民，不至犯罪之谓，其主旨在预防初犯之发生；二为特别预防，即以刑罚之执行，供犯人改过迁善，不再犯罪之谓，其主旨在防止累犯之发生。与处罚类似足以抑制犯人之个人的原因者，为保安处分。为最罪原因为二，一为个人的原因，即行为者之生来的与后天的特质，尤以遗传之作用为特重；二为外界的原因，又分为自然的原因，如气候与地势，与社会的原因，如经济关系。其研究置重于实证方面，故称为实证学派。以上均以意大利学派为其中心，此外不满生物学的研究，由实证的方法，进而从社会学上研究犯罪之原因者，为刑事社会学派（Kriminalsociologische Schule），此派理论之构成，起于德国之李斯德（Franz von Liszt，1851 - 1919），比国之白林斯（Adolphe Prins，1845 - 1919）、法国之喀鲁（Rene Gortand，1849 - 1930）与有力焉。

综上所述，可见刑法学之任务，有三面之观察，第一为教育的任务，又分为二：一为法律的论理的研究，以理解狭义刑法学之内容，二为实际的技术的研究，以发现犯罪事实之真相。第二为科学的任务，又有研究犯罪原因犯罪学与刑罚原因刑罚学之别。第三为政策的任务，即注意于防压犯罪之政策，尤其对于刑罚与保安处分之制度，应为充分之研究，以评论立法之得失，指示立法之方针，以完成其刑事政策之任务。望有志刑法学者，一致向此新领域，努力其新事业焉。

二、刑法补助科学之教育

欲使定罪量刑之得当，运用法律之适宜，汇集证据之精博，认定事实之真确，须于刑法学以外，具备种种之智识，故各国之刑法学讲座，除注意于刑法及刑事诉讼法之教授方法外，并置重于各种刑法补助科学之教育。述其重要如次。

德国，法医学之讲座，普遍于各大学，裁判精神病学、犯罪心理学、精神病学之实习、监狱学之特别讲座，亦多有之。刑法教授，每引导听讲者参观监狱或警察之本部。余若刑事人类学、刑事社会学、刑事心理学、刑事统计学、采证心理学、诈欺罪及其镇压之方法、刑事诉讼法追加研究（附实验及参观）等科目，尝有特别讲座之设置。柏林大学之刑法研究室，尤著名于世界。

比利时，法医学及精神病学之外，复于刑法讲义及演习中，杂以许多刑事术式学之问题。

丹麦，监狱学之要领，附述于刑法讲义之中。精神病学、法医学，亦有讲授之者。

荷兰，有法医学及监狱学之特别讲义，尚有附随于刑法教科书而讲授犯罪学及犯罪心理学上之问题者。

俄国，置法医学、裁判精神病学、刑事政策学、近世刑罚制度、证据论、辩论术等科目，又设刑事博物馆，以研究刑事术式学上之问题，复有刑法图书馆，以便利刑法各部门及其补助。

瑞典，有犯罪学、刑罚发达史、近世刑事政策及裁判精神病学等科目。

瑞士，瓦德州（Waadt）之罗桑（Lausanne）大学，开科学科警察之特科，修了其课程者，始给以毕业证书。其教授之科目，分为十二：一刑法二学期，二刑事诉讼法二学期，三解剖与实习二学期，四法医学二学期，五无机及有机化学二学期，六化学实习三学期，七毒物学一学期，八实验物理学二学期，九物理学实习二学期，十科学的警察（包含警察及裁判之搜查审理的技术方法、犯人习惯及其犯罪方法之研究）二学期，十一照相术理论，十二科学的警察及司法摄影之实习，于修习中不时行之。

奥地利，阿格兰（Agram）大学有刑事科学之特别讲座，特为第四年级（第七学期、第八学期）之学生而设。于每周讲述刑事人类学、刑事心理学、刑事社会学、刑事统计学、监狱学及刑事术式学，必修科目，各三小时。此大学附设有刑事博物馆，由政府命令法院及监狱，送致各种材料于该馆，听讲者，须为二三日之修学旅行，以参观警察博物馆及监狱，又至少须参加犯罪之检举一次，关于医学，另有担任之教授。

同国格拉芝（Graz）大学向由刑事术式学之创始者汉斯格洛斯（Hans Gross）担任刑法讲座，于十年来所主张之方针管理之。其组织如下：

（1）讲义分刑事心理学、刑事人类学、刑事术式学、刑事统计学四科，由汉斯格洛斯教授，分作四学期每周讲授一小时或二小时。

（2）研究所附设之图书馆。

（3）刑事博物馆，凡讲义之基础资料，教授用之材料，及对于实际事件之比较资料，胥由此馆供给之。

（4）实验所，制作送于刑事博物馆之物品，且指导学生，供其实习。

（5）刑事调查所，为刑法上之实地见习，受法院或检察官之委托，着手调查工作，且与学生以研究之机会。

（6）科学的机关，发行汉斯格洛斯教授所创办之刑事人类学及刑事术式学之杂志（Aarchivfur Kriminalanthropologie und Kriminalistilk）。

法国，巴黎之狄琼（Drijon）及都鲁士（Toulouse）大学，关于刑法学教育，有特别之组织，系集合刑法、刑事诉讼法、法医学、精神病学、犯罪学、监狱学讲义及演习而成。里昂大学各科目则分为：其一，监狱学讲义及监狱之参观；其二，警察技术之讲义（包含犯罪痕迹之研究，污斑之研究，伪造货币及其他伪造物之研究，暗号、电信、累犯者之识别法）；其三，监狱之实地见习；其四，法医学问题之讲义（如精神病问题）是也。

意大利，近来关于刑法之特别讲习，各大学争相设置，如罗马之刑事司法应用学校（Scuole d'applicazione Giuridice - cpiminal），波罗拿（Bologna）之刑事及则学的警察研究所（Istituto di studi crimnali e dapolizia scientifica），模地纳（Modena）之应用学校（Scuola d'applicazione），托里诺（Torino）既有驰名之刑事人类学研究室（Istituto d'antropologia criminale），后复附设“犯罪之自然科学的研究及刑事法官之技术的讲习”（Corsotecnico di perfezionamento pea la storia naturale del delitto e per il magistero penale）。

前项讲习会之科目，在罗马大学如下：一犯罪人之身体的心理的研究，二精神病的及神经病的犯罪人之实际的研究，三实验刑事心理学，四法医、演习，五法庭审理之技术，六刑事社会学，七裁统计及监狱统计，八刑事诉讼法之理论及演习，九刑法及刑事立法政策上之诸问题，十法庭辩论之演习，十一监狱学之演习，十二参观监狱、感化院、保护场等。

托里诺大学之科目如下：一犯罪原因之防压及处置，二应用刑法，三应用刑事诉讼法，四刑事人类学心理学，五个人识别法、特征论法医学，六精神病与犯罪之关系。

波罗拿大学则有刑法及刑诉法之适用、刑事人类学及识别法、犯罪搜查之理论及实际，司法摄影、司法警察之客体机关及技术、司法精神病理学、刑事放射学、应用于司法警察之实验心理学等科目。

余若比较刑法学、刑事立法原理、刑法发达史、陪审制度、刑事司法政策、刑事社会政策、指纹学、犯罪伦理学、犯罪教育学等，各国间均有独立学科之成立，以为刑法教育之辅助。返观吾国之刑法教育，前数年间，犹蹰踌解释法学之境域，近来始有脱离概念法学之趋势，渐进于实验法学之倾向，然非关于刑法补助科学之教育，则尤甚幼稚，甚望从事刑法教育者，亟起直追，不让东西各国专美于前也。

（原载《法学杂志》第七卷第二期，一九三三年）

舜代刑法思想之一斑

一、绪　言

世之言古国者，莫不识为埃及、印度、希腊、罗马、中国。然埃及诸国，皆已衰亡，而其能继继绳绳有五千年不斩之文化者，惟吾国而已！

世之言法系者，莫不识为印度、回回、罗马、英国、中国五大法系。顾印度、回回两法系，早成历史上之遗物；罗马法系之精神，虽广被于各国法制，然其本身之权威，则久已化为陈迹。其能存续至今天，未至磨灭者，亦惟英国法系与吾国法系而已！

吾国文明，中古以还，滞窒无大进步，故法制未能遂其发达。然法律思想之起源，远在上古，其价值殊有未可泯者。颇欲摭拾史事，穷搜考窍，苦非能力所可及，无已：不揣谫陋。略举舜代刑法思想之一斑，敢以质诸宏达。或谓唐尧虞舜，皆系孔子所假托，实无其人，是耶？否耶？不能起孔子而问之。

斯篇之作，盖取材于《尚书》，如果舜有其人，则其刑典之制定，当在四千一百五十年前，即西历纪元前二千二百余年之交。若与各国诸古法较：如纪元前八九世纪之希腊 Draco 法典，及斯巴达之 Lycur Gus 法典，纪元前四百五十年顷之罗马十二铜表律，及希腊哥尔顿（Gostyn）法典；其他如旧约全书摩西之十戒（Ten Common Dments omoses）及印度之摩拿（Msnu Manon）法典，在纪元前十世纪内外；皆不及舜代刑典之早。惟一千九百零一年在波斯旧市梭塞（Susa）所发掘之巴比伦王汉拉皮法典（Code of Hammusali)，依历史家之考据，谓系纪元前二千二百五十年顷遗物，与舜帝刑典，同其时代，颇足奇耳。案《舜典》为吾国正史记载刑罚制度最古之书，抑亦世界法制史上最古之研究资料也。

二、刑法之制成

（一）刑法之制定

尧帝在位百年，诸书罕载其时法制者；惟国语有“尧能单均刑法以仪民”之语，虽非如今日之刑法，然当时之刑法思想，已启其端。

尧末舜初，始有法制载诸《尚书》。《舜典》有云：“象以典刑，流宥五刑，鞭作官刑，扑作教刑，金作赎刑，眚灾肆赦，怙终贼刑，钦哉钦哉！惟刑之恤哉！”是项记载，成于虞舜摄政之初年；竹书纪年，谓为舜之三年，此说若确，则属摄政第三年事。前揭数句，词简意赅，释其内容，俨然一刑法也。兹排列之如下：

第一	象以典刑——刑法总纲	
第二	流宥五刑	刑之种类
第三	鞭作官刑	
第四	扑作教刑	
第五	金作赎刑	
第六	眚灾肆赦——减免	刑之适用
第七	怙终贼刑——加重	

钦哉二句，显系附加敕语。钦恤云者，正以戒饬司狱者，慎审曲直，使有罪者，不得幸免，无罪者不得滥刑，以示恤刑之旨。

（二）罪刑法定主义

世界各国，上古刑罚，出于威吓，兼采擅断主义，并无明文，预定罪刑标准；故如何行为为犯罪？犯罪应科以如何刑罚？一依裁判官之任意断定。逮后博爱时代，缓和刑罚组织，凡属罪刑，载于法律明文，力排判裁之擅端；今世界各国，殆皆采此罪刑法定主义矣。

舜时既具刑法之规模，然其规定，何者罪？何者罚？采法定主义耶？抑采擅断主义耶？因鲜文献可征，未敢遽下断案。但就片鳞断爪所获，疑似为罪刑断定主义。试证之于后：

1. 犯罪法定主义。《孔子家语》载叔向曰："……已恶而掠美为昏，贪以败官为墨，杀人不忌为贼，《夏书》曰昏墨贼杀，咎陶之刑也。"（《家语》九卷四十一篇正论解）此事亦见于《春秋左传》，所云"已恶而掠美为昏"者，赠以贿赂，欲使己之不正行为，认为正当，名之为昏；略似今之赠贿足。所云"贪以败官为墨"者，贪贿赂而败官政，名为墨；略与今之受贿罪相似。"杀人无忌为贼"，则杀人罪也。《夏书》为《尚书》中之《夏书》，春秋时叔向犹及见之，今已散佚矣。昏、墨、贼，三罪皆杀，即须处以死刑；而实咎陶之刑也。咎陶即舜臣皋陶，然皋陶之法，何异舜帝之法，足想见当时犯罪行为，已有法定矣。

2. 刑罚法定主义。《舜典》开宗明义，有"象以典刑"之句。孔安国云"象也法，法用常刑，用不越法"（《尚书·孔氏传》）。朱熹亦云"象如天之垂象以示人，而典者常也，示人以常刑"（《书传辑录纂注》），孔颖达尚书疏之所说亦同。是句对下文诸句为总纲，预设一定之刑制；一定之罚，不得因时因人而妄断；确立刑罚法定一大原则，彼诸文明国之刑罚法定主义，唱论未远，然舜时早已见其端倪矣。

虽然社会现象，复杂万端，决非法律所能网罗净尽；证之

《大禹谟》皋陶答舜之语，有“罪疑惟轻”句，朱子注云：“罪已定而于法疑其可轻可重者，则从轻罚之。”是则舜之制定罪与刑也，其有规定者，当墨守之；如法所不载者，则亦许裁判官有自由裁量余地；足知当时虽以法定主义为原则，固兼采折衷主义也。然裁判官果得其人，则审慎周详，能为衡平裁量，或胜法定主义之板滞，否则徒见其玩法舞弊，危险更甚，舜深怀惊惧，故告诫司狱者：“钦哉钦哉！惟刑之恤哉！”可见圣人制刑，其留心轻重出入之处，诚已审矣。

三、刑罚之种类

《舜典》所载刑罚有九，五刑之外，流刑、鞭刑、扑刑、金刑四种是也。五刑为墨、劓、剕、宫、大辟，合称为舜帝九刑。如依系统的分类，得如下表。

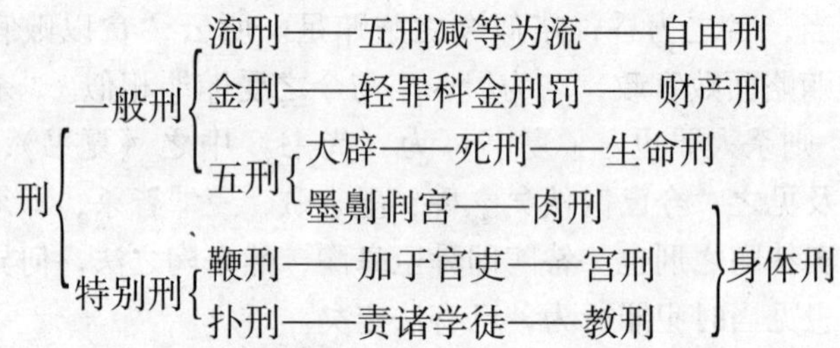

兹复分别说述于后：

（一）五　刑

舜刑典第二句：“流宥五刑。”五刑为何？并未载明，惟依郑玄马融朱熹诸人所注，为墨、劓、剕、宫、大辟之五种。《尚书》之《吕刑》及《周礼》均有五刑记载，盖周代五刑，袭用尧舜之制也。

墨辟、劓辟、剕辟、宫辟、大辟，见于《吕刑》，墨罪五百，劓罪五百，刖罪五百，杀罪五百，则于《周礼》司刑之职中见之。

墨入墨于额，劓截鼻，剕刖皆削足，宫去势，大辟处以死刑，大刑故曰大辟，《吕刑》复述苗民之刑云："惟作五虐之刑曰法，杀戮无辜，爰始淫为劓刵椓黥。"可见三苗之刑，亦为五种，惟刵与剕不同。刵者，割耳也；椓，亦称宫刑，淫刑，或腐刑，男子去其势，女子则幽闭之；黥同于墨，是谓为五刑之变相亦可。大辟杀戮，皆死刑；劓下四种，皆伤害肉体之肉刑。或谓"肉刑"起于蚩尤之世（《文献通考》一六二卷），"斩"自轩辕，"绞"兴于周代（《续文献通考》一七一卷），当非无根。按罗马日耳曼古法，均有火刑、溺杀、截背、石杀等刑罚，尧舜时代，远之在千数百年前，舜帝五刑，固不足惊为残酷穷极也。

（二）流　刑

舜帝刑罚广用者为"流刑"。依王键丁谧等说：谓五刑过于残酷，特谋宽宥之道，废五刑，而换以流刑。然朱子力排此说，有云："今必曰尧舜之世，有宥而无刑，则是杀人者不死，而伤人者不刑也；是圣人之心，不忍于元恶大憝，而反忍于唧冤抱痛之良民也……（《书传辑录纂注》）。前说主张五刑已废，换为流刑；后说则为宥流与五刑并存；试读舜对皋陶语："汝作士，五刑有服。"及《皋陶谟》"天讨有罪，五用五刑哉"诸句。可知五刑，依然存在，自以朱子之说为当。

流者追放于种族团体之外，王制中"屏之远方，终身不齿"，《大学》亦有"放流之并诸四夷，不与同中国"；其为流刑，同一观念。至于罪本当科以五刑，具如何条件始宥恕为流刑乎？依朱子所举，其例有三：其一，情可矜者，其二，法有疑者，其三，亲贵勋劳，不可加以肉刑者，则以流宥之。流刑之著者，为四裔之刑，如流、放、窜、殛之类，俟后述之。

（三）鞭 刑

五刑流刑，皆对一般人所用之刑，鞭刑扑刑，则为特殊人犯罪时所科之罚。

“鞭作官刑”，依孔安国注：“治官事之刑也。”朱熹注则为“官府之刑，犹今之鞭挞吏人”，要为对于官吏不法行为之制裁。《尚书·益稷》舜语有云：“钦四邻，庶顽谗说，若不在时，侯以明之，挞以记之。”

郑玄解之云：四邻为四近，左辅，右弼，前疑，后亟，之四近臣也。此辈行为，若有不当，则笞挞之，使记忆过失，勿敢再犯。是与鞭作官刑，其严饬官吏之趣旨，为同一也。

鞭，以木末垂革为之，所以罚乎罪之轻者。《舜典》孔疏注云：“官事不治，则鞭之，量状而加，非必有定数也。”可知系一种惩戒处分，不可以普通刑罚目之；其适用惟限于官吏之特殊行为，如出于普通犯罪行为，则似当受五刑、流刑、金刑。如共工、鲧，皆系舜之官吏，而被处以流刑，即其一例。

（四）扑 刑

朱子注云：“扑作教刑，此一项学官之刑，犹今之学舍夏楚，如习射，习艺，春秋教以礼乐，冬夏教以诗书，凡教人之事，有不率者，则用此刑扑之。”孔安国亦云：“不勤道业则挞之。”综其说，扑刑乃教育上制裁学徒之罚也。学记“以榎楚收其威”，即指此。依郑玄说：“榎，稻也；楚，荆也，共为棒，用以挞也。”

鞭扑，殆为同种刑具，惟稍异其质。刑之重者鞭之，轻者扑之；一以治官，一以治学，同为惩戒处分，丘濬谓后世之笞刑，始于鞭扑（大学衍义补），其说近似。

（五）金　刑

“金刑作赎刑”，乃出金以赎罪，一种财产刑也。惟其适用如何？颇多争议，约之可分四种：

1. 罪当五刑，而有疑者，许以金赎之；此说胡寅主之。

2. 鞭扑二刑可恕，许以金赎其罪；此朱子论之。

3. 部分五刑鞭扑，皆可以金赎罪，盖一般刑之宥恕刑也；马端临、孙星衍等属之。

4. 赎刑非五刑、流刑、扑刑、鞭刑之宥恕刑，一独立之刑也。孔安国、马融及日人芦东山等主此说，其论从略。

四说孰是？难下断案。第自实质言之：若以赎金为五刑之宥恕刑，未免与流刑冲突；若以为鞭扑之宥刑，使官吏学徒，得出资以免刑，微失事理之平。再自权衡上察之：鞭扑为官教之特别罚，五刑、流刑为普通刑之重大者，如不另设一项较轻刑罚，何足语罪刑权衡之旨。赎刑有伸缩轻重之余地，论理衡情，似以视为独立刑者较当。

至如何时始用金刑？则任执法者职权处分耳。金刑与今之罚金刑似，令犯者感经济上痛苦，并以自赎其罪也。罗马王政时代，及德国中古时代刑法，亦有赎罪制度；但其所出金，乃以赔偿被害者，含私法上性质，与金刑之由国家征收罚金者有异。

金刑之金为何？孔颖达疏云：“古之赎罚皆用铜，汉始改为黄金。”王鸣盛《尚书后案》亦断言为铜；按之货币进化沿革，颇足征信。

考诸国刑罚发达之迹，始为团体间血族的复仇；次之赎罪制度；再继之为国家的刑罚。轻重各有等差，执行操之国权，即近世进化者也。舜帝远在四千余年以前，而各种刑罚，粗具规模，桁杨慎用，不失权衡；刑罚权概归国家，与近世思想同一准绳。追怀往哲，景慕奚如！

四、刑罚之目的

犯罪者曷为科以刑罚？学者聚讼纷纭，莫衷一是。本文不及绍介各种学说，然大别之，要不外下列三者：

1. 绝对主义。其要旨：谓刑罚者根据罪恶必罚之原理，因维持正义，所加于犯罪者过去事实之应报也；亦称应报主义。

2. 相对主义。主斯说者：谓刑罚以预防将来之犯罪，与保护社会之利益为其目的，亦称目的主义。

3. 折衷主义。此主义调和绝对主义相对主义之各趋极端，而将正义观念与目的思想，镕为一炉者也。即刑罚者，对已犯者与以痛苦，使将来者，不至再犯，为其主要目的。可知刑罚之原因，出自罪恶应报之要求；刑罚之标的，在于人类社会之防卫；此说为近世大多数学者所景从。

舜时刑典，既已蔚然可观，然其科刑之目的，究复若何？据余观察，似具有折衷主义之痕迹。何以见之？试证于后：

第一，一般的预防。《尚书·大禹谟》中舜帝语皋陶云："汝作士，明于五刑，以弼五教，期于予治，刑期于无刑，民协于中，时乃功，懋哉！"

"刑期于无刑"一语，为我国法律上千古之格言。孔子所云"四海之内无刑民""无刑而民不违"（《大戴礼主言篇》），与"无刑而民不乱"（《家语》），韩非子所云"以刑去刑，虽重刑可也"，淮南子所云"制刑而无刑"，管子之"以有刑至无刑者，其法易而民全"等语，无不胚胎于"刑期于无刑"之理念。朱子曾说明是语云："教之不从，以刑督之，惩一人而天下知所劝诫，所谓以辟止辟也。"林之奇亦有注云："圣人原人情之轻重，然后用其常刑，不使君子陷于无辜，不使小人至于苟免，人将迁善远罪，日趋君子之域，此即刑期于无刑之谓。"寥寥五字，一面警戒全般社会，莫蹈刑罪覆辙，同时并以满足人类之应报思想，科刑真髓，发挥尽致，抑亦通古今中外最高不易之理想也。

第二，特别的预防。一般预防，对社会言之，特别预防，则赖科刑，以防止特定犯人将来之犯罪者也。舜帝对于特别预防之目的，亦所注意。可分两方观察：

其一，社会的适合。以矫正犯人之恶性，使适于社会生活为目的，而所用之刑罚，有出以匡正手段者，或教育手段者，亦有用威吓手段者。如《尚书·益稷》舜云："庶顽谗说……挞以教之书用识哉……格则承之庸之，否则威之。"

文义古奥，解释多歧，要之前数语大意，盖谓顽愚谗说诸徒，其所行不是者，则笞挞之，令臆罪恶，并书以识之，使自知所悔悟改悛也。笞挞非指鞭刑，要系改善感化犯人之意耳。后数语则谓人民果从教化而至道德之域，则登庸之；否则当以刑罚威吓之。他若鞭刑扑刑，皆所以威吓犯人，匡正恶行，为目的者也。

其二，社会的隔离。犯人与社会隔离，使之不能侵害社会为目的。如孔子所谓"下愚不移"，品性之先天的下劣者，纵教导之不足收其实效，与意大利刑事人类学者龙白罗梭（Lombroso）所云生来性犯人，及惯习性犯人，虽改善之，究无感化之望；反不若加以刑罚，置诸犯行不能之境为得计。此种思想，《舜典》确已存在，死刑姑置勿论，设流刑而流窜于四裔之地者，即前项思想发现之一端也。又若淫猥之癖者，施以宫刑，事属反坐，实亦置诸犯行不能之状况者。

依上所述，足知舜帝科刑之主旨，一方融合特别预防与一般预防之关系，一方调和正义应报与社会防卫之思想，以举镇压犯罪之实；其含有折衷主义之性质无疑，体大思精，不谓于四千年前见之，吁！抑何盛欤！

五、刑罚之适用

刑罚适用之对象，注重于犯罪之事实欤？抑将着眼于犯人之性格欤？又有客观主义与主观主义之争。

唱客观主义者曰：刑罚责任之基本，存于犯人之行为，宜轻乎？宜重乎？当依其行为结果所生实害之如何，而左右其用罚。

反之主观主义者曰：刑事责任，不问实害之巨细，当依犯罪人性格论定之；即着眼于犯罪人之心理现象，察其社会的危险性之如何，而定刑之轻重者也。

各国立法趋势，多采主观主义，如酌量减轻、假释、缓刑、累犯加重、裁量范围之扩大等规定，皆发达于十九世纪过程中之新制度也。舜帝刑典，对于犯罪行为，间采法定主义，前已略述。然其量定科刑之标准若何？大体倾向，以犯人意思之善恶，为第一要着，而实害之有无大小次之；殆亦采主观主义者，试举数例以证明之：

（一）免刑宽减

舜帝典刑第六句“眚灾肆赦”。

眚之意义。眚，即过失；过误之犯罪也。

灾之意义。灾者，不幸也。其本质之认定，似包含正当防卫，紧急状态，及因不可抗力者而言，盖此等行为，皆因灾而生也。

肆之意义。肆者，宽也，缓也，即宽刑之义。

赦之意义。赦，非今日所谓大赦特赦等恩典，乃免论其罪之意，与近世刑法所用之“不罚”、“犯罪不成立”等语同义。

要而言之：因过失或不幸而获罪者，其动机有可恕，当酌量情形，轻则免刑，重则宽减，冀其悛改自新也。若图示之如下：

眚——过失 ⎫　　　　⎧ 轻则免刑——赦
　　　　　 ⎬之犯罪⎨
灾——不幸 ⎭　　　　⎩ 重则宽减——肆

按德国古代立法，过失与不可抗力，不设区别；罗马法立法当初，刑事上无过失规定，惟在一般私法上，不问故意过失，均使负损害赔偿之责，至帝政时代，始将过失与不可抗力同视，除过失罪之重者应罚外，轻者则免其刑。其思想与舜刑观念，如出一辙；然舜帝制刑独早，先树“眚灾肆赦”一大原则，其思想之发达，诚有警人之处。

（二）累犯加重

与眚灾肆赦事实相反，而其本旨则贯联者。曰“怙终贼刑”。朱子注云：“怙谓有恃，终谓再犯，若有人如此而入于刑，则虽当宥当赎，亦不许其宥不听其赎，而必刑之也。”丘濬亦有注云：“有心而失理为恶，怙终是也，人之有所恃而又再犯者，谳之……”孔安国则谓：“姑奸自终，当刑杀之。”孔颖达尚书疏云：“怙恃奸诈，欺罔时人，以此自终，改悔无心，如此者当刑杀之，小者刑之，大者杀之。”综上诸说：可知“怙”者，乃有所恃之状态，如恃智计，膂力，人众者是；故意亦包括之，盖纯系犯人主观的性格也。终者，指累犯，终其身不改悔者也。贼，杀，刑，罚也；以分别观察较当。即怙恶遂奸，终身不知悔悛，为先天性的常习犯，到底无改善之望者，其心术可憎，不可不刑之杀之。惟轻者用刑，重者贼杀之耳。是不外为累犯加重之规定，表列之如下：

怙终——改悛无望之累犯 { 轻——刑——罚
重——贼——杀 }

此乃着眼于犯罪意思情状之最可憎恶者，特定科刑标准，其思想之等于主观主义，益复灼然可见矣。

（三）裁量范围之扩大

刑法为立法者所订成，刑罚依司法者而实行，而洞察时代之文化，适合正义之观念；兼顾保卫社会的见地，探求镇压犯罪之方针者，则胥赖乎刑事裁判官。刑事裁判官对于犯罪者，非宣告法定刑罚，掌理机械事务已也，尤须具备社会学之经验与素养，默察时代思想之变迁，推考法律现象之动静，以完其量刑用法之妙，始得举刑事政策上预防改善之实效。非然者，漠视社会之活现象，徒务法文之死解释，则蛊毒社会，冤及无辜，行见监狱，积为怨府，虽其法足夸中外，亦复何贵？故裁判官之任务，綦巨世重也。兹举其应注意之数点如下：

1. 当留心社会现象，探讨法律之真意。

2. 要自刑法之中，寻求正义，以尽运用适宜之能事。

3. 在裁量范围内，尤应觉悟兼有立法者之地位与使命。

4. 刑罚量定之标准，当依犯罪人行为的危险性之大小决之。

舜帝始设百官，任皋陶为“士”之官，使司法五刑，据竹书纪年所载：“舜之三年，命咎陶作刑。”是则?陶为当时之立法官而兼司法官者也。辅舜行政，以举治绩，兹就本论范围所及，述其治罪主义之一端，以明其刑法上根本观念。

《尚书·大禹谟》中皋陶答舜语云：“帝德无愆，临下以简，御众以宽，罚弗及嗣，赏不延世，宥过无大，刑故无小，罪疑惟轻，功疑惟重，与其杀不辜，宁失不经，好生之德，洽于民心，兹用不犯于有司。”

其论兢兢业业，处处示仁爱宽厚之怀，应推为我国理想法官之始祖。其刑罚思想，威吓教养并重，以副舜帝“刑期于无刑”之旨。上文全段，不暇推求，仅就中拣定数语，加以研究，藉见其量刑之标准于后：

1. 酌量情状而加减。“宥过无大”之“过”，与前述“眚”，同为过失；宥过失无大罪。其意谓犯罪虽大，苟出于过失者，当酌量犯罪情况之可谅悯。予以曲宥，与近世之酌量减轻相近。

“刑故无小”之“故”，指故意言，故意而犯罪者，虽小罪亦必刑之。即酌量情状之可憎，而加以重刑者也。

此种思想，颇与裁判官以自由裁量之余地，瑞士刑罚草案第六十条云：“裁判官对于犯人，当依行为之责任，量定其刑；并须考虑其动机素行，及一身之事情。”正可为前两语，下一注解。

2. 事实不明之减轻。“罪疑惟轻……与其杀不辜，宁失不轻”，朱子注云：“罪已定而于法疑其可轻可重者，则从轻罚之。……辜，罪；经，常也。法可以杀，可以无杀，杀之恐彼陷于非罪，故宁屈法申恩，而受失刑之过……”罪疑惟轻之原则，若绳以今日之法理，或不免指疵，盖罪之有无，如生疑问，即属证据不确，不能科罚，罚之纵轻，亦系不法也。但皋陶之意，并非若此，其所云“疑”非罪之有无，而在于刑之适用；即犯罪行为，固已显然，苟其程度分量之如何，尚有可疑之处，则从轻罚之。是何异仅罚犯行明白之点，而不罚不明之点，仍与今日法理吻合，将景羡之不遑，安用非难为哉。

（四）刑止一人之原则

“罚弗及嗣”者，与“罪人不孥”同义，即父祖子孙，罪不相及也，当时著名之重囚鲧，被处流刑，殛于羽山，而其子禹，任官司空，更总百揆，旋受禅让，即一最显例证。此种刑事个人责任之论，在今世观之，固属平常，然于上古时代，竟已立此原则，厥功实甚卓拔。

六、刑罚之执行

舜始任皋陶为士，复谕以行刑之道云：“皋陶！蛮夷滑夏，寇贼奸宄，汝作士，五刑有服，五服三就，五流有宅，五宅三居；惟明克允。”（《尚书·舜典》）

蛮夷滑夏，谓九夷八蛮，扰乱中国，系敌对的行为，制之者须待战争。

寇，群行攻劫者；贼，杀人者；在外称乱为奸，在内称乱为宄：左传成公十七年“乱在外为奸，在内为宄，内耶？外耶？盖自国别之”。

前项行为，似今日所谓内乱外患等国事犯，故当用战争，刑罚，以贯彻“天讨有罪”之旨，维持国家之秩序。丘濬谓“舜时兵刑合而为一；”范文子亦谓“夫战，刑也；刑过者也。”是则刑为战之小者，战为刑之大者，其同为罚罪一也。

国语鲁语上篇，臧文仲曾论古代刑具之制度，试据其说，列一表焉：

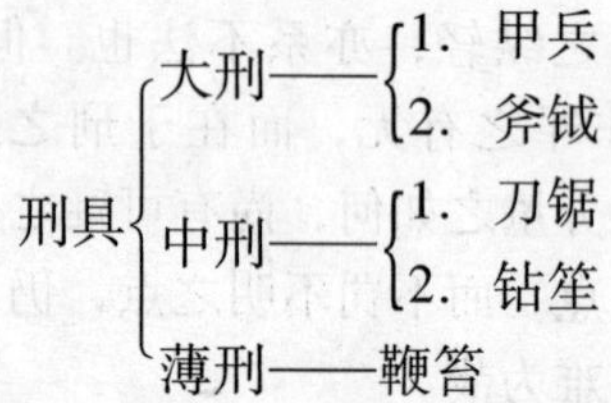

其大刑之“甲兵”，不外为战争之武器，贾逵之国语注云：“用甲兵者，诸侯逆命，征讨之刑也。”以战为大刑之思想，降至春秋，盖犹存焉。

（一）五刑之执行方法

“五刑有服，五服三就”两语，即五刑之执行方法，服者，服罪；五服者，服于五刑也。三就者，谓就三处行刑之刑场也。而三处之说不同，孔安国之说如下：

刑场
- 原野——大罪于原野
- 朝——大夫于朝
- 市——士于市

而朱子之说则如后表：

刑场
- 市——大辟弃之于市
- 蚕室——宫辟下于蚕室（使在蚕室服劳役）
- 屏处——余刑亦就屏处（指隐蔽之场所）

两说不识孰是？惟因量刑之大中小，而刑场有差等，则甚明也。

（二）流刑之执行方法

流刑之执行方法，可于“五流有宅，五宅三居”见之。“五流有宅”云者，宥五刑而处以流刑，流刑有五，五刑各有场所，谓之“五宅”。而其场所，复有远中近三处，故曰“三居”。

三居者何？孔安国解之云：“大罪居之四裔，次九州之外，次千里之外。”朱子亦赞其说，四裔，为四海之表，距离最远者也。《舜典》有“流共工于幽州，放欢兜于崇山，窜三苗于三危，殛鲧于羽山”。即流刑之一实例。流、放、窜、殛，皆流刑；不过异其文字。共工、欢兜、三苗、鲧，为当时之大犯人，所谓“四凶”者是。幽州为北裔，崇山为南裔，三危为西裔，羽山为东裔之地，即“四裔”是。至流刑之期限，殆皆无期也。

篇末附语

综观先舜制刑主旨，以刑期无刑，辟以止辟为之经；察情审罪，弼教恤刑为之纬：其思想之邃远，人权之尊视，足与近世法理相辉映，乃三代以下，秉政者流，不惜炮烙醢烹，残刑逞欲；株连蔓累，罪及九族者，曾数数觏；岂先圣所能梦想及之耶?！今者，政体号称共和，而残民以逞，毒于专制；肉刑虽已废除，而镣讯拷鞫，犹复常闻；至若千军跋扈，率兽食人，三子狱成，沉冤莫白，其蹂躏法权，草菅民命，视若无睹。夫法律依社会而产生，社会随时代以进化，揆之目下情状，谓吾法律有时代精神，社会有进化现象，其谁信之？呜呼！窃钩者诛，窃国者侯，而体刑好生，转不若唐虞之世，抚今思昔，不禁怆然！

按此篇系数年前旧稿，尚待改正，兹因本校筹办《月刊》，嘱余投稿，仓卒之间，无可应命，即付斯篇，聊以塞责，偏谬之处，尚希阅者谅之！

（原载《法科月刊》第一期，一九二八年）

刑法之国际化的倾向

刑法国际化之问题，已有三种之倾向，一为刑法之比较法学的研究，二为刑法原则之国际的统一，三为国际刑事法庭之设置。爰分述概略于后：

一、刑法之比较法学的研究

法学之从纵的方面，加以研究者，为法制史及法律思想史，其自横的方面，加以研究者，则为比较法学，比较法学之使命，自一国的立场而言，在于比较各国之法律制度及法律学说，截长补短，以供本国立法之司法之参考资料。自世界的见地而论，则在评论各国法律之得失，树立最善法制之楷模，进而发挥法律的国际意义之必要，适应世界的法律统一之需求，以实现法律社会化、法律国际化之鹄的。其比较研究之价值，已为学者所重视，故自法学分科方面观察，已有比较宪法、比较法学史、比较商法、比较民法、比较诉讼法、比较行政法之成立，而自刑法上言，尤有提倡比较刑法之研究的必要。

欲知刑法之比较法学的方法论的意义，实应回溯德国刑法学大家李斯德（Liszt）教授之功绩。李氏对于比较刑法之主张，曾发表三度之意见。

1. 李斯德之第一度的主张，当其一八八九年创设国际刑事学协会之时，对于刑法国际化之运动，曾有创见公布于世。据该协会成立时第一次宣言中有云：“各种刑事法制，含有国民的色彩，即须适合于适用此项法制之各国固有的情态，惟刑事法制，有一切科学的基础，自须与其他科学同样的不受国家境界之限制。"〔1〕该协会比较研究各国刑法之结果，发行《现代刑事立法》二卷。〔2〕第一卷之序言，即李氏之手笔，于此中可以窥见其抱负，亦即其第一度发表之意见。

李氏之意，以为比较法学成立之意义，在比较事实上之各国法制，以构成超越各国法制之独立的理想的法制。其言曰："为全比较法学之固有的科学的意义，必须比较各种法制之异点，进而探求且发现各种法制所未包含之新的独立的特点。"〔3〕又云："因果的见解，与目的的见解无异，吾辈研究结果所得发现者，乃各种法制性质上不同之新者独立者，而居于各种法制之上。……吾辈所见者，为与现行法对立之将来的法律。……在立法的见地，于混沌之间，可认秩序之丰立，多样性之中，又得明了同样性之存在。"〔4〕

李氏之法学方法，历史的方法与比较的方法并重，均于实证的进化论的研究之间，主持其理想的文化的某种见解。故云："余深信一种刑法草案之制成，关于其原则，无论为德意志、为法兰西、为奥大利、为荷兰，均可同样采用，若曰不然，即无异否定历史者也。"〔5〕

李氏复自立法的立场，说明比较刑法云："考虑刑事政策之要求，而欲对于将来可以成立之刑事立法，获得统一的基础观念，则法制之比较，应立于第一线上。"〔6〕又云："比较法学，持有扩大法律之使命，在广大的实证的基础上，国民的理论，不可不更求其

---

〔1〕 Zeitschrift, Bd, 9, 1889, S Mitteilungen, premiere annee, 1889, p. 19.

〔2〕 die strafgesetzgebung der gegenwart in rechtsvergleichender darstellung, 1894 – 1899.

〔3〕 李斯德序言，第十九页。

〔4〕 李斯德序言，第二十页。

〔5〕 李斯德序言，第二十一页。

〔6〕 李斯德序言，第二十二页。

高于高出自己者。"[1]"关于犯罪一般的理论，其原理务当离现行之法律，独立以构成。"[2]"若是之刑法学，必然的为国际的。"[3]"共通的刑法学，自各种法律中抽出，而超越一切刑法学，实为比较法学之第二使命。"[4]上项见解，于刑法上比较法的基础，足使提高其科学上之地位，惟其实际的适用，可谓未能离开国民的立场，盖自各国立法的见地，为主要之立论也。

2. 李斯德之第二度的主张，则为一九〇〇年八月，在巴黎举行比较法学国际会议（Congresinternational de Droit compare）之时，于其所提出之意见书中，可见一斑。[5]

李氏谓刑法之重心，应自向来之法律关系论，转入新的刑事政策论。欲知刑事政策，尤当注重于比较刑法的研究。其言曰："今如论列条件附裁判，而欲为真的科学的说明，若非比较英美主义、法比主义，以及德国的条件附特赦主义，则将有难能之感。故必依比较以明其共通思想，举其相异之点，始能对于本国之解释，调剂其共通思想与本国之特色也。……惟比较法学，非徒比较法制而已，其最高之使命，在于明了支配法律之发达的法则。……比较法学，发见决定其发达之力，依过去及现在之智识，对于今后发达之趋向，得以提出真确的结论。"[6]又云："在文化达于一定程度的国民之间，关于刑事政策上之原则，其本质非有差异。"[7]"同样生活上之必要，即以同样的法律为必要，此比较法学所以立其基础

---

〔1〕 李斯德序言，第二十二页。

〔2〕 李斯德序言，第二十三页。

〔3〕 李斯德序言，第二十四页。

〔4〕 李斯德序言，第二十五页。

〔5〕 Liszt, La notion de la politique Criminelle, Congrés international de droit Comparé, Procés – Verbaux des séances et documents, 1907, tome 2, p. 533. et S.

〔6〕 前引书，第五百三十九页。

〔7〕 前引书，第五百四十页。

也。自刑事政策的立场见之，比较法学，诚得为学问之构成。"[1]而自另一方面见之，亦惟依比较法学的研究，始得预料刑事政策论今后之发展耳。

3. 当德国学者编与《内外刑法比较》，公表首卷之时，李斯德又发表其第三度之主张。[2]

斯时成为问题者，为比较事实的诸国法制，果能得到规范的正当法否之一事。盖一般学者之意，以为仅言事实与"当为"的规范之区别，则比较法学，只足略明将来可能之法律，而不足以明了来应采之正当法。如拉特勃鲁（Radbruch）谓一定立法上之决定，为"科学的不容议论之个人确信的事项"，又如培林（Beling）所言"当为之基础，毕竟为不容议论者"是也。然李氏之立场，与此种二元主义，异其旨趋。其言曰："余之所信，'当为'（Das Seinsonllende）惟于'存在'（Das seinde）中可得抽出。"若更正确言之，即吾人熟考历史的传来之现实的存在，足以决定将来之所为，更足以认识将来之当为者。而将来之所为（Werdendes）与将来之当为者（Seinsollendes），为同一的观念。是则吾人认识进化之倾向，即足以明了"当为"也。[3] 惟于此若仅研究一国进化之迹，则有不可。故云："稽考且评论祖国之进化，终不免有主观的错误原因之附随，以观察者之预断及短见，容易误其判断也。"[4]遂进而主张"普遍史的观察"（Univer - salgeschichtliche）为必要，续云："比较法学，不外乎此，吾人但依比较的方法，足以明了进化过程即法律定型。由进化定型认识之完成，则吾人之国民的发展，已达于如何的进化阶段，足以为正确之评价，而将来所为者与

---

〔1〕 前引书，第五百四十一页。

〔2〕 Liszt, Das "richtige Recht" in der Strafgasetzgebung , Zeitschrift, Bd 26, 1906, S. 5 53ff, Bd 27, 1907, S. 91ff.

〔3〕 Zeitschrift, Bd, 26, S. 556.

〔4〕 Zeitschrift, Bd, 26, S. 556.

将来当为者，亦均得认识之。"[1]

至于“应采应报刑主义抑采保护刑主义之问题，余之主张如次，即‘此二种之近于刑罚进化的何项形式者，将来或属之乎?’余这见解如为正确，则刑罚之较后成立的进化定型，高于从前所成立者，将来或将属之。是则为应报刑与欤？为保护刑欤？普遍史的比较法学的观察，殆能教吾人欤?"[2]

李氏之见解，亦非单纯的宿命论者或放任论者，于刑法之领域，特倡“依比较法学的基础所得刑事立法的‘方法之自己省察’(Selbstbesinnung ueber die methode）之论”。[3] 复云：“余以为进化观念，乃理实存在者（das seinde）与应当存在者（das seinsollende）之综合，而应当存在者，要不外自现实存在者中所得决定耳。"[4] “进化观念之认识论的意义，成立于因果观察与价值观察之综合。"[5] 此即李氏所持比较法学的方法之认识论也。要之比较刑法，自李氏提倡之后，遂引起各国学者研究之兴趣。

自一九〇〇年八月，于巴黎举行第一次比较法学国际会议之后，所刊报告二册，为研究比较法学者所珍视。一九二九年海牙比较法国际学院开会时，里昂比较法学院院长郎白尔（Edouard Lambert）提议，于一九三一年重行召集比较法学国际大会。据郎白尔所作报告，略谓“将来会议之主要职务，在将各国法学界优秀分子协力与精研的工作，施之实行。照本会副会长乌早曼(Ulimann）教授所说：‘二十世纪之法学家，有一个双重的任务，在公法方面，则应从事于国际的组织（国际联盟是其嚆矢），在私法方面，则应创设一种统一的法律基础，以为解决私人关系之准

〔1〕 Zeitschrift, Bd, 26, S. 556.

〔2〕 Zeitschrift, Bd, 26, S. 557

〔3〕 Zeitschrift, Bd, 27, S. 93.

〔4〕 Zeitschrift, Bd, 27, S. 94.

〔5〕 Zeitschrift, Bd, 27, S. 9.

则，此种综合事业，非惯例法学派与法典法学派合作，将英美法与大陆法适当的调和起来不为功。'"[1] "吾人希望德国有名刑法专家李斯德（Liszt）氏于一八八九年创立之刑法协会。能与一九二四年在巴黎新设之刑法学会调和，并望国际航空委员会及国际无线电委员会能出其从前聚集法学家与其他专门家工业领袖等共同合作之经验，补助下届会议，以便通力合作，而创设一种能融合各职业团体与一般群众利益之模范法律，而各该委员会藉此亦可扩充其势力，岂非两利之道哉。"又云："吾人所期望于下届比较法学会议者，则亦有三：其一，产生一脉相传的会议，使一般明了社会的法律学与国际的法律学确有连属关系之法学家，能与供给研究材料之人永远合作。其二，欧洲因已往之内讧，陷于穷破之境，下届比较法学会议，应具备美洲共和国第六届会议之精神，将本洲民族必须联合之理由，传播于一般人之脑海中。其三，将此超爱国的思想，由各洲而推及世界，使一般人皆具有国际思想，庶几战后柔脆的国际组织，得藉以生长发育，而从前德国及南美洲统一法律之功业，亦不至于专美于前矣。"[2]

比较法国际学院接受朗白尔报告后，经院务会议决议，为比较法学会议之组织，应有普通及特殊两部，特请朗白尔及乌利曼二氏各就一部，分别计划。关于特别（分股）部分，其七股即为犯罪心理、刑事诉讼法、比较刑法股。俟将来一九三一年会议开成，对于比较刑法之研究，必将更有特殊贡献传播于国际间也。

二、刑法原则之国际的统一

欧美大战以后，国际情形变迁，凡尔赛和约之势力日广，国际

---

〔1〕王宠惠："介绍比较法学国际会议"，载《中华法学杂志》第一卷第二号，第一百四十四页。

〔2〕王宠惠："介绍比较法学国际会议"，载《中华法学杂志》第一卷第二号，第一百四十五——百四十六页。

联盟机关，亦日见其活动，法律之国际思想发达的结果，关于刑法之国际的统一，遂成为重大的问题。

刑法之国际的统一，可为两面的观察。其一为刑法分则的问题，即对于特殊的犯罪，因各国间有共通的利益关系，特以条约计划各国刑法规定之统一，如国际禁止卖买妇女儿童条约、国际禁止鸦片公约、国际防止伪造货币公约等，均属特种的犯罪，而成为刑法分则之国际化的运动。

刑法之国际统一的第二方面，则包括犯罪的全体，就是总则的问题，称为刑法之统一（Unification internationale du droit penal）的运动。

当一九二六年七月二十六日至二十八日在比京伯鲁塞（Brussels）开第一届国际刑法会议（Premier congros international de droit penal）之时，罗马尼亚之耶西大学教授配拉（Pella）动议主张刑法之世界的统一，[1] 经大会之决议，遂于一九二七年，开刑法统一之第一届国际会议于瓦萨，[2] 复于一九二八年开第二届刑法统一会议于罗马。[3]

配拉教授以为大战后，欧洲颇多新建国家，方从事于刑法之制定，而旧有诸国，复忙于刑法之改正，各国正应于此际任命委员，开国际会议，使之讨议刑法草案之基础原则，以谋国际之刑法的统一，因而促成上述二届之刑法统一会议。

配拉教授谓各国可以发挥刑法之特色者，在于分则的部分，而提倡应当统一者，则属总则的规定。分则固应为国民的，总则则应为纯正的科学的。如缓刑、假释、犯人引渡、保安处分、共犯、累犯等事项之原则，均不使其反映于各国之风俗习惯，而为关于预防

〔1〕 牧野英一报告，第一届国际刑法会议。

〔2〕 大塚学士："关于刑法统一之凡尔赛会议"，载《法学志林》第三十卷第四号。

〔3〕 大塚学士："关于刑法统一之凡尔赛会议"，载《法学志林》第三十卷第十二号。

及镇压犯罪之科学的研究之结果。有人以为瑞士之刑法，仍止于草案，遂断定刑法统一之困难，殊不知瑞士之尚有争议，乃关于分则的问题，各州间的意见未尝一致也。

目今各国，一方当刑法之起草，趋于统一的倾向，他方则又将国民之利益的拥护，明定于刑法之中，但是这两种倾向，决非互不相容的。因为国民利益的拥护，只是表现于分则，而统一的倾向，则当明示于总则，即就分则而言，犯罪的大部分，应属于文化的共同之敌，其镇压的方法，亦应多有世界的倾向。至于总则的规定，则因主观的主义之理论已为世所公认，遂由单纯的法律的，渐移于社会学的刑事政策论的，再进而有世界的普遍的倾向，我们要贯彻比较法学的态度，就不能不顾到世界法之理想，刑法之国际的统一，当然是达到此种目的的必经之阶段。

配拉教授复向国际联盟，提议制定国家间之刑法（Droit Penal Inter－Etatique）以为国际间的关系，如欲保全正义与秩序，除从来的国际法与战争之外，更不可无国际的刑法与相当的刑事制裁。

与上英提案相关联，而提出刑法之国际的统一，为配拉教授极力所主张，以为两者，自“刑法之和平的使命”（Mission Pacifique du droit Penal）而言，不能不谋其统一。所云“世界的正义”，虽是问题，一方谋各国内之秩序，他方谋国际间之秩序，则当分别考虑。

今日文化诸国，对于普通犯之观念，几已一致，对其犯罪。颇注重于社会的及生物的原因，而当为社会的。是则犯罪人，不应视为只是所属国的国民，而当视为不能适合于社会生活之一般条件的人，不但是做出犯罪行为之国的敌人，亦可说是现在居住之国的敌人，照这种意味上看来，犯罪是没有国境的，所以关于犯罪之镇压，如果徒从形式论理论断犯罪地与犯罪人之国籍，便是背理之至。是则关于镇压犯罪之原则，实在有国际的统一之必要。瓦萨第一届刑法统一会议，其第一议题，讨论刑法之关于土地的原则，就是根据此层理由。

其后国际联盟内所组织之国际法法典编纂专门委员会，讨论刑法问题，对于犯人引渡、在外国犯罪之刑事裁判管辖权及海盗三问题，能否编制为国际法典，曾加相当之研究。惟按编纂，先须求各国刑法上原则之统一为必要。嗣由专门委员会作成报告，国际联盟，乃征求各国与学会之意见，结果除海盗外，其余二问题，认为法典之编纂，尚未至成熟之时期。实则余二问题，尤有国际的统一之必要，惟其统一，特感困难，始觉悟刑法之国际的统一，决非容易的事业。

一九二七年八月，第二十四届国际议员会议，开会于巴黎，曾有如下之决议："国际联盟之专门委员会，应准备国际刑法典之编纂，以预除存于诸国法典之异点为必要，即国际刑法之成定原则，预先要求其统一。"此实配拉教授，所与之力居多。

一九二七年九月二十七日，在国际联盟第八届总会席上，配拉教授以罗马尼亚委员资格，论"创设统一刑法的国际机关"之必要。一九二七年十一月瓦萨刑法统一会议，不惟若干原则，各委员之意见，渐趋一致，而应如何表现于法规，亦有议决之正文。关于"统一刑法之国际机关，设立于国际联盟之内"的议案，亦经议决，依配拉教授之预定，此种机关，当比较研究各国法制及草案，始能明了对于预防及镇压犯罪之国际统一的渐次可采之方法。其渐次的方法，首须统一基本的原则而后及于分则。此种机关，关于学派之争，不使参加，刑法上思想之构成，不容置喙。从事于刑法法典之编纂者，对于此机关，不拘自己所属学派之如何，须得资料之最大限。学派之争虽所不免，惟在此机关，则应将理论的努力所得之全收积，移之于实际的形式，为其使命。一方由此机关，对于诸国，发出各种照会，他方整理其结果，以传播于各国。此机关居中介地位，使诸国之努力与进步合一，以谋全人类之幸福。其助长人类之进化运动，与其他的国际协力机关，殆无二致。

一九二九年十月在罗马尼亚首都卜佳（Bucarest）城，开第二届国际刑法大会，对于法人责任问题，法官引用外国刑法问题，合议制与独任制问题，慈善团体检举权问题等，均有致密之讨议，而充满刑法之国际的思想。[1]

要之，刑法之世界的法典（Code Penal Universel）虽不是一蹴而就，而关于镇压犯罪之实行，未始不可先求一般原则之统一，如缓刑、假释、未遂、共犯、累犯、故意、过失等问题，不妨为纯科学的探求，而不必定须含有国民的色彩。

三、国际刑事法庭之设立

发挥刑法之和平作用的第三倾向，就是国际刑事法庭的问题，本来海牙有一国际法庭，可是所裁判的多是民事案件，因此就有人提议扩张范围，另组国际刑事法庭，现已成为国际间很值注意的问题。

记得凡尔赛条约，亦曾规定要组织国际刑事法庭，召唤德皇威廉二世，裁判其违背国际道德及条约神圣之罪，[2] 而对于违反战时法规惯例之德国将士，亦要引渡于联合国，引渡德国将士之规定，亦随之等于具文了。

其后国际刑事法庭之设立，曾几次提出于国际法庭起草委员会及国际联盟，因时期未熟，迄未通过，一直到一九二六年第一届国际刑法会议，经巴黎大学教授 Donnedieu de vabres 之提案，方始有了一种决议。其议论之所存。总括之可分三点：

第一，国际刑事法庭受理事件之范围，应该怎样？是不是只以国家为犯罪的主体？或是君主与个人的国际犯，都可认为犯罪主体

---

〔1〕 谢东发：“参加第二届国际刑法大会报告”，载《中华法学杂志》第一卷第一号，第一百六十二页以下。

〔2〕 牧野英一报告，第一届国际刑法会议。

而行诉追？以及与战争相关联的普通法上之犯罪，是否亦有管辖权等问题。

第二，罪刑法定义主义，应否采用？犯罪之法定的列举，是否可能？其制裁又应如何规定？如何执行等问题。

第三，国际刑事法庭之创设，到底还是扩充海牙国际法庭而新设一部呢？或是特设刑事法庭，使之成为独立的机关呢？

旋经大会之决议，表明如下之希望：[1]

1. 常设的国际法庭，赋予以关于刑事事项之权限。

2. 关于各国间所生司法上或立法上权争议之处理，及各国法院对于同一事件所宣告之裁判已有确定力者，因相冲突所有之再审，应征求上项法庭之意见。

3. 上项法庭审理国家所为之不正的侵略行为及违背国际法规所应负之刑事责任，对于有罪之国，宣告以刑事制裁及保安处分。

4. 上项法庭对于与侵略罪的战争行为相结合之犯罪行为，及由平时、战时违背国际法行为所生之个人的责任，并裁判之。至于普通法之犯罪，因被害者之国籍或足以推定为犯人者之国籍，由其自身，或由他国，而认为国际的侵害或威胁世界之和平者，尤得裁判之。

5. 上项法庭对于犯人应送何国裁判不明之时，得裁判之。或因不能知犯罪之行为地，或因犯罪行为地主权之属于何国有争执时，亦同。

6. 由国家或个人所犯之罪，当由明文预定且附以制裁，应以国际协约，规定可属于上项法庭管辖之犯罪，且定其刑事制裁及保安处分。

7. 法庭法官之数，得增加之。新法官应自对于刑事法之学理及实际具有特别知识为一般人所公认者之中选任之。法庭中应附置

---

〔1〕 牧野英一报告，第一届国际刑法会议。

检察处，国际的公诉权，于国际联盟理事会行之。预审则委之于特别机关。

8. 审理手续，可用书面及口头之方法，且认公开互辩之辩论手续。对于判决，除该法庭现行规程所许再审之外，别无上诉之方法。

9. 上项法庭之判决，应具有强制力，对于国家所宣告之有罪的判决，当由国际联盟理事会执行之。对于个人宣告者，其执行当由理事会转委于各该本国，各该本国，即当依本国之立法，在自己监督之下执行之。

10. 国际联盟事会，有为刑之停止及减刑之权。

11. 由国际刑法协会之理事会得使组织之特别委员会，应编纂规程之草案。

12. 本会议关于国际刑事法庭之创设，应先成立各国间所缔结之协定，由他国参加之方法，方可渐次达成其目的。

要之国际刑事法庭之实现，不过时间之问题，其制度为国际联盟观念当然之扩张，无论在政治的立场及学理的根据，均有成立的可能，其思想至今还有发展的趋势。将来国际刑事法庭之制度，如果确立，则像一九一四年六月二十八日塞尔维亚之事件，已足加以适当的处理，一切侵略的举动，可以防止，世界将来的大战，也可消饵，所谓刑法之国际化的运动，与刑法之和平的使命，也都一一见诸事实，真是全世界人类的福音呢。

（《中华法学杂志》第二卷第六号，一九三一年）

抗战时期刑事立法政策之商榷

依据什么标准，才能制定理想上最完善的刑事法规，这是通常刑事立法政策的要求。而在抗战时期的刑事立法政策，则其目的，应与通常时期，不能完全相同。

余以为抗战时期刑事立法之积极目的，应注意下列各端：①如何能适合环境需要，而制定各种行为之准则，使社会秩序，不至紊乱。②如何能适应时势，随时为迅速确实之处置，使法律与事实不至差悬太甚。③如何能鼓励民心，寓民族道德抗战意识于律法之中，以期人人觉悟，各尽职责，而坚定其守护国家抗战到底之决心。

自抗战时期刑事立法之消极目的言之，则应注意于下列各端：①如何能惩一儆百，使民众不敢妨害抗战，以身试法，而收一般预防之功效。②如何使已犯者悔过自新，不至再有妨害抗战之行为，而达特别预防之目的。

本此目的，爰就抗战时期之刑事立法政策，提供几点意见，愿与国人共商榷之：

1．应制定抗战时期之特别刑法，并使其统一化、简单化。妨害抗战之行为，普通刑法危害民国紧急治罪法及其他法律中，原已有相当之规定，但抗战一年来的事实告诉我们，觉得这些法律的规定，似有许多疏漏，或嫌处罚太轻，绝不足以镇压非常时期层见叠出之犯罪，“刑乱国用重典”可说正是现今非常时期立法上的格言，所以我主张应该制定妨害抗战的特别刑法。不过种特别刑法要整齐划一，不要支离破碎，互相抵触，不但民众茫然不解，就是运用法律的人，亦有不知所从之感，所以为使民众明了及运用便利起见，这种特别刑法，应当设法使其统一化，而其程序，万要使其简单化。

2. 应以抗战建国纲领，为战时刑事立法之最高准则。抗战建国纲领，是一般抗战行为及建国之最高准绳，所以抗战时期之刑事立法，亦当然应该以抗战建国纲领为惟一之据。抗战建国纲领中指示我们应当制定特别刑法的事项，有下列各项的规定：

（15）整饬纲纪，责成各级官吏忠勇奋斗，为国牺牲，并严守纪律，服从命令，为民众倡导，其有不忠职守，贻误抗战者，以军法处治。

（16）严惩贪官污吏，并没收其财产。

（22）巩固法币，统制外汇，管理进出口货，以安定金融。

（24）严禁奸商垄断居奇，投机操纵，实施物品平价制度。

（28）加强民众之国家意识，使能辅助政府肃清反动。

对于汉奸严行惩办，并依法没收其财产。

上述各项，都是切中时弊，值得刑事立法上特别的重视，自应赶速制定相当的特别刑法，以防止各种战时特殊犯罪的发生。

3. 为适应抗战时期之需要，应将各种显而易见之妨害抗战的行为，尽量规定于特别刑法之内。国民政府于战事发生之后，虽然已以命令公布了惩治汉奸条例、惩治贪污暂行条例及食粮资敌治罪条例等法规，但其内容，似仍有疏漏可议之处，而其办案程序，亦不一致，现在立法院既已照常复会，该数种条例，似应经过立法程序，加以一番整理划一的功夫，较为妥当。抗战一年的经验，告诉我们，社会上有不少不合理的行为，足以妨害抗战的前途。我们为适应战时环境，安定社会秩序起见，确有制定专条加以处罚之必要。除汉奸定义、贪污行为应当补充规定外，余如逃避资金购买外汇外币的行为、扰乱金融的行为、办理军事征用、抽征兵役工役或征集壮丁而营私舞弊或滥用职权的行为、募集公债或有关抗战之款项而营私舞弊之行为、对于救护伤兵、救济难民、慰劳将士或捐助军用的款项物品而为侵占之行为、意图妨害壮丁训练或地方自卫组织而施强暴胁迫或煽惑他人不参加之行为、私运禁止出口的食粮原料之行为、贩卖运输敌货之行为、利用抗战时局操纵居奇高抬物价租金或船厂车运费或以其他方法图取显不相当的利益之行为、非因公务而用因公备置之交通用具致耗费用汽油或其他足供军用的物品之行为，及对于政府关于生产消费贸易或其他统制命令而有违背之行为者，那一椿不是情节可恶，足以直接或间接妨害抗战的前途？这种种新近发生的战时犯罪，普通刑法上很少有相当的规定，所以为加紧抗战工作，激发抗战情绪，坚定抗战意志，实在都有详密规定严属处罪的必要。

4. 抗战时期的刑事立法，应有民族利益高于一切的精神，自由主义的刑法理论，可以毋庸顾虑。蒋总裁说："一切言论动作，完全以'国家至上''民族至上'为前提，以'军事第一''胜利第一'为目标"，这是何等正大光明、冠冕堂皇的抗战格言，一切施政上都当奉为圭臬；就在立法上亦应当奉为最高的南针。为使抗战时期的刑事立法充分表现民族利益高于一切的精神，对于汉奸的家属，必要时不妨连坐，汉奸贪污的财产，可以全部没收；抗战发生后的犯罪，不妨依照新法处罚，其与抗战直接有关之罪，不妨概归军法裁判，这才足以保护民族国家的利益，保障抗战最后的胜利。然而自由主义的刑法理论家，或许要拿出"罪不及奴子"、"刑法不溯既往"、"人民不受军法裁判"等通常时期的立法原则，来反对我的主张，我的答复，却很简单的："抗战时期，只有国家的自由，没有个人的自由，为保护民族国家的利益起见，莫说牺牲个人的财产自由，就是剥夺了个人的生存权，也不算一回事，何况是汉奸贪污以及害国蠹民之流，举国民众恨不得寝其皮食其肉，这般人的财产、自由、生命，如果还要给以安全保障，那就太对不起前方浴血苦战的将士和为国牺牲的先烈了。”

抗战时期的刑事立法，既与通常时期的刑法理论，大异其趣，其刑罚亦当然格外严厉，因此就难免有挟嫌伪证或诬告以陷害他人的情事发生。我的意思，只要比普通刑法上的伪证罪、诬告罪加重其刑即可；至若要将诬告之人反坐以所诬告之罪刑，则大可不必。因为如果这样就等于关闭了告发之门，原属罪不容诛，但他们如能悔悟自首，则不但可以予敌人以打击，且可以因其自首而破获其余同谋的汉奸，所以对于汉奸自首不妨采宽大政策，予以减轻或免除其刑的恩典，以奖励其自新。

5. 抗战时期自由刑的执行，不必在于监狱。自由刑的执行，过去都在监狱，而在这严重关头，战区范围，若是之广，如将许多囚犯关在监狱，非但危险万分，亦属势所不能，所以我主张判处拘役或徒刑的，不妨依其刑期之长短而易充工役、兵役，或将徒刑人犯移垦条例赶快施行，将这般犯人移送到边远地方去开垦，这亦是值得讨论的问题。

拉杂写来，恐未允当，倘足供留心战时法律问题者研究之一助，幸何如之。

抗战一周年作于重庆

（原载《中华法学杂志》复刊第一卷第十一号，一九三八年）

想象数罪牵连犯及连续犯

一、一罪数罪之区别标准

刑法上一罪数罪之区别，向有行为说、意思说、法益说之分，要知犯罪以意思责任之存在，与侵害法益之发动，为构成犯罪之要素，离法益而专主犯意固不可，离犯意而单重法益之侵害亦不足以构成犯罪，而犯罪与结果之间，若无一定行为之联络，则犯罪之因果关系，亦无由认定，故应以行为说为基础，而折衷于意思说与法益说之间，始可得正确之标准。据上论述，以定一罪数罪之标准，可得下列之结果：

1. 以一决意为一行为而侵害一法益者为单纯一罪。

2. 以数决意为数行为而侵害数法益者为实质数罪。

3. 以一决意为一行为而同时侵害数法益触犯数罪名者，为想象数罪。

4. 以一决意犯一罪，而其方法或结果之行为，侵害数法益犯他罪名者，为牵连犯。

5. 以一决意连续数行为，侵害一法益或数法益而犯同一之罪名者为连续犯。

二、想象数罪

（一）想象数罪之要件

“刑法”第五十五条：“一行为而触犯数罪名者，从一重处断。”一行为而触犯数罪名，即学说上之想象数罪，亦称想象竞合犯，其要件如下：

1．须基于一行为。想象的竞合犯以一行为而触犯数罪名为要件，与数行为而犯数罪名之实质的竞合犯（亦称实质的数罪）性质不同，“一行为”者，基于一个决意所实施之一个行为，其间动作之全体也。至基于单一之意思或概括之意思，在所不问，如射击一枪而毙二人，固为一行为，即如以一个意思击数拳踢数脚，而同时重伤数人者，仍为一行为，若系分别起意，而为数行为犯数罪者，则应以实质的数罪论。又一行为不以单独实施者为限，于数人共同实施犯罪时，其所分担范围以内之行为，表面上虽似数行为，惟系基于同一之决意，仍可认为一行为。再本法对于教唆犯采独立处罚主义，如基于一个教唆意思，而以一个教唆行为教唆他人犯数罪者，虽所触犯者有数罪名，而其教唆行为，则只一个，故亦可发生想象的数罪之问题。

2．须触犯数罪名。触犯数罪名，即同一行为同时同地构成数个犯罪之意，罪名是否相同，在所不问，换言之，想象的竞合犯，重在罪之个数，而非重在罪之本质也。

（1）一行为触犯同种类之数罪名，为同种类之想象竞合犯，加以一枪而同时击毙数人，系触犯数个杀人罪。

（2）一行为触犯数项种类不同之罪名者，为异种类之想象竞合犯，如开一枪而同时发生毁物与杀人之结果，系触犯损毁罪与杀人罪。

（二）想象的竞合犯之处断

依本条规定，想象的竞合犯，系就所触犯数罪名中“从一重处断”而视为一罪，换言之，即比较数罪法定刑之重轻，论以最重之刑，其重轻之比较，依第三十五条之规定，法官虽应从数罪名中刑度最重之罪名处断，而宣言其刑时，仍可在刑度范围内自由裁量也。

（三）想象的竞合犯与法律竞合

想象的竞合犯，系一行为在想象上同时触犯数罪名之竞合的状态，与法律竞合不可相混，所云法律竞合者，单一的犯罪行为，发生单一的结果，只因法律规定错综复杂，以致单一的犯罪而有数法律竞合适用，法官只能适用一种相当之法律断定为单纯一罪，而不发生数罪竞合之问题者也。故法律竞合纯系单纯一罪之法律适用问题，在相竞合之数法律中，仅能适用其一，而当排除其他法律之适用，兹述其重要关系分别解决如次：

1. 特别法优先于普通法。一行为触犯普通法与特别法之规定，应依特别法处断，而不适用普通法，又有相同的法律与相异的法律之分：

（1）相同的法律之特别关系。相同的法律中可适用特别法优先于普通法之原则者，其例有二：

第一，变态法优先于常态法。如对于友邦元首妨害名誉者，非通常的妨害名誉罪，应适用第一一六条之“妨害国交罪”（变态法）处罚。

第二，复杂法优先于单纯法。如侵占公务上或公益上所持有之物者，亦侵占之行为也，然当适用第三三六条（复杂法）处断，而排斥第三三五条单纯侵占罪之适用

（2）相异的法律之特别关系。如叛乱行为不适用普通刑法内乱罪、外患罪之规定，而当适用惩治叛乱条例处罚。又如军人犯罪，有普通刑法与陆海空军刑法之竞合适用，当依陆海空军刑法处断。

2. 基本法优先于补充法。补充法所以补充基本法之不备，基本法与补充法竞合适用时，当然适用基本法，例如有追诉或处罚犯罪职务之公务员，滥用职权为逮捕或羁押者，已有第一二五条之基

本法条可以适用，自无更依第一三四条补充法条处断之理。

3. 实害法优先于危险法。危险法与实害法竞合时，应适用实害法，例如施强暴于直系血亲尊亲属使受重伤者，应适用第二八〇条，比照第二七八条之规定加重其刑至二分之一处断，而排斥第二八一条规定之适用。

4. 全部法优先于部分法。如犯罪既遂之规定，为全部法，预备阴谋未遂之规定为部分法，犯罪既遂时，既依既遂犯之规定处罚，不再适用预备阴谋未遂犯之规定，盖全部法之行为已包括部分法之行为也。

5. 吸收关系。法律规定高度行为吸收低度行为者，依规定高度行为之法处断，例如使人受重伤者，已将伤害人身体健康之行为吸收在内，故应适用第二七八条之重伤罪处罚，而不适用第二七七条之规定，又法律有后行为吸收前行为者，则依后行为之法处断，如先仅帮助他人犯罪，旋即共同实施，应以共同正犯论罪，不更论以从犯，又如先仅预备杀人，后乃实行杀人，亦系前行为为后行为所吸收，当依第二七一条第一项处罚，不再适用同条第三项之规定。

6. 结合关系。原系二以上可以独立之犯罪行为，法律上结合之俾成一体者，依结合犯之法律处断，例如掳人勒赎，故意杀被害人，分之则为掳人勒赎与杀人二罪，惟既结合成为一罪，即应依第三四八条第一项处罚，而第三四七条及第二七一条之规定即无分别适用之余地。

7. 择一关系。不两立之法律择一适用，例如不法图利之行为，既相当于第三三五条之侵占罪，又相当于第三四二条之背信罪时，即系一行为而有不相两立之条文竞合适用，当探求立法精神选择其最相当之一条而为适用，不得误为想象的竞合犯，遍引各条再依第五十五条从一重处断也。

8. 一行为生数结果，而其数结果可认为包括的一个法益者，仍为单纯一罪，即适用规定该罪之法条以单纯一罪处罚，亦非触犯数罪名，遍引有关各法律条文从一重处断。盖人格法益与个人有不可分之关系，以人数计算法益，财产法益以监督权之单数复数为标准，至公共法益系指国家生存、社会秩序、公共安宁等而言，凡侵害公共法益之犯罪，不问其侵害私的法益与否，原则上均认为包括的一个法益，如单一的诬告行为，虽诬告十人只成一诬告罪，单一的放火行为，虽延烧数十家之房屋，只成一个放火罪是也。

三、牵连犯

（一）牵连犯之要件

“刑法”第五十五条下段“犯一罪而其方法或结果之行为犯他罪名者从一重处断”。即学说上之牵连犯。牵连犯者，犯一罪之原因与其结果，或犯一罪之方法与其目的之间有牵连关系之存在从一重处断者也。牵连犯之范围，学说不一：其一，犯意继续说，凡犯罪方法或结果相牵连之事实，构成犯罪而犯人具有继续之犯意者，均属于牵连犯，此说不但范围太宽。且与连续犯、继续犯复有混淆之嫌。其二，相互形成一部说，谓必其方法或结果与所犯之罪在法律上包含于一个犯罪行为之观念中，即各行为相互形成犯罪之一部者，始得谓之牵连犯，此其所说非徒范围甚狭而与所谓吸收犯、结合犯亦有混同之处。其三，直接关系说，犯罪之目的行为与方法行为或结果行为，有直接密切之关系者，即为牵连犯，本法第五十五条后段之规定“犯一罪而其方法或结果之行为犯他罪名者，从一重处断”，是盖揭明方法为与结果行为本可划分，惟因与其所犯之罪，目的行为有直接密切之牵连关系，可从一重处断，其立法精神，当系采用直接关系说者也。兹分析其要件如下：

1. 所犯之罪与其方法或结果行为有牵连关系之存在。牵连犯之各行为间有无牵连关系之存在，不得纯以主观上意思之联络为标准，并须依客观事实以决定之，即在客观上，其方法行为或结果行为与所犯之罪目的行为有直接密切之关系者，即可解为牵连犯。

(1) 所云“犯一罪而其方法之行为”非其犯罪之法定构成要素，仅为其犯罪行为之方法上所为之行为，另犯他罪名而已，如侵入住宅而强奸，行使伪造之文书而诈取财，其侵入住宅，为强奸罪所采之方法行为，行使伪造之文书，为诈欺取财罪所采之方法行为，不但与目的行为之意思具有联络关系，而在客观上复与所犯之罪显有直接密切之牵连关系，故可认为牵连犯，至若抱杀甲至目的先入乙之住宅，以不法所有之意思，窃取乙之手枪，再以所窃取之手枪实行杀甲，此例如从纯主观论观之，则窃盗与杀人之罪未始不有方法与目的之关系，然在客观上言之，其窃取手枪行为，不但非杀人罪通常所采之法，且与杀人罪仅有间接关系，并无直接密切之关系，故非牵连犯，仍为实质的数罪。

(2) 所云“犯一罪而其结果之行为”亦非属于其犯罪之构成要素，乃指犯一罪所生之结果行为而言，即其犯罪与结果行为之间，有客观上直接密切的牵连关系存在者也。例如窃取道钉致损坏轨道、杀人而遗弃其尸体之类，其损坏轨道为窃取道钉所生结果行为，遗弃尸体为杀人罪所生之结果行为，此即所犯之罪与其结果行为不但意思联络，在客观上复有直接密切之牵连关系，而应认为牵连犯，从一重处断者也。再既曰“犯一罪而其结果行为犯他罪名”为牵连犯之要件，则与因犯罪致发生一定之结果而有加重其刑之加重的结果犯，自不相同，如上例杀人而遗弃尸体，系牵连犯，客观上具有牵连关系之结果行为并非意外发生之事，至如因犯伤害罪而致人于死，因犯强奸罪而致被害人于死，或羞忿自杀之类，均非客观上具有牵连关系之另一结果行为，不过系行为人所能预见发生之加重的结果，法律上既已加重其刑，绝不容与牵连犯相混也。

2. 犯一罪而其方法或结果之行为更犯其他之罪名。基本的犯罪行为，触犯某罪名之外，其方法或结果之行为亦须触犯其他之罪名，即其两个行为触犯不同之罪名也。牵连行为触犯不同之罪名，为牵连犯之特质，此与想象上数罪所触犯之数罪名有相同或相异者，性质上自有区别也。然犯一罪而其方法或结果之行为，若无牵连关系之存在，则仍为数罪，例如杀人后移尸仇家，以图嫁祸而诬告仇家杀人者，则杀人与诬告行为断不能认为牵连犯，再牵连犯至少以触犯二个罪名为单位，若以结果行为为方法，再生其他结果，触犯他罪名者，亦仍不失为牵连犯，如先则伪造文书（方法行为），继则行使伪造之文书（结果行为又用为方法），最后乃诈欺取财（最终之犯罪）者，亦牵连犯也。

（二）牵连犯之处断

牵连犯之数罪，不依第五十一条数罪并罚之例，毋庸分别宣告其刑，而当依第五十五条规定从一重处断，既须从一重处断，自不能置轻罪于不问，处断之际，所从者虽原系数罪，实际上只论一罪，有牵连关系之数罪中，如有经赦免者，其赦免之效力，应不及于余罪。

牵连犯从一重处断，亦以法定刑为比较之标准，依第三十五条之规定择其法定主刑之较重者从之处断。例如以行使伪造文书为方法而达诈欺取财之目的者，其行使伪造之文书，虽仅系方法行为，既较诈欺取财罪之法定刑为重，即可从之处断。若其犯罪与方法行为或结果行为之罪名，法定刑相等者，自复依其犯罪情节，侧量何方而从之处断，例如伪造文书而行使者，伪造行为与行使行为，其刑相等，惟犯人目的侧量行使，即可从行使伪造文书罪处断。本例在实例上向采牵连犯说（见民国二十年上字第一七八九号判例，近已改采伪造行为被吸收于行使行为之说），不认其为有方法与结果之关系，其意以为伪造之意在于行使，则低度之伪造行为即被高度之行使行为所吸收，在此伪造行使其刑相等，依是解决，尚无窒碍。然本法关于伪造货币罪、伪造有价证券罪及伪造度量衡罪，其伪造（度量衡系制造违背定程者）之法定刑皆较行使之法定刑为重，若亦依上例认为行使行为吸收伪造行为，势必从轻处断，如是轻重倒置，决不合于法理，在实用上转不如行使行为为伪造之结果行为依牵连犯之例从一重处断之为愈。夫伪造文书罪之伪造与行使，与上述各罪之伪造与行使，其有方法结果之关系并无异致，若以彼为吸收关系，此为牵连关系，解释两歧，恐非所许，故鄙意以为伪造文书罪之伪造与行使行为，仍应维持牵连犯说，第其法定刑期相同，自可依其情节，重在行使，即从一重处断耳。

（三）牵连犯之起诉与裁判

牵连犯在处断上只是一罪，其牵连之各行为，不能分别处罚，故于牵连犯之起诉与裁判有可注意者数点，简述于后：

1. 牵连犯追诉权之时效，应依从一重处断之罪之刑计算，不能依构成牵连犯中各个犯罪行为之刑，以计算追诉权之时效。

2. 对牵连犯之方法行为或结果行为已有追诉者，依公诉不可分之原则，其追诉效力，即及于犯罪事实之全部。

3. 法院须就牵连犯全部事实而为裁判，其确定裁判之效力亦同，故对于一部事实而有确定裁判时，应以全部已有确定裁判论，一旦就数罪名中之一罪名有确定裁判时，其牵连之犯罪行为，均已消纳于确定裁判之一罪中，不能再分离而独立，即依一事不再理之原则，不能更就他罪名起诉（“刑诉法”第二三一条第一款）。如对他罪名起诉，即应谕知免诉之判决（“刑诉法”第二九四条第一款）。

4. 牵连犯数罪名中，有一为“告诉乃论”之罪者，虽对于“告诉乃论”之罪，撤回起诉，而于其他罪名之追诉权，不生影响，故对于其他已起诉之部分，法官仍得宣告裁判。

5. 牵连行为一部分系告诉乃论之罪未经合法告诉者，只能就已备追诉条件之罪名，比较轻重，而从较重之罪名处断。

6. “从一重处断”不过指处罚时适用法律之标准而言，其余触犯轻罪罪名之行为，仍不失为犯罪，苟有合于得为没收之规定者，无论重罪有无得为没收之情事，仍得没收之。

（四）牵连犯关于时地之效力

牵连犯之各行为于当时当地完成者，除行为后法律有变更当适用最有利于行为人之法律外，应适用行为时行为地之法律，若牵连犯各行为跨于新旧两法时期，其从重处断部分为结果行为，而成立于新法时期，原则上固应适用新法，然其从重处断部分，若为方法行为，且实行于旧法时期，而旧法又较新法为有利时，则又应适用旧法处断。再如其方法行为实施于我领域外，而其结果行为，则完成于我领域之内者，依本法第四条规定，仍应认为在我领域内犯罪也。

（五）牵连犯与吸收不同

犯罪之性质上，其一罪名之观念中当然包含他罪名者，学说上谓为吸收犯，如窃取他人之物，诈称为自己所有，以出售于人者，其骗取代价之行为当然为窃盗行为所吸收，只成单一之窃盗罪。又如行使伪币购买物品，因行使者冒充真币，故其欺罔行为已为行使伪币行为所吸收，只成行使伪币罪。此均前行为吸收后行为之例。至后行为吸收前行为者，例如公务员对于违背职务之行为，先则要求，继则期约，终乃收受贿赂者，其要求与期约之行为，当然为收受行为所吸收，而成一收受贿赂罪。吸收犯不须法律明白规定，从一般法律规定可知其所当适用之法条，如触犯数法条，而有适用此法条排斥彼法条之关系者，则可依前述法律竞合之法理解决之。吸收犯系此行为，当然吸收彼行为，实质上只成一罪，与牵连犯之比较方法行为及结果行为，而从一重处断，认为处断上一罪者，其认定罪名之方法上，实有不同也。

（六）牵连犯与结合犯不同

数个独立的犯罪行为，依法律规定，使之结合一体，成为一个犯罪者为结合犯，例如结合强盗与强奸二行为而规定为一个强盗强奸者，非可比较强盗罪与强奸罪从一重处断，结合犯亦以犯一罪之方法或结果触犯数罪名，殆与牵连犯类似，但结合犯乃将各个犯罪行为互相结合而另组成为新的第三罪者也。牵连犯则否，盖其方法行为与结果行为并非结合成为一罪，不过比较其方法行为与结果行为从一重处断而已，故与结合犯性质不同。

四、连续犯

（一）连续犯之要件

"刑法"第五十六条："连续数行为而犯同一之罪名者，以一罪论，但得加重其刑至二分之一。"本条规定即学说上所谓连续犯，其要件如下：

1. 须有数行为之存在。此为连续犯之前提条件，盖行为如为单一而生单一之结果者为单纯一罪一行为，同时生数结果触犯数罪名者，则为想象的竞合犯，应从一重处断。连续犯必有数行为之连续始能成立，若仅一行为决不能成立连续犯。例如以概括之意思连续数行为而先后殴伤数人者，当联合其连续行为之全体，以一个伤害罪论。

2. 须连续数行为而犯之。连续犯系数行为触犯一罪名，其情形适与想象的竞合犯相反，且数行为间，必须有连续之关系，凡以概括的犯意，反复为数个行为，即为连续犯，惟"行为之连续"，含义若何，则有主观说、客观说、折衷说之分。主观说谓行为之连续否，当视行为人之意思以为断，如其意思连续，则行为亦必连续，客观说谓如有犯罪事实之相同，方法之类似，时间之连续，即当构成连续犯。折衷说则又调和主观客观两说，以为意思或行为与结果，均须有连续性，以法律精神而言，自以折衷说为当，是则“连续数行为”云者，不外意思或行为与结果相连续之意也。

（1）意思与结果之连续。意思连续之义，包括三端：①出于概括的一个意思。②连续其初发的意思。③犯罪行为终了前同一的意思。综合言之，即连续犯以出于概括的意思发动为要件，其连续实施之数行为，均在其自始的预定的一个犯罪计划以内，客观上虽有次数可分，主观上则不外出于始终同一的犯意之进行，若中途另有新犯意发生，纵使所犯罪名相同，究非发动于概括的一个意思，而已越出原定的犯罪计划范围之外，其基于新犯意发生之犯罪行为，即应数罪并罚，不能成立连续犯。

（2）行为与结果之连续。连续犯本有独立成罪之数行为，每一独立行为，均生犯罪事实之结果，法律不以数罪而以一罪论者，以其初发概括之犯意，数次反复的行为，与犯罪终了时之结果间，始终连续未尝间断也。关于数行为结果之连续，学说有三：其一，犯意相同说，以犯意之单复为准，一意思数行为而有数结果者为连续犯，如有二以上之意思，则成数罪，非连续犯。其二，行为相同说，谓是否连续犯，以是否为同种之行为为断，反复为同种之行为者为连续犯，反复为不同行为者则否。其三，法益相同说，以被告法益之是否相同，为决定是否连续犯之标准，如数行为侵害同一之法益者为连续犯，侵害数法益者，即为实质上数罪。前大理院判解及学者通说，间有采折衷说者，即以概括之意思，同种类之行为，而侵害同一之法益者，方以连续犯论，此盖根据旧暂行律第二十八条“凡连续犯罪者以一罪论”之规定，其立法技术过于简单，不得不为严格之解释，以免蹈宽纵之嫌耳。至本法既规定为连续数行为而犯同一之罪名者，以一罪论，且得加重其刑至二分之一，则解释上自可不必过于严格，寻释本条含义，其所云“连续数行为”只须用一意思之连续，不以同种之行为为限，更不以侵害同一法益为必要，但就近年来判解以观，连续犯虽亦不以侵害同一法益为限，犹须以侵害同一性质之法益为必要，至先后连续之数行为，时间上不宜过于隔离太久，而各行为之间，又须事实上确有连续之关系，固不待论也。

3. 须连续数行为而犯同一之罪名。刑法上之罪名，其性质同一或相类似者，往往规定于同一章内，异章之罪，必非同一罪名，即同一章内而揭出复杂之标题者，亦非同一罪名，是则本条所云“犯同一之罪名”，应指同一性质之罪名而言，罪名虽须同一，刑罚则不必相同，实用时应注意者，约有数端：

(1) 连续数行为，触犯同一之法律条文，固为连续犯，即条文不同，而其性质相同者，亦得有连续犯之存在，惟罪有轻重时，应论以一重罪。

(2) 同一条文中择一的规定之数种手段，虽并和犯之，亦可认为行为之连续，如强盗罪之暂法，无论以强暴胁迫药剂或催眠术，其罪名性质，仍属相同，又如藏匿人犯之罪，或为藏匿，或使隐避，亦均可成为连续犯。

(3) 法律上规定甲条之罪，以乙条之罪论者亦得成立为连续犯，如第三二九条与第三二八条之关系。

(4) 窃盗与侵入窃盗，强盗与结伙强盗，条文虽异，而其罪名性质则属相同，自可成立连续犯，至强盗杀人与强盗强奸，通奸与重婚，放火与决水等，虽规定于同章之内，而其罪质绝不相同，则其先后行为不能认为连续犯，即如单纯窃盗与常业窃盗之情形，对于常业窃盗法律上已有加重明文，亦不发生连续犯问题，有谓以概括意思继续而为抢夺及窃盗，或诈欺及恐吓之行为，亦可以连续犯论者，其财产法益虽属相同，而罪名性质终非同一，若扩大范围亦认为连续犯，法律见解似欠允当。

(5) 预备阴谋或未遂与既遂之行为，若相为连续时，则其数行为亦可成立连续犯，例如第一次于甲处为放火之预备，第二次于乙处为放火之未遂，第三次于丙处为放火之既遂，可成为放火罪连续犯。又如先对甲乙二人为杀人未遂行为，后对丙为杀人既遂行为，亦应以连续犯论，即如以伤害数人为目的之概括的犯意，先则伤害甲乙二人，继则伤害丙致死，亦未始不可成为连续犯。

(6) 对于一个被害者，其先后渐次发展之多数动作，向最后之目的，依阶段的进行，而成为包括的一事实者，为单纯一罪而非连续犯，例如对于同一之人，二次杀人未遂，最后一次始成杀人既遂，其前行为为后行为所吸收，为包括的一个杀人既遂罪，又如对于同一之人，始则要求贿赂，继则期约贿赂，终乃收受贿赂，亦系包括的一罪。

4. 须连续数行为而犯同一罪名于裁判确定之前。裁判确定前，连续犯同一罪名者，则为连续犯，裁判确定执行完毕后再犯罪者，有累犯问题之发生，若裁判确定以后再犯罪者，已中断其行为之连续也。

(二) 连续犯之处断

连续犯"以一罪论"可知其数行为原非一罪，只因连续行之，姑以一罪论耳，惟因判解上关于连续犯之解释，时有变更，以致连续杀死多人，连续掳勒多人，连续窃盗或强盗多次，或连续犯其他之罪者，均仅论以一罪，恐社会上误解为有宽纵之嫌，且其行为次数既多，犯罪意思，亦复一贯，实为恶性甚大之犯罪，若科以通常之刑殊不足以惩恶儆奸，故本条特设但书，得加重其刑至二分之一，以求平允，至连续数行为犯同一性质之罪名，如其中有较重者，既应以该较重之一罪论，则加重其刑之际即应就该罪之本刑加之。

(三) 连续犯与继续犯不同

继续犯实际上可分三种：其一，持续犯，即一行为持久继续而侵害一法益者，亦称永续犯，如第二九六条之使人为奴隶罪，第二九四条之遗弃罪是。其二，徐行犯，即性质上在短期时间内本得完成之犯罪，而犯人偏于事实上延长时间以完成之，亦称接续犯，如破坏他人建筑物者，今日折一栋，明日毁一牕，以完成第三五三条之毁损罪者是。其三，惯行犯，即基于性癖于继续时间，反复为同一行为者也，亦称集合犯，如第二六七条之常业赌博罪，第二三一条之常业诱奸罪等是。继续犯行为时间虽有延长，只成单纯一罪，与连续犯之本系数个独立犯罪行为，而因明文规定论以一罪者迥不相同也。

（四）连续犯之起诉与裁判

连续犯既以一罪论，即不许分割而为处断，故下列各端，应当注意：

1. 连续犯不可分割，在连续犯罪行为终了后，遇有刑法变更者其全部行为应受新旧法中最有利法律之适用，若连续行为跨于新旧法之间，即其行为终了于新法时期者，则应依新法处罚。

2. 即成犯之追诉权时效期间，自其犯罪成立之日起算，连续犯追诉权之时效期间，则自其行为终了之日起算，故其最终行为，如未罹于消灭时效，则其他部分之行为，可以全部追诉。

3. 连续犯之一部行为，虽有他人加功于其间，其连续关系并不中断。

4. 就连续犯一部行为而起诉者，其效力及于全部，法院即可审理其全部事实，连续犯虽为告诉乃论之罪，其一部既有告诉时，则可就全部加以裁判，而起诉并不中断犯罪行为之连续，故对于起诉后裁判确定前所有连续之行为，裁判上仍应以一罪论。

5. 连续犯之行为，一部分已经宣告有罪或无罪之裁判确定后，其余之行为，虽相继发觉，亦不得再理，侦查中应为不起诉之处分，审判中应谕知免诉之判决（“刑诉法”第二三一条、第二九四条）。

（五）处断上一罪之竞合

想象竞合犯、牵连犯及连续犯均非单纯一罪而为处断上之一罪（亦称裁判上一罪），三者不无相竞合之情形其状态有二：

1. 连续犯与牵连犯竞合者如图：

牵连关系（侵入住宅……强奸）

连续关系：
第一次…………侵入住宅…………强奸
第二次…………侵入住宅…………强奸
第三次…………侵入住宅…………强奸

上项竞合先从牵连行为之重罪处断，再论以连续犯，加重其刑。

2. 连续犯或牵连犯之一行为中，有想象的竞合犯存在者，如图：

牵连关系（侵入住宅……同时开枪）　想象的竞合关系（同时开枪　伤害并击毙数人）

连续关系：
第一次…………侵入住宅…………同时开枪　伤害并击毙数人
第二次…………侵入住宅…………同时开枪　伤害并击毙数人

上项竞合先就想象的竞合部分决定其何者为重，再就牵连关系部分之行为比较从一重处断，而后依连续犯以一罪论，加重其刑。

（选自一九六九年编《赵琛先生纪念集》）

少年犯罪问题需要经常注意

记得民国二十五年我在南京，应中央警官学校之聘，教授少年犯罪之研究一课，就感觉到我国少年犯罪问题应该注意，亦值得研究。时隔二十六年，少年犯罪问题始终没有彻底地解决，而且愈演愈严重。此种现象并不是说我们对于少年犯罪问题毫无解决的办法，而是说明时代在进步，少年在不断的成长，一代又一代，需要经常的注意。民国二十五年之少年，现在都已经是中年了，当然不会成什么问题。现在的问题少年是最近十几年中产生的，现在不注意，将来的问题也许比今天还要严重得多。

少年犯罪的原因,固然很多,概括地说,不外是个人的原因,家庭的原因,社会的原因等数种。从个人的原因看,少年身心的不健全,是造成犯罪的最大原因,例如身体衰弱,智力低劣,心理有病,无法与正常的少年竞争,亦无法与一般人合群,结果在优胜劣败的原则下,意志消沉,自甘堕落,走上犯罪的途径。至于家庭的原因,或由于过分的溺爱而放纵,或管束过严而缺少温暖,或家庭破碎,父母分居或离婚,或邻居不良而感染恶习,或交友不慎而行为不端,或由于家庭贫穷而无力供给学费,又无正当职业,流为窃盗。再说到社会的原因,社会风气的败坏是造成少年犯罪的重大因素,譬如说,黄色的歌曲与书刊,诲淫诲盗的电影,以及假借发展观光为名,而以敛钱为实,好似满园春色的舞厅、酒吧、咖啡室,这些地方对于少年的引诱力是很大的,万一涉足其间,就深陷泥沼而不可救药。至于少年嗜好烟酒,已经无足为奇,是到处可见的事情。

防止少年犯罪并非毫无办法，而防止办法有临时性的，亦有永久性的。就临时性的防止办法而言，因为若干少年犯罪，系受一时社会不良的风气所感染，以致越出生活的常轨，造成犯罪案件。例如最近的太保组织，到处打架偷盗，惹是生非，在十多年前是没有的，到台湾才盛行，这显然是临时性的。由于人口的自然增加，少年人数剧增，因为良莠不齐，少年犯罪行为自属难免，无论什么时代都会有此现象，这必然是永久性的。

无论是临时性的或永久性的少年犯罪，我们都有办法可以预防，可采的途径略述如下：

1. 建立温暖的家庭：少年的行为态度，多半要在家庭中养成。家庭健全温暖，少年在严父慈母教导之下，自然会养成良善的品性。以父母的行为态度作榜样，日积月累，耳濡目染，亦步亦趋，当然不致下流，不会随俗，更不会去犯罪。

2. 加强学校的训育：就学的少年，在学校里的时间很长，其学习内容当然不限于书本的智育，包括体育与德育。知识灌输比较简单，只要按时授课作业就可以了。体育的发展亦甚容易，在老师的指导监督之下，能在操场上如生龙活虎般的运动，不会有什么问题。可是德育的培养却相当艰难，第一，人各一心，无法随便控制。第二，学生们并非一天到晚在学校里生活，要走路、要回家、要活动，如何能循规蹈矩，完全遵守校规，服从老师，颇堪研究。训育的方式，不能专重管束，而主要的是启发与指导。

3. 发展体育活动：少年精力充沛，性格好动，有崇拜英雄的气概。此种爱好活动的本性，决不能加以限制，而需要适当的疏导。最好的办法是发展体育。我们发展少年体育，并不希望培养体育明星，而是使少年有正当的身体活动机会。一方面使少年身心健全的发展，另一方面就是减少倾向于不良行为的时间，也就能做到防止犯罪的目的，真是一举两得。

4. 提倡正当娱乐：人类是感情的动物，身心的调剂非常重要，我们不能要求少年们一天到晚去读书或运动，亦需要给予娱乐的机会。少年们没有正当的娱乐，势必追求不正当的娱乐。例如现在电影是最普通的娱乐，如果没有适当的教育电影，以供少年观赏，难怪少年跑溥侗电影院去看武打片、色情片，以及其他低级趣味的影片。音乐、戏剧、棋艺、园艺、舞蹈、绘图、雕刻，都是极有价值的娱乐，但需要设备，需要人去提倡。

5. 改善少年事件的处理：少年犯罪既有逐年增加的趋势，有关机关拟订了“少年法草案”，送请“立法机关”审议，已于一九六二年一月三十一日公布，名为“少年事件处理法”。本法的要点：①确定少年的范围——十二岁以上未满十八岁。②设立少年法庭处理：（甲）少年犯罪案件；（乙）有父母或其他有监督权者之监督，而有犯罪之虞者；（丙）少年无家可归，而其情形足认有影响社会治安之虞者。③采用其他法域的法例，创立观护制度。设置观护人员办理少年观察保护事件，设置观护所，收容问题少年。④少年管训处分，分保护、管束及感化教育。管训处费用，得斟酌情形命少年本人或由少年抚养义务之人负担之。⑤少年事件的审判不公开，少年事件禁止在报章杂志或其他出版品上刊登。⑥少年法定代理人忽视少年教养，致少年再行犯罪时得处五百元以下罚款。“少年事件处理法”虽已公布，但由于准备工作尚未完成，故未能立刻付诸施行。

6. 鼓励不良少年自动觉醒：最近有不良少年自动解散太保组织的觉醒运动。第一个是安全保障的问题，太保组织解散之后，觉醒者宣告改邪归正，未觉醒者势必要向已觉醒者寻仇雪恨，杀伤之事实属难免，治安机关如何去保障其安全，需要充分准备与研究。第二个是失学的辅导问题，有些不良少年是在学的学生，亦有失学的。在学的学生应保障其学籍，失学的学生应送少年励志进修班就读，务使其有校可进，有书可读，不要在外面胡作非为。第三个是失业的救助问题，凡是觉醒的不良少年，已有职业者应保障其职业，无职业者应予以技艺训练，辅导其就业，其待遇应与普通少年一样，不能有歧视的情形。

7. 加强少年感化工作：自戡乱时期窃盗犯赃物犯保安处分条例公布实施以后，少年窃盗犯一律移送少年感化院实行感化。台湾地区少年感化院屡易名称，现在改称少年辅育院，计有三所，分设台北、彰化、高雄各地。这三所感化院我都去看过，办理都还良好。可谓经费充足、环境优美、设备完善、管理严格，感化的效果亦不错。不过需要改进的地方还是很多，例如个案调查、心理测验尚未做得彻底，师资缺乏，尤少女性老师，因此缺少家庭温暖气息。无意中养成一种冷酷的性格。一旦出去，难以适应博爱的社会生活，至于教育方法是否已臻理想，亦值得再作检讨。由此可见少年感化工作，尚需要加强。

综上所述，我们对于少年的不良行为，如能作有效的预防，相信少年犯罪的案件，一定可以减少，但是预防工作的重点，应该放在指导少年活动，保护少年安全上。大家都知道少年好动、爱合群，尤其崇拜英雄，我们针对他们的愿望，不妨指导他们参加童子军、青年救国团、基督教青年会等组织。或参加夏令战斗营、旅行团、各种球类比赛、各种竞赛等活动。

在保护少年安全方面，最近数年来警察机关已做了不少工作，例如各县市警察局都有少年犯罪侦防组的设立，对于处理少年犯罪案件做得有声有色，尤其是台北市警察局的少年犯罪侦防组，绩效最著，没有一个太保太妹不敬畏鲁俊组长的。此种工作非常艰苦，做来不易值得奖励。希望警察同仁要有日新又新再接再厉的精神，把这工作做好，同时亦希望家长、学校、社会、司法、警察各方面，互助合作，防止不良少年的滋事，消弭少年犯罪的案件，以建立我富强康乐的社会。

（《亲民半月刊》第一九三、一九四期合刊，选自一九六九年编《赵琛先生纪念集》）

少年犯罪之原因与防治

近几年来，少年犯罪案件不但有增无已，而且花样亦愈来愈多。此种情形，一方面系由于人口的自然增加，经济的积极发展，社会的安定繁荣；另一方面亦由于国际交通的便利观光族客接踵而至，电影、电视的普及，所造成的结果。少年犯罪由来已久，不过过去案件为数无多，情况尚不严重，所以并未引起社会人士的注意。可是近来则不然，少年罪犯偷盗、抢夺、杀人之事层出无穷，已构成社会安定的重大威胁。长此下去，影响所及，势必伤害少年的前途与意志，严重妨害社会的安宁与秩序，“国家”亦将蒙受重大的损失。

一、犯罪的真正原因

我们要想防止少年犯罪案件的发生，必须先要找出少年犯罪的真正原因，然后对症下药，始克有济。少年犯罪的原因，大致可以分为个人的原因与社会的原因。就个人的原因来说，依现行“少年事件处理法”第二条规定，称少年者，谓十二岁以上十八岁未满之人。在这一段年龄的少年，无分男女，生理上正在发育阶段，身心尚未健全，情绪最不稳定，极易接受外界的暗示与诱惑。次就社会的原因而言，少年受环境的影响最大，在家庭里受家庭环境与邻居的影响，在学校里受学校环境与同学的影响。谚语云：“近朱者赤，近墨者黑。”乃是必然的现象。一个意志尚未坚定的少年，在一个罪恶的环境里，要想出污泥而不染，无异缘木求鱼。

少年因家庭破碎，以致失养、失教与失学，而沦为盗贼者，为数甚多，父母溺爱子女或管束太严，亦足以使子女生活失调，或娇生惯养，不务正业，不事生产；或缺少家庭温暖，性格流于孤僻。遂有脱难家庭而出走者，藉口某种事故而逃学者；有生活浪漫者，亦有染上不良嗜好自甘堕落者，形形式式，不一而足。

二、标本兼治办法

社会各界对于少年犯罪问题的解决，都有宝贵意见，殊属难能而可贵。我们必须采用标本兼治的办法，彻底消灭少年犯罪的原因，使它不再发生，才是最有效的对策。就个人所见，对下列各点应予注意：

1. 收容流浪儿童。玩劣儿童，或由家庭出走者，或遭父母遗弃，或系双亲去世，以致生活无依，到处流浪，不是变成窃盗，便是被窃盗利用。社会机关，慈善团体，应当尽力设法收容，年幼者施以正规教育，年长者授以生产技能，俾能进入社会，自食其力，流浪儿童，为数不多，处理亦较容易。

2. 加强特殊教育。秉性恶劣之少年，不听从父母管束，脱离家庭，不受老师管教，屡次犯规，被学校除名者，到处肇事生非，为害社会至巨。此种少年最易发生犯罪行为，必须以特殊教育，以期变化气质。现在虽有进德中学等类似组织，尤须继续加强，以收宏效。至于现有少年辅育院三所，亦应增加经费，充实设备，改善管教措施，使能真正发挥感化教育的功能。少年观护所之设置，尤为当务之急，希望迅速实现。

3. 改善生活环境。少年生活环境不良，耳濡目染结果，甘愿堕落而犯罪者，可谓比比皆是。例如，父母酗酒赌博，日以继夜，疏于管教子女。少年不择对象，滥交朋友，父母不予指导。父母终日为生活而忙碌，对于子女功课不加过问。父母管教子女意见不一致，不是失之过严，便是过于放任，子女无所适从，少年在家得不到亲情温暖，于是向外发展。交友不慎，同流合污，每有发生犯罪而不自觉者，时有所闻。故改善少年生活环境，彻底实行家庭新生活，是消灭少年犯罪的有效途径。

4．注意休闲活动。少年喜动，每逢星期假日或过年过节，乃是少年最活跃最快乐的时间。少年休闲活动指导得宜，可以启发智慧，强健身体，发展群育，培养爱护团体，珍惜荣誉的高尚情操。如果听其自然发展，形成太保太妹组织，扰乱治安，妨害秩序，莫此为甚，安排少年休闲活动，应有组织，有计划，有经费，有办法。少年休闲活动节目必须非常生动，能迎合少年的兴趣与需要，否则将徒劳而无功。

5．重视病理治疗。少年因疾病而犯罪者，时有所闻。此类疾病包括生理的与心理的两种。少年身心状况，应作适当的定期检查。如有发现疾病，即予治疗，以免恶化。现在对于在学儿童身心的检查与治疗，办理尚不够完善。此项工作必须大家重视，认真办理。

6．严密训育制度。学生操行的良窳，与学校训育制度大有关系。一般学校老师对于学生德育的训练仅于学校范围之内，显然是不够的。学生出了校门，脱离学校的羁绊，就可以为所欲为。如学校训育制度严密，维护学校与学生的声誉，一言一动，随时随地，都会检点。违法乱纪之事当然不会发生。因此，学校必须与学生家庭密切联系，严密管理学生的生活行动，使之不脱离常规，维护良好的学风。

7．提倡正当娱乐。少年娱乐活动花样愈来愈多，但有些娱乐活动，虽为少年所喜爱，影响有志少年的志气，诸如玩舞厅、逛咖啡室、打弹子、吸烟、酗酒、赌博之类，少年人千万搞不得，一旦迷恋于这些娱乐之后，犹如跌进泥沼，愈陷愈深，不得自拔。因此，提倡少年正当娱乐，如音乐、戏剧、歌诵、绘画、雕刻、文艺、集邮、射击、书法、游泳、爬山、驾车以及其他各种运动，对少年身心有很大益处。少年有了正当娱乐，养成善良习惯，就没有时间再去做坏事。

8. 建立少年警察。建立少年警察之目的，并非专为处理少年犯罪案件，而是辅导少年活动，保障少年安全，使少年生活获得正常的发展。所谓少年警察，并非以少年担任警察勤务，而是警察勤务的一种，以少年为对象的警察工作。因为少年事件的情况，处理的方式，与成年者不同，须由具有处理少年事件之专门学识者担任，可收事半功倍之效。

9. 设置少年法庭。现行“少年事件处理法”于一九六二年一月三十一日公布施行，复于一九六七年八月一日修正公布。可是少年法庭至今未能设立，以致少年事件仍由普通法院处理，显然未能贯彻立法的意志，此乃由于法院人手之不足，经费之困难，设备之不敷，无法贸然实施。现在少年事件日多，各方面对于少年法庭之期望至殷，设置少年法庭不可容缓，务希及早实现。

总结起来说，少年犯罪原因固然很多，但并不是不可以防治。上列九点如能切实做到，许多少年犯罪案件就可防患于未然。事在人为，没有不成功的道理。希望社会各界，都能与家庭共同合作，一致努力。

（选自一九六九年编《赵琛先生纪念集》）

刑法分则实用增订版自序

余滥竽法学讲席，及从事立法司法实务，垂三十余年，累积经验，曾以法学丛书若干种问世，其中刑法实用一书之体例，采逐条剖析之法，并于每条法理及犯罪构成要件之后，附引判例解释，以资适用。然后立法沿革及各国法例，并往往有所涉及，而尤注意于立法理由之得失与实际问题之解决。以期与现实社会之情刑，无所凿柄，区区微衷，盖欲运用历史的、社会的、比较的、分析的方法，以启迪研究刑法之知趣耳。

明刑弼教，刑期无刑，为习刑法者所耳熟能详，尤须将法教刑三者呵成一气，始能收弼教无刑之效。《盐铁论》云："圣人假法以成教，教成而刑不施，故威厉而不杀，刑设而不犯。"此亦治刑法者所应念兹在兹也。

忆余在二十五年前，奉命参加刑法起草工作，尝思立法之艰难于司法，盖司法者办错一案，不过一案中人受其冤屈，立法者如错立一条刑法，则戕害于此一条文之下者，将不知有几百千万人，故立法不可不慎。刑法不在必重，而在乎必行，必行则虽不重而人肃，不行则虽重而人怠。且法令在简，简则明，行之在久，久则信，唐明清律均行之三百年上下，固无论矣。即如法国刑法犹系拿翁时代之法典，德国刑法典亦系十九世纪帝政时期之产物。国社党当政时始有修订，日本刑法则明治暮年所公布，战后仅有局部之删除，诚以国家之经常法典，一经审慎制定，不宜轻言修改，致失民信也。今则喜为变革，演成繁琐，虽精明之士，不能遍习，吏胥得上下以为奸，此刑事法令履为更张之弊也。昔唐太宗初即位，与群臣论止盗，或请重法以禁之，太宗哂之曰：民之所以为盗者，由赋役繁，去奢省费，轻徭薄赋，选用廉吏，使民衣食有余，则自不为盗，安用重法耶。自是数年以后，海内升平，路不拾遗，外户不闭，商旅野宿焉。今日之社会情形复杂，远非唐代可比，泥古非今，固非所宜，然太宗立法之慎，为收之效，仍足为今日立法为政者之借鉴！

刑罚之目的，既须防卫社会使无相犯，更须改善犯人，使毋再犯，故仅恶其意，而非恶其人，若有恶人之成见者，不足以听讼折狱。孔子云："古人之听讼者，恶其意不恶其人，求所以生之，不得其所以生乃刑之；今之听讼者，不恶其意而恶其人，求所以杀之，是反古之道也。"掌生杀之权者愿三复斯言?

国家制定刑法，旨在惩奸禁暴，立法虽有不得不严，然有司执法不可不恕，不严不足以禁天下之恶，不恕不足以通天下之情，若深文周纳，刻薄寡恩，则去平恕之旨远矣。唐陆贽言于德宗曰："夫听讼辨谗，贵于明恕，明者在辨之以跡，恕者则求之以情，惟情见真跡，词服理穷者，然后加刑罚焉，是以下无冤人，上无谬听，苛慝不作，教化以兴。"明史载弘治三年谕两京三法司及天下大小问刑衙门："务存仁恕，持法公平，察词辨色，详审情罪，大恶当惩者，毋务姑息以长奸，小过可宥者，毋事苛刻以启怨，其无凭证验，情节难明者，尤当加以推究，毋踵讹以失出入，庶不背古人钦恤之意。"唐明去今虽远，其言犹足供今司法实务者，奉为圭臬也。

法有增损，情有重轻，若情重法轻，固不妨在法定刑内科以较重之刑，若情轻法重，则用法贵恕，务当矜宥减免，以保其平，白居易止狱措刑对，有云："察小大之狱，审轻重之刑，定加减于科条，得情伪于声色，此有司平刑之要也。"所望司刑事之侦审者，适法之余，更求适当，毋矜智巧以为聪明，毋持姑息以惠奸慝，其或视趋向而重轻其手，惑浮言而二三其心，不尽其情而一以威怵之，不原其初而一以法绳之，如是不得其平者众矣。诚能竭平恕之诚，明教化之端，深存哀矜勿喜之意，以期无刑无讼为本，则非惟可以臻政平讼理之效，而收辑人心，感召祥和，其有助于邦本，岂浅鲜哉。

本书于抗战胜利之初，总则编交商务印书馆，分则编交大东书局印行，分则编仅出第一、二两分册，第三分册未刊，来台后复受台大法学院及法官训练机构之聘，讲授是课，各方函嘱改订重版者，亦纷至沓来，乃整理书稿，搜集新材，参以多年来实务经验所得，及往时见解，今日以为非者，逐一加以修订补正，先将刑法分则实用编改订上下二巨册，印以问世，倘足供研究刑法及立法司法上参考之一助，幸何如之!

（原载《法律知识》第三卷第二期，选自一九六九年编《赵琛先生纪念集》）

第三部分　著　作　选

保险法要纲

弁　言

世情万变，祸福无常，吾人之生命财产，无日不在危险现象中也；思除此危险现象，固非易易，然因危险所遭损失，则不无轻减之道，其道维何？胥赖保险。

保险者，由多数人分担责任，填补耗损，以轻减偶遭危险者经济上精神上之痛苦为目的，一方保护个人利益，可期生产之增值，一方奖励冒险事业，促成文化之进运，实施政上不可忽视之重大问题；西儒谓一国保险制度发达之程度若何，足以觇其国民经济与社会文化之状况，殊有至理存焉。

虽然，经营保险，颇含射幸性质，倘不衡量利害，预设公平规定，则当事者权义关系，动摇无定，而社会顿呈不安现象，故保险法之制宜，尤为必要。

我国目下保险事业，犹甚幼稚，商法典尚未完成，惟于商行为法草案中第七、第八两章，有保险营业之规定，寻绎一过，尚无大疵，因即简事探求，编为讲本，只以乏暇细研，多无是处，容俟日后删改已耳；至保险政策、保险经营诸学，尤非本编之任务也。

中华民国十八年春赵琛韵逸识于上海法科大学

第一章 总 论

第一节 保险法之概念

广义所谓保险法，乃以保险为法规对象之总体，得分为保险公法与保险私法。保险公法，更可别之为保险事业监督、劳动者保险法、社会的保险法，盖依法律之强制规定，与国家间发生一定之公法关系者也。

保险私法，即规定保险之私法关系的法规，其主要者，为保险契约法，狭义之保险法，即指此，而本编所述者，亦在于是。

案近时立法例，德、瑞、奥国之保险契约法，均为特别法，取得独立法典地位，我国则取法于意、日诸国，置于商行为法草案之后，而海上保险一章，则规定于海商法中，故兹编亦从略焉。

第二节 保险契约之意义

保险契约者，当事者一方（要保险者）支付酬金，约定关于一定之财产生命，将来有不确定事故发生时，由对方（保险者）给付金钱，以充经济的需要之契约也。试分析之，有下特征：

1. 保险契约，当事者之一方，应支付酬金，即保险费于对方。依经济的观察，保险者所给付之保险金额，皆由保险费集成之；依法律的观察，要保险者，支付一定之保险费于保险者，俟事故发生时，始受金额之给付。故有未受给付，而终了保险关系者，亦有他人已受给付，而己则尚未生给付之需要者，盖因继续支付酬金，用以分担他人经济上之需要者也。

2. 保险契约，以充将来不确定事故发生时之需要为目的。保险制度之根本趣旨，在于确保个人经济之安全。一定事故之来，财产无端受损，为欲弥补其经济之需要，因生损害保险之必要；人之死后，为图遗族生计之安全，感有人寿保险之急需。财产损失，与人之存亡，均为保险事故，其发生之时期方法效果，均属不能确定，不确定事故发生后，其需要算定方法，及给付范围如何？在损害保险，以损害额定给付金额；在人寿保险，则其给付金额，由当事者预先自由定之；要之，保险者之责任范围，依客观的主观的评定而生差异，至其给付之本质，则均为充经济的需要者也。

3. 保险契约，为关于一定之财产生命事故发生之时，给付金钱之契约。单纯不确定事故之发生，为给付之条件者，非保险契约事故，关于财产者，为损害保险，关于生死者，为人寿保险，两者，惟异其发生事故之客体，毫不异其契约之性质。

4. 保险契约者，事故既发生时，为金钱的给付之契约也。即保险者之给付，系于事故之发生，故不顾事故发生与否，仅于一定时期，给付一定金钱者，不成为保险契约。

5. 保险契约，须由保险者为企业而缔结之。保险自要保险者方面观之，既具备上述四要件时，已成为保险契约；然自商法上观察之，必由保险者，企业的即以营业的商行为，缔结之者，始为完全之契约，可受商法规定之适用（商人通例第一条十二及商行为法草案第一条）。

第三节 保险契约之性质

保险契约之观念，前已略述，兹复基之，以明其性质。

一、保险契约，系独立契约

保险之为独立契约者，有两义：其一，对于他之有名契约，为特种契约。其二，非从契约而为主契约。

二、保险契约，为诺成契约

即其一，为不要式之契约，保险证券，不过契约成立之证据。

其二，当事者意思合致时，即告成立，现行保险约款，载保险者之责任，自保险费受领时开始，是不过保险责任开始之时期，非定契约成立时期也。

三、保险契约，系双务契约

保险契约当事者，相互负担给付之债务，保险者，当保险事故发生时，应支付保险金额于要保险者；要保险者，对保险者负支付酬金即保险费之义务；保险费者，为保险者负担危险之对价，非支付保险金额之对价也。

四、保险契约，系射幸契约

要保险者，支付保险费于保险者，能得反对之给付否？须视偶然事故之发生，保险者所付之保险金额，与其所受保险费，又难保其均衡，此所以保险契约有射利侥幸之性质也。虽然，与冀幸运决输赢者，要不可混，盖保险非以不正事业为目的，相互救济危险，实公益上所当奖励者也。

五、保险契约，为诚意契约

保险者，除依要保险者之告知外，对于保险目的之过去及现在状况，不易查明真相，故比于他项保险契约，更须以最大善意缔结之。

第四节　保险契约之种类

保险契约，依系统的分类之如下：

一、以保险金额之范围，为分类之标准

1. 损害保险。保险者，所应支付之保险金额，限定为被保险者，因保险事故发生时所受之损害额，即以填补现实之损害为目的者也。

2. 定额保险。不问被保险者，受损之程度如何？保险者，惟付保险契约当时所定之保险金额而已。

二、依保险之目的，定区别之标准

1. 财产保险。以填补财产上所生损害为目的，而财产包括有体无体财产者言之，故人保险以外，得汎称之曰财产保险。

2. 人保险。保险事故之客体，为有生命之人，即以其身体生命为保险之目的者也。人保险中，有疾病、伤害，及年金保险、人寿保险等种种；人寿保险者，以人之生存死亡为保险事故，故人保险不能遽称之为人寿保险，人寿保险不过人保险之一种耳。

三、依保险事故种类，而大别之者

1. 海上保险。填补船舶及积货，因航海所生之损害为目的。

2. 陆上保险。凡不属海上保险之范围者，均为陆上保险。

查瑞士保险契约法，所采之分类，为损害保险与人保险两种；我商行为草案，则以损害保险与人寿保险别之；然则疾病伤害保险等，当认为何项保险？即远不若瑞法之完善矣，兹复列举保险之种类，并简述其特质于下：

1. 属于损害保险之范围：

(1) 海上保险。损害发生之原因，出于航海事故时，保险者，始负填补一切损害之责。

(2) 火灾保险。为填补动产不动产，因火灾所罹损害之保险。

(3) 运送保险。填补运送中货物所被损害，为其目的，惟海商法之海上运送保险，当除外之。

以上三种，我商法草案中，亦有规定之，兹复举先进国间，其他损害保险种类如下：

(4) 家畜保险。为填补家畜之死亡疾病，与因其他事故所生损害之保险，盖欧洲畜牧业盛行之国，若德、奥、瑞等，其家畜之死亡，或传染病疫所生损害，因得填补，直接可减经济上之损失，间接奖励畜牧业之推广焉。

(5) 雹害保险。填补农作物因降雹所蒙之损害者也。其损害发生原因，全出于自然气象之变化，非人力所能增损，与其他保险迥异。

(6) 责任保险。要保险者，当保险期间中，基于一定之法律上责任，应为给付于第三者时，由保险者填补其财产上之损失者也。例若过失致人死伤时，其损害赔偿之责，使保险者填补之，盖法律科个人以责任，复转嫁责任于保险者也。

(7) 玻璃保险。填补各种玻璃，因破坏所生损害为目的，填补方法，以金钱或以他种玻璃，须出于第三者之行为生损坏时，保险者，始负其责，至因异常之事变，则可免责焉。

(8) 盗难保险。即因被盗贼之结果，由保险者，填补其损害也。

(9) 汽罐保险。因汽罐汽机之膨胀破裂，填补其破坏的作用之损害也。

(10) 再保险。保险者，以保险契约上责任之全部，或一部，使他保险者保险之者，为再保险契约。

此外尚有自动车保险、机械保险、抵当保险、信用保险等等，不及备载。

2. 人保险：

(1) 死亡保险。人保险之一种，以被保险者之死亡为保险事故，支付一定之保险金额者也，通常谓之终身保险。

(2) 生存保险。保险期间中，被保险者不死，契约终了，犹生存时，保险者，须支付保险金额者也。此种保险，实际上不多见。

(3) 死亡生存，混合保险。盖结合死亡生存两保险而成者也。

易词言之，即被保险人死亡时，保险者，固当赔偿其损失，即被保险者，满期生存时，亦须支付保险金额也。德国称之为混合保险，日本则名为养老保险，行之者甚众。

（4）年金保险。被保险者，死亡以前，由保险者于定期支付一定之金额者也。其目的在防范自身，生无赡养之恐，与虞身后危险之死亡保险相反。

（5）疾病保险。被保险者，罹于一定疾病时，保险者支付其疾病所费金额之保险是也。

（6）老废保险。老年或身体损伤，不堪劳动时，由保险者支付一定之金额者也。疾病保险，老废保险，其因事故发生，不能得生活之资时，所设之保险制度，多见之劳动阶级。欧洲诸国，多有制定劳动保险法者，强制劳动者加入，于保险法律上，认为当然之被保险者，一面负担出资之义务，如遇事故发生时，有受领保险金之权利，实社会政策上，值注目之问题也。

（7）征兵保险。被保险者，即儿童达于征兵年龄，应服兵役时，保险者为保险金之支付者也。

（8）嫁资保险。未嫁女子，既届成婚年龄时，由保险者支付保险金额，以充其嫁资者也。

（9）陪审保险。此在有陪审裁判制度国家间见之，凡被任为陪审官时，由保险者支付一定之金额，以填补列席陪审之旅费及羁滞费。

（10）灾害保险。亦称伤害保险，非由被保险者之意思，而因偶发的一定之事变，以致死亡或伤害身体时，保险者须为给付者也。例若因火车冲突，毁伤身体或死亡时，保险者应负责任；如在火车中，发病死亡者，则不负责任，故其死亡伤害，要出于偶然一定之事变者，与普通之死亡疾病保险异也。此制如能推广，则对于劳动者保护之策，当颇有力。

第五节 保险契约关系人

保险契约中直接利害关系人，为要保险者及保险契约者，即契约之要约者与承诺者，固勿论矣，然此外与保险契约有关系者，犹有人在。

一、保险者

保险者，为保险契约当事者之一方，特定事故发生时，有给付之义务，所谓担负危险者，故有保险者之名也。一面对要保险者有保险费之请求权，一面当事故发生时，应为保险金额之给付，乃惟一之权利者兼义务者也。依商行为法规定，保险者为保险业者，查日本保险业法第一、二、四各条载，若非资金在十万元以上之股份公司或相互公司，不得营保险业，同时不得兼营生命保险与损害保险，我国则此项立法，尚属阙如。

二、要保险者

要保险者，对于保险者示要约缔结保险契约，即与保险者对立之契约当事者，自然人与法人，均得为要保险者，如以他人之被保险利益或身体生命为保险之目的者，则对于保险者单负保险费之支付，然以自己之被保险利益，或身体生命，付之保险者，则对于保险者，一方负付出保险费之义务，一方复为受领保险金额之权利者，亦称为投保人。

三、被保险者

损害保险之原则，惟有被保险利益者，可得缔结契约，但例外亦许为他人缔结之，此他人者，即被保险利益之主体，称为被保险者，直接取得保险契约上权利者也。

四、生命人

要保险者以自己以外第三人之身体生命，付于保险时，第三人即生命人也。其地位与物保险之目的（被保险物）相似，故生命保险契约上之权利，不得享之，与损害保险契约之被保险者不同，但要保险者指定生命人为保险金受领者时，则与被保险者居于相等地位，而得为保险契约上之权利者。

五、保险金受领者

保险金受领者，乃保险契约中所指定之生命人以外之第三者，为保险事故发生时保险金额请求权者，惟于生命保险契约中见之。

第六节 保险契约之要素

保险契约，为要保险者与保险者，意思表示合致之法律行为，其自契约所生法律关系，以当事者间缔结契约之要约与承诺为必要。

保险契约之要素，随各种保险性质而不同，然下开各项，则为一般的共通之要素，要皆出于当事者意思之合致。

一、事 故

事故云者，即保险者负担结果责任，以致给付保险金之原因，其性质有可注意者如下：

事故之发生，有不因人类之行为，而出于自然界事变者，亦有因人类之行为而生者，惟其发生也：①要可能；②要适法；③其发生之事实、时期、方法，要皆为不确定；④要发生于将来；⑤又须出于偶然，始得为保险契约之要素。

二、保险契约之目的

保险之目的，与保险契约之目的，要不可混。保险之目的，指特定人、财产之客体，与身体生命之主体，而保险契约之目的，则当分二层说之，在损害保险契约，即保险之目的财产上所有之利益，学者称为被保险利益；至人寿保险契约，因身体生命，不能与人分离，故保险之目的，与保险契约之目的，合而为一；括而言之，保险契约之目的，即保险之目的，而保险之目的，则不能谓为即保险契约之目的也。

三、保险期限

保险期限者，谓保险者对于契约上保险事故，负担责任之期间，事故发生时，保险者固应支付保险金额，若期间内事故不至发生，则可免其责任。

保险期限与契约期间不同，契约期间者，自契约成立之日至终了止之继续期间是也。与保险时期，亦不可混，保险时期者，乃分割一保险时间为数时期，由要保险者支付酬金，即算定保险费之单位期间也。

保险期限可分三种：①定时期限，以年月日时定之，如火灾保险，约定一年。②事实期限，依特定事实定之，如航海保险、运送保险，其始期终期为不确定。③混合期限，含有定时与事实两种性质，如单纯死亡保险，其始期可得知之，然被保险人何时死亡，其终期不可定也。

四、保险金额

保险金额者，保险事故发生时，保险者应为给付之契约上责任额也。为保险费算定之标准，与保险价额之为测定保险金额之标准者不同，保险者不问保险契约之目的，损害之实额如何？惟付支其约定金额为已足，盖即保险者所负责任之最高限度也。

五、保险费

保险者，收人保险费，以摊偿与遭于事故之被保险者。德国保险法第一条末文，谓无无偿之保险及保险契约，可知保险依保险费以成，而缔结保险契约者，不可不付保险费也。

要保险者履行支付保险费义务，为保险者负担给付保险金之前提条件，故保险费者，为对于保险者负担危险之报酬，亦可谓为保险金请求权之反对给付。

以上各项要素，当事者意思若合致时，保险契约即有效成立，惟保险法规，多任意规定，当事者虽为异于法规之意思表示，亦认其效力焉。

第二章 损害保险契约

第一节 总 则

一、损害保险契约之意义

损害保险契约者何？由当事者双方，约定一方（保险者）担任填补因偶然一定事故所生之损害，一方（要保险者）与以报酬之保险契约也。

保险契约之本质，前已言之，兹惟举损害保险契约之特质于后：

1. 被保险利益。损害保险契约之保险者，对于被保险者，负填补因偶然一定事故所生的损害之义务（商行为法草案第一六七条），结果被保险者不可无虞受损害之利益，是即保险契约之目的，名为被保险利益。

被保险利益，限于财产的利益（商行为法草案第一七一条），所谓财产的利益，与谓为有金钱的交换价值之利益同，如非财产上有价值之利益，则其应填补之损害额，无正确算定之标准，是被保险利益所以必为财产上有价值之利益也。然其利益之为积极的或消极的，及其应填补者为现实的损害乎？或既失之利益乎？均非所问。财产的利益，固可为被保险利益，但不法之利益，不免无效。

2. 保险事故即危险。损害须因偶然一定之事故而生，此即保险事故，在损害保险契约上，谓之危险。

危险意义有二：一以事故之原因为危险者，如火灾之原因出于放火爆炸等；一指危险之状态，如家屋之地位用法，是否容易惹起火灾，或契约缔成后，危险有无变更增加等是。

危险当有一定之事故，若火灾是，无事故即无危险，无危险即无保险，此保险之原则也。危险又必出于偶然，即其发生与否为不确定，惟其不确定性质，仅以主观的存在即足，苟契约当时，保险者或被保险者，知保险事故不至发生，或知其已发生者，其契约为无效（商行为法草案第一八四条）。

3. 保险期限及保险费期间。

（1）保险者，损害填补责任之继续期间，必须特定，名之曰保险期限，亦曰危险期限，此期限通常依契约定之，然亦不无依特约定之者（商行为法草案第一七〇条）。

（2）保险费期间，亦称保险时期，与保险期限不同，统计上以此期间为标准，测定一定期间内保险费之单位，此期间内保险费，不可分割之，因生保险费不可分之原则，纵令契约中途终了，而该期间内既收之保险费，不予返还，至约定分割支付之时，虽契约终了后，犹得请求该期间内保险费未付之部分焉。

4. 保险费之支付。损害保险契约当事者之一方，负支付报酬之责，即要保险者对于保险者，危险负担之反对给付也。

保险费以先付为原则，依约款规定，保险者之责任，自保险费支付时开始者多。

保险费有一时保险费与继续保险费之别，前者其保险契约期间，仅一保险费期间，因单一保险费之支付即终了其义务者也。如以一运送期间为单位，支付保险费者是。后者谓一保险契约期间，划为数个保险费期间，所继续支付之保险费，如假定火灾保险期限为二年，每年定付保险费五元，若一回即行付讫十元时，即继续保险费，而次年度之保险费已先付之矣，此时若在第一年，即发生保险事故，可得请求返还次年度之保险费，反之倘以二年为一保险费期间，十元为保险费时，则不得请求返还，是盖保险费不可分原则之适用。

5. 损害填补之义务。损害保险契约上保险者，当危险事故发生时，负有填补被保险利益上所生损害之责任，其填补者以金钱为常，所谓保险金额之给付是也。但有依约款约定，交付现物或为修缮之例不少。

二、保险价额与保险金额之关系

（一）保险价额与保险金额

1. 被保险利益，须有金钱的价值，此价值即保险价额是也。保险者之填补损害，以保险价额为标准，不许超过之，故保险价额者，实保险事故发生时，保险者所应给付之法律上最高限度也。

当事者以契约预定保险价额者多，此时损害保险业者，非证明其价额，显系过当，不得请求减少填补额（商行为法草案第一七九条），盖以杜防争讼，使不背契约当时之意思耳。

不以契约定保险价额时，则当援用商行为法草案第二〇一条规定，其保险价额依损害发生地当时之价额定之。

2. 保险金额者，为损害发生时，保险者根据契约所当填补之金额，即契约上之最高责任限度也。通常保险金额与保险价额，多相一致，但时有超过保险价额者，亦有相反者，述之如次：

（二）超过保险

保险金额超过于保险价额者，为超过保险，其超过部分，不生契约之效力（商行为法草案第一七二条），盖损害保险，原系填补损害之契约，如许超过被保险利益而定保险金额之给付，宁非与损害保险之观念相悖，直与赌博无异，且恐被保险者将故使发生危险，冀获利得，是必加以制限焉。

超过部分之保险契约为无效，而其无效者，不外为契约之一部，故要保险者及被保险者，系善意且无重大过失时，得对保险业者按照无效部分，请求保险费一部之返还（商行为法草案第一八五条）。

（三）一部保险

以保险价额一部付诸保险时，即其保险金额不满保险价额者，称为一部保险，保险者之负担，依保险金额对于保险价额之比例定之（商行为法草案第一七七条），换言之，保险金额不满保险价额之部分，由被保险者自任之，例若将一万元之家屋，缔结八千元之火灾保险契约，嗣后事故发生，其损害额为五千元，是时保险者应填补之担负，$\frac{8000}{10000}\times 5000=4000$ 元，而被保险者自己所负担之损失，为 $\frac{2000}{10000}\times 5000=1000$ 元。

依上所述，可知一部保险中，被保险利益如生全损，则保险者当填补保险金额之全部，反之仅于保险价额之一部，发生损害时，则可照前项比例，定其责任，但此项规定，有任意性，苟当事者约定如损害发生，应填补保险金额之全部，固亦无妨。

（四）重复保险

重复保险者，以同一之保险利益，及同一危险，对于二人以上之保险者，为数个保险契约者也。如保险金额之总数，不超过于保险价额，则系多数之一部保险，可无疑问；又如数个保险契约，与一人之保险者缔结时，纵令保险金额之总数，超过于保险价额，其超过部分之契约，当属无效，亦可勿论；但与数人之保险者，缔结数个之契约，且其保险金额之总数，超过于保险价额，一旦事故发生，各保险者将依若何比例，任其填补之责乎？当分别契约成立之为同时或异时而说明之。

1. 同时重复保险。同时缔成重复保险时，其超过于保险价额一部分之契约为无效，至其他有效部分，各保险者比例其各自保险金额，而定填补损害之责（商行为法草案第一七三条一项）。例如对于一万元之家屋，同时有九千元与六千元二保险契约，逮后事故发生，各保险者所应负之损害填补如下：

一保险者 $\frac{10000}{9000+6000}\times 9000=\frac{90000000}{150000}=6000$ 元

他保险者 $\frac{10000}{9000+6000}\times 6000=\frac{600000000}{150000}=4000$ 元

数个保险契约其订约日期相同者，推定为同时缔结者（商行为法草案第一七三条二项）。

2. 异时重复保险。保险契约成立后，更缔结另一保险契约，数个契约异时成立者也。亦称为相继重复保险。其保险者之责任额，与同时重复保险不同，不依各自保险金额之比例，而依契约前后定之，即前之保险者，先负担其保险金额之全部，逐次及于后者（商行为法草案第一七四条），故后之保险者，惟就前者之负担额，与损害额之差额，负其责任而已。

至相继就其损害保险价额之一部，缔结保险契约者，各保险者之责任，自当适用前项同一之原则。

保险价额全部付诸保险后，更为保险契约者，其契约为无效，然其保险契约性质上，被保险者不至有取得二重利得结果时，则后之契约，视为有效，自属无妨；故法律限于下列情形，更得将保险价额全部，缔结损害保险契约（商行为法草案第一七五条）。

（1）约定对于前保险者之权利，让与于后保险者时。斯时后保险者知为让受人，对于前者得请求保险金额之支付，而被保险者已不至受不当利得矣。

（2）与后保险者约定抛弃对于前保险者权利之全部、一部时。被保险者既约定抛弃对于前者之请求权，则后之保险契约自当有效。

（3）约定如前保险者不为填补，应由后保险者填补时。是所谓条件附给付保险，后者之责任，须俟前者不履行给付事实之到来，始发生效力。

不问同时异时之重复保险契约，苟对于保险者之一人，抛弃其权利，不及影响于他保险者之权利义务（商行为法草案第一七六条），因被保险者，有与一保险者共谋，以害他保险者利益之虞，故设斯规定，以明确法律关系也。

三、保险申请证与保险证券

（一）保险申请证

损害保险业者，得请求要保险者作成申请证，惟其所记载事项，由保险业者定之（商行为法草案第一六八条）；要保险者对于所记载事项，须负正确且完全之责任（商行为法草案第一六八条、第九十四条）；然对于申请证之效力，不设何等之规定，故非有绝对的证据力，不过一证明要请保险之书面已耳。

（二）保险证券

要保险者得请求损害保险业者交付保险证券（第一六九条）。

保险证券为表明保险契约成立，及其内容之一证据证券，而非有价证券，惟保险者作成而署名之，故非契约书，且于契约成立后，因要保险者之请求，始发行之，其非契约成立要件，亦无待论。

损害保险证券，须由保险者署名或盖章，至其记载事项，因保险种类不同，而异其形式约如下（商行为法草案第一七〇条、第二〇五条、第二〇九条）：

损害保险证券：①保险之标的。②保险业者应负担之保险事故。③定有保险价额者其价额。④保险金额。⑤保险费及其支付方法。⑥定有保险期限者其始期及终期。⑦指定要保险者以外之人为受损害填补者时其姓名或商号。⑧就保险业者之主营业所及从营业所缔约时其营业所。⑨订结保险契约之年月日。⑩保险证券之作成地及年月日。

火灾保险证券（添载下列各项）：⑪付于火灾保险建筑物之所在构造及用处。⑫以动产付火灾保险者其收纳动产之建筑物之所在构造及用处。

运送保险证券（添载下列各项）：⑬运送线路及方法。⑭运送人之姓名或商号。⑮运送品之受领及交付场所。⑯定有运送期限者其期限。

四、保险者之义务

（一）损害填补之义务

1. 保险者，当保险事故发生时，须负填补被保险者所受损害之责任，是实保险者之主要义务也。损害保险以损害填补为目的，与单纯支付保险金额之契约异，故当支付保险金额以前，先须决定损害额，至其决定之标准，依其损害所生地当时之价额定之，而计算是项损害额所必需之费用，由保险者负担之（商行为法草案第二〇一条）。保险者苟遇保险事故发生时，必须填补其损害，纵令其后保险之目的，因不归保险者负担之保险事故发生，而致灭失，仍不得免填补损害之责（商行为法草案第二〇〇条），例若家屋半烧后，因山洪陡发，全被沉塌时，火灾保险者，对于其半烧之损害，自应填补之。

2. 保险者得免损害填补之责者，有两例外：

（1）因战争或其他变乱所生之损害，非有特约，保险者不任填补之责（商行为法草案第一九八条）。

（2）因保险目的之性质或瑕疵，及其自然之消耗，又或要保险者或被保险者之恶意或重大过失所生之损害，保险者不任填补之责（商行为法草案第一九九条）。

（二）提出担保之义务

保险者受破产之宣告时，因要保险者之请求，应提出相当之担保（商行为法草案第一八八条）。

（三）退还保险费之义务

1. 保险契约之全部或一部无效时。保险者对于要保险者，当然须退还其既经受领之保险费全部或一部，然惟要保险者及被保险者，善意且无重大过失时，始司请求退还保险费而已（商行为法草案第一八五条）。

2. 解除保险契约时。保险者之责任开始前，要保险者得解除契约之全部或一部（商行为法草案第一九一条），此时保险者，固有退还保险费之义务，但得请求与其所应返还之保险费半额相当之金额（商行为法草案第一九三条），立法旨趣，在使保险者，不至损失缔结契约所需之费用，故有名此金额为退还手续费者。

3. 保险者责任开始前，关于保险目的之全部或一部，应由保险者所负担之危险事故，不至发生时，保险者固亦须退还既受之保险费全部或一部，但法律限定为不因要保险者或被保险者之行为而危险不至发生时，始有退还保险费义务（商行为法草案第一九二条），此时亦得请求前款半额之退还手续费焉。

（四）短期时效

保险者之支付保险金额义务，与退还保险费义务，经过二年时，因时效而消灭（商行为法草案第二〇四条）。

五、保险者之权利

（一）保险费请求权

要保险者负支付保险费之义务，是即对于保险者负担填补损害义务之对价，而保险者所有之主权利也。

保险费数额，依契约定之，当事者一方，不得任意请求变更，但限于下列二种情形，得请求将来保险费之减额。

1. 保险价额于保险期限中显然减少时，要保险者得向保险者请求保险金额及保险费之减少，但保险费之减额，惟向将来发生效力而已（商行为法草案第一七八条）。

2. 保险契约，因斟酌特别之危险而定保险费额者，保险期限中，其危险既消灭时，要保险者得请求将来保险费之减额（商行为法草案第一八六条）。

支付保险费者，为要保险者，自不待言，即为有被保险利益之他人缔结保险契约时，其保险费支付义务，亦由要保险者负之（商行为法草案第一八〇条），而被保险者，惟享有契约上之权利，不负义务，虽然，如要保险者受破产之宣告时，得向被保险者请求保险费之支付（商行为法草案第一九〇条）。

（二）担保请求权

要保险者，受破产宣告保险费尚未全部付讫时，保险者得对之请求提出相当之担保（商行为法草案第一八九条），如既支付全额者，则不在此限。

（三）保险目的物上权利之取得

保险目的全部灭失时，保险者如已支付保险金额之全部，即取得目的物上被保险者所有之权利，例若家屋罹于火灾，既全烧时，保险者取得烬余木石之所有权，但一部保险时，则保险者之权利，依保险金额对于保险价额之比例定之（商行为法草案第二〇二条）。

（四）对于第三人权利之取得

因第三者之行为，而生损害者，保险者对于被保险者，已支付负担额时，于其所支付之金额限度内，取得要保险者或被保险者对于第三人所有之权利（商行为法草案第二〇三条一项），但保险者对于被保险者，既支付其负担额之一部时，惟于不害要保险者或被保险者权利之范围内，得行使上项权利（商行为法草案第二〇三条二项）。本条所云第三者之行为，是否仅指不法行为而言，不能无疑，然第三者因不履行债务，当负损害赔偿义务者，可解为有本条之适用，例如赁借人因轻过失烧失家屋，保险者既付保金额于所有者时，所有者依据赁借契约，对于赁借人之损害赔偿请求权，保险者得代位而行使之，恰与对于家屋放火者之不法行为，得代位行使其损害赔偿请求权者相同。

（五）契约解除权

要保险者，当缔结损害保险契约之时，因恶意或重大过失，不告知重要事实，或对于重要事项，为不实之告知者，保险者得解除契约，但保险者知其事实者，不在此限（商行为法草案第一八二条一项）。

前项解除权，由保险者知解除之原因后一个月内而不行使者，即告消灭，自契约成立之时起算，经过三年时亦然（商行为法草案第一八二条二项）。

六、要保险者及被保险者之义务

（一）要保险者支付保险费之义务

已于前保险者权利款中述之。

（二）要保险者之告知义务

广义所谓告知义务，除契约当时之告知义务外（商行为法草案第一八二条），如契约缔成后，危险已有变更，及保险事故发生时之告知义务，亦包括之，本编所述，唯以缔约当时之告知义务，称为告知义务，其余两者，名为通知义务，以示区别。

1. 告知之客体，为重要之事实。重要事实者，测定危险之标准的重要事项也。不问其为保险目的上客观危险，或要保险者及被保险者对于保险目的之利害关系上主观的危险，苟属保险者所欲知悉者，均得谓之为重要事实。

2. 告知义务之违背。不告重要事实，或对于重要事项为不实之告知者，即违背告知义务也。此种不告与不实之告知，当客观观察之，而其义务之违反，以出于告知义务者之恶意，或重大过失为必要，且须存在于缔约当时。

3. 违背告知义务之效果。要保险者违背告知义务时，保险者可得解除契约，但其解除，唯对于将来生效力而已（商行为法草案第一八三条一项），故保险者既受领之保险费，不须退还，而解除前之保险费，仍可请求。

契约之解除，因向对方表示意思，即生效力，故保险者对于解约后之事故，当然不负责任，然法律更设一特例焉，若在解除权行使之期间内，虽危险事故发生之后，解除契约，亦不任填补损害之责，若保险者已支付保险金额时，得请求其退还，是实解除权对于将来发生效力之一例外也。但此时其保险事故，无关于违背告知义务而发生者，保险者仍当负责，至其事故与告知之间无有关系，而因他项事实发生事故之处，须由要保险者证明之（商行为法草案第一八三条二项）。

（三）被保险者防止损害之义务

被保险者，须力图损害之防止（商行为法草案第一九六条前文），即防止损害之义务是也。其防止损害所需之必要费，或有益费，与填补额合计，虽超过损害保险金额时，保险者仍须负担之，至一部保险，遇上项情形时，保险者亦依保险金额对于保险价额之比例，负担损害防止之费用，其剩余部分，则由被保险者自负损失（商行为法草案第一九六条、第一七七条）。

（四）要保险者及被保险者之通知义务

保险期间中，保险事故因不可归责于要保险者或被保险者事由，而显有变更或增加时，要保险者或被保险者，如已知情，须从速通知于保险者，若怠于通知时，保险者得自危险之变更增加时起算，认其契约已失效力（商行为法草案第一九五条二项），而对于以后所生事故，不负其责。

因保险事故之发生而生损害者，要保险者或被保险者，知其损害之发生时，须从速通知保险者（商行为法草案第一九七条），如怠于此项损害通知义务，将受如何制裁法律无明白规定，以常理判断，保险者若未受其通知，当然不负损害填补之责。

（五）短期时效

支付损害保险费之义务，经过一年时，因时效而消灭（商行为法草案第二〇四条二项）。

七、为他人缔结之损害保险契约

损害保险契约，得为有被保险利益之他人缔结之（商行为法草案第一八〇条），即要保险者，以自己之名义，为被保险者缔结契约者也。兹将是项保险之法律关系，略述如下：

（一）契约缔结之要件

要保险者，当缔结契约时，非必明告被保险者之为何人，若彼被保险者不定之保险契约，亦得有效成立焉。

要保险者，受被保险者之委任，而为之缔约时，亦不以告明为他人缔约之旨为必要，法律惟规定要保险者不受委任，而为他人缔结契约时，若不将实情告知保险者，则其契约为无效（商行为法草案第一八一条），不然，则无被保险利益之契约，将见成立，徒多假名他人之被保险利益，以妄冀利得，故严定之。

（二）要保险者之地位

为他人缔结之保险契约者，要保险者，以自己名义为他人缔结者也。其与保险者缔约而成为当事者，为要保险者，而非被保险者，故要保险者，当负支付保险费之义务（商行为法草案第一八〇条二项），被保险者不负保险费支付义务为原则，唯要保险者破产时，保险者得对之请求保险费，设一例外而已（商行为法草案

第一九〇条)，而保险费应返还时，受其权利者，亦为要保险者，至请求填补损害，享受保险金额之权利，当属于被保险者，自不待论。

(三) 被保险者之地位

被保险者，享有契约上利益，不以可受利益之意思表示为必要，事故发生之时，可得直接对于保险者请求，而取得损害填补之权利，是非被保险者让受要保险者权利之观念，实因保险而当然发生者也。

要保险者未受委任，而为他人缔结保险时，若以其情告知保险者，其契约上之权利，即归属于其人（商行为法草案第一八一条)，是即依法律规定，当然取得契约上之权利也。然受委任而缔约时，被保险者是否亦属当然享受利益，以理论之，自以解为可得适用前条规定，而亦当然取得其权利为当。

为他人缔约之保险，其被保险者，虽有前述防止损害及通知之义务，然不可解为保险契约上意思表示之效力，实亦依法规定，而直接发生之义务也。

(四) 要保险者与被保险者间之关系

要保险者受被保险者委任，而缔结保险契约时，则为委任关系，无委任时，则当适用管理事务之规定，其间关系，须依当事者意思判断之，不可一概论定也。

八、保险契约之变更

(一) 保险价额之减少

保险价额，于保险期限中显然减少时，要保险者，得向保险者请求保险金额及保险费之减额，唯保险费之减少，对于将来生其效力而已（商行为法草案第一七八条），即对于次期之保险费，可得请求减少，而过去者，则不能减额也。

（二）特别危险之消灭

保险契约，因斟酌特别事故而定保险费之额者，保险期限中，其危险既消灭时，要保险者，亦得请求将来保险费之减额（商行为法草案第一八六条）。

（三）危险之变更增加

1．保险期限中，危险原因，应归责于要保险者或被保险者之事由，而显有变更或增加时，契约即失其效力（商行为法草案第一九四条）。变更者，指预想外新危险之发生也。增加者，谓可得预想之危险，竟有增加也。危险之减少，不包含于变更中，德、瑞保险法，不分别增加与变更，概称为危险之增加焉。

保险契约失效结果，保险者得免责于将来，要保险者亦免支付保险费之义务，但既往之契约，自应解为有效。

2．保险期限中，危险因不可归责于要保险者或被保险者事由，而显有变更或增加时，保险者得解除契约，但其契约，惟对于将来生其效力（商行为法草案第一九五条一项）。

上述情形，要保险者或被保险者，如已知危险之显有变更增加时，须从速通知保险者，若怠于通知，则保险者自危险之有变更增加时起算，认为契约已失其效（商行为法草案第一九五条二项），倘保险者不行使权利时，则其契约，不妨仍有效力。

保险者，受前项通知，或知有危险之变更增加后，未行从速解除契约者，视为承认其契约（商行为法草案第一九五条三项），所云视为承认其契约者，不过在未从速解除时后，不得认为契约已失其效，或再行解除之谓，而保险契约，则虽无保险者之承认，当然存续也。

（四）被保险者之变更

被保险者，让与其保险目的时，则其被保险利益丧失，而保险契约，当然亦随之消灭，然法律特设规条，被保险者让与损害保险之目的时，推定为同时让与保险契约上之权利（商行为法草案第一八七条一项），即被保险利益之移转，并不消灭保险契约关系，却将保险上权利，移转于取得者也。

被保险利益移转结果，取得者让受被保险者之权利，保险者对之亦须负填补之责，但其保险目的之让与，显系变更或增加危险时，则保险契约失其效力，而保险权利，即归消灭（商行为法草案第一八七条二项）。然其保险之变更增加，当以客观测定之，如让受家屋者，仅变更其利用方法，不能认定其危险显有变动时，则保险契约，仍不失其效力焉。

（五）保险契约当事者之破产

1．保险者既受破产宣告时，要保险者得使之提出相当之担保，又得为将来契约之解除（商行为法草案第一八八条）。

2．要保险者破产时，除已支付保险费全额者外，保险者亦得使之提出相当担保，或对将来解除契约（商行为法草案第一八九条）。

九、保险契约之消灭

保险契约依契约一般原因而消灭，所不俟论，兹唯就商法上规定之特别原因，论述于下：

（一）契约上之消灭原因

1．保险期限之期满。保险契约当然终了。

2．被保险利益之丧失。例若火灾保险目的之家屋被洪水冲倒时，保险契约亦当然消灭，而保险者对于次期之保险费，不能请求之。

（二）法律上当然之失效

1. 被保险者，让与保险目的结果，推定为同时让与契约上权利，唯其让与，显系变更或增加危险时，保险契约失其效力（商行为法草案第一八七条二项）。

2. 保险期限中危险，因归责于要保险者或被保险者之事由，显有变更或增加时，契约即失效力（商行为法草案第一九四条）。

（三）保险者之解除

保险者遇下列情形，得以单方意思解除契约。

1. 违背告知义务时（商行为法草案第一八二条）。

2. 要保险者破产时（商行为法草案第一八九条）。

3. 保险期限中危险因不可归责于要保险者或被保险者事由，而显有变更或增加时（商行为法草案第一九五条一项）。

此项解除，唯对将来生效而已。

（四）要保险者之解除

1. 保险者受破产宣告时，要保险者，亦得解除契约（商行为法草案第一八八条）。

前条之情形，非被保险者之要保险者为解除时，须通知被保险者，被保险者受通知时，若不从速向要保险者及损害保险者，发异议之通知时，解除即生效力，但有异议之通知时，要保险者即免支付保险费义务，而由被保险者负支付之责。

2. 保险者责任开始前，要保险者得解除契约之全部或一部（商行为法草案第一九一条）。

（五）保险契约消灭之效果

保险契约，于保险期限半途消灭时，保险者对于消灭前之危险，虽须负损害填补之责，而其后之危险则不负担之，至要保险者对于消灭前之保险费，虽须支付，消灭后之保险费，则不须支付之，但依前述保险费不可分原则，一保险费期间，虽已经过一部，而该期间之保险费，不可分割，应使保险者获得其全部焉。

第二节　火灾保险契约

一、火灾保险契约之意义

火灾保险契约者，填补因火灾所生损害为目的之损害保险契约也。

1. 其保险事故为火灾。火灾者，谓非由寻常用法之燃烧作用所生之灾害也。故：

（1）因落雷或爆发所生损害，如无特约，不予填补。

（2）要非由通常之用法而发生，例若误投衣服于炉，以致烧失者非火灾也。

2. 火灾保险之目的，必为有体物。此可于商行为法草案第二〇五条中，所云建筑物等字句推定之，其属建筑物者为建物保险，属动产者为动产保险。

3. 火灾保险契约者，以填补因火灾所生损害为目的之一种损害保险契约也。火灾保险为损害保险中之主要者，故损害保险契约之一般规定，均可适用，法律上唯设数条特别规定而已。

二、保险者之义务

1. 保险者对于因火灾所生之损害，不问其火灾之原因如何，均任填补之责任（商行为法草案第二〇六条），但遇下列三种情形，不在此限。

（1）因战争或其他变乱而生损害者（商行为法草案第一九八条）。

（2）因保险目的之性质或瑕疵，及其自然之消耗。

（3）因要保险者或被保险者之恶意，或重大过失而生之损害（商行为法草案第一九九条）。

是则火灾虽出于自然发火，苟非发生于上列三因者，保险者亦须负填补损害之责。

2. 火灾保险之目的，因燃烧本体而生之损害，保险者，固有填补之责，即因消防或避难之必要处分，以致火灾保险目的，发生损害者，保险者亦须填补之（商行为法草案第二〇七条）。例若邻家火起，射水镇灭，以致毁损栋壁，或搬出动产，冀避灾厄，无端被人窃取，均应由保险者填补其损害，盖是等损害，亦可谓因遇火灾直接发生者也。

三、保管者之责任保险

赁借人、堆栈业及其他保管他人之物者，为备日后对人有损害赔偿之支付，以其物付于火灾保险时，其物之所有者，得直接对于保险者，请求损害之填补（商行为法草案第二〇八条）。

（一）性 质

依此规定，赁借人、堆栈业者、借主、质权者等，保管他人之物者，为防将来因故意过失，致保管之物发生火灾，而至烧毁时，对于所有者，应有损害赔偿之支付，因缔保险契约，欲将自己之赔偿责任，使保险者任其经济上之负担为目的，是即以其责任转嫁于保险者也，故有责任保险之性质。

保管者既非以所有者代理人名义，付保管物于保险，亦非以自己之名，为所有者缔结保险契约，故保管者为要保险者，兼为被保险者，至所有者，则非要保险者，且非被保险者，是与为他人缔结契约者，判然有别。

（二）契约上之请求权者

上述保险契约，系保管者为自己而缔结者，所有者固无直接享受契约上利益之理，但所有者对保管者，可得请求损害赔偿时，或因各种事由，未能实行其权利，则不可无保护之道，故法律特设规定，使所有者得向保险者，直接请求损害之填补，并期手续之简捷。

虽然，保管者非以被保险者名义，遽将其对于保险者之权利，移转于所有者也。其权利亦非直遭剥夺，盖保管者对于保险者，亦得请求填补其损害。

诚如上言，所有者与保险者，均有请求权利，行见两权并存，竞相行使，保险者将依若何顺位，履行义务，宁非成一难问，是不可不考保管者所受之损害，原由赔偿于所有者而后发生，若保管者对于所有者，先经赔偿损害，自可保有保险契约上之权利，不然，则唯所有者，可得对保险者行使权利而已。

（三）所有者请求权之条件及范围

前项责任保险契约，其所有者，得请求损害之填补者，唯限于保管者应负赔偿损害义务之时，且在所有者所受损害之范围内，即以保管者赔偿义务之范围为限度，可得请求填补损害，是与以所有者为被保险者，缔成火灾保险契约时，其旨趣有不同也。

第三节　运送保险契约

一、运送保险契约之意义

运送保险契约者，填补陆上运送之运送品所生的损害为目的之损害保险契约也。分述之如下：

1. 运送保险者，关于陆上运送之保险也，换言之，即在陆上或湖川、港湾运送物品之保险也。海上运送，另有海上保险之规定，非兹所谓运送保险。

2. 运送保险之目的，为付于运送之目的物，即运送品，通常送货人缔结此项运送保险契约时，以运送品所有者所有之利益为被保险利益。

3. 运送保险之事故，为运送危险，惟非必为运送特有之危险，凡属运送中可生一切之运送危险，概包含之。

4. 运送保险契约，为损害保险之一种，如旅客因运送所受伤害之保险，不属于运送保险范围之内。

损害保险通则规定，当然可适用于运送保险，兹惟就二三特别规定，说明于后。

二、保险者之义务

（一）填补损害之义务

保险者所应负担之运送危险，包含运送中可生一切之危险，然于保险约款，有定为特种损害，不负填补之责，而限定运送危险之范围为常例，若因地震、喷火、海啸、同盟罢工、窃盗、鼠害、虫害等所生之损害是也。

（二）保险期限

保险者，负担责任之保险期限，虽须依照契约所定，但无特约者，则自运送人受领运送品之时起，至交付于受货人或货物交换证之正当所持人之时止，其间所生之运送上一切损害，均任填补之责（商行为法草案第二一一条）。

（三）损害额之算定

保险者所应填补之损害额，以保险价额为算定标准，保险价额，每由当事者定之，如无特定时，虽可依前述通则，照损害发生地保险目的之价额，定其价额，然法律特设规定，而以发送地当时之价额及至到达地之运送费其他费用，定其保险价额（商行为法第二一〇条一项）。

当事者有以特约，将因运送品到达可得之利益，即希望利益，定为保险契约之目的者，亦得加算于保险价额中（商行为法第二一〇条二项）。

三、保险契约之变更

依损害保险通则，保险期限中危险，显有变更或增加时，则保险契约，或为失效，或被解除，但就运送保险契约，苟因运送上之必要，虽一时中止运送，或变更运送之道路，或方法，契约仍不失其效力，唯有特约者，不在此限已耳（商行为法第二一二条）。

第三章　人寿保险契约

第一节　人寿保险契约之意义

人寿保险契约者，谓当事者一方，担任关于对方或第三者之生死，约定支付一定之金额，而由对方，给与报酬之保险契约也（商行为法第二一三条）。析述如下：

一、保险金额

人寿保险契约当事者一方，即保险者，要负支付一定金额之义务，是即支付保险金额之义务也。人寿保险，无被保险利益之观念，故无保险价额，以无条件付一定之保险金额，而不生超过保险，重复保险，或一部保险等问题，此损害保险之规定，所以不能准用于人寿保险契约也。

通常保险金额之支付，每将金额全部，一时支付之，称为资金保险，然不妨取顺次支付年金方法行之，称为年金保险，商行为法第二一三条，所谓支付一定之金额云云，并不除外年金付款之观念也。

二、保险事故

保险者，关于对方或第三者之生死，须支付保险金额，其对方或第三人，即保险目的之人，称为生命人（我商行为法称为被保险人，不甚妥）。换言之，人寿保险契约之保险事故，要系生命人之生死，而生死者，生存死亡之谓也。以生命人至一定年龄生存为保险事故者，为生存保险，以死亡为保险事故者，为死亡保险，并有生存死亡两原因为保险事故者，称为混合保险或养老保险。

三、保险期限

人寿保险契约之期限，依当事者之合意或契约定之，例若养老保险，何岁期满，固须订明，至若终身保险，则保险期限，当然及于生命人之终身。

四、保险费

人寿保险契约当事者之一方，即要保险者，负支付报酬之义务，是即支付保险费之义务人。

第二节　保险者之义务

一、交付保险证券之义务

保险者因要保险者之请求，须交付保险证券（商行为法第二一四条），其人寿保险证券，于商行为法第一七〇条者揭事项之外，须记载下列各事项：

1. 人寿保险之种类。
2. 生命人之姓名及年龄。
3. 定有保险金受领人者其姓名。

二、支付保险金额之义务

1. 保险者当人寿保险事故发生时，负担支付既所约定的保险金额之义务，即保险者所负担之主义务也。保险者不任支付保险金额责任之例外，为法所定者，如下（商行为法第一九八条、第二二一条）：

(1) 生命人因战争或其他变乱，而死亡时（如有特约，不妨约为保险金额之支付）。

(2) 生命人因自杀决斗，其他犯罪或死刑之执行而亡故时。

(3) 受领保险金额者，故意致生命人于死时，但其人应受保险金额之一部时，保险者不得免支付残额之责。

(4) 要保险者故意致生命人于死时。

2. 受保险金额之支付者，即保险金受领者，至要保险者，指定第三人为受领保险金之人时，当成为他人缔成之保险契约，而保险金受领者，非必契约当时指定之。

三、供与担保之义务

保险者受破产宣告时，要保险者得使提出相当之担保（商行为法第二二三条、第一八八条)，此点可参考前述损害保险契约所说明者。

四、付还保险费之义务

人寿保险契约之全部或一部无效时，要保险者及被保险者，如系善意，且无重大的过失者，得对于保险者请求保险费全部或一部之返还。(商行为法第二二三条、第一八五条)

五、付还保险费存积金之义务

人寿保险之保险费中，通常包含本年度承受危险之部分，及后年度应行蓄积之部分，后者即保险费存积金，依商行为法草案规定于下列情形不须支付保险金额时，要付还为生命人所存积之金额于要保险者（商行为法第二二一条二项及第二二三条二项)。

1. 第二二一条第一项第一款、第二款情形，不任支付保险金额时。

2. 第一九八条情形，不付保险金额时。

3. 第一八八条、第一八九条规定，要保险者或保险者解除契约时。

4. 第一九一条要保险者解除契约时。

5. 第一九四条保险契约失效时。

6. 第一九五条规定，保险者解除契约，或认为契约已失效力时。

六、短期时效

支付保险金额之义务，返还保险费之义务，及付还保险费存积金之义务，经过二年时，因时效而消灭（商行为法第二二二条及第二二三条、第二〇四条)。

第三节　保险者之权利

一、违反告知义务之解除权

人寿保险契约当时，要保险者或生命人，因恶意或重大过失，不告知重要事实或就重要事项为不实之告知，保险者得为契约之解除，但保险者知其事实或因过失而不知时，不在此限（商行为法第二一九条一项）。是即关于告知义务之规定，其性质条件及违反义务之制裁等，概与损害保险之告知义务所说明者同（商行为法第二一九条一项、第一八二条二项、第一八三条）。兹不复述。惟与损害保险相异者，有一点在，即人寿保险契约中，要保险者外，生命人亦有告知之义务也。

二、保险费请求权

要保险者对保险者负支付保险费义务，如为他人缔保险契约，而要保险者受破产宣告时，保险者得对于受领保险金者，请求保险费，但受领保险金者，抛弃其权利时，不在此限（商行为法第二二三条、第一九〇条）。

又人寿保险契约当事者，斟酌特别之危险，以定保险费者，于保险期限内危险已经消灭时，则要保险者得请求将来保险费之减额（商行为法第二二三条、第一八六条）。

三、担保请求权

要保险者受破产宣告，尚无保险费全部之支付时，保险者得请求其提出相当之担保（商行为法第二二三条、第一八九条），但人寿保险之保险费，并非强制征收，是项规定，实际上无甚适用焉。

四、要保险者等之通知义务

1. 要保险者或受领保险金额者，知生命人已死亡时，须从速对于保险者，发其通知（商行为法第二二〇条）。

2. 保险期限中危险，因不可归责于要保险者或生命人事由，致显有变更增加，要保险者及生命人既知之时，亦须从速通知于保险者，若怠其通知，则保险者自危险之变更或增加时起，即认契约为已失其效（商行为法第二二三条、第一九五条）。

五、短期时效

支付保险费义务，经过一年时，因时效而消灭（商行为法第二三六条、第二〇四条）。

第四节 他人之人寿保险

一、他人人寿保险之立法主义

以他人为人寿保险契约之目的者，若毫无制限予以认许，恐有滥将他人生命付于保险，而生类似赌博之弊，且多冀得保险金额，居心叵测，而有害生命人之虞，故诸国法制，概设严格规定，始认该项保险为有效，惟其立法主义则颇异致。

1. 利益主义。要保险者，关于生命人之生死，以有利益为必要，英、法、美国判例，均限定为金钱的利益，而比、意、葡诸国则非必以金钱的利益为要件，有爱情其他利益者亦得为之。

2. 同意主义。德国及瑞士保险契约法，均排除利益主义，而以生命人之同意为必要。

3. 折衷主义。利益与同意，均不可无者也，匈牙利商法采之。

我商行为法采用同意主义，惟德、瑞两法，所谓生命人之同意，仅为缔结契约当时之要件，而因该契约所生权利之让与，则不须同意，然我草案对于是点，亦以同意为必要，颇属优长之处。

二、契约当时之同意

缔结因他人之死亡，而支付保险金额之保险契约者，须得其人之同意，但生命人即为受领保险金额时，不在此限（商行为法第二一五条一项），故以生命人之同意为要件者，惟因生命人之死亡，而支付保险金额之契约，即死亡保险，或混合保险为限，而纯然属于生存保险者，则毋须其同意也。

三、权利转让之同意

1. 让与因前项契约上之权利者，须得生命人之同意。

2. 要保险者为生命人时，受领保险金额者让与其权利。

3. 或生命人为受领保险金者时，向生命人让受权利者，更行让与其权利时亦然（商行为法第二一五条二项、三项）。

第五节　为他人缔成之人寿保险契约

一、要保险者之地位

为他人缔结之保险契约者，系要保险者以自己名义为他人而缔契约者也。故要保险者对于保险者，负支付保险费之义务，受领保险金额者原则上不任保险费之支付（例外商行为法第二二三条、第一九〇条），而受返还保险费之权利，及受为生命人所存积金额之返还权利，亦属于要保险者，受领保险金者，惟事故发生时，有受领保险金额之权利而已。

二、本契约之态样

为他人所缔之人寿保险契约，其状态如下：

1. 要保险者自身为生命人而缔成之契约。

2．受领保险金额者为生命人而缔成之契约。

3．要保险者、受领保险金者以外之人为生命人而缔成之契约。

后两者，即为他人缔结之人寿保险，抑亦属于他人之人寿保险。

上述三种，要保险者须指定受领保险金者，若不指定，则以要保险者自身为受领保险金者，而不生为他人缔成保险契约之问题。

三、受领保险金者之权利

为他人所缔之保险契约上权利，当然归属于受领保险金额者（商行为法第二一六条一项前文），故受领保险金者，不须别为享受保险上利益之意思表示，当保险事故发生之时，即有请求保险金额之权利，盖其权利随契约之效果而发生，非让受要保险者之权利也，其观念与损害保险契约所述者同。

受领保险金之权利，因契约而直即发生，难许承继或让与，法律就受领保险金者，非生命人而为第三人者，设一特例，苟其人已死亡时，要保险者更得指定一受领保险金者，如要保险者，未行指定权而死亡时，即以受领保险金者之承继人为得受领保险金者（商行为法第二一七条）。

四、指定变更权之留保

1．留保，要保险者以他人为受领保险金者，同时可得表示别种意思，而留保其指定或变更受领保险金者之权利，此时若未曾行使权利而死亡，受领保险金者之权利，即因是而确定（商行为法第二一六条一项但书及同条二项）。

2．指定变更权行使之要件，及其权利性质，要保险者行使上述之指定变更权，如在因他人之死亡而得受领保险金额之契约，要经其生命人之同意（商行为法第二一八条二项及第二一五条一项），盖受领保险金者之变更。恰与转让生命人之权利于他人者，生同一之结果也。

要保险者于缔成契约后，指定或变更受领保险金者时，非对于保险者发指定变更之通知，不得对抗于保险者（商行为法第二一八条一项）。要保险者所有之指定变更权，因得单独行使，而变更其权利关系，可谓为属于形成权之一种。

第六节　保险契约之变更

一、特别危险之消灭

人寿保险契约当事者，斟酌特别保险事故，而定保险费之额者，于保险期限中，其危险消灭时，要保险者得请求以后减少保险费之额（商行为法第二二三条、第一八六条）。

二、事故之变更增加

保险期间中保险事故，稍有变更或增加者，其原因依应归责于保险者或生命人与否，或使契约失其效力，或由保险者得对于将来解除契约，均与损害保险契约所说者无异（商行为法第二二三条、第一九四条、第一九五条）。

三、当事者之破产

保险者或要保险者之破产时，有自商行为法第一八八条至第一九〇条之准用（商行为法第二二三条）。

第七节　保险契约之消灭

一、一般的消灭原因

人寿保险契约当依契约一般的消灭原因而消灭，但人寿保险契约，非如损害保险契约之有被保险利益的观念，故被保险利益之消灭，自不成消灭契约之原因。

二、法律上当然之失效

保险期限中，保险事故，因归责于要保险者或生命人之事由，而显有变更或增加时，则保险契约失其效力（商行为法第二二三条、第一九四条）。

三、解　除

1. 保险者之解除，保险者得准用商行为法第一八二条、第一八九条、第一九五条之规定，以其一方的意思表示解除保险契约。

2. 要保险者之解除，要保险者准用商行为法第一八八条、第一九一条规定，亦得以一方的意思表示解除契约。

四、因保险费之不付而失效，及契约之复活

要保险者不缴入保险费，已经过一定延缓时间时，当依约款规定，使其契约丧失效力为常。但要保险者，提出迟滞保险费请求契约之复活时，保险者仍得承诺之，以图当事者双方之利益，盖保险费额，恒依缔约当时生命人之年龄而递加，使前契约消灭更结新契约时，保险费当比前契约所定者为多，又或因生命人之年龄超过所定之制限，致不能缔结新契约，其结果足使要保险者及生命人等，陷于不利之地，而保险者亦不无受契约失效后之损害，故各国保险约款，均认有保险契约复活之方法焉。

契约复活之方法，大体如下，即保险契约失效后一年内，要保险者提出生命人身体如恒之证明书类，而请求契约之复活时，公司得领收迟滞保险费，而承诺之，是也。此项情形，可得准用违反告知义务解除契约之规定，及因诈欺契约无效之规定，而解除复活契约，或主张其无效。

保险契约复活之法律上性质若何，学说不一，或云复活契约不外依前契约同一之条件，以缔结新契约者，果依此说，前契约之瑕疵，将尽随前契约之消灭而消灭，即关于前契约解除或无效之原因，于复活后，亦且不能主张，是与当事者意思，宁得谓为适合？或又云复活契约，非新契约，以丧失前契约消灭效力为条件之一种附属的契约，即前契约之消灭，因附解除条件而生，更因有效之复活契约，使前契约溯于既往，认为自始未曾消灭，本说似较妥当耳。

保险法要纲终

附　录

前北京司法部公布商行为法关于保险部分之规定

第七章　损害保险

第一节　通　　则

第一百六十七条　损害保险契约因当事人一造约定填补、因偶然之一定事故所生损害相对人约定给予报酬而生效力。

第一百六十八条　保险人得请求投保人作成申请证，其所载事项由保险人定之。第九十四条规定于前项申请证准用之。

第一百六十九条　投保人得请求保险人交付保险证券。

第一百七十条　保险证券应记载下列各款事项，由保险人签名或盖章：

（一）保险之标的物；

（二）保险人承担之危险；

（三）定有保险价额者其价额；

（四）保险金额；

（五）保险费及其支付之方法；

（六）定有保险期限者其始期及终期；

（七）投保人之姓名或商号；

（八）订结保险契约之年月日；

（九）保险证券之作成地及作成年月日。

第一百七十一条　保险契约仅得以有金钱上价值之利益为其标的物。

第一百七十二条　保险金额超过保险标的物之价额者，保险契约就超过价额之部分不生效力。

第一百七十三条　就同一标的物同时订结二以上之保险契约，而其保险金额之总额超过保险价额者，各保险人之负担额应比例于其各自之保险金额定之。二以上之保险契约其订约日期相同者，推定为同时之所订结。

第一百七十四条　就同一标的物先后订结二以上之保险契约者，首由先保险人负担其损害，其负担额不敷填补损害之全部者，依次由后保险人负担之

第一百七十五条　已将保险价额全部付保险者，限于下列各情形得更订结保险契约：

（一）约定将对先保险人之权利让与后保险人者；

（二）对后保险人约定抛弃对先保险人之权利之全部或一部者；

（三）以先保险人不为损害之填补为条件者。

第一百七十六条　第一百七十三条及第一百七十四条情形，对一保险人之权利之抛弃不及影响于他保险人之权利义务。

第一百七十七条　将保险价额之一部付保险者，保险人之负担额依保险金额对于保险价额之比例定之。

第一百七十八条　保险价额于保险期限中显然减少者，投保人得向保险人请求减少保险金额及保险费，但保险费之减少仅对将来发生效力。

第一百七十九条　保险契约定有保险价额者，保险人非证明其价额显系过当，不得请求减少。

第一百八十条　保险契约得为有被保险利益之他人订结之。

前项情形投保人对保险人负支付保险费之义务。

第一百八十一条 投保人未受委托为他人订结保险契约，而不以其情告知保险人者，其契约不生效力。若已告知者，被保险人当然享受由契约所生之权利。

第一百八十二条 于订结保险契约时投保人以恶意或重大过失不告知重要之事实或关于重要之事项为不实之告知者，保险人得为契约之解除，但保险人知其事实或因过失而不知者不在此限。

前项解除权，保险人于知有解除之原因后一个月内不行使之者消灭，自订结契约时起算，经过三年者亦同。

第一百八十三条 保险人依前条规定解除契约者，其解除仅对将来发生效力。

保险人虽在危险发生之后解除契约亦不任填补损害之责，若已支付保险金者得为返还之请求，但投保人证明危险之发生非基因于所告知或未告知之事实者不在此限。

第一百八十四条 于订结保险契约时，保险人、投保人或被保险人知危险之不至发生或知其已发生者其契约不生效力。

第一百八十五条 投保人及被保险人善意无重大过失者，得于保险契约全部或一部为无效时，请求保险人返还保险费之全部或一部。

第一百八十六条 保险契约之当事人因斟酌特别之危险定保险费额，而该危险于保险期限中消灭者，投保人得请求减少以后之保险费额。

第一百八十七条 被保险人让与保险之标的物者，推定为同时让与关于保险之权利。

前项情形因标的物之让与而危险显然变更或增加者，保险契约失其效力。

第一百八十八条 保险人受破产之宣告者，投保人得请求其提供相当担保或为契约之解除，但契约之解除仅对将来发生效力。

第一百八十九条　前项规定于投保人受破产之宣告者准用之，但投保人已支付保险费之金额者不在此限。

第一百九十条　为他人订结保险契约之投保人受破产之宣告者，保险人得向被保险人请求保险费之支付，但被保险人抛弃其权利者不在此限。

第一百九十一条　保险人之责任开始前，投保人得解除契约之全部或一部。

第一百九十二条　保险人之责任开始前，非因投保人或被保险人之行为，就保险标的物之全部或一部不至发生归保险人承担之危险者，保险人应返还保险费之全部或一部。

第一百九十三条　前二条情形保险人得请求给予与其所应返还之保险费半额相当之金额。

第一百九十四条　保险期限中因投保人或被保险人应负责任之事由而危险显然变更或增加者，保险契约失其效力。

第一百九十五条　保险期限中因投保人或被保险人不应负责之事由而危险显然变更或增加者，保险人得为契约之解除，但其解除仅对将来发生效力。

前项情形，投保人或被保险人知危险之显然变更或增加，应速通知保险人。怠于为通知者，保险人得视为自危险变更或增加时起保险契约已失效力。保险人收受前项通知或知危险之变更或增加而不速为契约之解除者，视为承认其契约。

第一百九十六条　被保险人应尽力于损害之防止，其因此所生之必要费或有益费与填补额合计纵超过保险金额，仍归保险人负担。

第一百七十七条规定于前项后段情形准用之。

第一百九十七条　因保险人所承担危险之发生而发生损害者，投保人或被保险人应于知其损害发生后向保险人速发通知。

第一百九十八条　因战争或其他变乱所生之损害，非有特约保险人不任填补之责。

第一百九十九条 因保险标的物之性质或瑕疵或其自然之消耗，或因投保人或被保险人之恶意或重大过失所生之损害，保险人不任填补之责。

第二百条 就保险之标的物已发生应归保险人负担之损害者，虽该标的物厥后因不归保险人承担之危险而灭失，保险人仍不得免填补其损害之责任。

第二百零一条 保险人应填补之损害额，依其损害发生地、发生时之价额定之。

计算前项损害额所需费用归保险人负担。

第二百零二条 保险人于保险标的物全部灭失时支付保险金额之全部者，取得被保险人就该标的物所有之权利。但付保险者为保险价额之一部时，保险人之权利依保险金额对于保险价额之比例定之。

第二百零三条 损害因第三人之行为而发生时，保险人已对被保险人支付其负担额者，于其所支付金额之限度内取得投保人或被保险人对第三人所有之权利。

保险人已对被保险人支付其负担额之一部者，仅得于不害及投保人或被保险人权利之范围内行使前项所定之权利。

第二百零四条 支付或返还保险金额或返还保险费之义务经过二年者，因时效而消灭。

支付保险费之义务经过一年者，因时效而消灭。

第二节 火灾保险

第二百零五条 火灾保险证券于第一百七十条所揭事项外应记载下列事项：

（一）以建筑物付保险者其所在地构造及用法；

（二）以动产付保险者内储该项动产之建筑物之所在地构造及

用法。

第二百零六条　保险人就因火灾所生损害不问其火灾之原因应任填补之责，但第一百九十八条及第一百九十九条情形不在此限。

第二百零七条　因消防或避免危难之必要处分就保险之标的物所生损害，保险人应任填补之责。

第二百零八条　赁借人及其他保管他人之物者，为备日后他人损害赔偿之请求而将其物付保险者，其物之所有人得直接向保险人请求其损害之填补。

第三节　运送保险

第二百零九条　运送保险证券于第一百七十条所揭事项外应记载下列各款事项：

（一）经由之道路及运送之方法；

（二）运送人之姓名或商号；

（三）运送品之受领地或交付地；

（四）定有运送期限者其期限。

第二百一十条　运送品之保险以其在发送地发送时之价额及至到达地之运费及其他费用为保险价额。

因运送品到达所应得之利益，限于有特约时得算入保险价额之内。

第二百一十一条　保险人无特约时任填补自运送人受领运送品时起迄交付于受货人时止所生一切损害之责。

第二百一十二条　因运送上之必要一时中止运送或变更经由之道路或运送之方法者，保险契约仍不失其效力，但别有订定者不在此限。

第八章　人寿保险

第二百一十三条　人寿保险契约因当事人一造约定关于相对人

或第三人之生死，支付一定之金额，相对人约定给予报酬，而生效力。

第二百一十四条 投保人得请求保险人交付人寿保险证券。

人寿保险证券于第一百七十条所揭事项外，应记载下列各款事项：

（一）人寿保险之种类；

（二）被保险人之姓名及年龄；

（三）定有保险金受领人者其姓名。

第二百一十五条 订结因他人亡故支付保险金额之契约者，应得其人之同意，但被保险人即为保险金受领人者不在此限。

让与因前项保险契约所生权利应得被保险人之同意。

投保人为被保险人者，保险金受领人让与其权利或第一项但书情形之权利，让受人更让与其权利时亦同。

第二百一十六条 保险金受领人为第三人者，第三人当然享受由契约所生之权利，但投保人为反对之意思表示者不在此限。

依前项但书规定，投保人有指定或变更保险金受领人之权利者，若未行使其权利而亡故，保险金原受领人之权利即因之而确定。

第二百一十七条 保险金受领人为非被保险人之第三人而其人亡故者，投保人得更指定保险金受领人。

投保人未及行使前项权利而亡故者，以保险金原受领人之继承人为保险金受领人。

第二百一十八条 投保人于订结保险契约后指定或变更保险金受领人者，非向保险人为指定或变更之通知不得以其指定或变更对抗之。

第二百一十五条 第一项规定于前项之指定及变更准用之。

第二百一十九条 于订结保险契约时投保人或被保险人以恶意或重大过失不告知重要之事实或关于重要之事项为不实之告知者，

保险人得为契约之解除，但保险人知其事实或因过失而不知者不在此限。

第一百八十二条第二项及第一百八十三条规定于前项情形准用之。

第二百二十条　投保人或保险金受领人应于知被保险人之亡故后向保险人速发通知。

第二百二十一条　有下列各款情形者，保险人不任支付保险金额之责：

（一）被保险人因自杀、决斗，其他犯罪或死刑之执行而亡故者；

（二）保险金受领人故意致被保险人于死者。但其人仅得受领保险金额之一部者，保险人不得免支付其他部分之责任；

（三）投保人故意致被保险人于死者。

前项第一款及第二款情形，保险人应退还为被保险人所存积之金额于投保人。

第二百二十二条　退还为被保险人所存积金额之义务经过二年者，因时效而消灭。

第二百二十三条　第一百八十四条至第一百八十六条、第一百八十八条至第一百九十一条、第一百九十四条、第一百九十五条、第一百九十八条及第二百零四条规定，于人寿保险准用之。

第一百八十八条、第一百八十九条、第一百九十一条、第一百九十四条、第一百九十五条及第一百九十八条情形保险人毋庸支付保险金者，应退还为保险人所存积之金额于投保人。

（赵琛著：《保险法要纲》，上海新建设书店一九二九年发行）

少年犯罪之刑事政策

弁　言

今日之儿童，即次代之国民，欲求国民道德之向上与民族基础之强固，必须扶植今日可爱之儿童，养成次代健全之国民，为目前最大之任务。

我国外有强敌侵略，内则农村崩溃，国计民生，日趋危殆，一般国民，惶惶不可终日，而儿童亦多陷于失教失养饥寒流浪之悲境。据最近教育统计，全国学龄儿童，约有五千万，其未受教育之儿童，犹有三千万之谱。又依二十三年司法统计，全国在监囚犯有十二万六千八百八十一名，内中少年犯人数，年有增加，二十二年度，犹不过三千三百名，二十三年度之少年犯，已突增至六千一百六十二名。失学儿童与犯罪少年，竟有若是惊人之数字，究应若何补救与防止，诚为当前首要之亟务矣。

据美国监狱统计，社会上不法之徒，大多为青年之变相，一九二七年狱囚四四〇六二人，有百分之二十三，为二十一岁以下之青年，足知大多数成年人之犯罪，其始皆由于少年堕落而起，则关于少年犯罪之预防，尤为防止犯罪之根本要图也。

中央警官学校当局，以少年犯罪研究讲座，就商于余，余有感于少年犯罪问题之严重，毅然受聘。惟以参考书籍过少，而统计资料，尤感贫乏，颇以为苦，乃参引日人原房孝与白井勇松二君及各国少年犯罪之统计，以说明少年犯罪之原因，继复发挥余关于立法上、司法上及社会上之意见，以树立防止少年犯罪之刑事政策。是否有当？深望当世识者之教正。

按各国学者调查少年犯罪，每不辞跋涉长途，亲至各地监狱或感化院，对于少年犯为个别之访问，用能将个人的、自然的或社会的犯罪原因，调查清晰，纤屑靡遗。余因职务所羁，不能亲自分别访查，本书之作，内容虽欠充实，然于犯罪原因与防止少年犯之刑事政策，均有扼要之说述，区区管见，或犹足供研究少年犯罪方法论之一助耳。有志之士，诚能依余方法，进而为亲入狱门之调查工作，则于斯学之成就，必有绝大之贡献。尤望举国上下，一致努力，设法预防少年使其不至犯罪，岂仅数千万待救之儿童，得受惠赐，即巩固国家复兴民族之基，亦端赖于是矣。

中华民国二十六年长夏韵逸赵琛识于立法院刑法委员会

第一章　少年犯罪之意义

一、犯罪之意义

犯罪一语，自法学上言之，乃刑法所列举科以刑罚制裁之有责违法的行为。盖法学家之眼光，多以犯罪为单纯的法律现象，故其行为，若不至科以刑罚制裁，则纵为违背社会道德破坏人类生活之行为，亦不应认为犯罪，此乃依刑法典上规定之当然的结论也。然在社会学家视之，则含义较广，苟其犯罪之本质，为反社会的行为，则其行为人，无论为老幼男女，为无责任能力者或有责任能力者，为刑法所列举或为刑法所不罚，为应科刑罚之行为或为应付保安处分之行为，只须其行为含有反社会性，即可谓为犯罪。要之社会学上所谓犯罪者，触犯国家法令，违背社会道德，破坏人类生活之反社会的行为也。

二、少年之意义

人类自受胎而出生以至成长之顺序，学者则分为数时间：①胎儿期，受胎后约经二百八十日左右，在母胎内构成身体之各部。②婴儿期，自出生至二岁。③幼儿期，将满八岁左右。④少年期，自满八岁至十三四岁。⑤青春期，在二十岁内，身体精神变化发育，遂由青春期而至成年期以营独立之生活矣。此系以温带人类为区分之标准，热带寒带之人，其发育长成之迟早，相差甚巨，不可同日而语也。

本书目的，在于研究少年之犯罪，则所谓少年之时期，应以何者为标准，乃首须决定之问题。余以为少年之意义，除生理学上之见解外，尤应求其根据于法律之中。现行刑法第十八条第一项云："未满十四岁人之行为不罚。"似以未满十四岁者，不问为少男少女，概视为无刑事责任能力之少年，而同条第二项云："十四岁以上未满十八岁人之行为，得减轻其刑，"则以未满十八岁人，为减轻刑事责任之少年。然现行民法第十二条"满二十岁为成年"，是又以未满二十岁者即为未成年之少年矣。因之犯罪少年之年龄，发生不同之主张，其以刑法为标准者，谓除现在拘禁于监狱或受其他刑之执行之未满十八岁人，当然为犯罪少年外，即受缓刑宣告，不起诉处分或付保安处分，以及含有犯罪性之不良少年，均可视为犯罪之少年。至以民法为根据者，则谓凡未满二十岁而犯罪者，均为犯罪之少年。两者在法律上，各有相当理由，不易轩轾于其间。弟思人类生理，十四五岁至二十岁左右，身体尚未发育完全，在此春机发动时期，意志不定，常易动摇，受外物所诱惑，知识经验，均不足以应付复杂之社会，实一生最危险之时期，稍一不慎，误入歧途，即铸终身之大错，故家庭与社会，对于未成年人，有加以周密注意之必要。是则少年犯罪之年龄，以未满二十岁为标准，并不过宽也。况刑法上所定之年龄，不过为减轻刑罚与否之标准，故不妨以未满十八岁为少年犯罪之年龄，而犯罪学之目的，则在探究犯罪原因，寻求防止犯罪之方法，少年为国家未来之主人翁，尤应保护指导，使其不蹈罪网，故少年犯年龄之限制，不必与刑法完全相同，而以未满二十岁之犯罪少年，为研究之对象，于理论上亦无不合也。

三、少年犯罪之意义

依上所述，关于少年犯罪之意义，可为归纳言之如下："少年犯罪者，未满二十岁之男女，触犯国家法令，违背社会道德，破坏人类生活之反社会性的行为也。"

第二章　少年犯罪研究之必要

十九世纪以还，因生理学及自然科学之进步，伤寒、天花、霍乱及白喉等传染病症，经科学的治疗方法，去除其病症发生之原因，虽已稍杀其锋，然他方面所谓文明的道德病症如疯狂、自杀及犯罪三者，却日益增加，尤以犯罪人数之增多，为各国普遍之现象，忧时之士，亟思研究有效方法，以防止犯罪之发生。

当古典派犯罪学之理论，达充分发展之最高峰时，主张废止残忍的刑罚，如死刑、拷问、断手、刖足等，代以比较人道的合理的刑罚，虽获光荣的成绩，然以其理论过于抽象，而犯罪之增加情形，却百倍于曩昔，盖只注意于刑罚之减少而未注意于犯罪之预防也。迨实证派犯罪学兴起，以为单用刑罚，镇压犯罪，不足以救治犯人，而当研究犯罪之自然的社会的原因，讲求预防犯罪之策，始能防患于未然，此诚根本治疗之道也。

犯罪学者研究犯罪之原因及其防止方法，其贡献于人类社会，获益匪浅，然多偏重于一般犯罪之研究，而于少年人之犯罪，在各国虽有不少热心人士，予以深切之注意。而于我国则关于少年犯罪之书籍，寥若晨星。余以为少年犯罪之问题，实有研究之必要，其理由约有数端；

1. 少年为我辈之后继，负将来复兴民族富强国家之重任。少年人因遗传或社会环境之影响，往往堕落于犯罪阶层，不能振拔，若不赶速设法救济，影响于民族国家之前途者甚巨，故必养成少年之优美人格，使其不至犯罪，庶于民族国家，有日臻繁荣之一日。

2. 近年以来，我国司法统计，犯罪者受刑人数，约在十余万人以上，国家每年负担之裁判费、警察费、监狱费，虽无正确数目，而其费用决不在少。此辈受刑人出监后改善者，不过十之二三，其十之七八，反较入监前更趋恶化。国家年耗巨额经费，扑灭犯罪，而其效果，乃等于零，社会民族前途，殊可忧虑。此盖由于过去只知治标，不知治本，以致犯罪人数年有增加也。故全力救济出狱人与感化囚人，使其根本改善，实为当今之急务，而其最易实行能收效果者，尤在少年犯罪之研究，足以遏止犯罪之发生。

3. 犯罪性质有偶发的与习惯的之分。偶发的犯罪，改善较易，习惯的犯罪，感化较难，故改善犯人，特应注意于习惯的犯罪。依各国犯罪统计，犯人中百分之七十，有犯罪之习惯性，而少年时代曾为第一次犯罪之尝试者，又居其中十分之七八。是则习惯的犯罪者，在其少年时代已养成犯罪之习惯，若不及时改善，迨其长成之后，感化更不可期。故少年犯罪之研究，非仅足以改善少年，且于一般犯罪之减少，亦有其效果也。

4. 少年人之感化，较成年人为易。英国少年感化院改善少年之成绩，约居百分之八十以上。我国若急起直追，注意少年犯罪之研究，普设感化教育之处所，则少年之行动思想，引入正轨，而犯罪人数，根本可以减少矣。

第三章 少年犯罪之概观

自第一次世界大战后，继之以世界的经济激变，社会恐慌，失业增多少年犯罪之范围日见增广，其犯罪之趋势，大略如下：

1. 少年犯罪，含有狡猾性者居多，强暴者较少。

2. 少年犯罪，以犯财产罪者居多，尤以窃盗为甚。

3. 少年犯罪，伤害罪居于财产罪之次位。

我国犯罪人数，虽无正确统计，而依司法行政部发表民国二十三年度司法统计中“罪名别被告人人数及其犯时年龄表”所载，亦可测知少年犯罪之趋势，与各国大致相同。惟我国犯罪。无论一般犯人与少年犯人，均以鸦片罪居第一位，虽由于国际阴谋毒化吾国之结果，然自整个民族立场言之，终属至可羞耻之事也。

据二十三年司法统计，犯罪总人数共计十二万六千八百八十一人。少年犯亦年有增加，二十年度少年犯合计一千五百三十人，二十一年度合计三千零四人，二十二年度合计三千三百人，二十三年度之少年犯，突然增至六千一百六十二人，从可知我国少年犯罪问题之严重矣。兹附录二十三年司法统计“罪名别被告人人数及其犯时年龄表”中少年犯统计于后，以供参考：

罪名		男女	被告人数	13岁至15岁	16岁至20岁
总计		男 女	113 673 13 208	385 20	5 299 458
刑法犯	内乱	男 女	4		
	外患	男 女	1		
	渎职	男 女	273 7		11

刑法犯	妨害公务	男	791	3	34
		女	99	2	3
	妨害选举	男	35		1
		女			
	妨害秩序	男	286	3	14
		女	12	1	1
	脱逃	男	521	1	24
		女	13		
	藏匿犯人及湮灭证据	男	174		8
		女	13		
	伪证及诬告	男	1 109	2	51
		女	172		6
	公共危险	男	1 023	6	47
		女	101	2	4
	伪造货币	男	672	3	38
		女	40		1
	伪造度量衡	男	1 758	2	84
		女	40		1
	伪造文书印文	男	1 075	1	52
		女	33		
	妨害风化	男	716	5	39
		女	204	1	7
	妨害婚姻及家庭	男	3 160	14	157
		女	1 609	4	61
	亵渎祀典及侵害坟墓尸体	男	560	3	25
		女	12		
	妨害农工商	男	180	1	9
		女	6		
	鸦片	男	30 720	63	1 285
		女	549	1	195
	赌博	男	11 505	80	599
		女	948	3	41

刑法犯	杀人	男 女	1 239 104	7	41 4
	伤害	男 女	12 827 1 491	79 3	67 49
	堕胎	男 女	12 13		
	遗弃	男 女	100 22		4 1
	妨害自由	男 女	1 889 474	14	141 17
	妨害名誉及信用	男 女	393 75	1	15 2
	妨害秘密	男 女	7		1
	窃盗	男 女	26 032 915	44 1	1 184 33
	抢夺强盗及海盗	男 女	3 507 108	11	171 4
	侵占	男 女	2 897 161	7	145 5
	欺诈及背信	男 女	3 256 252	8	125 8
	恐吓	男 女	943 23	3	47 1
	赃物	男 女	1 251 134	6	68 5
	毁弃损坏	男 女	1 398 221	8 1	75 8

特别法犯	私盐	男 女	721 26	4	34 1
	印花	男 女	129	1	8
	吗啡	男 女	355 5		18
	惩治盗匪	男 女	482 12	2	26
	危害民国	男 女	242 4	1 1	15
	公司法	男 女	4		
	出版法	男 女	33		2
	票据法	男 女	276		4
	矿业法	男 女	13		
	工厂法	男 女	1		
	渔业法	男 女	1		
	邮政条例	男 女	12		
最近三年之每年总计	二十一年度	男 女	81 965 9 657	166 4	2 577 257
	二十二年度	男 女	99 362 10 062	195 27	2 680 368
	二十三年度	男 女	113 673 13 208	385 20	5 299 458

第四章 少年犯罪之原因

犯罪学有古典学派与实证学派之分。古典派视犯罪为单纯的法律问题，专讨论犯罪名称、定义及法律关系之分析，而于犯罪之背景，则不加注意。实证派则视犯罪为复杂的社会病症，故须查核犯人究因何种情形为何种原因至于发生犯罪，进而谋一解决之途径。

自实证派犯罪学根据科学上生理学的、心理学的研究，发现人类之犯罪，乃由于个性或环境之特殊情形所使然，而刑法学始脱离专门法律学之狭窄的枯燥的范围，成为名实相符之社会的、人类的科学。

犯罪学的研究，置重于犯罪原因之探究，犯罪原因既已明了，始可讲求救治及预防犯罪之法，正如疾病之发生必先探其病源，而后可以对症施药也。

犯罪原因之分类，学者主张不一，举其著者如下：

第一，龙伯罗梭（Lombroso）。龙伯罗梭论述犯罪原因，大别为社会与个人二类，如气象、文明程度、模仿、人口密度、教育、经济状况、性别、年龄、职业、监狱生活等，属于社会的原因。并以解剖方法，研究犯人骨骼，认定生理构造异于常人，为犯罪之个人的原因。经其调查结果分犯人为生来性犯人、悖德性犯人、癫痫性犯人、偶发性犯人、习惯性犯人五种。

第二，爱尔乌德（Ellwood）。爱尔乌德谓犯罪原因大别为三：

1. 由于天赋者，即先天赋性缺陷，生来时即有犯罪倾向。

2. 由于久惯者，因受环境影响，趋于犯罪之途，久以为常，养成习惯。

3. 由于偶然者，因一时感触激愤，或突受外界诱惑，偶然尝试犯罪者也。

第三，韩德生（Henderson）。韩德生之三分说如下：

1. 外界之影响，如气候、季节、晴雨、昼夜、燥湿之关系是。

2. 个人身体及精神之特质，如性别、年龄、教育、职业、饮酒、遗传等是。

3. 社会之状态，如①婚姻关系之犯罪，未婚者较多。②社会地位之犯罪，下级者比中等以上者为多。③人口稠密之犯罪，密度益多，犯罪益众。④幼童感染成人犯罪习惯，有陷于犯罪之倾向。⑤饥寒而为盗贼。⑥劫富济贫思想。⑦缺乏产业教育者，因无智识至不能营正当之生活。⑧政治设施，对于某种人特殊优异待遇，一般人即生不平之念，至于组织犯罪团体等是。

第四，斐丽（Ferri）。斐丽研究犯罪原因亦分三种：

1. 个人原因，包括年龄、性别、不良状况、职业、社会阶级、教训、心理关系等。

2. 自然原因，包括民族、气候、季节、气温、土地肥瘠、昼夜长短等。

3. 社会原因，包括人口、移民、舆论、习惯、宗教、社会秩序、经济及产业状况、农业或工业生产、公安保护、社会教训、社会教育、公共便利、民法及刑法之施行等。

上述各说当以斐丽之分类为较合理，爰采其三分说分节研究少年犯罪之原因于后。

第一节　少年犯罪之个人的原因

一、年龄与犯罪

年龄与人类的精神身体，有密接之关系，若知年龄与少年犯罪之关系，研究适当处置之方法，则于少年教养上，有甚大之利益。日人原房孝，曾调查四十所感化院八所监狱，就少年犯一千九百一十五人中，以年龄别统计少年犯罪者之数字如下：

年　　龄	对于 1915 人之百分比（%）
20 岁	1. 98
19 岁	6. 89
18 岁	15. 40
17 岁	13. 89
16 岁	13. 57
15 岁	8. 30
14 岁	6. 89
13 岁	6. 40
12 岁	7. 83
11 岁	6. 37
10 岁	7. 36
9 岁	3. 03
8 岁	1. 20
7 岁	0. 16
不明	0. 63

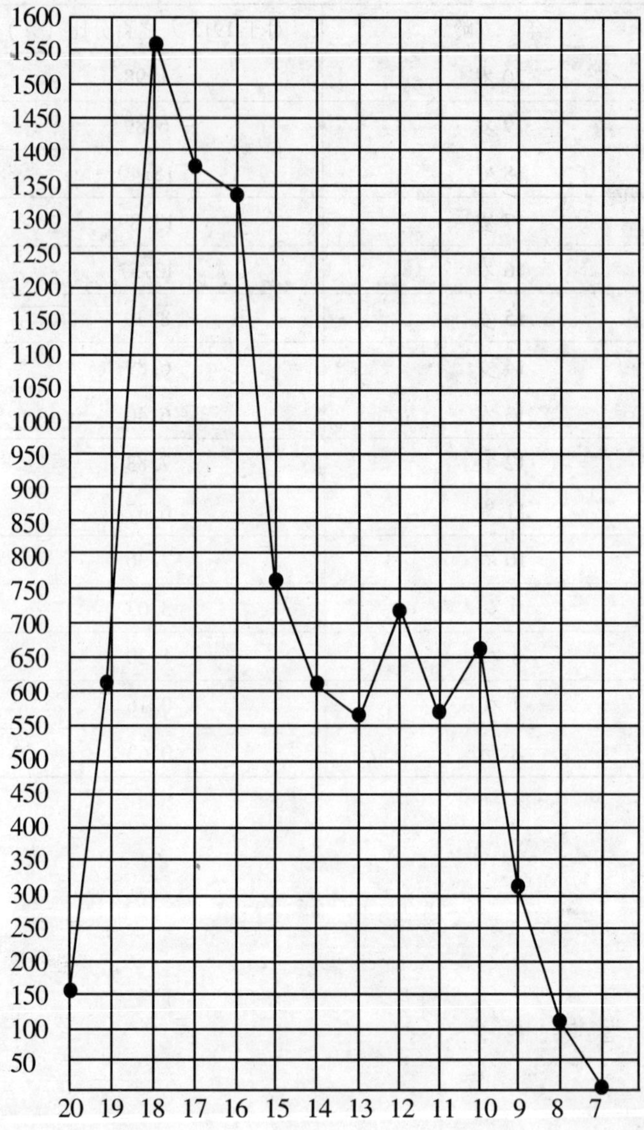
1600
1550
1500
1450
1400
1350
1300
1250
1200
1150
1100
1050
1000
950
900
850
800
750
700
650
600
550
500
450
400
350
300
250
200
150
100
50
20
19
18
17
16
15
14
13
12
11
10
9
8
7

依上表观察，少年犯罪至十岁时，有激增之势，十一、十二、十三、十四岁顷，则在同等状态，稍有消长，至十五岁，有增加之倾向，及十六、十七岁，又有急剧之增加，至十八岁而达于最高度，十九岁激减与十岁者保持相同之程度，至二十岁则犯罪人数又减少矣。十八岁时恶化最深，无论犯罪之数与质，其范围均甚广泛，推源其故，似在十岁至十五岁之间，对于其恶化倾向，未施以适当之矫正耳。

更就一千九百一十五人之罪质，加以调查，则其统计数字如下：

年龄（岁） 罪质	20	19	18	17	16	15	14	13	12	11	10	9	8	7	合计
窃盗	26	104	242	228	216	229	95	98	119	104	121	44	19	2	1547
放火	1	1	14	11	13	12	6	3	7	6	4	3	1	1	83
弄火							1				2		1		4
浪费		1			6		1	2	1	1	2		2		13
浮浪		1	2	2	6	10	19	23	24	21	23	14	3	1	148
虚伪粗暴等一般不良行为				3	31		6	6	13	13	10	3	2		67
欺诈	8	20	60	34	36	12	5	1	2	2	2	1			178
侵占	5	15	44	42	6	12	5	3							163
强盗		2	5	4	2	1	1								19
恐吓		1	1	3											7
伤害	2	2		4		2	5								13
杀人	1	4	5	4	8		1								24
杀婴儿	1														1
堕胎		1													1
通奸		1													1

淫猥			1		3			1				1			7
强奸			1	2	2	1									6
赌博		1			1			2							4
贼物			3	1											4
伪造文书证券货币等		7	18	8	5	1	1								40
侵入住居	2	4	11	5	3	1				2					28
骚扰		5	5		2	1									13
妨害交通			1	1	3										5
抢夺					2	1	7	3	3	4	4	2	1		29
拐带						3		3	1						7
诱拐						1									1
扒窃							1		1						2
帮助自杀		1													1
合计	46	171	413	352	358	192	152	147	171	153	170	67	30	4	2 416

上表所列以窃盗罪为最多。二十岁者之犯罪，以窃盗居第一，次之为诈欺，侵占居第三。十九岁最著者为窃盗，次之为诈欺、侵占、伪造、骚扰、杀人、侵入住居。十八岁者之顺序，为窃盗、诈欺、侵占、伪造、放火、侵入住居、杀人、强盗、骚扰。十七岁者之顺序，为窃盗、侵占、诈欺、放火、伪造、侵入住居、伤害、杀人、强盗。十六岁者之顺序为窃盗、侵占、诈欺、放火、杀人、强盗、浮浪、伪造。十五岁者之顺序为窃盗、诈欺、放火、侵占、浮浪及一般不良行为。十四岁者之顺序，为窃盗、浮浪、抢夺、放火、一般不良行为、诈欺、侵占。十三岁者之顺序，为窃盗、浮浪、一般不良行为、抢夺。十二岁者之顺序，为窃盗、浮浪、一般不良行为、放火、抢夺。十一岁者之顺序，为窃盗、浮浪、一般不良行为、放火、抢夺。十岁者之顺序，为窃盗、浮浪、一般不良行

为、放火、抢夺。九岁者之顺序，为窃盗、浮浪。八岁者亦以窃盗居首位。观察此项顺序，大体上可以知悉其年龄上之特征。至七岁、八岁之幼童，除窃盗外尚无显著之犯罪，盖年龄过幼，为特别的不良行为者尤少，而一般人对此时期之注意，亦甚疏忽故也。

犯罪范围最广之年龄，为十六岁；次之为十九岁、十五岁；而十四岁、十七岁、十八岁，居第三位；十岁、十三岁，居第四位；以下为十一岁、十二岁、八岁、二十岁、九岁、七岁。

至就性质调查，各年龄共通常见者为窃盗与放火，窃盗最多之年龄首为十八岁，次为十七岁，三为十六岁，四为十五岁，五为十岁、十二岁，递降为十九岁、十一岁、十三岁、十四岁、九岁、二十岁、八岁、七岁。放火最多者亦为十八岁，次为十六岁，三为十五岁，四为十七岁，递降为十二岁、十四岁、十一岁。即放火与窃盗，大略相同，以十五岁以上至十八岁为最多。诈欺与浮浪居窃盗与放火之次位，然诈欺以年龄较高者多，其最多亦为十八岁。至浮浪则反之，而以年龄较低者居多，其中较多者为十二岁，在十岁、十一岁、十三岁、十四岁之年龄者，相差无几。侵占及一般不良行为之年龄关系，与诈欺浮浪相似，即侵占以年龄高者多，一般不良行为以年幼者多，侵占之最多者为十八岁及十七岁，一般不良行为之最多者，则为十二岁及十一岁。

通观全体，犯罪性质可分二时期，一为十五岁以下，一为十六岁以上。窃盗放火，虽为共通多数之犯罪，而以十六岁以上为特多。十五岁以下者，以弄火、浮浪、浪费、一般不良行为居多，且多属于轻罪。十六岁以上者，以诈欺、侵占、杀人、侵入住居、强盗、骚扰、伪造等为较著，且多属于必需智力与腕力之重罪。

如上所述，少年人弄火、浮浪、浪费及一般不良行为之犯罪，多见于十五岁以下之人，窃盗、放火二者，则在十六岁以上尤以十八岁左右为特多。浮浪由于意志薄弱，情绪易变，以终日嬉游为乐趣，当十三四岁无所事事时代，最易有此倾向，不良行为如虚伪粗暴二者，皆由幼失教养所致，虽不难予以矫正，然如放任不问，亦足以成为可怖之犯罪也。

少年人放火行为，大抵出于引火为乐，非必由于报仇泄愤。少年人不知经济困难，滥行食用。遂成浪费之习。又不识所有权为何物，不辨人己之界，故为满足自己的本能，竟至屡为窃盗而不知耻。此辈教养有方，未始不可悔改，然多数之少年犯，则处于恶劣环境之下，过惯放任生活者也。

二、遗传与犯罪

龙伯罗梭认为犯人多有先天异于常人之性质，即所谓“生来性犯人”是也。彼又主张“隔世遗传”，为生来性犯人之原因，因隔世遗传之故，而身体精神及生活状态，均形退化，无复有尊重他人利益之观念，形状习惯，皆与原始人类相同，犯人具有隔世遗传之性质，故身体精神与野蛮人，颇相仿佛。

孟知来（Mamdsleg）以癫狂的气质，为犯罪及精神病之共同原因，而癫狂的气质，系由遗传而来，犯人的祖先，多有精神病者，犯罪即为不健康的倾向所流出之排泄物，若不为犯罪者，亦必成为精神病者云。

斐丽研究犯罪原因，着重社会关系，亦谓犯人性格，得自遗传，终身不变，当于精神病或其他疾病发作时表现之。

加罗法罗（Garofalo）虽不承认犯罪人可以构成一个人类学的人型，但仍谓犯罪人往往缺乏某种感情与道德观念，而认为犯罪倾向带有遗传的先天的性质。

以上学者，大体上皆承认遗传的影响，为犯罪之原因，而主张犯人有生理的心理的先天的异状，此异状即由祖先遗传而来。

美国纽约昔有渔夫名裘克（juck）[1] 者放纵淫佚，无恶不作，一九二〇年时调查其子孙，除由其女五人所生之五代间入赘者二〇〇人不计外尚有直系子孙总数一二〇〇人，其中三〇〇人夭折，所存九〇〇人中，三一〇人度浮浪生活而被收容于养育院之年数合计在二〇三〇年以上，四四〇人为虚弱者，妇女半为娼妓，一三〇人为重罪犯人，六〇人为常习盗犯，七人为杀人犯。此一二〇〇人子孙中竟无一人有修完普通教育之能力。美国政府为此不良家族，曾为耗费二百五十万圆美金，以后犹须负担无穷之巨额损失云。观此记载，可知遗传关系，与子孙贤不肖之关系矣。

据蒙克莫来（Mon Kemalleag）调查谓感化院中之少年二百五十三人中常质者八十三人，变质者一百七十人，其中有六十八人为纯粹心神耗弱者，其余则为癫痫或有其他之精神病。常质者之数，虽有八十三人，若以长久时日精密观察，尚可发现多数之人，为无完全责任能力之辈，是则生来变质者，殆居过半数以上。至其变质原因如何，据谓上述一百十七人之少年中，因父母酗酒而变质者八十五人，其余则因父母之精神病癫痫或其他之疾病而变质云。犯人遗传之考证，究难适用因果律之法则，盖遗传为自然之现象，犯罪为社会的现象，两者性质不同，故不能谓其有必然之关系。虽然，有遗传性者，身体上精神上之品质，恒觉薄弱，易受外界刺激与不良环境所驱使，致失其心意之平衡，而趋入犯罪之途，是遗传之说，仍有多少之理由也。

据白井勇松调查，日本大正七年之少年受刑者一百八十五人中，亲属系统上有前科之身份者四十人，即占百分之二一·六。富于模仿性之少年，生长于如斯犯罪之家庭中，朝夕与两亲相处，一言一行，均为模仿之对象，藐视道德，堕落品性，乃自然之趋势，

---

〔1〕 疑为 Juke 之误，现译“朱克”。这里所介绍的应为美国犯罪学家达格代尔（Richard Dugdale，1841—1883）对朱克家族的家庭史研究。——编者注

加以其人有先天遗传之恶质与后天不良之关系相合，其不倾向于反社会的犯罪者几希。再就一百八十五人，调查其遗传关系，直近血亲，有遗传的缺陷者，占一百二十八人，此中可认为直接遗传者七十人，间接遗传者五十八人。其比率如下表：

大正七年入监者一百八十五人中

有嗜酒成癖之直近血亲者	89人	48.1%
有精神病脑神经病之血亲者	6人	3.2%
有脑溢血中风之血亲者	6人	3.2%
有肺结核之血亲者	25人	13.5%
有变质及白痴之血亲者	2人	1.1%
合　计	128人	69.1%

再上表中一人而有两种以上之遗传关系者十三人。

就大正四年至大正七年四年间入监少年九百七十九人调查结果，发现遗传关系，又如下表：

有嗜酒成癖之直近血亲者	259人	26.5%
有精神病脑神经病之血亲者	21人	2.1%
有脑溢血中风之血亲者	26人	2.7%
有肺结核之血亲者	43人	4.4%
有癫痫之血亲者	2人	0.2%
有变质及白痴之血亲者	3人	0.3%
合　计	354人	36.2%

上表中，一人而有两种以上之遗传关系者七十四人。

观上二表，少年犯罪者，以直近血亲有嗜酒癖者占最多数，可知犯罪遗传之因子，以酒徒为最危险。

依原房孝之调查，少年男子犯罪者一千八百四十五人中，其生父有犯罪行为者一百四十一人，生母有犯行者二十七人，合计一百六十八人，有犯罪之两亲，约占百分之九·三七。少年女子犯罪者七十人中，父三母二，合计五人，约百分之七·一四，有犯罪之两亲。

次就少年犯罪者之兄弟姐妹，调查其犯人之有无，在男子一千八百四十五人中，发现兄五十五人，弟十人，姊四人，妹六人，共七十五人，约占百分之四，其兄弟姐妹，亦为犯罪之人，此则由遗传与环境两种原因，而有此不良影响也。

精神异状者之子弟，较健全者之子弟，易于犯罪。就一千八百四十五人之少年男子犯罪者，加以调查，其中有生父四十二人生母三十八人，合计八十人约百分之四·三三，为精神异状者。而女少年犯七十人中，则有祖父一人，生父三人，生母五人，合计九人，约百分之一二·八五，为精神异状之人。

据化学实验结果，酒精饮服之后，立即移行于睾丸组织，精液卵巢，及生殖腺，而使胚种细胞发生障害，如此时受胎，将来出生之子女，较一般人之体质，颇多异状，而有犯罪之倾向。医学家主张男女性交之时，严禁饮酒，非无故也。若就上述少年犯之两亲，调查其酒癖之有无，在男犯，生父七百七十八人，生母一百七十七人，合计八百五十五人，有饮酒之习惯。在女犯，有生父三十四人，生母六人，共四十人，为有酒癖之人。居少年犯一千九百十五人总数比率百分之五一·九五，其两亲之一方或双方，有饮酒之嗜好，其数殊可惊人。可见酒精中毒者之子女，及酒醉时受胎出生之子女，多少含有几分恶性遗传之影响也。

三、男女两性与犯罪

男女生理构造不同，如女子有月经能妊娠能分娩，而男子则不然，因之男女犯罪之性质，亦显生差异。除共同犯罪者外，有特种犯罪非男子不能犯者，如强奸罪是，亦有特种犯罪非女子不能犯者，如秘密卖淫是。其他如淫行媒合、堕胎弃儿等罪，亦以妇女所犯为多，盖胎儿婴儿在妇女保护之下不独易为自动的堕胎与遗弃，且此种犯罪之性质上，亦以妇女较易实施也。

犯罪之数，与男女性别，亦有关系，女子之性质及境遇，与男子不同。女子秉性阴柔，故所犯之罪以阴柔者多，男子性质刚强，故所犯之罪亦以刚强者多，刚强易见，阴柔难察，故男子犯罪恒较女子为多。且男女在政治上、经济上、社会上的地位，未能平衡，女子生活，大半仰赖男子，女子职业亦多被男子限制，故任何国家，支配犯罪现象者，无不男多于女也。依龙伯罗梭之研究，以为男子犯罪与女子相比，少则为四与一之比，多则二十七与一之比，平均约多于女子六倍。其原因有三：女子操持家政，保育儿童，富于利他情感，一也；女子既鲜参加社会活动，犯罪之机会自少，二也，女子之生理上，筋骨发达，较为纤弱，故杀人强盗等罪甚少，三也。

依民国二十二年犯罪人数统计，男犯九九三九二名，女犯一〇〇六二名，约合十与一之比，其中十三岁至十五岁者男一九五名、女二七名，十六岁至二十岁者男二六八〇名、女三〇八名。均可证明男犯多于女犯，少年犯亦复如是。

据一般犯罪学者研究结果，以为妇女犯罪有下列之特征：

1. 妇女犯罪，较男子犯罪者为少。

2. 其差额依年龄而异，最多时占二分之一，最少时占二十分之一。

3. 两性犯罪之数，最相接近时期，为八岁左右与七岁、十岁以上。

4. 依年龄关系之犯罪分布状态，两性间殆相平行。

5. 犯罪减少之经过，妇女较男子有激减之势。

依原房孝之调查，男女年龄别犯罪人数之比较有如下表之结果：

对于男女少年犯人各该总数之各年龄别犯罪人数百分比		
年龄（岁）	男犯	女犯
20	1. 95	2. 86
19	6. 88	7. 14
18	15. 88	2. 86
17	14. 04	10. 00
16	13. 50	15. 71
15	8. 13	14. 29
14	6. 88	8. 57
13	6. 56	5. 71
12	7. 80	8. 57
11	6. 34	7. 14
10	7. 15	12. 86
9	3. 09	1. 43
8	1. 19	1. 42
7	0. 16	

上表以男少年犯一八四五人、女少年犯七〇人为研究之根据，足知女少年犯之比率之大概。更就上表以曲线示之，则是下表：

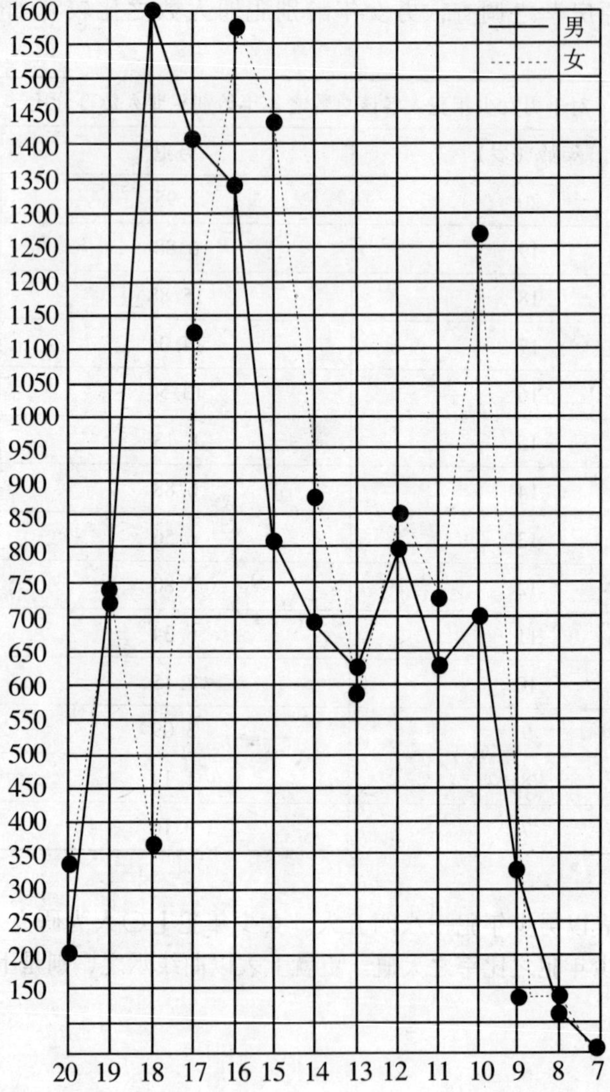
1600
1550
1500
1450
1400
1350
1300
1250
1200
1150
1100
1050
1000
950
900
850
800
750
700
650
600
550
500
450
400
350
300
250
200
150
20
19
18
17
16
15
14
13
12
11
10
9
8
7
男
女

观察上表曲线升降状况，足知因年龄关系犯罪分布之状态，两性间殆相平行，惟稍有不同者，一般女子均较男子早熟，如上表男女二曲线之顶点，虽相差无几，而其顶点即犯罪人数最多时代，在男子为十八岁，女子则在十六岁。次多时代，男女共在十岁至十四五岁之间，有同样消长之状态，但女子比男子方面其变化较大，且表示相当之高度。盖女子较男子早熟，非仅为犯罪之特征已也。

男女犯罪，均在九岁左右，有继涨增高之势，尤以女子为甚，此时教养上，应加以密切之注意，否则将贻后悔于无穷。兹复就上项女少年犯之犯罪种类，依年龄分别，列表如下：

年龄（岁）／种类	20	19	18	17	16	15	14	13	12	11	10	9	8	合计
窃盗	1	3	2	4	8	9	5	3	3	5	9	1	1	54
浮浪					2	2	2	1		1	3			11
虚伪粗暴等不良行为								2		1		1		4
淫猥					3									3
诈欺		1				1								2
放火				1	1									2
杀人				1	1									2
杀婴及堕胎	1	1		1										3
侵占				2	1									3
扒窃										1				1
居宅侵入				1										1
通奸		1												1
浪费					1									1
合计	2	6	2	10	17	12	7	6	4	7	12	2	1	88

上表犯罪范围最广者为十六岁，十七岁及十九岁次之，窃盗为各年龄共有之犯罪，其他之罪则无共同性。浮浪亦有相当之数，而多在十五六岁以下之时期。女少年犯亦可分为两个时期，一为十六岁以上，一为十五岁以下，十五岁以下，以窃盗、浮浪及一般不良行为居多，盖体力、智力犹甚幼稚，故不能为杀人、侵占等行为。至十六岁以上，则关于女子特有之性的犯罪，占其大部分，盖女子较男子早熟，易倾向于性欲的犯罪。故女子在十五六岁时期，应予以特别之注意也。

四、精神状态与犯罪

(一) 少年犯之精神状态

少年犯之多数，精神上每有缺陷，而具各种异常之气质与偏僻之习性，其感觉、知觉、意志、感情生活、理解作用上之障碍，或由于先天的，或由于后天的，精神状态，因人不同，严格言之，少年犯罪者，在精神病学上属于疾病的范围者盖甚多也。

依白井勇松调查大正七年中川越分监入监之少年受刑者一百八十五人，其精神状态与普通人相同者一百六十二人，居百分之八七・六，精神低格者九人，居百分之四・九，痴愚者十四人，居百分之七・五。若调查其精神状态与罪质之关系，则普通人最多者，为窃盗罪，次之为诈欺罪。低格者窃盗居多，痴愚者最多为窃盗罪，次为放火罪。

再就大正二年至大正七年六年间入监之少年一千六百二十六人，加以调查，则如下表：

罪质 \ 精神状态	普通者		低格者		痴愚者	
	人员(人)	百分比(%)	人员(人)	百分比(%)	人员(人)	百分比(%)
窃盗	1,172	77.5	32	65.1	37	58.7
强盗	26	1.7	2	4.1		
诈欺	125	8.3	4	8.2	4	6.4
放火	46	3.0	6	12.3	19	30.1
猥亵	2	0.2	2	4.1	1	1.6
其他	142	9.4	3	6.2	2	3.2
合计	1,514		49			63

上表窃盗为共通最多之罪，次之普通者以诈欺，低格者以放火、诈欺、猥亵、痴愚者以放火居多。窃盗罪之高度，为少年犯特有之现象，一检其内容，则行动单纯，并不复杂，其智力缺乏，思虑不周，意志薄弱，判断肤浅之情状，可以想见。至低格者及痴愚者，均以放火罪居次多数。则因其思虑既极浅薄，感情易于冲动，每因轻微事故，辄为率性之行动，至酿成重大犯罪，而不知顾忌，其精神状态，竟有非常识所能判断者焉。威廉士亦谓少年犯之精神状态，较一般少年薄弱，曾就十岁至二十二岁之不良行为者二百四十一人，调查其精神能力与犯罪种类之关系，列表示之如下：

犯罪种类 \ 精神能力	精神薄弱者		中间者		愚钝者		普通人以上者		合计
	人员(人)	百分比(%)	人员(人)	百分比(%)	人员(人)	百分比(%)	人员(人)	百分比(%)	
夜间窃盗	17	30.3	13	23.2	16	28.3	10	17.8	56
其他窃盗	11	22.0	11	22.0	16	32.0	12	24.0	50
不道德行为	19	54.2	4	11.4	9	25.7	3	8.5	35

(二)少年犯之犯罪心理

少年犯除研究其一般的精神状态外,其犯罪心理亦应详为调查,始能辨明其个性,以讲求矫正感化之适当方法。依原房孝调查男少年犯一八四二人及女少年犯七〇人之结果,其个性如下:

	个性 人数(人)	个性 人数(人)	个性 人数(人)	个性 人数(人)	个性 人数(人)
男少年犯	狡猾 382	粗暴 91	伶俐 4	沉着 21	大胆 1
	放纵 254	怠惰 86	执拗 32	残忍 8	不明 176
	懦弱 204	浮浪 75	燥急 32	正直 7	合计 1 842
	温顺 127	强横 71	快活 29	质朴 7	
	愚钝 100	阴险 70	锐敏 24	卑野 4	
女少年犯	狡猾 8	温顺 4	神经质 1	多辩 1	合计 70
	懦弱 6	阴险 2	刚强 1	残忍 1	
	浮浪 4	执拗 2	傲慢 1	粗暴 1	
	放纵 4	快活 2	不柔顺 1	不明 31	

上表所示，少年犯之个性，以狡猾、放纵、懦弱、浮浪，为其特征，然秉性温顺者亦并不在少，则因境遇恶劣，不知不识之间陷于恶化之故，此种人恶性未深，加速救治，感化固较易也。

白井勇松于川越分监，就大正六年入监受刑之少年犯二百三十二名，调查其犯罪当时及犯罪前后之心理状态，综合各人之自述如下：

1. 犯罪前之心理：①关于性的欲求者：四三人。②虚荣心：六人。③优胜欲：一三人。④味觉及其他嗜好趣味：五五人。⑤思乡者：二人。⑥愤怒：九人。⑦窃盗癖：一一人。⑧病态：一人。⑨其他：九八人。

2. 犯罪时之心理：①有恐怖不安之念者：一三二人。②恐被发觉及逮捕者：三〇人。③恐怖不安之念甚微或无之者：六四人。④其他：六人。

3. 犯罪后之心理：①有恐怖不安后悔之念者：一七四人。②后悔之念甚微或无之者：五一人。③其他：七人。

4. 逮捕时之心理：①有后悔之念者：二一八人。②后悔之念甚微者：一三人。③其他：一人。

要之，从少年犯犯罪当时犯罪前后及逮捕时之感想，以研究其心理状态，足以推知各人之个良未泯，施以感化，易于收敛，不然者，即不易改善之富有恶性者也。

五、生理状态与犯罪

调查少年犯之精神状态，足以识别其精神缺陷之程度，而与其缺陷原因有密切之关系者，则为生理的状态。就中体质之强弱与疾病之有无，于生理上心理上发生甚大之影响。其因身体上之疾病，致生精神的缺陷者，不乏其人，而依身体上疾病之治疗，同时治愈其精神上之缺陷者，亦不在少数。故严密检查少年犯之生理状态，于预防救治上亦颇重要也。

（一）生理上体质状态与犯罪

体质状态，通例分为强健、普通、虚弱三者。强健为体格健全、营养佳良、五官四肢之机能完全而无疾病的缺陷之状态。虚弱为体格营养均属不良而其疾病的缺陷显可认识之状态。普通者则居于强健与虚弱之中间状态者也。

依白井勇松调查，川越分监大正七年之入监少年犯一百八十五人，其体质强健者十四人占百分之七·六，普通者一百二十二人占百分之六五·九，虚弱者四十九人占百分之二六·四。复就大正二年至七年六年间之少年犯一千六百二十六人，调查其体质状态与罪质关系，则如下表：

体质状态 / 犯罪种类	强健者		普通者		虚弱者	
	人数(人)	百分比(%)	人数(人)	百分比(%)	人数(人)	百分比(%)
窃盗	197	12.1	897	55.2	147	9.1
强盗	5	0.3	21	1.3	2	0.1
诈欺	27	1.7	97	6.0	9	0.6
侵占	11	0.7	53	3.3	6	0.4
伪造文书	2	0.1	11	0.7		
伤害	6	0.4	9	0.6	4	0.2
杀人	1		10	0.6	4	0.2
放火	6	0.4	49	3.0	16	1.0
妨害交通	3	0.2	5	0.3	1	
赌博	2	0.1	2	0.1		
猥亵	1		4	0.2		
其他	3	0.2	14	0.9	1	
合计	264	16.2	1 172	72.2	190	11.6

上表窃盗罪为各种体质之共通最多数，次之强健与普通者皆以诈欺罪，虚弱者以放火罪居多。若以各体质之人数本身作比较，则窃盗罪各居十分之七·五，强健者十分之一·四，诈犯欺及侵占，普通者亦同，惟虚弱者约十分之一，常为放火，可见犯罪与体质颇有关系也。

再就上述一千六百二十六人之犯罪原因与体质状态之关系，调查如下：

体质状态 犯罪原因	强　健　者		普　通　者		虚　弱　者	
	人数(人)	百分比(%)	人数(人)	百分比(%)	人数(人)	百分比(%)
心身发育不全			8	0.5	10	6
好买食及电影	41	2.5	232	14.3	51	3.1
游惰游荡怠惰	137	8.5	477	29.4	39	2.4
常习	22	1.4	114	7.0	32	1.9
怨恨忿怒嫉妒	4	0.3	40	2.5	14	0.9
诱惑	6	0.4	40	2.5	3	0.2
偶发	38	2.3	14〔1〕	9.0	16	1.0
生育及家庭不良	1		36	2.2	13	0.8
恶行模仿	4	0.3	6	0.4	2	0.1
其他	11	0.7	72	4.4	10	0.6
合计	264	16.2	1 172	72.2	190	11.6

自犯罪原因观察，游惰放纵为少年犯共通之现象，惟强健者比率较高，偶然之原因亦同。反之买食及电影，则虚弱者比率最高，而强健者较少。常习之原因亦同此倾向。怨恨、忿怒、嫉妒与心身发育不全、生育及家庭不良等，均以虚弱者比率较高，强健者较低，足见犯罪原因比率之高低多少，与体质状态有连带之关系，一检其内容，即可明了。

买食及电影，为一般少年犯之直接间接的原因，而以虚弱者为特多，盖虚弱者大抵懦弱阴郁，行动迟钝，故多耽于买食与电影之一事。强健者初亦好买食及嗜电影，渐次恶化而含有狡猾傲慢之色彩，转而成为游惰，好为游荡，终乃形成怠惰癖性，即强健者以买食电影为远因，游惰放逸为近因，再转而入于犯罪之径路者居多。

---

〔1〕“14”后疑有遗漏数字。——编者注

至常习之原因，在虚弱者一旦犯罪，无自制之意志，再三犯之遂成习癖。其他怨恨、忿怒、嫉妒、心身发育不全以及生育与家庭不良等原因，亦以精神耗弱及痴愚者居多，更足证明犯罪原因与身体强弱之状态，适成正比也。

（二）生理上之病症与犯罪

少年犯因身体上有外伤或疾病，致影响其心身而发生犯罪之倾向者，亦不乏其例。就川越分监大正七年入监之一百八十五人，加以调查，得如下之结果：

头部有外伤者	33 人	17.8%
有显著之既往症者	39 人	21.1%

大正四年至七年共四年间入监者九百七十九人，调查结果如下：

头部有外伤者	129 人	13.2%
有显著之既往症者	164 人	16.7%

头部外伤与罪质及犯罪原因比较表　四年间一二九人

外伤部位	罪质								犯罪原因									
	窃盗（人）	诈欺（人）	侵占（人）	强盗（人）	伤害（人）	赌博（人）	文书（人）	杀人（人）	合计（人）	心身发育不完全（人）	买食（人）	电影（人）	偶发心（人）	游惰（人）	游荡（人）	常习（人）	诱惑（人）	愤怒（人）	合计（人）

颅顶部	30	3		1	1				35	1	4	6	5	12	4	3			35
前头部	18	4	1	1			1	1	26	2	1	2	3	9	5	2	1	1	26
后头部	28	3	2	1		1	1		36		8	4	5	14	1	3	1		36
前额部	7	1		2					10		3	1		2	1	2	1		10
颞颥部	20			2					22	2	2	3	3	4	1	5	2		22
计	103	11	3	7	1	1	2	1	129	5	18	16	16	41	12	15	5	1	129

大正四年至七年共四年间有既往症者一六四人，其疾病如下：

	人数（人）	百分比（%）
脑病	23	14.0
耳病	22	13.4
伤寒	14	8.6
胃病	16	9.9
眼病	13	7.9
急瘤	6	3.6
淋病	7	4.3
肋膜炎	7	4.3
脚气	6	3.6
赤痢	4	2.4
心脏病	8	4.8
肺炎	4	2.4
其他	34	20.8
合计	164	100

上表以罹脑病、耳病者居多，因之本人之心身状态发生变化，其余各症，虽经治愈，然病根未断，致性质引起变化，厌恶社会生活，遂转辗流浪，而陷于犯罪之惨境。故既往之病症，足以发生心身之缺陷，而成为犯罪之远因或近因也。

原房孝氏亦曾就一千九百一十五人少年犯之生理状态，予以调查，分类列表如下：

分类 性别	左右相称	不均	不具	文身	左手便利	健康	弱	疾病	不明
男(人)	1234	63	61	108	101	1565	351	112	102
女(人)	31	0	2	0	2	56	9	7	4

上表数字稍有扩张，盖有健康者兼为左手便利之人，亦有不具者兼为文身之人故也。健康者与左右相称，因占全部之多数，而体质衰弱，疾病及不具者，亦不在少。不具者以眼之不具者居多，次之为足、耳、头、腰等之不具及哑巴。疾病者以遗尿占多数，次之为皮肤病、眼病、脑病、心脏病、胃肠病、鼻病、癫痫、脚气、喘息、淋病等。因生理状态之不同，犯罪之性质亦随之而异。故伤害、恐吓、强盗、强奸等罪，以健康者居多，而不具者、弱者、病者则甚稀也。

文身在男少年犯一千八百四十五人中有一百〇八人，花样不一，而以左手刺花者较多。以年龄别示之如下：

年龄（岁）	20	19	18	17	16	15	14	13	12	11	10	9	8	7	合计
文身人数（人）	3	10	31	26	17	12	3	2	0	3	0	1	0	0	108

十五岁后文身者渐多，至十八岁而达最高度，若调查文身者之

犯罪种类，则如下表：

罪质	窃盗	侵占	诈欺	侵入住居	放火	强盗	伤害	强奸	伪造文书	骚扰	浮浪	抢夺	妨害交通	一般不良
文身人数（人）	89	14	13	6	6	4	2	2	2	1	1	1	1	1

文身者之犯罪，大体皆属重罪，犯轻罪较少，故犯罪人类学者谓文身者颇有犯罪之倾向。

左手便利者，大抵早熟，亦颇有犯罪之倾向，为父兄者应予以注意也。如前所述一千九百一十五人中左手便利者，男犯共一〇一人，女犯则十岁与十九岁共二名，兹以百分比表列如下：

	年龄岁	20	19	18	17	16	15	14	13	12	11	10	9	8	7
百分比(%)	一般少年犯	1.98	6.89	15.40	13.89	13.57	8.30	6.89	6.47	7.83	6.37	7.6	3.03	1.20	0.16
	左手便利者	0	6.80	2.91	16.50	13.59	11.65	13.59	4.85	11.05	6.80	8.74	1.94	0	0

六、嗜好与犯罪

（一）特殊嗜好与犯罪

少年犯罪之原因，复杂多端，而特殊之嗜好，亦居其一，盖彼辈因酷好某事某物，不能自抑，为充其嗜欲，竟不惜出于犯罪之一途，更有以此原因，而酿成家族之不和睦，或招致主人之不信用，致陷于犯罪者，亦不乏其例也。

依白井勇松调查大正二年至大正六年，少年犯罪与嗜好物之关系，列表如下：

嗜好物	大正六年 232 人中	大正五年 258 人中	大正四年 304 人中	大正三年 351 人中	大正二年 296 人中	共 计 1 441 人中
好女色者	22	19	22	13	29	105
好果品者	77	64	120	131	98	490
好电影者	94	95	108	99	40	436
好戏剧者	41	50	47	42	35	215
好饮酒者	8	12	6	8	5	39
好卷烟者	7	6	9	10	18	50
好饼干者	10	15	13	4	16	58
好其他艺术品者	4	12	9	6	2	33
好洋食者	16	10	2	2	4	34

上大正六年入监之少年受刑者，所最嗜好之事为电影，二百三十二人中有九十四人，约占百分之四十，次为果品七十七人占百分之三十三，戏剧四十一人占百分之十八。就大正二年至六年共五年间，加以通盘观察，则一千四百四十一人中，好果品者最多，好电影戏剧者次之，好女色者又次之，果品之嗜好，为一般少年之通性，惟过于放任，至养成买零食之习惯，先则浪费金钱，继则游惰性成，终乃敢于为窃盗侵占之事，其弊害不可胜言也。

电影亦为少年所酷好，善用之固属有益，然取缔不严，则弊害随之，盖影片选择不得其宜，或诲盗，或诲淫，遂使富于模仿心理之少年，萌其强盗杀人放火奸淫之动机。加以灯光黑暗，为彼辈情话猥亵之场，取费低廉，增小伙偷看怠业之念，由是而转入犯罪之途者，亦甚多也。

至戏剧游艺以及绘画艺术等事，负宣传文化之使命，原有奖励之必要，然其内容，若涉及伤风败俗之事，则适足以增长淫虐杀伐之观念，或误解侠客义贼之德行，彼教育低浅修养不深之少年，耳濡目染之结果，鲜有不因好奇心或模仿心之冲动，而敢于尝试犯罪，以致误其终身者，故平素对于儿童之嗜好，加以相当之监督节制，实不容忽视焉。

（二）少年犯罪与饮酒之关系

据白井勇松调查大正六年入监之二百三十二人少年犯中，嗜酒与饮酒者计七十一人。约占总数三分之一，其饮酒量在五合以上者二十七人，酷嗜酒者十人。

由少年期至青年期时代，味觉随一般生理状态而变化，每因厌恶单调乏味之生活，而以烟酒刺激其心情，加以社交渐广，酒食征逐，而饮酒之嗜好，遂成习性矣。

兹就前述七十一人之饮酒少年，调查其开始饮酒之原因，约如下表：

1. 因与朋友交际而开始饮酒者：四三人，占百分之六〇。

2. 因与父兄亲族同饮而开始者：一〇人，占百分之一四。

3. 因主人或尊长劝饮而开始者：九人，占百分之一三。

4. 自己开始饮酒者：九人，占百分之一三。

由交友而饮酒者，竟占十分之六，盖青年同志之饮酒，不徒藉以聊欢，且往往以此为性欲冲动之兴奋剂，传播恶习，流弊滋多，故交友不可不慎也。且因父兄亲族或主人尊长之劝饮而开始者，其保护监督之人，实不能辞其咎。至若自己开始饮酒之人，则不外出于模仿与生来嗜酒二者。

依原房孝调查，男少年犯一千八百四十五人中四百二十一人即百分之二二·八二，女少年犯七十人中七人即百分之一〇，有饮酒之习惯，兹以年龄别列表比较如下：

	年龄（岁）	20	19	18	17	16	15	14	13	12	11	10	9	8	7
百分比（%）	男	5.70	16.15	26.13	18.76	11.64	4.04	3.09	2.34	2.61	2.14	4.28	2.34	0.48	0.24
	女	0	13.29	14.29	28.57	28.57	14.29	0	0	0	0	0	0	0	0

上表女子饮酒者，在十五岁以上，而男子则在七岁顷即已有之，至十岁而渐多，十一岁至十四岁时颇少，十五以上与年俱增，至十八岁时乃达最高度。再上述男少年犯四百二十一人中酷嗜饮酒者二百十七人，能饮酒不酷嗜者二百〇四人，女少年犯七人中酷嗜者三人，能饮者四人，两者互相比较，在男方酷嗜者较多，在女方则酷嗜者较少也。

据一千九百四年七月报告，就瑞典军队，调查打靶与酒精之关系，结果如次：当连续发射三十颗子弹之际，若未饮酒，平均射中数为二十四发，若曾饮酒，则平均射中数，仅有三发。再调查其打靶次数之忍耐力，在未饮酒之日，能续射三百六十发，饮酒之日，则仅能续射二百七十八发云。

次就活版排字工人，加以实验，饮一合五勺之葡萄酒，足以削减其劳动能率百分之八·七云。

又饮酒习惯何时开始乎？依纽约病院酒精患者二百五十九人调查之结果，发现未满十二岁开始饮酒者，占百分之六·五，十二岁至十六岁开始者占百分之二三，十六岁至二十一岁开始者，占百分之三九，二十一岁以后开始者，占百分之三一·五。至开始饮酒之原因，由于交际者占百分之五二·五，足见未成年人之交游，实有监督之必要也。

（三）少年犯罪与吸烟之关系

原房孝复就男少年犯一千八百四十五人中发现四百〇四人，即百分之二一·八九，有吸烟之习惯，女少年犯七十人中，亦有四人吸烟，即十二岁者一人，十六岁者二人，十七岁者一人。至男犯之数列表比较如下：

百分比（%） 年龄（岁）	20	19	18	17	16	15	14	13	12	11	10	9	8	7
男	0.74	16.83	20.00	21.29	15.59	5.69	4.70	2.23	2.72	2.22	1.49	1.94	0	0

上表自九岁始逐渐增高，唯十三岁时稍有降低，以十八岁达吸烟人数之最高度，与前述饮酒之比例相似。男犯四百〇四人中二百三十一人为酷嗜烟草者，一百七十一人则虽能吸烟而非酷嗜，此亦与前述饮酒者相似之处，而女犯四人，则悉属酷嗜烟草之流也。

白井勇松调查大正六年入监之少年受刑者二百三十二人中，有七十九人，即三分之一，有吸烟之习惯。盖青年人大抵为模仿心虚荣心所支配，见他人吸烟饮酒而本人则无此习惯，引以为耻，遂亦仿效他人，以能饮酒吸烟为荣耀，流弊所及，乃至酒馆调情，花街出入，环境恶化，堕落至于不可救药矣。

此外尚有比烟草遗害，不啻百倍，始则嗜之成癖，不能戒绝，终乃日暮途穷，宁为盗贼，竟不惜想尽方法以求过瘾者，则鸦片烟之为害是也。依民国二十二年司法统计所载鸦片犯总数男犯四万零八百五十七名中十三岁至十五岁者占九十三名，十六岁至二十岁者占九百八十七名。女犯四千九百十七名中十三岁至十五岁者占十五人，十六至二十岁者占一百六十二名，然此犹仅就法院方面所处理之案犯而言，属于禁烟委员会所处理之烟犯，并不在内，已达如此巨额之人数，其为民族国家之污点，奚待赘言，现在努力烟禁，不稍懈怠，想不久之将来，当可见烟毒之绝迹于我国耳。

七、教育与犯罪

教育为指导国民，使成为共同生存适格者之重要方法，教育程度之高下与有无，在犯罪之数量上，显示不同之现象，即教育程度高，则犯罪者少，教育程度低，则犯罪者多，而未受教育之人，其犯罪之倾向尤大。此现世各文明国所以采用强迫教育制度也。兹举民国二十三年司法统计于下，以明之：

罪名别被告人人数及其犯时教育程度表

	罪名	男女别	被告人数（人）	教育程度				
				高等	中等	初等	不识字	未详
刑法犯	内乱	男	4		1	1		2
		女						
	外患	男	1		1			
		女						
	渎职	男	273	4	14	68	164	23
		女	7		1	3	2	2
	妨害公务	男	791	1	26	198	488	78
		女	99		1	6	82	10
	妨害选举	男	35		2	10	20	3
		女						
	妨害秩序	男	286	1	13	74	170	28
		女	12			2	7	3
	脱逃	男	521	2	24	141	303	51
		女	13		1	1	9	2
	藏匿犯人湮灭证据	男	174	1	8	46	104	15
		女	13		1	2	7	3
	伪证及诬告	男	1 109	5	48	282	666	108
		女	172		1	14	138	19

	罪名	男女别	被告人数（人）	教育程度				
				高等	中等	初等	不识字	未详
刑法犯	公共危险	男	1 023		47	262	616	98
		女	101			9	79	13
	伪造货币	男	762	5	31	205	447	74
		女	40		1	4	29	6
	伪造度量衡	男	1 758	12	81	444	1 047	174
		女	40		1	5	27	7
	伪造文书印文	男	1 075	7	54	258	657	99
		女	33			3	25	
	妨害风化	男	716	3	35	209	401	68
		女	204	1	1	20	158	24
	妨害婚姻及家庭	男	3 160	15	141	79	1 897	308
		女	1 609		5	147	189	168
	亵渎祀典及侵害坟墓尸体	男	560			150	321	54
		女	12	1	24	1	8	3
	妨害农工商	男	180		8	48	107	17
		女	6			1	3	2
	鸦片	男	30 720	96	1 069	10 499	16 012	3 044
		女	5 849	1	36	216	5 002	594
	赌博	男	11 505	54	579	2 914	6 870	1 088
		女	948	1	4	88	744	111
	杀人	男	1 239	6	61	319	734	119
		女	114		1	10	89	14
	伤害	男	10 829	61	641	4 314	6 627	1184
		女	1 491		6	139	1 180	15
	堕胎	男	12		1	5	4	2
		女	13			1	9	3
	遗弃	男	100	1	5	24	62	8
		女	22			3	14	5

	罪名	男女别	被告人数（人）	教育程度				
				高等	中等	初等	不识字	未详
刑法犯	妨害自由	男	2 889	9	141	736	1 712	291
		女	474	1	3	42	373	55
	妨害名誉及信用	男	393	4	19	99	234	37
		女	75		1	7	56	11
	妨害秘密	男	7			2	4	1
		女						
	窃盗	男	26 032	75	597	6 604	15 179	2 577
		女	915		3	78	728	106
	抢夺强盗及海盗	男	3 507	11	108	904	2 135	349
		女	108			8	89	11
	侵占	男	2 897	18	154	738	1 695	292
		女	161		2	14	128	17
	诈欺及背信	男	3 256	27	174	827	1 897	331
		女	252		2	22	201	27
	恐吓	男	943	5	45	254	543	96
		女	23		1	3	15	4
	赃物	男	1 251	7	68	333	719	124
		女	134			12	106	16
	毁弃损坏	男	1 398		71	354	827	142
		女	221	4	1	21	174	25

	罪名	男女别	被告人数（人）	教育程度				
				高等	中等	初等	不识字	未详
特别法犯	私盐	男	721	1	32	201	414	73
		女	26			2	19	5
	印花	男	129	1	6	35	74	13
		女						
	吗啡	男	355	2	18	91	210	34
		女	5			1	3	1

	罪名		男女别	被告人数（人）	教育程度				
					高等	中等	初等	不识字	未详
特别法犯	公司法		男	4		1	2		1
			女						
	惩治盗匪		男	482	3	25	131	277	46
			女	12			2	7	3
	危害民国		男	242	2	12	63	142	23
			女	4		1	2		1
	票据法		男	276	5	15	68	184	4
			女						
	出版法		男	33		2	9	19	3
			女						
	邮政条例		男	12		1	2	7	2
			女						
	渔业法		男	1				1	
			女						
	矿业法		男	13		1	3	7	2
			女						
	工厂法		男	1		1			
			女						
	最近二年之每年总计	二十二年度	男	99 392	340	4 124	33 168	51 088	10 671
			女	10 062		56	878	7 863	1 265
		二十三年度	男	113 673	449	4 405	32 726	65 007	11 086
			女	13 208	4	74	889	10 809	1 432

依上统计，足证曾受高等教育者，其犯罪之危险性较少，教育程度低下者尤以不识字者之犯罪的危险性更大。惟宜注意者，教育有知育德育之分，知育之与犯罪，仅有相对的关系，而无绝对之关系，举国人民之知育纵一般增进，亦不能使犯罪总数，遽行减少，尤须提倡德育，以增进人民尊重道德辨别是非之观念，则人知择善去恶，而犯罪数量，自可减少。故龙伯罗梭曾云：“国民教育之必

要，人皆知之，然不能执此以例一般之囚徒，何则，单纯之知育，无镇静性癖及本能之效力，以此施诸犯人，不啻教以遂行犯罪之手段，而助其恶事之成功。”是则不完全之教育，非独不能消除恶性，反足以助长也。但底（Dante）亦谓：“智慧与罪恶携手，则人力无从设施。”正与西摩（Seymour）所云“教育为权势而非道德，由此可以为善亦可以为恶”之意，不谋而合。然佛鲁礼（Fleury）则谓：“教育虽使人狡猾，巧于作恶，却非使人更增危险之事，盖教育能缓和冲动，镇定神经，故对于防止犯罪，颇有良好的效验。”是诚较为持平之论。夫教育虽不能绝对防止犯罪，然足以变化犯罪之性质，而令其少野蛮之习气，则于统计上固有确切之根据也。

据日本昭和二年刑事统计，关于第一审罪犯之教育程度，在初犯者及累犯者中，曾受高等教育者四一人（百分之〇·一），曾受中等教育者四六五人（百分之一·四），曾受普通教育者一八四五五人（百分之五四·一），能写能读者一一三七二人（百分之三四·六），不能写亦不能读者二五六三人（百分之七·八），又在第一审刑法犯未成年者总人数三一五六人中（内男性三〇二〇人女性一三六人），曾受高等教育者，因年龄关系无一人，曾受中等教育者，占总数百分之一·五，曾受普通教育者，占七五·一，能写能读者，占二一·六，不能写亦不能读者，占一·八。按日本系教育普及的国家，故犯罪者以曾受普通教育者为最多，而以曾受高等教育者为最少。

原房孝调查少年犯罪者一九一五人中之教育程度如下：

程度 性别	高等教育（人）	中等教育（人）	高等小学（人）	寻常小学（人）	能读假名（人）	皆无（人）	不明（人）	合计（人）
男	0	19	163	1 048	384	155	76	1 845
女	0	0	3	41	13	11	2	70

依上统计，少年犯罪者之教育程度，以寻常小学、[1] 能读假名者为最多数，皆无及高等小学之程度者次之，而男女两性之比较，则男方之数多余女方。

白井勇松就川越分监入监少年受刑者之教育程度，加以调查，结果，列表如下：

入监时之教育程度	大正六年入监受刑者		自大正二年至同七年间合计	
	人数(人)	百分比(%)	人数(人)	百分比(%)
不就学者	24	1.3[2]	165	10.1
寻常一年程度	15	6.5	97	6.0
二年	24	10.3	165	9.5
三年	44	19.0	229	14.1
四年	26	11.2	288	17.7
五年	26	11.2	182	11.2
六年	41	17.7	316	19.4
高小一年	18	7.8	76	4.7
二年	9	3.9	73	4.5
中学一年	1	0.4	11	0.7
二年	2	0.8	19	1.2
三年	2	0.8	14	0.9
合计	232		1 626	

〔1〕 原文有空格，可能有漏字。——编者注

〔2〕 此数字原文不清。——编者注

概括之则如下表：

概括教育程度	大正六年入监者		大正二年至同七年间	
	人数（人）	百分比（%）	人数（人）	百分比（%）
不就学者	24	10.3	165	10.2
义务教育未了者	135	58.2	952	58.5
义务教育终了者	73	31.5	509	31.3
合计	232	100	1 626	100

若就入监前各自在学中之学力成绩，概括之则如下表：

学力成绩	大正六年入监者		大正二年至同七年间	
	人数（人）	百分比（%）	人数（人）	百分比（%）
良	11	4.7	48	4.9
普通	60	25.8	327	33.4
不良	122	52.6	445	45.4
不详	15	6.5	48	4.9
不就学	24	10.3	111	11.3
合计	232	100	979	100

更就入监前各自在学中之操行，概括之如下表：

操行	大正六年入监者		大正二年至同七年间	
	人数（人）	百分比（%）	人数（人）	百分比（%）
良	12	5.2	44	4.5
普通	53	22.8	285	29.1

不良	128	55.1	491	5.1
不详	15	6.5	48	4.9
不就学	24	10.3	111	11.3
合计	232	100	979	100

依上统计，通观之，小学时代之学科及操行，均以不良者居半数，且此辈少年往往有不良之性质与恶劣之性癖，当此低能教育问题与不良少年研究问题高唱入云之际，急须设置特殊教育机关，讲求保护矫正之法，以改正其恶性，而芟除罪恶于未萌之先，实社会政策与刑事政策上之要务也。

八、性欲与犯罪

孟子云“男女居室，人之大伦”，又云“食色性也”，食欲之外，尚有色欲的本能，虽圣贤亦所不免，惟在能以理智抑制冲动，使本能不至有不正当的表现，则种种反社会的不合理的性欲犯罪，自可减少。

犯罪受生理的、病理的影响而发生者甚多，已如前述，故以犯罪纯粹归于社会的原因之说，未免偏见，尤以性的犯罪，由于生理的、病理的影响者颇多，其淫行往往极尽残忍苛酷，如外国所屡见之淫虐狂（Sadismus）、淫虐的凶杀狂（Lustmord）、尸奸（Leichens chändung）、尸体淫虐狂（Necresadismus）及性欲亢进症（Hyperasthesie）等倒错性欲的犯罪，大多其人有生理上的病态。

性欲犯罪，大别为普通的性欲犯罪与倒错性欲的犯罪，前者如强奸、通奸、重婚、猥亵罪及秘密卖淫等是，后者除上述倒错性欲的犯罪外，尚有鸡奸（Päderastie）、性的狂祟（Fetischismus）、受动的淫虐（Msaochismus）、兽奸（Thierschänder）及阴部露出（Exhabitionismus）等犯罪。

上述性的犯罪，由性欲之亢进与滥用，以至破坏道德，毁灭理性，而不能自抑，可称为狭义的性欲犯罪，尚有经济关系、生活关系与性欲关系结合而生广大范围之犯罪，如与人野合结果而有堕胎杀婴等行为，可称为广义的性欲犯罪。

此种犯罪，以妇女居多，且多以妇女为犯罪之主角，盖以淫奔怀孕，为顾全名誉，乃秘密堕胎或杀婴者有之，而因家境贫寒，不堪增加子女负担，至犯此罪恶者，亦比比是也。

男子因放荡淫佚，迷途不返，一日床头金尽，壮士无颜，始则偶为窃盗，继则敢为强盗，终乃掳人勒赎、杀人、诈欺、放火、诱拐、恐吓等行为，无恶不作，可见纵情性欲之结果足以陷人于罪恶之深渊，不能振拔，可不慎哉。

依刑事性欲学者之研究，性的犯罪，分类如下：

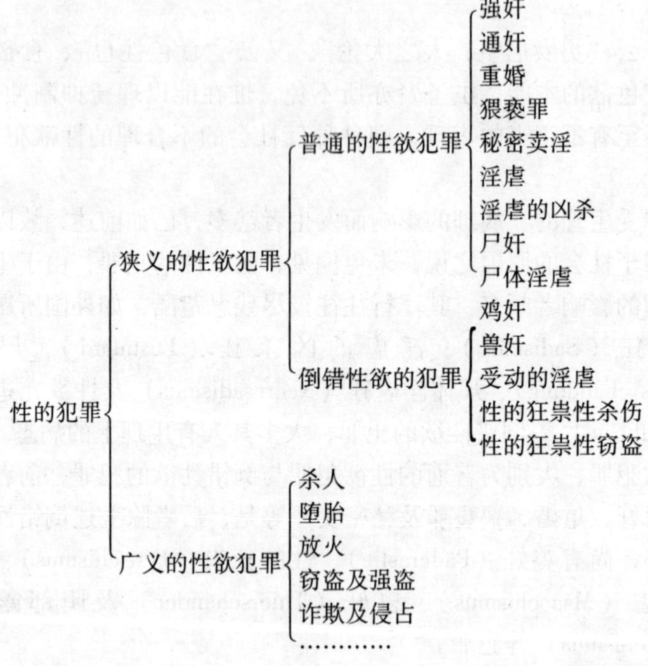

若依我国刑法规定，就性欲犯罪，为广泛的分类如下：

（一）狭义的性欲犯罪

1. 妨害风化罪。①强奸罪。A. 对于一般妇女强奸者（刑法第二百二十一条第一项）。B. 奸淫未满十四岁之女子者（前条第二项）。C. 二人以上犯强奸罪而共同轮奸者（第二百二十二条）。②强奸杀人罪。犯强奸罪而故意杀被害人者（第二百二十三条）。③强制猥亵罪。A. 对于一般男女强制猥亵者（第二百二十四条第一项）。B. 对于未满十四岁之男女为猥亵行为者（前条第二项）。④乘机奸淫或为猥亵行为之罪（第二百二十五条）。⑤犯强奸罪、强制猥亵罪而致人于死之罪（第二百二十六条）。⑥奸淫未满十六岁之女子或对于未满十六岁之男女为猥亵行为之罪（第二百二十七条）。⑦利用权势而奸淫或为猥亵行为之罪（第二百二十八条）。⑧刁奸罪（第二百二十九条）。⑨血亲和奸罪（第二百三十条）。⑩媒介奸淫罪（第二百三十一条）。⑪使人为猥亵行为罪（第二百三十一条第二项）。A. 使同性间为猥亵行为者。B. 使异性间猥亵行为者。C. 使人与兽相奸者。⑫引诱未满十六岁之男女与他人奸淫或猥亵罪（第二百三十三条）。⑬公然猥亵罪（第二百三十四条）。⑭散布贩卖淫猥物品罪（第二百三十五条）。

2. 妨害婚姻及家庭罪。①重婚罪（第二百三十七条）。②诈术缔婚罪（第二百三十八条）。③有配偶而与人通奸罪（第二百三十九条）。④和诱脱离家庭罪（第二百四十条）。A. 和诱未成年人脱离家庭者（第一项）。B. 和诱有配偶之人脱离家庭者（第二项）。C. 意图营利或意图使被诱人为猥亵行为或奸淫而犯和诱脱离家庭罪者（第三项）。⑤略诱脱离家庭罪（第二百四十一条）。A. 略诱未成年人脱离家庭者（第一项）。B. 意图营利或意图使被诱人为猥亵之行为或奸淫而犯前项之罪者（第二项）。C. 和诱未满十六岁之男女以略诱论（第三项）。⑥移送被和诱人或被略诱人出中国领域之罪（第二百四十二条）。⑦意图营利或意图使被和诱人或被略诱人为猥亵行为或奸淫而收受藏匿被诱人或使之隐避之罪（第二百四十三条）。

3. 意图结婚营利或猥亵奸淫而略诱妇女之罪（第二百九十八条）。

4. 明知自已有花柳病或麻疯而与他人为猥亵行为或奸淫致传染于人之罪（第二百八十五条）。

5. 犯强盗罪、海盗罪或掳人勒赎罪而强奸被害人之罪（第三百三十二条第三百三十四条第三百四十八条）。

6. 污辱尸体罪（第二百四十七条至二百四十九条）。

7. 违警罚法上妨害风俗之行为（第七章）。①暗娼卖奸或代为媒合及容留止宿者。②召暗娼止宿者。③唱演淫词淫戏者。④当众以猥亵物加入身体令人难堪者。⑤于道路或公共处所为猥亵之言语举动者。

（二）广义的性欲犯罪

1. 因性欲关系而发生经济上之犯罪者。①窃盗罪（刑法第二十九章）。②抢夺强盗及海盗罪（刑法第三十章）。③侵占罪（刑法第三十一章）。④诈欺背信罪（刑法第三十二章）。⑤恐吓及掳人勒赎罪（刑法第三十三章）。

2. 因性欲关系之嫉妒怨恨失恋及精神病而发生之罪。①杀人罪（刑法第二十二章）。②伤害罪（刑法第二十三章）。③妨害自由罪（刑法第二十六章）。④妨害名誉罪（刑法第二十七章）。

3. 堕胎罪（刑法第二十四章）。

4. 遗弃罪（刑法第二十五章）。

依上所述，可知性欲不慎，足以增长淫风恶俗破坏社会秩序而有余。政府若能于调节民生之外，复能注意于性欲之调节，足以防止各种之罪恶，增进人生之福祉，举其要者如下：①矫正青年男女之放逸淫荡，而自杀情死等事，可以防止。②防止不义逆伦与野合等恶行，而救济其不至堕落。③因性欲压迫或遏制而生之同性奸、强奸、兽奸及其他人为的情欲行为等变态性欲得以防止。④重婚、通奸、堕胎、杀婴等由性欲而生之罪，得以预防。⑤防止由花柳病及其他不正性交而生之疾病得以保全民族之健康。⑥减少娼妓及其卖淫之行为，淫风得以防止。⑦由穷困飘零等原因至于堕落而为经济上之犯罪，可以防止。⑧国民之早衰、早夭、神经衰弱及歇斯底里症的现象可以预防。

前哲有言："少年之时，血气未定，戒之在色。"盖青年期，乃性欲上即将成熟之期，生理上发生强烈变化，往往因性的欲求，而为盲目的行动，至于逸出常轨，发生意外，固属见不一见之事实也，少年中因此为性欲之奴隶而至于犯罪者不少，依民国二十二年司法统计犯妨害风化罪者男子七百四十八人中未成年男犯有二十三名，女子一百四十人中未成年女犯有四名。犯妨害婚姻及家庭罪者男子二千八百十八人中未成年男犯有八十六名。女子一千二百三十二人中未成年女犯有四十名。其余因性欲而间接发生之罪，以无详细调查，无从分析研究。

白井勇松调查日本大正六年川越分监之受刑者二百三十二人中，可以确知其与女子有关系者占九十一人，约居总数四分之一弱。其与女子发生关系最初之年龄及有关女子之种类，调查如下：

年　龄　别	人　　数
13 岁	1 人
14 岁	2 人
15 岁	5 人
16 岁	25 人
17 岁	26 人

18 岁	30 人
19 岁	2 人
合计	91 人

有关女子种类别：

私娼	23 人
公娼	42 人
侍酒女	9 人
艺妓	2 人
处女	9 人
女佣	1 人
女工	3 人
女学生	2 人
合计	91 人

自大正二年至大正七年共六年间之累计共六〇三人，调查如下：

年 龄 别	人 数
13 岁	5 人
14 岁	17 人
15 岁	69 人
16 岁	169 人
17 岁	212 人

18 岁	128 人
19 岁	3 人
合计	603 人

有关女子种类别：

私娼	244 人
公娼	199 人
侍酒女	51 人
艺妓	13 人
处女	60 人
女佣	14 人
女工	13 人
女学生	7 人
主妇	2 人
合计	603 人

其中年龄以十七岁为最多，约占总数三分之一，十六岁次之，十八岁、十五岁更次之，十三岁已知女色，乃一可注意之事，关系女子以私娼与公娼居多，大抵皆由交友不慎诱其夜游，致放荡淫佚，误其一生，实可寒心也。

原房孝调查男少年犯一八四五人中有四四一人，女少年犯七〇人中有二一人曾与异性交接，其年龄别如下表：

年龄（岁）		20	19	18	17	16	15	14	13	12	11	不明	合计
人数（人）	男	1	16	56	93	96	49	15	6	3	1	105	441
	女	0	0	3	4	4	4	3	2	0	0	1	21

此表中男子十一岁已知性交，十四五岁急剧增加，至十六岁而达最多数，可见一般男少年犯，迷恋女性，十六七岁者最多，十八岁、十五岁次之。最宜警戒者实在十四五岁之时，盖此时正在性欲发动之时期也。女子至十三岁始有与人性交，达十五岁、十六岁、十七岁为数较多。

要之，性欲与少年犯罪，有莫大之关系，盖少年当春机发动时期，意志不坚，易受迷惑，识验未充，不能辨别，一被外物所诱惑，鲜有不迷途忘返，终身堕落者，司家政教育警务及司法之责者，当加注意也。

第二节 少年犯罪之自然的原因

一、地域与犯罪

地域亦系足以影响犯罪之要素，崇山峻岭之地，民性强悍，体力蛮横，故侵害身体之犯罪较多。深山之地，交通不便，人烟稀少，社会生活，多喜守旧，而崇尚朴实，故山地上性欲犯罪较少。

平原地方，交通便利，人烟稠密，社会生活，非常复杂，生活资料之供求，往往不能调节，因饥寒所迫铤而走险者甚多。平原之民性，虽比高原之民性较为温和，然颇多狡猾淫荡之徒，故犯诈欺淫猥之罪者，时有所闻。

据法国之统计，平原犯罪之数最少，仅占百分之二十，山岳地域最多，占有百分之三十五，而丘陵地域占百分之三十三，介于两者之间。猥亵奸淫罪则反是，山岳丘陵之地，仅占百分之三十三乃至三十五，而平原之地则占百分之七十，大抵平原多为都会所在地，人口繁多，故犯奸淫猥亵之罪较多，对于财产之犯罪亦然，平原之地，占有百分之五十，而山岳丘陵地域，仅占百分之四十三至四十七而已。

据何西亚君《关于盗匪问题之研究》：东三省盗匪发生之原因，第一，由于山岳之重叠错综，适于盗匪们的隐匿生活，使其得以恃众凭险，对抗官军。第二，则由于东三省土地硗瘠，民生艰苦，饥寒交迫的关系，驱民投入于盗匪之群。第三，则因当地人民多性情剽悍，由来习于斗争剑击之风，专事劫掠，不务正业的关系，遂致盗匪遍地，剿灭为难。

吾人生活关系，在都市与地方，大异其趣，盖地方住民，多数纯朴，风俗习惯，亦较善良。都市则不然，市民有种种阶级之分，生存竞争，既较剧烈，加以娱乐设备，遍地皆是，志行薄弱者，往往流连忘返，一旦资财缺乏，必至诈欺盗窃，以遂其欲。此辈浮浪轻薄之徒，殆充斥于都市之间，为害甚烈。考意大利都市之住民，占全国人口百分之三十二，地方之住民，占全国人口百分之六十八，而犯罪数则都市占百分之四十三，地方占百分之五十七，法国统计，亦与此类似，其都市住民仅占百分之三十，而犯罪数几与地方相等。

依民国二十三年司法统计。江苏一省各法院被告人数综计五万二千五百十九名，内有男犯四万六千六百二十二名，女犯五千八百九十七名，单就上海一处之江苏高等法院第二分院上海第一、第二特区地方法院及上海地方法院，其犯罪人数，约占江苏全省法院被告人数十分之七，足见繁华都市犯罪数量增加之可惊也。内中少年犯罪者，亦有相当众多之人数，可值注意。

江苏法院	男女别	被告人数（人）	总人数中之少年犯（人）	
			13 至 15 岁	16 至 20 岁
江苏高等法院	男 女	16		
高等法院第二分院	男 女	15 1		1
上海第一特区地方法院	男 女	13 089 1 096	88 6	862 40
上海第二特区地方法院	男 女	6 473 827	22 3	401 13
上海地方法院	男 女	12 708 931	13	824 80
江宁地方法院	男 女	9 730 2 484	22	173 21
吴县地方法院	男 女	1 733 299		11 1
镇江地方法院	男 女	485 101	2	35 2
镇江法院江都分院	男 女	480 59		7
武进县法院	男 女	764 34	3	146 12
南通县法院	男 女	863 111	4	27 1
松江县法院	男 女	256 24		13 2
合计	男 女	46 622 5 897	154 9	2 500 172

日本大正六年川越分监中入监受刑之少年犯二百三十二名，其地域之分布状况如下：

东京	113 人
地方之市	11 人
町村及部落	108 人
合计	232 人

大正四年至六年三年间之累计如下：

东京	428 人
地方之市	40 人
町市及部落	326 人
合计	794 人

更大别其犯罪地为都会与町村部落而调查其犯罪分布状况如下：

大正六年	东京（人）	地方之市（人）	町村部落（人）	合计（人）
窃盗	93	7	8	182
强盗	1		2	3
赌博	1			1
诈欺	6	3	9	18
侵占	4		2	6
赃物	2			2
伪造文书	1			1
伤害	1		3	4
杀人	1		1	2
放火	2	1	7	10

侵入住居	1		2	2
妨害交通			1	1
合计	113	11	108	232

大正四年至大正六年	窃盗	强盗	赌博	诈欺	横领	赃物	伪造文书	伤害杀人	放火	侵入住居	妨害交通	胁迫	猥亵	合计
都会（人）	372	8	3	36	20	4	4	6	13	1	1			468
町村部落（人）	242	8	1	24	8		2	10	21	3	4	1	2	326
计（人）	614	16	4	60	28	4	6	16		4	5	1	2	794

足见都会犯罪之数，较町村多，而都会之犯罪，除窃盗外，以诈欺、侵占居多，在町村则除窃盗外，以诈欺、放火、伤害、杀人居多。而双方比较结果，诈欺、侵占、赃物三罪，以都会较多，至放火、伤害、妨害交通、侵入住居各罪，则以町村部落居多也。

二、季候与犯罪

所谓季候，包括气候、季月、气象等自然现象而言，人类的犯罪，因季候变化的关系，亦发生相当的影响。

（一）气候与犯罪

斐丽云："热度与犯罪，关系颇切，住居寒带之人，赋性较为温和平静，至于居近温带与热带之人，则性情较多奸恶强悍。"气候炎热，最易激起情感上之反应，加以温暖之地，多喜户外生活，而相互接触之机会甚多，故伤害、奸淫等对人的犯罪，为温带与热带居民所常犯的象征。至于财产罪，在热度较高时，发现较少，因气温增高，食物丰富，易谋生计，经济需要随之减少。然一交冬令，长夜漫漫，天寒地冻，经济逼迫既甚，犯罪机会又多，故盗窃、抢夺等财产犯罪，以热度降低时为多。

据法国犯罪统计，北部有100件对人的犯罪时，发现财产犯罪1815件，反之在南部有100件个人犯罪时，财产犯罪只发现488件。关于对人犯罪与财产犯罪，在法国中南北部分布的比率，则如下表：

区域别	对人犯罪（%）	财产犯罪（%）
法国北部	2.7	4.9
法国中部	2.8	2.34
法国南部	4.96	2.32

观此表足证因气候的差异，南部北部所发现之犯罪趋向，不相同也。

（二）季月与犯罪

一年分四季十二月，春夏秋冬，气候不同，人类性情随之变化。蒯特来（Quetelet）认为季节与犯罪有关，即春夏之间，关于对人的犯罪较多，冬季则关于财产的犯罪较多。韩德生亦谓“热的气候或季节，为对人犯罪之原因，冷的气候或季节，为财产犯罪之原因。”日人胜水淳行亦云：“夏天比冬天容易生活，并且夏天的生活力旺盛，使性欲兴奋。尤其是因为夏天比冬天暖热，多露出肉体的机会，又多出外交接的时机，于是激刺他人的情欲，以致关于男女间性的犯罪，在夏天比冬天多了。”足知犯罪因季月之变迁，发生重大之影响。

1. 经济犯罪与季节。岩景耀[1]君曾就北京第一监狱与第二监狱犯人，调查关于经济犯罪与季月之关系，统计如下：

罪名	窃盗	略诱	侵占	诈财	和诱	强盗	合计
总计(件)	2,101	572	427	417	277	196	3,990
一月(%)	10.6	11.8	11.0	10.3	10.8	13.2	11.3
二月(%)	10.5	9.9	8.4	9.8	10.1	11.2	10.0
三月(%)	9.0	7.6	8.8	9.3	10.1	8.6	8.9
四月(%)	8.3	7.1	7.0	7.4	6.4	7.6	7.3
五月(%)	7.3	7.0	6.5	6.7	6.5	7.6	6.9
六月(%)	6.7	6.1	5.8	6.2	6.1	5.1	6.0
七月(%)	6.3	6.1	6.0	5.7	6.1	4.1	5.7
八月(%)	6.6	6.4	8.2	7.6	6.5	5.5	6.8
九月(%)	7.6	7.6	8.2	8.8	8.3	8.1	8.2
十月(%)	8.0	9.0	8.6	9.1	9.0	7.1	8.5
十一月(%)	8.6	9.6	9.5	8.6	9.0	10.7	9.3
十二月(%)	9.8	11.1	11.4	10.0	10.1	10.7	1.6

依上统计所示，关于经济犯罪，以十二月、一月、二月较多，盖此时适当严冬时期，物质要求甚切，故铤而走险也。

兹复举民国十八年至二十二年十二个月间上海绑匪案件之统计

〔1〕“严景耀”之误。严景耀，中国早期社会学家、犯罪学家，一九二七年曾经在北京京师第一监狱作志愿“犯人”，对犯罪问题进行实证研究，写成《北京犯罪之社会分析》、《中国监狱问题》等论文，代表性著作为《中国的犯罪问题与社会变迁关系》（一九三四年在美国芝加哥大学用英文撰写的博士论文，由吴桢教授译成中文后，于一九八六年由北京大学出版社出版）。——编者注

如下：

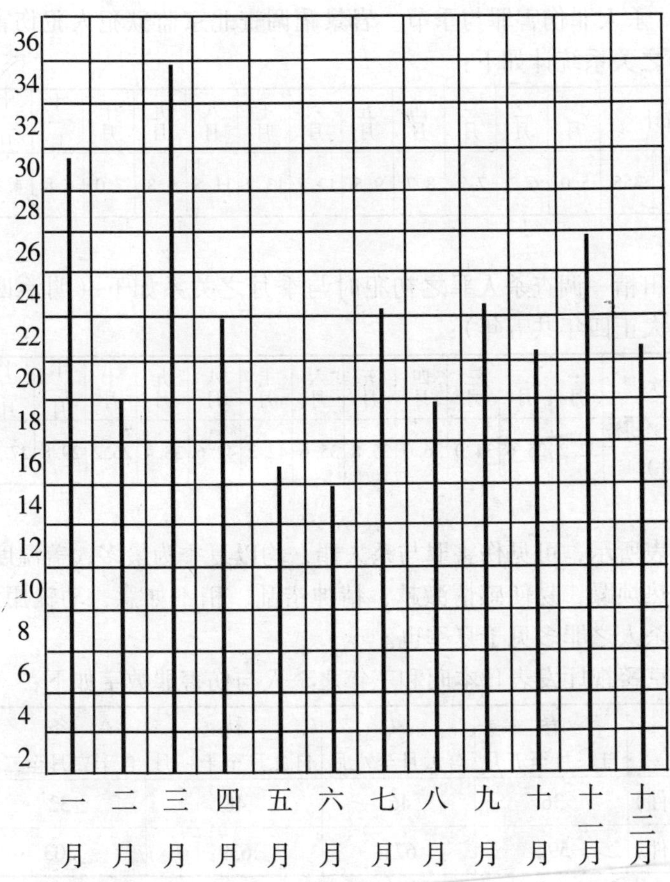
36
34
32
30
28
26
24
22
20
18
16
14
12
10
8
6
4
2
一月
二月
三月
四月
五月
六月
七月
八月
九月
十月
十一月
十二月

观此表足知绑匪案件，亦以春冬之交犯罪者较多也。

2. 杀人罪伤害罪与季节。岩景耀调查北京监狱犯人犯伤害罪与季节之关系统计如下：

统计		一月	二月	三月	四月	五月	六月	七月	八月	九月	十月	十一月	十二月
伤害罪（%）	355	5.0	6.2	7.3	8.7	9.5	12.7	13.2	11.5	9.8	7.0	4.8	4.2

寺田精一调查杀人罪之初犯时与季月之关系如下（明治四十五年至大正四年共五年）：

月次	一月	二月	三月	四月	五月	六月	七月	八月	九月	十月	十一月	十二月
犯罪者平均数（件）	32.2	25.6	34.0	36.0	35.8	35.6	42.2	42.6	38.4	26.2	29.8	27.6

上表所示，可见伤害罪与杀人罪，均以夏季为最多，盖温度上升，酷热烦躁，易使感情激越，精神错乱，稍不如意，动辄用武，故伤害杀人之罪多见于夏季也。

东京警视厅发表日本昭和三年之杀人与伤害罪数字如下：

	春 自三月至五月	夏 自六月至八月	秋 自九月至十一月	冬 自十二月至二月
杀人（件）	36	46	48	32
伤害（件）	592	671	639	503

依此表伤害罪以夏季居多秋季次之，而杀人罪则秋季居多，夏季次之，盖九月间虽交秋令，酷暑未退，所谓“秋老虎”天气，亦易使人心神烦乱，至于犯杀伤之罪也。

3. 赌博罪与季节。寺田精一调查赌博罪初犯时与月季之关系如下（明治四十五年至大正四年共五年间）：

月次		一月	二月	三月	四月	五月	六月	七月	八月	九月	十月	十一月	十二月
犯罪者平均数（件）	男	5432.6	5132.8	3234.8	2380.6	1754.2	1516.0	1623.4	2104.8	1960.4	2142.6	2027.8	2660.4
	女	533.4	582.4	449.8	328.6	233.6	192.0	171.6	190.0	199.8	230.6	182.8	225.8

由一月、二月之最高点，继续其激减之趋势，至八月以后，始表示缓慢增加之倾向。一月至三月，在日本乃严寒之季节，屋外劳动与娱乐较少，通常多室内生活，且阳历及阴历之新年，均在其间，甚多亲友会晤之机会，因而如赌博等不良娱乐，亦多易于此时行之也。

4．奸淫罪与季节。英国奸淫罪最多之月为六月，七月稍减，八月、九月次之，五月、四月又次之，三月、二月减低，一月与十一月减度相同，至十二月而至最少数。

法国奸淫罪受季月影响与英国相近，最多数之月则为七月，六月次之，八月稍减，五月、四月次之，十月、三月、一月、二月、十一月又次之，至十二月而激减，而以九月为最少数。

德国奸淫罪之统计，最多为六月与七月，次之为五月、八月，最少为十月、十一月、十二月。意大利大同小异，亦以六、七两月最多，递降而为八、九、三、四、五各月，以十月与十一月为最少数。

日本犯奸淫之罪，以八月最多，三月、四月、九月次之，一月为最少，其间五月至七月，数字颇低，因适当梅雨季节，气温既低空气阴湿，女子外出颇少，狂徒不易乘机奸淫也。

夏季性的犯罪较多，除因气温刺激人体使性欲兴奋之外，尚有辅助原因数端，颇值注意：

（1）夏季衣单袖短，肌肉外露，易使异性激发色欲之念。

（2）夏季多夜游纳凉或裸身露卧，故狂徒易为乘机奸淫之事。

（3）夏季多喜洗浴，或至海滨游泳，见之者最易刺激色欲。

英国强奸罪与月季之关系曲线表

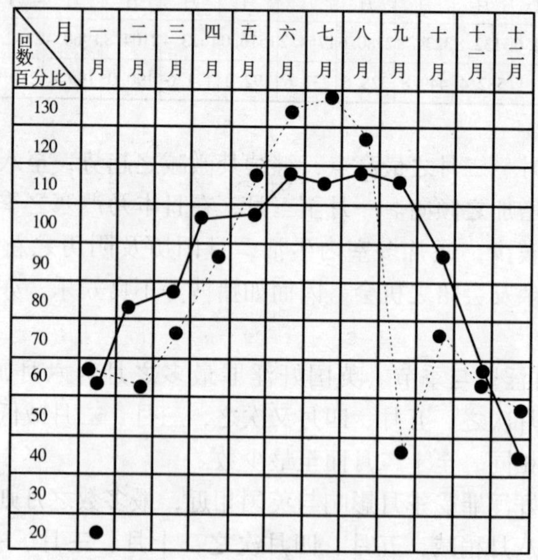

日本强奸罪与月季之关系曲线表

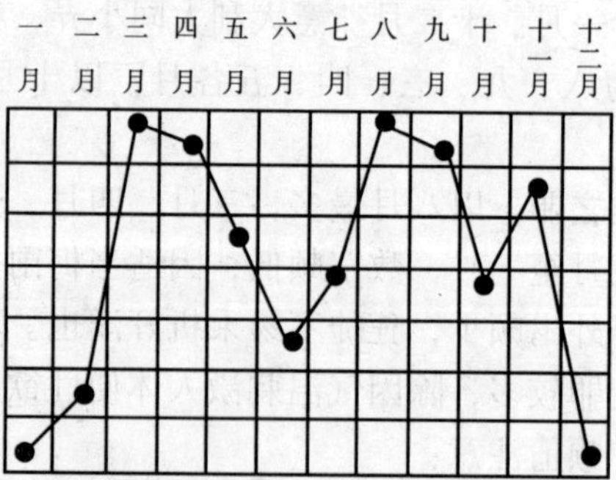

此表以强奸犯四十名作统计之根据

（三）少年犯罪与季节

据白井勇松调查大正六年川越分监少年犯二百三十二名其犯罪之月如下：

一月	20 人	8%	七月	27 人	12%
二月	16 人	6%	八月	15 人	6%
三月	25 人	17%	九月	19 人	8%
四月	18 人	6%	十月	20 人	8%
五月	23 人	10%	十一月	11 人	4%
六月	20 人	8%	十二月	18 人	7%

就大正四年至大正六年三年间入监者七百九十四人加以调查则如下表：

一月	95 人	11%	七月	77 人	10%
二月	77 人	10%	八月	62 人	8%
三月	70 人	9%	九月	67 人	9%
四月	60 人	7%	十月	62 人	8%
五月	54 人	6%	十一月	48 人	6%
六月	61 人	8%	十二月	61 人	8%

此三年间累计分为四季而依罪质分类则如下表：

	春（件）	夏（件）	秋（件）	冬（件）	计（件）
窃盗	147	157	134	176	614

强盗	2	3	6	5	16
诈欺	11	14	15	20	60
侵占	6	8	5	9	28
伤害	3	1	5	2	11
杀人			3	2	5
放火	11	4	6	13	34
其他	4	13	3	6	26
合计	184	200	177	233	794

窃盗冬季较多，强盗秋季较多，诈欺亦以冬季较多。放火则以冬季与春季为多，伤害以秋季居多。若概括分类之又如下表：

		春（件）	夏（件）	秋（件）	冬（件）	计（件）
关于财产之犯罪	大正六年	61	60	45	49	215
	大正五年	45	59	51	85	240
	大正四年	64	69	68	81	282
	合　计	170	188	164	215	737
关于身体之犯罪	大正六年	1		3	2	6
	大正五年		2	4		6
	大正四年	2	1	1	2	6
	合　计	3	3	8	4	18

关于骚扰之犯罪	大正六年	4	2	2	3	11
	大正五年	3	1	1	7	12
	大正四年	4	3	4	5	16
	合　计	11	6	7	15	39
关于放火之犯罪	大正六年	66	62	50	54	232
	大正五年	48	62	56	92	258
	大正四年	70	73	73	88	304
	合　计	184	197	179	234	794

财产罪冬季较多，不外经济上之原因；关于身体罪秋季较多，则因心神刺激疲劳，神经兴奋，易为杀人伤害之事；冬季为火灾之季节，少年富于模仿心，故易犯放火、骚扰等罪，亦愚蠢少年自然之倾向也。

原房孝研究少年犯罪与季月之关系，所得结果，与白井勇松稍有不同，原氏就少男少女犯罪之数，依各月别统计如下：

月次 性别	一月（件）	二月（件）	三月（件）	四月（件）	五月（件）	六月（件）	七月（件）	八月（件）	九月（件）	十月（件）	十一月（件）	十二月（件）	不明（件）
少男	129	125	155	128	155	129	111	129	106	127	78	94	379
少女	8	1	7	3	0	2	2	2	5	5	2	2	31

上表少男犯罪最多之月，为三月与五月，最少为十一月。少女最多之月则为一月，三月次之，而以五月为最少，适与少男相反。若分为春（三、四、五月）、夏（六、七、八月）、秋（九、十、十一月）、冬（十二、一、二月）四季而以曲线表示之则如下表：

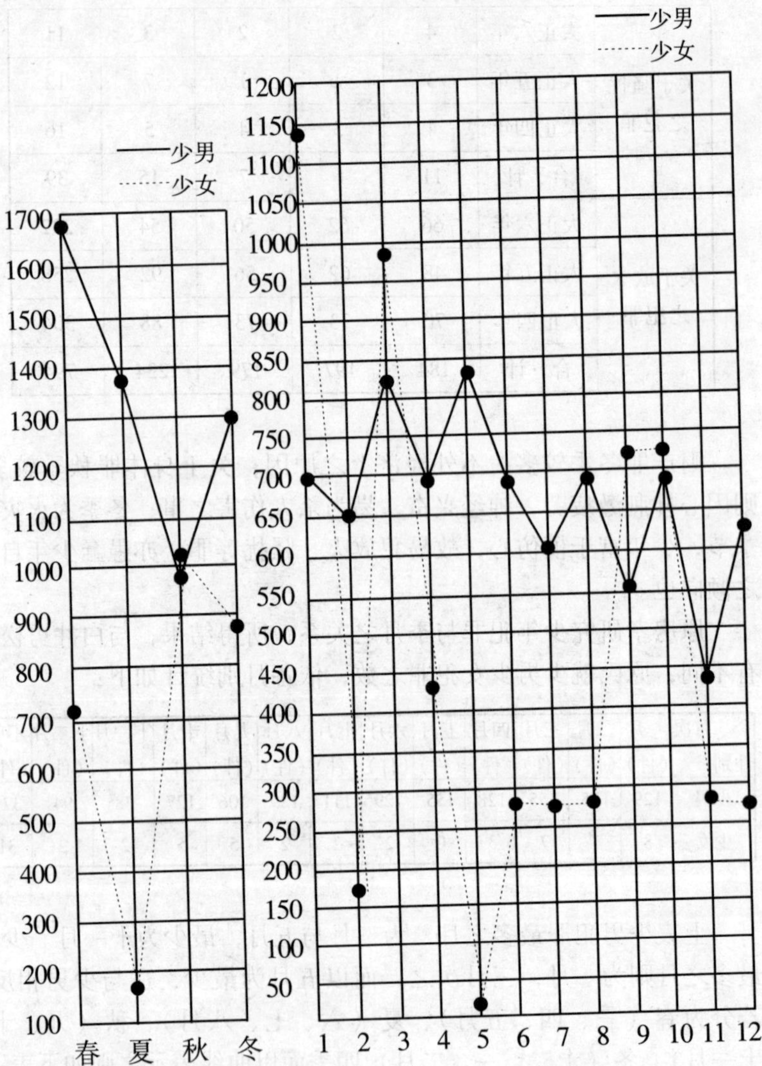

——少男
……少女
1700
1600
1500
1400
1300
1200
1100
1000
900
800
700
600
500
400
300
200
100
春 夏 秋 冬
——少男
……少女
1200
1150
1100
1050
1000
950
900
850
800
750
700
650
600
550
500
450
400
350
300
250
200
150
100
50
1 2 3 4 5 6 7 8 9 10 11 12

少男犯罪，以春季最多，夏季次之，冬季更次之，而以秋季为最少，然女子则以秋季为最多，冬季春季次之，而以夏季为最少。同一秋季而少男少女与犯罪竟分最多最少之差异，同一夏季，少男有相当之多数，而少女犯罪之数则属最少，两相对照，颇饶兴味，此盖男女两性不同，而犯罪之质与量亦随季节而有异耳。

再就月次与少年犯罪之种类列表如下：

月份 罪名	一月（件）	二月（件）	三月（件）	四月（件）	五月（件）	六月（件）	七月（件）	八月（件）	九月（件）	十月（件）	十一月（件）	十二月（件）
窃盗	108	104	134	112	128	109	100	99	95	112	69	83
诈欺	18	13	27	8	13	14	8	21	13	23	10	14
放火	7	9	5	4	8	5	5	3	1	9	3	5
杀婴									1			
伤害	2	1	2	2	3		2	1	1	1	1	
侵占	16	5	21	14	15	8	11	17	13	18	10	14
杀人	4	1	3	1		3	1	3	2	1	1	2
侵入住居	2	3	4	6	1		2	4	2		1	3
强盗	5	6		1	1	2		1	1	2		1
骚扰					1			12				
浮浪	3	6	6	14	12	5	7	6	6	4	1	2
浪费	2		1									
恐吓	2		3							1		
帮助自杀				1								
堕胎								1				
通奸											1	
赌博		1										1
伪造文书	5	4	1	3	5	3		5	1	3	5	5
赃物				1	1		2					

淫猥						3				1		
强奸			1		1					3		
妨害交通	1						1	1				1
一般不良	4		4	4	1	6	1					
拐带							1					
诱拐						1						
扒窃												1
弄火					1							
不明	2	1	1		1	2			2	1		

其中少男犯罪之窃盗罪春季最多，夏冬次之，秋季最少。诈欺罪秋季最多，冬次之，春季最少。放火罪冬季最多，春季第二，夏秋较少。伤害罪春季较多，夏秋冬相同。杀人罪夏多，冬次之，春较少。强盗冬最多，其余各季甚少。浮浪春季最多，夏次之，秋冬较少。浪费则于冬春而已。强奸罪秋季最多，春次之，夏少冬无。淫猥行为夏多，一般不良行为则春夏居多。在少女犯罪，窃盗与少男相似以春季居多，然冬次之，夏最少，则与少男稍异也。女性诈欺以冬春较多，夏秋殆无。放火见于秋季，杀婴、通奸、淫猥等行为亦以秋季居多，可见秋季实为女性犯罪较多之季节。

依前所述，一般成年之犯罪，平均以冬季最多，夏季较少，而少年犯罪，则平均以春季最多，秋季较少，两者间犯罪之动机，可知其有显著之差异。盖成年人在冬季感生活品之需要，衣食艰难，得来匪易，故不得已铤而走险。至少年人之犯罪，则受生活上、物质上压迫之关系较浅，春日气候温和风光明媚，正彼辈便利活动之时期。夏日生活较易，故成年人犯罪较少，而少年人则长日嬉游，不知检点行迹，亦易发生不良行为也。

（四） 气象与犯罪

气象变迁，如气压、风雨、潮湿以及天气阴晴等，都能影响人类的神经系统，而引起犯罪的动机。

1. 温度高低与犯罪。格利氏（Guerry）、克耳其（Curcio）等统计家，谓英法意等国杀人罪多在高温度之季节，尤以五、六、七、八等四个月内行之最多。龙伯罗梭亦谓酷热之时，气压急剧变化，使有癫痫性者起痉挛发作，使精神病者起不安、狂躁、争论、喧哗、身心动摇等状态，以至于发动其潜在的犯罪性者不少云。低温度则反是，使人至于激昂行事者甚少。林克氏（Rink）谓住居寒带地方之爱司基姆种族间，殆未有争斗意义之事云。然财产罪则低气温时较少，前已言之。如美、意等国窃盗等罪，均北方多于南方也。

2. 暴风雨与犯罪。由于暴风烈雨之天灾，以致生活物质，损失甚大，及难民杂居收容所中，犯罪之机会颇多。即突然之下雨，亦易生细微之犯罪，如关于防雨物品之侵占窃取等亦关系气象应加注意之事也。

3. 潮湿与犯罪。美人达格司脱（Dexter）就纽约城所获四万件殴打案与气象状态比较结果，查出潮气亦为犯罪因素之一，过分潮湿之日，情感上生活上，均感非常沉闷，于是由沉闷的郁积，发泄为斗争或殴打的事实，反之如潮湿程度低，则殴打现象减少，盖能制其情感，不至发泄于外也。

4. 阴晴与犯罪。达格司脱又谓天气阴沉，使人缺乏活动能力，故侵害身体之罪较少。天气过于晴燥，则心性易感烦躁，故杀害罪随之增加，此数点于少年犯罪亦有相当之影响也。

第三节 少年犯罪之社会的原因

一、家庭与犯罪

（一）家庭环境与少年犯罪

家庭环境不良，最易发生犯罪之危险。据美国少年法庭的报告，少年犯罪者，多出于以下之家庭：

1. 父母恶习甚深。癖好烟酒之父母，对于子女，往往有不良之影响。

2. 家中人犯罪或不道德的行为。少年缺乏辨别是非善恶之能力，其行为全以家中人之行为为模范，故少年人若不幸生于犯罪或不道德的家庭，即不免有犯罪的危险。

3. 家庭分裂。父母对于子女之责任，不仅保护与教导，尤须养成子女和谐生活与群居合作之习惯，设不幸而家庭间发生分裂，如离婚遗弃争斗以及其他不和等现象，常易养成少年人厌恶社群生活，感觉家庭生活之乏味，甚至影响其于将来之婚姻观念。又因家庭分裂之故，父母每不能谆谆教诲其子女，以致造成少年犯罪者，亦属常见之事。

此外如父母对于子女行为之过度压迫，父母与子女新旧思想之冲突等，皆有酿成犯罪可能。

又据希里（Healy）在美国调查四千名少年犯之结果，其间因家庭分裂而犯罪者，占百分之四十八。克鲁克（Glueck）在美国少年犯感化院中研究五百一十名少年犯结果，查出其因家庭分裂而犯罪者，占百分之六十以上。又西地拉（Shideler）在美国研究三十一个州的少年犯工读学校七千五百九十八名之结果，其间因家庭分裂而犯罪者，占百分之五十以上。可知家庭环境之不良，影响于少年之心身者，其关系重大为何如矣。

反观我国，其贫寒之家庭，生计艰难，固已无力教养其子女，而在都市富有之家庭，为父母者则生活奢侈，狂嫖滥赌，以为非此不足言交游示豪阔，而一般摩登之主妇，则亦忘其应尽之责任，教养子女则付诸乳母，料理衣食则委之女佣，在家则以打牌消遣，出门则以看戏作乐，甚者出入于跳舞场所轮盘赌窟，终日沉迷，留连忘返。故其子女每多不知勤俭之义，耳濡目染，皆为不德之事，欲其不堕落于少年犯罪之途，戛戛其难。据警察界调查，谓不良少男少女之产生，多在过严的、过宽的、冷酷的、寂寞的、沉闷的、干燥乏味的或过度干涉的几种家庭，愿吾国负管理家庭教育子女之责者，知所反省也。

（二）生育关系与少年犯罪

1. 两亲之有无与少年犯罪。少年之教育，无父母者不及有父母者之佳，故犯罪人数，亦以无父母者较多。据司法行政部民国二十三年司法统计所载，未婚者之犯罪总数，为二万四千六百零九人。其中有父母者男一〇〇五六人，女五〇四人。无父母者男一三二一〇人，女八三九人，可知犯人无父母者，其犯罪危险性较大也。

日本大正六年川越分监入监少年二百三十二人中：

父母共存者：一〇〇人　占百分之四三·一

两亲皆无者：四二人　占百分之一八·一 ｝百分之五六·九
仅无父或无母者：九十人　占百分之三八·一 ｝

大正三年至七年共五年间之入监少年一千二百九十三人中：

父母共存者：五四〇人　占百分之四一·八

两亲皆无者：二一四人　占百分之一六·五 ｝百分之五六·九
仅无父或无母者：五三九人　占百分之四一·七 ｝

如上所述，少年受刑者，约居十分之六，为两亲已有亡故之人，且半数皆在八岁左右，即已遭此不幸，适届学龄时期，遽失怙恃，教养皆不完全，其不陷于浮浪游惰而成为不良少年者几稀。

2. 出生关系与少年犯罪。私生子之养育，不及婚生子之周到，故犯罪亦较多。据基鲁姆（Guillaume）之统计，男性幼年囚二百人中，养育佳良者婚生子三十五人私生子九人，养育不良者婚生子八人私生子二十七人，养育不充分者婚生子五十四人私生子六十人，不明者婚生子三人私生子四人，可知后天不完全之养育，亦足为犯罪之源泉也。

日本大正六年川越分监少年受刑者二百三十二人中，嫡出子一百九十三人，约百分之八十三，庶子及私生子三十五人约百分之十五，不详者四人，约百分之二，其中庶子与私生子之犯罪人数，不谓不多。盖此辈少年，出生以来，境遇恶劣，人多轻视，温情既薄，教养又无，不知不觉间遂陷于犯罪之渊矣。若调查其教育程度，则如下表：

义务教育已修了者 { 嫡出子一百九十三人中六十五人　占百分之三十四
庶子私生子三十五人中七人　占百分之二十 }

无教育者 { 嫡出子一百九十三人中十三人　占百分之六·七
庶子私生子三十五人中八人　占百分之二二·八 }

亦可见庶子私生子与嫡出子间，温情厚薄与教养上注意之程度，显相悬隔也。

原房孝亦就少年犯罪者一千九百十五人之出生别，统计调查如下：

性别 \ 出生别	嫡出（人）	庶子（人）	私生子（人）	不详（人）	计（人）
男	1 452	76	221	96	1 845
女	49		10	11	70

此表中男少年犯一千八百四十五人中有一千四百五十二人即百分之七八·六九，为嫡出子，庶子私生子二百九十七人约居百分之一六·九。女少年犯七十人中四十九人即百分之七十为嫡出子，私生子十人居百分之一四·二八。表面以观，此表少年犯罪者，男女双方均为嫡出子居多，私生子较少，是与犯罪学者所云“不良少年与少年犯罪者以私生子为多”之原则，岂非大相刺谬？实则不然。盖须以全人口中私生子之比率与少年犯罪者中私生子之比率，两相比较，方可知其概数之多少也。查日本大正二年至六年共五年间出生者之数，每年平均有男子九十一万七千六百五十五人，女子八十七万八千八百二十五人，而同五年间出生之私生子（包括庶子）人数。计男子七万九千三百三十九人，约合男子出生总人数百分之八·六五，女子七万八千八百八十一人约合女子出生总人数百分之八·九七。若与前述少年犯罪者中私生子之比率相对照，即可见犯罪之倾向，确以私生子为多也。

3. 养育关系与少年犯罪。养育之良否，直接影响于心身之发达，心身之发达与否，当然为社会生存适合与否之所系，是则养育于少年犯罪有至大之关系，其理甚明也。

据原房孝之调查，少年犯罪者之养育关系，有如下表：

养育人别	男（人）	女（人）
生父母	1 044	35
生父	125	4
生母	158	5
祖母	29	2
兄	7	0
姊	3	0
养父母	48	5

生父祖母	6	0
生母祖父	7	1
生父继母	127	7
养父	1	1
养母	5	2
亲戚	81	0
他人	24	1
生母继父	53	4
祖父母	41	2
感化院	7	0
养育院	18	0
不明	41	0
合计	1 845	70

表中以生父母养育者犯罪人数最多。男女少年犯两方合计，约居全体百分之五六·三五，由生父母所养育；其余百分之四三·六五，则非生父母所养育，自表面上觉之，所谓“孤儿继子少年犯罪者较多”之语，似亦不能成立，是亦不然，盖亦须详密调查全国人口之养育别，然后对照比较，始得知其确数也。

白井勇松曾就少年犯罪者二百三十二人，调查其养育关系，概数如下：

由生父母养育者	155（人）	66.8%
由两亲之一方，或其他为亲属养育者	65（人）	28%
由以外之亲属或他人养育者	12（人）	5.2%

兹复录白井氏所调查少年受刑者六百五十人之养育分类于下，以供研究：

养育人	嫡出（人）	庶出（人）	私生（人）
由生父母养育者	386		8
由生父养育者	36	3	3
由生母养育者	37		15
由继父母养育者	88		1
由养父母养育者	9		5
由祖父母养育者	10	1	4
由外祖父母养育者	10		
由伯叔父母养育者	12	1	2
由他人养育者	6		2
由养育院养育者	1		1
由生父继母养育者	2		2
由生母继父养育者			4
由兄养育者			1

二、职业与犯罪

职业之有无及职业之种类，足以影响人类之生活状态，据民国二十三年（1934 年）司法统计被告人数男子一一三六七三名，女子一三二〇八名中，其职业之分布如下：

职业	男犯数（人）	女犯数（人）
农业	18 523	1 271

工业	22 858	1 314
商业	18 327	650
矿业	469	5
交通运输	3 359	44
公务	1 081	10
自由职业	3 629	219
人事服务	2 047	433
其他	4 683	424
无业	33 807	7 802
未详	4 890	1 036

表中以无业者犯罪人数最多，从事工业、农业、商业者次之。可见无业游民，犯罪之危险性较大，而劳苦之大众，虽有职业，然因其地位之低微，受环境之影响，亦每易趋入犯罪之途也。

少年犯罪者，受职业之影响，亦有相当深切之关系，据查日本川越分监之少年犯二百三十二人，其犯罪时之职业，可分八十六种，主要者如下：

农业	34（人）	14．6%
拾纸屑	23（人）	10．0%
无职业	21（人）	9．0%
坑夫	12（人）	5．2%
土方	9〔1〕（人）	3．9%
锻冶业	6（人）	2．6%
乞丐	6（人）	2．6%
新闻送达	5（人）	2．2%
牛乳送达	5（人）	2．2%

〔1〕 原文模糊，此数字可能有误。——编者注

上述九种，不过举其主要者而已，合计一百二十一人，已居全数之半有余，其中以从事农业者最多，盖以社会上服农业者居多，故犯罪时职业之比率，亦以农业为多也。大多数农民中竟出多数之少年犯罪者，此实可以注意之事。一究其内容，则此辈少年，大抵知识低劣自幼即有游惰之癖，或羡慕都市繁华，私奔出外以至陷于困境而为犯罪者，其数颇多。余如拾纸屑、土方、坑夫、送新闻牛乳各业，均非少年人安定之职业，而无业与乞丐，尤易陷为犯罪之人，故少年成长之期，其职业之有无与选择，均有注意之必要也。

贪逸恶劳，避重就轻，乃人之恒情，而以少年人为尤甚，彼辈既不知劳动之神圣，又不感劳动之兴趣，其从业无非受父兄主人之督促，稍受训责，即宁弃业而不顾，驯至怠惰成癖，毫无技能，辗转流浪，遂沦落于罪犯之阶层矣。对于少年负保护之责者，事先应尽力指导奖掖，使其努力向上，方可防患于未然也。

三、经济与犯罪

依各国犯罪的记录，富有者犯罪少，贫苦者犯罪多，且相差悬殊，可见古人所谓衣食足而后知礼仪，仓禀实而后知荣辱的话，固有相当之至理也。然资财雄厚，又易堕落，例如放荡、淫佚、奢侈等行为，则又皆经济充足为之厉阶，故古人所谓“饱暖思淫欲，饿寒起盗心，亦有至理存焉”。

兹将民国二十三年司法统计中所列犯罪人之资产及生计状况，概括为下：

资产状况	人数（人）	生计状况	人数（人）
有资产	男 2 640 女 233	奢侈生活	男 1 504 女 218

稍有资产	男 24 803 女 2 889	普通生活	男 25 048 女 2 828
无资产	男 76 188 女 8 693	朴实生活	男 28 812 女 3 593
未详	男 10 042 女 1 393	贫困生活	男 50 215 女 5 429
		未详	男 8 093 女 1 140
总计	男 113 673 女 13 208	总计	男 113 673 女 13 208

就资产状况而言，以无资产者犯罪最多，就生计状况而言，以贫困生活者犯罪最多。可见犯罪与现存的经济现象，确有密切之关系。

犯罪受经济现象之支配，不但成年人如此，即少年犯亦不能逃此公例，依原房孝调查少年犯一九一五人结果，就其家庭生计统计如下：

等级		上	中	下	赤贫	不详	合计
人数(人)	男	10	320	867	520	128	1 845
	女	0	9	29	31	1	70

上表无论男女双方，均以下等生计状况与赤贫者居多，中等者次之，上等者最少。上中等合计约居全数百分之一七·七〇，下等及赤贫合计约居全数百分之七五·五六，从可知少年犯亦大抵出于经济贫困之家庭也。在上中等家庭之少年，衣食无忧，生活舒适，曷以仍有犯罪之发现？此则由于家庭环境之不良，父兄之堕落，交友之不慎，以及其他各种原因有以促成之耳。

四、交友与犯罪

社交为吾人生活中重要之事，少年期求友之心尤切，万一所交非人，则少年一生之行为思想，必受其恶化，况少年富于模仿心，近朱者赤，近墨者黑，乃必然之理，为父兄者对于其子弟之择交，应加注意也。

日本川越分监，大正六年入监少年犯二百三十二人中，有一百五十九人居百分之六八·五。又大正五年及六年共二年间累计入监之少年犯四百九十人中，有三百二十二人居百分之六五·七，直接受交友不良之影响，分类统计如下：

交友不良之种类	大正六年入监者		大正五六两年入监者	
	人数（人）	百分比（%）	人数（人）	百分比（%）
由于酒色关系者	57		124	
由看戏及电影者	13		32	
共同买食者	14		26	
共同赌博者	5		9	
共为恶事者	28		51	
共同入都市及离家者	2		10	
由不良少年介绍者	18		31	
由于教唆者	11		18	
由于甘言诱惑者	11		21	
合计	159	68.5	322	65.7

观此表少年因交友不慎，致陷入犯罪之深渊，是在家庭外之注意，亦有周密监督之必要也。

五、习俗与犯罪

一地方之风俗习惯，足以支配少年之精神，而增加其感染浸润之度。盖习俗之良否，有关地方之文野，优良之习俗，能使人重礼仪，知廉耻，反之若为卑野之习俗，则足以使人陷于背德寡耻。昔者孟母择邻，三迁其居，卒[1]造成孟子之贤声，习俗移人，良有以也。

原房孝曾就少年犯之出生地、生育地、犯罪地调查其风俗之善恶，统计如下：

各地风俗之善恶		出生地		生育地		犯罪地	
		善	恶	善	恶	善	恶
人数（人）	男	575	540	547	599	462	732
	女	28	27	27	31	24	29

表中大体上出生地之风俗较善，生育地颇恶，犯罪地最恶，故犯罪人数亦较多。此辈少年人不外生长于风俗较善之地，嗣以移居颇恶之地，因自然恶化遂至犯罪也。

白井勇松亦就川越分监少年犯入监前之住居地，调查其习俗之大要如下：

生育地习俗之大要	大正六年（人）	五年（人）	四年（人）	累计（人）	百分比（%）
善良之地	20	23	49	92	11.6
普通之地	34	42	44	120	15.1

[1] 原文模糊，疑中有漏字。——编者注

不良之地	142	115	110	367	46.2
不详	36	78	101	215	27.1
合计	232	258	304	794	

此表亦以生育于不良之地者，产生少年犯罪人数较多。若就生育于不良地方者之内容，加以调查。大别如下：

习俗不良之内容	大正六年		五年		四年		累计	
	人数（人）	百分比（%）	人数（人）	百分比（%）	人数（人）	百分比（%）	人数（人）	百分比（%）
耽于酒食淫风炽盛之地	58	41	48	42	46	42	152	41
好游惰盛行赌博之地	14	10	18	16	12	11	44	12
贫民众多风习卑野之地	32	23	27	23	20	18	79	21
不良少年众多之地	10	7	1	10	9	8	31	8
其他可认为不良之地计	28	20	10	9	23	21	61	17
合计	142		115		110		367	

观此表亦可知地方环境之不良，影响于少年之心身者为何如矣。负改良地方的习俗之任者，当知所注意也。

六、都市与犯罪

都市的犯罪，与乡村比较，在质量与形态上，均以都市犯罪为众多与奇特，然不能因此即谓都市居民，生来有犯罪的倾向。而都市犯罪现象之蓬勃，不在犯罪的本身，实由社会特殊的环境所促成。其犯罪之重要的条件，约如下述：

1. 都市的人口集中。都市大抵为人口集中之区，人口增加，社会复杂，尤其食粮之供给，常不能与人口比率，保持平衡的速度，供不应求，生活程度陡然提高，贫困与其他凶恶的现象，随之发生，故人口集中，间接即促成生计之窘迫，难免有挺而走险，陷于犯罪的危险。

2. 模仿与暗示。都市人口密集，相互间接触机会甚多，模仿与暗示的作用，无时无地不在表现，使犯罪的流行性，愈形活跃。如都市新闻上公开登载大幅的凶杀、绑匪、强盗、强奸的消息，实足以暗示意志薄弱之人模仿犯罪，且有激励犯罪的可能。

3. 恶势力的包围。都市社会，环境险恶，意志薄弱之人，原乏判别善恶之能力，而抵抗力又极微弱，一经恶势力的包围，即被其同化，犯罪现象，即由此而增加。

4. 犯罪易于隐避。如扒手行窃等罪，都市中易施技俩，盖人数集中之处，扒手常能混杂其间，乘人不备，施展扒窃手段，窃取之后，立可隐避于人丛中，杳无踪迹，使被窃者无从追究。

5. 货财的引诱。都市为商业中心，银楼、珠宝店、货栈、钱庄、银行、百货商店等等无不城楼叠阁，开设其间，且多百货陈列，目迷五色，经营堆藏，无一非贵重之物品，饥饿线上的穷汉，焉有不垂涎三尺，发生行窃抢劫之动机乎？

6. 文明的影响。都市社会中，一切物质文明的设备，比较完全，因此利用科学文明的方法以作恶的人，亦随之而增加，如利用机械伪造货币、伪造有较证券，利用电力或煤气或化学品，以伤害或杀人，更如堕胎罪发生于都市为多，则以都市中医院设备较周之故地也。

7. 堕落的现象。都市生活，颇多堕落，如卖淫营业，普遍流行，歌台酒馆，栉比林立，加以跳舞场所，轮盘赌窟，犹如雨后春笋，或秘密或公开，遍设于各处，此等堕落生活，无一不足以引诱吾人趋于奢侈享乐之一途，如果陷入重围，流连忘返，一旦兴尽悲来，床头金尽，不与乞丐为伍，即不得不加入匪党以求生存矣。

综上以观，都市社会，人数众多，环境复杂，外物诱惑，最易引人犯罪。成年人尚且难免如此，以意志薄弱之少年，使其生存竞争于都市之间，若无贤父母贤师友之指导扶助，焉得不流浪堕落而陷于犯罪之途耶？

据原房孝调查少年犯一千九百十五人中，男少年犯一千八百四十五人，其犯罪地人数之分布如下：

市	876
町	388
村	577
不明	73

女少年犯七十人，其犯罪地人数之分布如下：

市	32
町	11
村	24
不明	3

可知少年犯罪，亦以都市居多数也。白井勇松亦就川越分监之少年犯二百三十二人，调查其由内地入东京而陷于犯罪者，有九十人，其中得父兄其他保护人之许可而入京者五十二人，无许可而入京者三十八人，其罪质以窃盗居多，诈欺侵占次之，大抵因好游惰酒色。嗜买食电影，或以迫于饥饿，或因求职不得，遂辗转流落，至于犯罪。夫以生长于素朴的田园生活之青年，一旦入于复杂繁华之都市，意志稍不坚定，鲜不为环境所恶化、世之为父兄者，望加以周密之保护与监督也可。

七、政治与犯罪

政治之良窳，足以影响犯罪之发生，此在成年人对于政治较有了解，尚且不免因对于政治的不满，而发生内乱骚扰的犯罪，况在少年人，血气方刚，尤易受人煽惑，而发生颠覆政府改革政体的企图。如九·一八以还东四省沦为异域。继之以上海停战协定、塘沽协定，冀东察北均成为特殊区域，国军不能入境，政府因国力未充，忍辱负重，未能即时积极抗战，收回失地，颇引起内外之怀疑，尤以少年人，悲愤填胸，误解政府卖国媚外，颇多加入反动组织，思欲推翻现政府，而构成危害民国紧急治罪法上之罪名者，不一而足，自近来国内统一，国力渐充，党国领袖一再显明表示对内求自存，对外求共存，而至紧急关头不惜出于最后牺牲之国策，并经绥远抗敌胜利之后，当局之孤诣苦心，深为国人明了，已有举国一致信仰领袖之趋势，而青年反动之人，遂亦销声匿迹，消灭于无形，从可知政治与犯罪之关系矣。除此种重要国策之外，如普通行政、司法、立法等关系，亦于犯罪有相当之影响。

1. 行政的关系。上无道揆，下无法守，此是古人治国的格言，因在上者不能称职。当然失了人民的信仰。欲以威力服人，势必劳而无功。国家设官分职，原为治国安民，若有不肖官吏，以贪赃枉法包庇作恶为能事，则社会基础不能稳固，是非曲直，颠倒淆乱，丛怨所积，强者必起而反抗。民生凋敝，弱者乃铤而走险矣。

2. 立法的关系。加罗法罗曾云："要防制犯罪的发现，如果单靠立法，而无完善的警务设施，光明独立的司法管理，以及公民教育的普遍，殊难收到消灭犯罪的效果。"此就立法完善而言，尚且不能消灭犯罪，如立法而不完善，或过分干预人民行动，则不但不能收良好之结果，反有引起不良弊窦或现出违抗之现象。如一九三〇年美国联邦监狱囚犯二[1]万零六十一名中，三分之一，为违犯禁酒律之犯人，而各处地方监狱中，所监禁的囚犯，三分之二，亦为禁酒犯，其人数比之一九二六年，增至四倍之多。囚犯增加的原因，乃由于国会欲藉立法发挥法律万能主义的空想所造成。我国近年以来，立法制度渐告完备，特别刑法，逐渐废止，然尚有少数特种刑事法令，依旧采用，以致赭衣塞道，囹圄成市。善乎徐氏宏先修律自愧文曰："修律之难，尤难于办事，何也，在署办事，活一人止活一人，枉一人止枉一人，若修律则事关千秋，日日遵行，开一条即活千万人，刻一条即杀千万人，呜呼，可不慎哉。"

3. 司法的关系。法庭如无威严与功绩，亦足激起一般违法现象的发生，如法官缺乏相当训练，忽略法官能力与资格上的选择，以及为徇私不公的审判，皆足以形成犯罪之条件，尤以法官如有收受贿赂的情事，则人将以为财可通神，任何犯罪可以运动法官以避刑罚的制裁，其影响之巨，尤为可惊。再如监狱若不改良，则犯人入狱之后，毫不严加管束，转成为犯人养成所，少年犯与成年犯杂居一处，言行均不及义，出狱后反为习惯的重大的犯人，故监狱不良，亦为犯罪之因素。龙伯罗梭于其《犯罪学》一书中有云："帕勒摩（Palerme）有一囚犯说，吾对一般反对监狱存在之人，恨之入骨，因为监狱是吾人无价之宝，不但供吾人隐匿，还教吾人以偷窃的伎俩。"而谋食艰难之辈，甚至以监狱足以解决其衣食问题，不惜故犯重罪，以求终身禁锢于监狱以为乐者，则更不可思议矣。

---

[1] 原文不清，此数字可能有差异。——点校者注

第五章 少年犯罪之动机

第一节 少年犯罪直接之动机

前章就少年犯罪之个人的自然的及社会的原因，加以调查，可知少年犯罪之构成，决非一朝一夕之事，实由内外种种情形，交互错综，于长年月间，缠绕少年之周围，驱使其陷入犯罪之途，莫能自拔也。虽然，上述种种，尤不过为少年犯罪之原因，而在犯罪之先，尤必有直接之动机，予以深刻之刺激，乃至为犯罪之决意也。

少年心理，本极单纯，故其犯罪之动机，大抵出于冲动，而不暇深思熟虑，己有所欲，必思夺取，己所愤恨，必思报复，此与成年人之富有理性者，颇异其趣。

据日本小田原少年监狱小桥川分监长之言，少年犯罪之动机，以受不良电影之挑动或暗示者最多，次之为零食癖、失业、成年人之诱惑及浮浪癖等约居全数十分之八云。东京警视厅亦就十四岁以下之不良少年男子二百三十八名及女子二十四名。调查之结果，其动机如下：

恶友之同化	男 31（名）	女 4（名）
恶友之诱惑	32（名）	1（名）
偶发的	6（名）	8（名）
先天的	19（名）	1（名）
盗癖	137（名）	
未受允许而出奔	6（名）	

其他则为生活困难，给养不足，电影恶化等。

少年犯罪之数字，以窃盗为较多，次之为放火。盗窃者多因嗜好买食、电影、游艺、饮酒、吸烟、女色等欲求，有金钱之需要遂致发生获得金钱之动机。放火之动机，亦有多种，据川越分监之统计报告，约如下述：

1. 受父兄主人之叱责或与他家子弟口角，乃放火于自己的主人或他家的房屋，以泄其怨愤。

2. 受他人之诱惑或教唆，而为机械的放火行为。

3. 为湮灭犯罪痕迹而放火。

4. 欲于火灾发生之际乘机窃盗，而为放火行为。

5. 以火灰飞扬为乐，或以消防队其他人员奔驰救火，及喷水管扑灭火灾为赏心悦目之快事，因而放火者。

6. 欲于火后受人馈赠而放火。

7. 欲于火后拾取残钉碎物而放火。

以上一至四，为少年放火之通例，五至七则非常识所能判断，大抵愚鲁及低能者居多，亦一可注意之事也。

原房孝就少年犯一千九百十五人，调查其动机，结果如下：

1. 男少年犯直接之动机。

游荡及见女思淫	286（人）
欲得买食之费用	274（人）
出奔及家庭穷乏	203（人）
赏玩新兴游艺	170（人）
受恶友之诱惑	128（人）
家庭之不监督	108（人）
欲得入京旅费及回乡川费	83（人）
出于偶发的	70（人）
家庭的恶影响	64（人）

怨恨	51（人）
虚荣心	47（人）
继母之虐待	34（人）
父母之教唆	30（人）
好奇及以犯罪为有趣味	21（人）
母亲或祖母过于溺爱	13（人）
父母之死	10（人）
赌博	9（人）
杂志小说或电影中人物之模仿	6（人）
欲得学费及教育用品	4（人）
父亲入监	2（人）
欲得苦学之资金	1（人）
欲得投机之资本	1（人）
与兄弟竞赛贮金之多寡	1（人）
不明	229（人）

2. 女少年犯直接之动机。

赤贫结果	9（人）
虚荣心	5（人）
看电影	4（人）
处于偶发的	4（人）
由色情关系穷迫而犯罪	3（人）
情人之诱惑	2（人）

继父母之虐待	2（人）
被迫为不满的结婚	1（人）
怨恨	1（人）
欲得教育用品	1（人）
因梅毒	1（人）
欲食甘味	1（人）
不明	12（人）

阅上表，足见少年犯罪动机之错综复杂，其限于犯罪，固非偶然也。

电影足以直接间接促成少年犯罪之动机，乃显著之事实，据东京警视厅保安科调查报告，电影院内当灯暗映演之后最易犯罪，自大正七年七月至十一月止刑事诉追案件三十九起中，计有扒窃三十七起，窃盗一起，侵占遗失物一起，依行政处分案件有六百三十四起，此外尚有猥亵一百一十起，秘密卖淫引诱行为二起，恶戏一百九十八起，喧哗五十八起，泥醉一百〇八起，增嘈杂之行为十七起。受刑事诉追而被处罚者，三十九起中有三十五起之多。又因受电影之恶化而犯罪经查明者一百三十九起中，杀人二起，窃盗扒窃一百三十七起，可见电影事业之发达，少年犯罪之数字，亦有增加之趋势，关于不良电影之取缔，固有注意之必要也。

第二节　累　犯

少年犯罪者，受刑之执行完毕，释放出狱之后，每有因再犯罪而入狱者，究其原因，不外二端：

1. 个人的原因。受刑之少年，如其身体精神，有先天的遗传的缺陷，或染有恶癖，恶性甚深，于科刑期间不能陶冶其性情者，即有陷于再犯之虞。

2. 家庭的原因。出狱少年还家之后，如其父兄主人之保护监督不周，甚或加以叱责于冷遇，即不免迫使少年再犯他罪，重入囹圄。

3. 社会的原因。社会上对于刑余出狱之少年，每怀轻视之心理，或为朋友所不齿，或为乡党所讥诮，谋生匪易，立足为难，遂不得不再蹈刑网，成为累犯矣。

据川越分监之调查报告，大正八年中入监之累犯十九人，其因恶性甚深不能以刑罚治疗而再犯者计有十四人之多。

更就大正二年至八年共七年间之累计有累犯二百七十五人，其中因父兄及其他保护者之保护不周而为累犯者占八十六人。恶性甚深不易感化者占一百五十八人。为社会所轻视或受友朋所诱惑者二十四人，因其他事由者则有七人。从可知少年之累犯，实有个人的、家庭的及社会的原因之存在也。

若就大正八年中入监之累犯少年十九人，调查其前次刑期完毕出狱时之改悔情状，如下：

已有改悛之情状者	2（人）
稍有改悛之情状者	3（人）
未有改悛之情状者	14（人）
合　计	19（人）

出狱当时未有改悛之情状者约占十分之四，即于出狱后加以充分之保护，犹感不易救治，倘家庭与社会，反予以冷遇与轻视，则少年怆怀身世。焉有不故态复萌，转以再入狱门为快耶。

复就前犯再犯之关系，调查如下：

前犯窃盗而再犯窃盗者	16（人）
前犯诈欺而再犯窃盗者	1（人）
前犯伤害而再犯窃盗者	1（人）
前犯伪造文书而再犯窃盗者	1（人）
合　计	19（人）

其中十分之九殆与前犯犯同一之罪名，且其动机手段及犯罪之情节全相一致者亦甚多，此辈大抵成为常习犯。于刑之酌量时，宜注意其犯因性癖及恶德浸润之度，定一相当之刑期，以求其改善也。

更就入监犯累十九人之前后刑期关系调查如下：

累犯时之刑期一人平均	二年六个月又一日
前犯时之刑期一人平均	一年四个月十八日
合计累犯时增加	一年一个月十三日

上累犯刑期之增加，其内容如下：

累犯刑期二年以下者	5（人）
累犯刑期三年以下者	13（人）
累犯刑期四年以下者	1（人）
合　计	19（人）

前犯刑期一年以下者	9（人）
前犯刑期二年以下者	10（人）
合　计	19（人）

少年犯罪者，应施以教育，陶冶其品性，使其不至再犯，故刑之量定，颇费斟酌，如不应起诉而起诉，应缓刑而不缓刑，或刑期失之过重，皆易引起反感，毫无实益。然刑期失之过轻，则又不能收矫正之效，此各国所以对于犯罪少年，大抵采不定期刑制度，使行刑者于其长期短期间，留一斟酌伸缩之余地也。

第三节　犯罪之常习性

累犯之少年，大多有犯罪之常习性，观于前节所述前犯窃盗而再犯窃盗人数之多，可以证明。大正八年入监之累犯十九人，其在出狱后陷于累犯之年月，调查如下：

出狱后两个月以内累犯者	11（人）	58.0%
出狱后一年以内累犯者	6（人）	32.0%
出狱后一年六个月以内累犯者	2（人）	10.0%
合　计	19（人）	

大正四年至八年共五年间之统计则如下：

出狱后六个月以内累犯者	111（人）	61.8%
出狱后一年以内累犯者	42（人）	23.3%
出狱后一年六个月以内累犯者	16（人）	8.8%
出狱后二年以内累犯者	7（人）	3.8%
出狱后二年六个月以内累犯者	3（人）	1.8%
出狱后五年以内累犯者	1（人）	0.6%

右以出狱后六个月以内累犯者最多，一年内累犯者次之，足见犯罪常习性，辄于短期间内复发，每使监狱之行刑教育，失其效

果，累犯之少年，诚有特别注意之必要也。

第六章　少年犯之处遇问题

第一节　欧美各国少年犯之处遇

各国对于少年犯之处遇，约可分为三期。第一期为惩治主义，即对于犯罪之少年，与成年人同等处罚，以达惩治之目的。反对者则谓浮浪少年之两亲与其保护者，多属贫穷卑下之流，缺乏保养幼年人之方法与真意，而善导小国民，使其成为他日之良市民，乃都市与国家之任务。若任其感染恶风，不加救治，甚且一蹈刑网，即令其与壮年人收容于同一之监狱，其结果之恶劣，不堪设想，故政府与民众，亟应自觉其相互救济之责任，而定思患预防之策也。因此惩治主义遂一变为感化主义，即对于犯罪少年，不以惩治为惟一方法，其有感染恶习之虞者，则设法防护之。又分家庭的感化主义与经济的感化主义两者，前者置少年犯于家庭组织之下，施以感化，以知的教化为主，养成家庭生活的趣味；后者使少年犯知劳动之可贵，养成勤劳习惯，俾将来得以自力营生，发挥自立之精神，为其教养之方法。

少年犯之处遇方法，一再变迁，长足进步，至入于第三期之现阶段，即对于少年犯专以训育为宗旨之训育主义是也。

西历纪元后百十年顷罗马政府设立救儿院，为对于少年最初之设备，虽非尽属收容少年犯罪之人，而关于少年犯之诸种设备，实可谓发源于是，此中能容五千之少年，从业者皆属处女，教育方法，非仅教以抽象的文字，且授以手工艺与日常生活之实际知识。纪元后五二九年，罗马杰斯蒂尼恩帝（justiuian）制定之法律中，有“为人父母而怠其子女教育者，丧失其法律上为父母之权利”之规定，亦可推知当初对于救济儿童事业之注意。

德国于一六九五年有救儿院之创设，教以普通知识与劳动。一八三三年后，感化事业发达甚速，如感化院、育儿院、授职学校、聋哑院、盲儿院、白痴院、小儿病院、女执事养成学校、疯癫院、女侍养成所、出狱人保护协会及育婴人养成所等，无不风起云涌，次第普设。

法国于一八三九年有农业感化院之设置，采用家族制度，于“以地感人，以人拓地”之原则下，从事农业，其教育方针，又以相互扶助为着眼，至其他救济少年犯之设备，现在亦无不应有尽有。

美国于一八一八年，在纽约有贫民防护协会之创设，旋即改为救儿协会。一八二六年，鲍斯顿感化院成立。一八三五年，在鲍斯顿湾之东宋岛设置民立孤儿贫儿农业感化院。一八四七年麻省（Massachusetts）之爱斯德卜洛感化院成立。一八五五年同州有兰加斯托尔女子感化院之设立。其后各种感化儿童事业推广极速，如感化院救儿协会等，遍地皆有设立。纽约之救儿协会，会长查利斯曾举示救护教育之方法三端，灌以宗教观念使知神明之存在，一也；授以普通教育启发其知识，二也；授以职业，令其有自活生存之道，三也。

英国著名之监狱改良家约翰·霍华德（John Howard，1726—1790）关于少年犯问题，曾云：“为矫正感化而拘留之少年，不仅应与一般犯人隔离，即少年相互之间亦须别居，亲切柔和之监督者，常须访问彼辈，以代其父母朋友为恳切之谈话。”寥寥数语，已可窥见英国当时处遇少年犯之如何情景矣。嗣于一七八八年成立伦敦慈善协会，系采家族制度，其作业以农业为主。一八〇六年该协会移归政府经营，其救儿运动，区分为三，一为幼年囚之监狱学校，二为孤儿之职业学校，三为贫困女子之职业学校。一八一五年监狱规则制定，及恶少年改良协会成立于伦敦，一八一七年少年感化狱设立于伯明罕附近，爱德华设立所谓少年友谊协会的感化院，后玛莉女史创立俾克笃里女子感化院。一八三八年巴鲁克霍尔斯得怀德岛有官立感化院之设立，嗣后传播更广，感化儿童机关普设于英国全土。英国感化院可分为二种：一为拘禁犯罪少年之所在，一为工艺院。凡少年有犯罪之虞者，得送入于院内习工艺，其他若怠惰少年学校、昼间工艺院等，随地均有设置。

第二节　国际监狱及刑罚会议关于少年犯处遇问题之决议

国际监狱会议，最始为一八四六年得德国佛兰克孚尔特会议，次为一八四七年比京之伯鲁赛尔会议，一八六五年佛兰克孚尔特会议之后，忽告中辍。

一八七二年国际监狱的运动复兴，第一次开会于伦敦，一八七八年在瑞典之斯特克孚尔姆开第二届会议，一八八五年在罗马开第三届会议，一八九〇年在圣彼得堡开第四届会议。一八九五年在巴黎开第五届会议，一九〇〇年在比京伯鲁赛尔开第六届会议，一九〇五年在匈牙利之伯达百斯特开第七届会议，一九一〇年在华盛顿开第八届会议，一九二五年复在伦敦开第九届会议，一九三〇年在捷克之勃拉克开第十届会议。扩大范围，而更定名称为国家监狱及刑罚会议。一九三五年在柏林开第十一届会议。兹将会议中关于处遇少年犯之重要决议案，摘录于下，以见国际间对于此项问题思想之一斑：

一、华盛顿第八届国际监狱会议

甲　改良刑罚的议案（略）

乙　改良监狱的议案

（一）感化院的改良议决如下：

1. 凡犯人无论年龄如何，以至再犯累犯，总希望其改过迁善，不可存绝望之心。

2. 凡犯人在监禁中，须从惩戒及感化两方面着手。

3. 凡感化犯人对于德育智育体育，须并注意，使其出院后足以自立。

4. 感化院限期，以长期为宜，俾可养成完全人格。

5. 感化院既定长期，必须兼用假释制度，惟出院时必须临时法庭认定，出院后必须有妥当之人随时监督。

6. 对于幼年犯罪者，当有特别管理法如下：

(1) 幼年犯罪，应付感化院者，其期限的长短，由审判官临时酌定，不必拘定法律，总以幼年人须如何时间，始能变化气质为断。

(2) 长期之囚犯，于刑期未满时，确能改悔自新，经临时法庭许其出院，则原判决的审判官，亦当认可，不得异议。

(3) 凡幼年犯罪者，候审时，应与短期监禁人分别场所。不得合在一处。

(二)(三)(略)

丙 预防犯罪的议案(略)

丁 保护童稚的议案

(一) 幼年犯的科刑

1. 幼年犯罪，当特别办理，不得以处理成年犯罪的程序处理之。

2. 处理幼年犯罪，当依下列各条精神办理。

(1) 审判幼年犯的裁判官，预审官当深知幼年人之性情，乐与幼年人习近，并须具备社会学及心理学上之知识。

(2) 审讯幼年犯之时，审判官预审官的态度，当加劝谕，而有怜爱之心，不容刺讯，而具品评之意。

(3) 对于幼年犯，亦适用假释制度，出狱后必有特定人的监督，惟此监督人，必须到庭听审，俾明了其犯罪原因。

(4) 对于幼年犯罪，必须使深通社会学心理学的医生，细研考查其犯罪原因，报告于审判官，使案件易于解决，但其考查所得，不得宣布。

（5）幼年犯罪，以不逮捕为宜，逮捕状必于不得已时出之。

（6）拘留场所，当与成年犯隔绝，审问时间，亦应与成年犯人分离。

（二）异质儿的处置

1. 国际监狱会议，对此问题，不敢遽断，希望私人或国家，从速调查，调查应以各学者所定“异质儿童的心理分类法”为基础，而注意下开各事：①在异质幼童监中之人，精神有危险的倾向者，其人数及比率如何？②在迁善所或裁判所的幼童，有精神病的人数及比率如何？

2. 下列二端，须由此项监所之管理人，发表意见，以备研究：

（1）此种幼童，仍可留于所在之监所否？

（2）有何特别待遇法及其成效如何？

（三）浮荡儿的减除

1. 父母失教，应使负其子犯罪之责任，失养应强其抚养，如父母有恶习，或家庭教育不良，应责付其子，隶于公共机关，俾习一艺。

2. 公共教育机关，或私人，对于儿童所学工艺，宜与儿童的利益需要相合，徒手工业应尽力推广。

3. 多辟公园及有益的游戏场、休息场。并附设运动场所，使幼童得养成其强健活泼的精神。

4. 多开演讲会，以日用寻常的事，发挥家庭教育，使为父母者，对于儿童流于游惰邪僻，知所防止之法。

5. 报纸教士，对于“养正莫如戒惰”，亦须竭力鼓吹，指导社会。

（四）私生子的保护

1. 法律道德及社会习惯各方面，均须注意于私生子的保护，而勿加以轻蔑。

2. 法律上应明定私生子的地位，虽一时社会情状，不能与正当婚姻所生之子，一律看待，惟看护、赡养、继承各事，必渐期其平等。

3. 哺乳期满后，责付其父或母时，应视“该幼儿之私益及其将来为国民的需要”为断。

4. 私生子判归其父或母时，有不能看护其子者，亦当供给款项，为赡养及教育之用。

5. 男女私通，多由愚昧，社会上应以演说或文字晓其利害，并使男女有精神上的平权，俾无知识者各知自重。

6. 幼女私通，受孕后，其未生也往往堕胎，其既生也往往将私生子致死或抛弃，不幸丑行暴于社会，又每每流落为娼，各医院及其他公所中，如有此种幼女，往请调治或援助者，宜由保护幼童会，或其他慈善团体派员，照下列各端，帮同办理：①告以生子前后应行准备事项，不使有堕胎或致死之行为。②调查其父，使负赡养责任。③如该幼女及其私生子的保护人，遇有困难，须妥为指导。

二、伦敦第九届国际监狱会议

（一）立法（略）。

（二）管理（略）。

（三）预防第一问、第二问（略）。

第三问：对于绘画，尤以电影的不良影响，足以刺激一般及少年之犯罪，或不道德之行为，应用何种最良方法以预防之？

议决：

1. 各国应设立以保护少年为目的之有力检查所，且应以特别方法，及对于影戏馆之监督，使检查之决定，得以确实执行。

检查电影，不应单以紊乱风俗与否之点为限，其一切事项，对于少年德性，有恶影响者，均应监督之，而且对于少年，最好映演特别之电影，对于摄制有益少年与一般公众之影片者，国家应予以辅助。

影片问题，有国际的利害关系，故应规定国际协约，各国对于在本国禁演的影片，应努力防遏其出口。

2. 关于影片以外之制作物，各国应促进一九二三年七月关于不道德出版物的国际协约之实行。

第四问（略）。

第五问：收容已被诉追及受感化处分的少年于适当的家庭，应在何种情况何种规定之下行之?

议决：裁判上受诉追而认为有犯罪的少年，如其两亲不能完全其道德的教育，应委托于其他适当的家族，这种委托，应以社会的改善为目标，如付少年于此种制度，对于少年的身体、心理、道德，应先为完全的检查，检查的结果，在认为既不应送交治疗机关，又不应移交感化设备时，始宜为委托处分。

关于被委托的家族的选择，以由公的设备，或公认的私人协会之介绍与监督为适当。再对于委托之契约，应载明该家族的权利与义务。该家族对于少年，应完全施行道德及职业的教育，同时家族对于此种费用而受赔偿，是正当的，俟少年能劳动时，家族应给以正当的工资。家族及介绍的协会，均应服从公的监督。

开设特别讲演及讲座关于被起诉的少年之教育，而教示以必要的原理，是有益之事。于是对于出席此种讲演或讲座，而举良好的效果之人，关于少年的委托，而认为有优先权，亦属有益之事。

（备考）关于最后一点，尚有动议提出，当即决议，家族委托，不仅被起诉的少年，即道义的、被遗弃的少年，亦适用之。

三、勃拉克第十届国际刑罚会议

（一）立法（略）。

（二）行政（略）。

（三）预防（略）。

（四）幼年人。

第一问：幼年人法院应如何组织？幼年人法院的辅助事务，应如何设施？

议决：关于幼年人犯罪之审判，无论为普通法院或其他官署，应付之于有认识幼年人之能力且有保护幼年人之观念者。

幼年人法院，宜于独任制，以特别为幼年人审判者充之，陪审员则以医师、教育家及从事于社会救济事业者充之，审判官或陪审员，可尽量以女子为之。

法院予幼年人处分以前，应详细考察该幼年人之过去生活，社会环境，及其性质。考察之时，应尽量延聘心理学及教育学专门家及使用社会救济之一切设备。幼年人法院之辅助事务，应付于有特别技能及愿终身从事于此者。

自愿为此事者，尽可许其加入，惟指导及监督，应归之以社会事业为职责者。辅助事务，包括预防、监督、诉讼前、诉讼中及判决后而言。

为便于幼年人医学上及生理上、心理上之检查起见，应组织供法院使用之特别检查机关。

为法院对于幼年人处分便于执行起见，亦应组织特别机关。予法院以监督执行，及改正停止或中止处分之权。

第二问：普通法院是否有安置幼年犯（即刑法上已负责任而民法上尚未成年者）于一特别处所之权？为安置于特别处所，其置处方法，是否完全取感化性质，或取惩罚性质？

决议：如对于儿童（例如未满十四岁）一切审判官署应为犯罪前之保护，而对于第一级之幼年人（十四岁以上未满十八岁者）之一切诉讼，亦应设特别法庭，则普通法院，对于超过第一级年龄之幼年人（十八岁以上未满二十五岁者）亦可安置于一特别处所感化之。

前项特别处所，不宜以监狱定之。

第三问：未成年人受法院判决而执行时，其由工作所得之金钱或特别报酬，或以其他名义所得者，应如何规定其管理方法及其用途？诉讼费用，是否可以此项收入弥补？

议决：受法院判决而执行之幼年人，应为立一账目，而其收入及支出记载之。

如果某团体或私人不愿帮其立账目时，就撤销其管理或监督幼年人之权幼年人存款之管理，属国家或属团体，或属私人，以幼年人信仰者为宜。

存款之用途，应以法律规定之，得用于购制衣服、日常零用。

诉讼费用及其生活费，应由其家属负担，但认为其家属无负担之义务，或其家属无力负担者，不在此限。

四、柏林第十一届国际刑罚会议

（一）立法（略）。

（二）行政（略）。

（三）预防（略）。

（四）少年。

议题一：少年法院不仅对于已经不良化之少年即对于有不良化的危险之少年，亦可得宣告处分，是否适当？少年法院又对于不能完成自己责务之两亲，可否为剥夺亲权之宣告？

议决：少年法院应赋予此等权限，当有社会预防的特别组织，其活动应与法院保持紧密协力之关系，其他，少年法院，对于亲权之失权，与监护人之解任，亦应有权为之。

议题二：对于少年拘留的程序上之要求，与对于由拘留发生的危险所需要对少年道德上之保护，其间调和之方法何如？

议决：

1. 对于少年的拘留，在预审上无必要者，须避免之。限于无重大不便之少年，应置之于两亲或监护人之左右。

2. 若在有拘禁之必要时，应收容之于为犯罪少年或被遗弃的少年之监护与教育特别设置之公的或私的所在。

3. 以上所在须有供审查少年身体的、精神的及社会的状况之必要的设备与器具及职员。

4. 已收容于此项所在时，须使少年视之为家庭为工场，为学校。

5. 其在无此种设施地方，须将少年移送于有此项设施之地方，并须制定法规。

6. 既无适当设施，而又不能移送于他方之场合，始可想到拘禁，在此项场合，须规定特别区划，区别为成年人及少年犯罪人且须想到为救济免其独居之缺点，特别给予适当之工作。

议题三：依法院之处分，所收容于学校及其他设施之少年或准少年，当出所后，如何始可给与最善之精神的及物质的保护？又此项保护，应由何人并应如何始能实现？

议决：

1. 保护应由公私协力而为之，于处分实行中，必须已有准备。

2. 在可能之场合，设施所在之职员，应当保护之任，否则非有特别公私之设施不可。

3. 有设考查期间之必要，或置被收容者于半自由之状态，或在缓归之条件下而予以开释，及依其他事情而为此二者，是乃适当。考查期间，无论何时，得使之终了。

4. 保护员非监督者，乃扶助者，自然应进为扶助之行动，尤非亲自明白被保护者之生活及劳动的状态不可，且应有足为暂时扶助之资金。

5. 应尽量利用社会的一般组织。

第七章　对于少年犯罪之刑事立法政策

第一节　刑法之修正

刑事立法政策云者，研究依如何标准，始能制定理想上最完善的刑事法规之谓也。自刑事立法之积极目的言之，应注意下列各端：①如何能适合人情，而定一行为之准则，使各人相安无扰。②如何能因应时势，而随时有救济之道，使法律与事实，不致差悬太甚。③如何能矫正陋俗，寓道德于法律之中，以期风淳俗美，人类有向上之心。

自刑事立法之消极目的言之，应注意于下列二端：①如何能惩一儆百，使人群不至蹈于罪刑，以收一般预防之功效。②如何能使犯罪者改善品性，不至再犯，而达特别预防之目的。

立法上单以刑罚为预防犯罪之手段者，为狭义的刑事立法政策，以其他方法为手段者，为保安处分之立法。两者手段虽异，均以特定行为人为对象，而达预防犯罪之目的则一也。

我国近年以来，因政治的经济的推动，社会上发生极大之变化，旧刑法之体系，已证明其防卫社会之无力，遂有改定足以防御社会的新刑法体系之客观的需要。计自二十一年着手起草新刑法，经三年之岁月，始于二十四年一月一日公布中华民国刑法，于同年七月一日施行其内容已由罪刑等价主义，侧重于罪刑个别主义；由客观的事实主义，侧重于主观的人格主义；由道德责任主义，侧重于社会责任主义。除定罪科刑的原则，与罪名刑度的范围，为求其现代化与合理化，已有绝大的变更之外，尤以树立刑罚与保安处分之立法二元论，为新刑法防卫社会意义之显明的表现。而关于少年犯之处遇，于刑法总则上，亦有明确之规定。

一、少年犯与刑事责任能力

刑事责任能力者，精神健全发育，理解行为之道德的社会的责任，而决定实行犯罪，因之使其负担刑事制裁，且具刑罚适应性之主观的能力也。少年犯之责任能力，或为绝无责任，或为减轻责任，因其年龄而有异：

1. 绝无责任之年龄。刑法第十八条第一项云："未满十四岁人之行为不罚。"因未满十四岁之人，精神发育之程度，尚未充足，不足以使其负担刑事责任，且年少无知，可教而不可罚，各国刑事立法，亦多以幼年人为缺乏刑罚适应性与受刑能力，不如以感化教育，代替刑罚，较易收改善之功，故我国新刑法亦予以不罚，而另设保安处分，以资救济。

2. 减轻责任之年龄。刑法第十八条第二项云："十四岁以上未满十八岁人之行为得减轻其刑。"此种人虽其精神状态，已随年龄而渐次发达，然亦有未臻完全者，故于绝无责任与完全责任之中间，设此过渡之阶段，所云"得减轻其刑"非必减之意，果其精神状态确已成熟，或其犯罪情节确甚重大，则斟酌其主观能力，不予减轻亦可，故非绝对减轻而为相对减轻主义。至满十八岁以上之少年犯，则须负完全之刑事责任，惟其审判与执行，在各国仍有特设之少年法庭与少年监处置之也。

二、少年犯与刑之宥减

刑法第六十三条第一项云："未满十八岁之犯罪者，不得处死刑或无期徒刑，本刑为死刑或无期徒刑者，减轻其刑。"盖青年一时失检，致罹刑网，若许其自新，前途正有可为，故毋宁宥恕其情，特从末减，而别求防卫社会之法也。但恐姑息之仁，适足养奸，如对于杀直系血亲尊亲之罪，倘亦不得处死刑或无期徒刑，则未免几近宽纵，转贻立法疏漏之讥，故复于第六十三条第二项特设明文云："未满十八岁人犯第二百七十二条第一项之罪者，不适用前项之规定。"

三、少年犯与保安处分

保安处分，为刑罚以外防止犯罪之方法，对于特定行为人发生侵害法益之事实后，认为其人无刑罚之感应性或非徒用刑罚所能改善者，乃采用一定得保护安全之手段，以消失其反社会的危险性，而达防卫社会目的之处分也。其着重于特别预防，与刑罚相同，故刑罚与保安处分，为近代刑法上之双轮两翼，有相辅而行之功用。

保安处分之立法，有两种倾向，其认刑罚与保安处分有合一的倾向者，系采立法一元论，其认刑罚与保安处分有差别的倾向者，系采立法两元论。主一元论者，欲全以保安处分代替刑罚，甚至主张刑罚制度之根本的消灭。然其陈义过高，在今日之社会情形，尚无彻底普遍实行之可能，于是只得一面根据正义观念的要求，按照防卫社会的目的，对于刑罚制度加以相当的改革；一面于刑罚之外，另行制定有异于刑罚之保安处分，以期相依为用而维持社会秩序，此即保安处分与刑罚之立法二元论。统观我新刑法之规定，其刑罚以道德责任为本质，以社会责任为目标，而保安处分则纯以防卫社会为使命，既非完全固守传统的观念，又能适合时代之思潮，盖亦属于二元论之立法也。

我新刑法为少年犯规定之保安处分有二：一为感化教育处分，一为保护管束。

（一）感化教育处分

1. 未满十四岁之人感化教育处分。依刑法第八十六条第一项第三项之规定，因未满十四岁而不罚者，得令入感化教育处所，施以三年以下之感化教育。盖未满十四岁人，既非刑罚之客体，应为教育之对象，故得令入感化院、矫正院等处所，施以相当期间之感化教育，以改善其危险性的倾向也。

2. 未满十八岁人之感化教育处分。依刑法第八十六条第二项、第三项之规定，因未满十八岁而减轻其刑者，得于刑之执行完毕或赦免后，令入感化教育处所，施以三年以下之感化教育，但宣告三年以下有期徒刑拘役或罚金者，得于执行前为之。而同条第四项又云：第二项但书情形，依感化教育之执行，认为无执行刑之必要者，得免其刑之执行。盖少年犯宣告三年以下有期徒刑以下之刑，其犯罪本属轻微，如因先受感化教育处分而已消灭其危险性，则在刑事政策上，自无定须使其一尝铁窗风味之必要也。

3. 感化教育处分之宣告。保安处分虽非刑罚，如用之不善，亦可变为极恶之制度，故各国为慎重保安处分之宣告起见，以委诸法院管辖为宜。刑法第九十六条云："保安处分于裁判时，并宣告之，但因假释或于刑之赦免后付保安处分者，不在此限。"惟同时宣告，系就起诉之案件而言，如检察官对于行为不罚者，依法虽应为不起诉之处分，然检察官为代表国家公益之机关，如认该行为人有付保安处分之必要者，自可声请法院以裁定行为之也。

4. 感化教育处分之延长及免除。依刑法第八十六条宣告之保安处分期间未终了前，认为无继续执行之必要者，法院得免其处分之执行；如认为有延长之必要者，法院得就法定期间之范围内，酌量延长之（刑法第九十七条）。按保安处分适用之原则有二：一以行为人之社会危险性为基本，一为理论之归结，应为不定期之处分。其人如已改善自无继续执行处分之必要，如其人之危险性，尚未消灭，则亦不妨予法院以酌量延长之权也。

依刑法第八十六条宣告之保安处分，于刑之执行完毕或赦免后认为无执行之必要者，法院得免其处分之执行（刑法第九十八条）。盖保安处分以基于行为人之社会危险性为前提，行为人于刑之执行完毕或赦免后，如受处分之原因，已不存在，实无执行保安处分之必要，故许法院得免其处分之执行也。

5. 感化教育处分之消灭。刑罚之消灭时效，固不能适用于保安处分，然保安处分若无何项时间之限制，而得随处随时予以执行，自非安定人心之道，故刑法第九十九条云："第八十六条之保安处分，自应执行之日起，经过三年后未执行者，非得法院许可，不得执行。"盖经过三年，犹未执行，其人之危险性，或已早不存在，则其应否再予执行，自应由法院认定，较为慎重耳。

(二) 保护管束

保护管束，亦称保护观察，各国往往有少年人保护观察法之制定。对于少年犯为特别处分时，观察其行状，加以保护指导，以期完成改善之目的。我新刑法之保护管束，则不仅足以代替少年人之感化教育处分，对其他人之保安处分，亦有代替之作用。

感化教育之处分按其情形，得以保护管束代之，其期间为三年以下，不能收效者，得随时撤销之，仍执行原处分（刑法第九十二条）。可见保护管束有代替感化教育处分之作用，所云按其情形有主观客观两面，在主观方面固为犯人之年龄性格精神状态教养关系等，客观方面除家庭生活社会环境等外，并应审酌当地有无关于保安处分之相当设备，故为适应事实起见，设此代替之制度也。

保护管束，交由警察官署、自治团体、慈善团体、本人之最近亲属或其他适当之人行之（刑法第九十四条）。英美各国专设保护管束司以执行保护管束之事务，新刑法以专设机关，无论财力人力，均感困难，不如交由现存适宜之机关或人，执行保护管束，较易实行耳。

第二节　少年法之制定

我国今日渐已趋入物质文明之境域，致生活程度增高，加以受外国经济军事之侵略与国内天灾人祸之交迫，农村崩溃，生计困难，一切成年人间之阴谋、暗斗、仇视、嫉妒愈形尖锐，而终日处于此种恶劣环境下之少年或儿童，自然更易有犯罪之倾向。以我国地大人众，少年犯罪之数字，虽无详密统计，然其人数之增加，决不在少。刑法上虽有关于少年犯少数之条文，不过举其最重大者而为规定，而欲贯彻防止少年犯罪之方针，尤非专为少年人另定若干辅助法规不可。

各国关于少年犯，大抵另定专法办理，如一九〇八年英国有儿童法之颁行，一般人称为儿童宪章（The Children's Charter），印度于一九二〇年颁布马特拉斯儿童法规（Madras Children Act），一九二二年孟加拉儿童法规（Bengal Bhildren Act），意大利于一九三五年七月十日施行关于保护少年之特别条例，日本亦于一九二二年颁布少年法及附属法规。

日本少年法以预防犯罪主义保护教养主义个别处遇主义及社会连带主义为立法之基础观念，其内容分为保护处分与刑事处分两部分。

保护处分分为：①加以训诫。②委托学校校长加以训诫。③使以书面为改过之誓约。④附条件而交付于保护者。⑤委托于寺院教会保护团体或其他适当之处所。⑥交少年保护司监察。⑦移送感化院。⑧移送矫正院。⑨移送或委托于病院。凡年龄未满十八岁之少年，如有一触犯刑罚法令之行为，二有触犯刑罚法令之虞，三受缓刑之宣告，四许假释出狱者，为加以相当之保护及矫正其不良性，得依其个性、情节、境遇等，施以一种或二种以上之保护处分。

对于少年之保护处分，由少年审判所为之，审判官单独审判，另有少年保护司，辅佐审判官，供给审判资料，掌监察少年事务，或受审判所之命为必要之调查，审判期日得出席陈述意见，审判不公开之。必要时，得为少年犯选任辩护人从事保护事业者为辅佐人，审理终结时，得为前述一至九之保护处分。如认为有刑事诉追之必要者，则将该事件移送于管辖法院之检察官。

刑事处分，对于最可同情之犯罪少年，采宽大之主义，期其能知后悔不至甘自暴弃，故对于一般刑罚法令设例外之规定，即①犯罪时不满十六岁者，不得处死刑或无期刑，应处死刑或无期刑者，处十年以上十五年以下之惩役或禁锢，但犯大逆罪、不敬罪或杀亲罪者不在此限。②对于少年应处长期三年以上之有期徒刑时，于刑之范围内，定短期与长期宣告之，使执行上有伸缩之自由。③关于假释，在无期刑者，受刑后经过七年，十年以上十五年以下之刑者，受刑后经过三年，受不定期刑之宣告者，经过其短期之刑三分之一时，得许假释出狱，比之现行刑法，颇为宽大。

少年审判所审理少年犯结果，认为有刑事诉追之必要者，固得移送于检察官，而检察官关于少年犯罪案件，认为予以保护处分为适当者，则得移送其案件于少年审判所，即在法院审理少年被告之结果，认为以付保护处分为适当者，亦得移送少年审判所而为决定。反之少年审判所受检察官或法院移交之案件，已为相当之保护处分后，发见不属其管辖者，应听取检察官之意见，取消保护处分，移送该案件于检察官。犯禁锢以上之刑之罪，送入感化院或矫正院后，无改悛之情状，且有逃往之虞，认为不若依刑事诉追收容于少年监为适当时，亦得由少年审判所取消原处分，移送其案件于检察官。少年犯非至不得已时，以不拘留为原则，且对于已受保护处分之少年，其已受审判之案件或比该案件应受较轻之刑之案件而在处分前所犯者，即不得为刑事诉追。以上刑事处分与保护处分，有相互牵连之关系，或由保护处分一转而为刑事处分，或由刑事处分一转而为保护处分，以两种法律手续包容于一种法律之中，于适应少年犯之不良性，讲求保护教养之效力，颇能尽圆活运用之妙谛，将来我国起草少年法时，足资参考之一助也。

第三节　感化法之制定

各国为感化不良少年，多有感化院之设置，其根据则为感化法。日本则于感化法外又有矫正院法之颁行，矫正院与感化院异其性质，举其要点如下。

1. 感化院入院者须合于下列条件之一：①满八岁以上未满十四岁者为不良行为或有为不良行为之虞，且无适当行亲权之人，经地方长官认为有入院之必要者。②未满十八岁由其行亲权之人或监护人请求入院，经地方长官认为有其必要者。③经法院之许可应入惩戒场者。④由少年审判所移送者。至矫正院入院之人。则为触犯刑罚法令或有触犯刑罚法令之虞，而由少年审判所移送之少年，及父母为惩戒子女请求法院许可于六个月内收容于矫正院者。

2. 感化院属于内务部之管辖，矫正院则由司法部管理之。

3. 感化院在院期间，以不得超过满二十岁为原则，收容于矫正院者之在院期间，则不得超过二十三岁。

4. 感化院长对于在院者得加以必要之检束，而矫正院长对于在院之少年，不仅有惩戒权，如有逃亡时，矫正院之职员，得逮捕之且得求公力之辅助。

5. 感化院之在院者，其行亲权之人或监护人得请求地方长官准其出院，矫正院之在院者，除由少年审判所移送之人收容后经过六个月，受少年审判所许可得准暂予出院者外，其行亲权之人或监护人等不得请求出院。

观上述各点，足知矫正院实介于监狱与感化院中间之设备，其一面似有代监狱之性质以收容刑事被告之少年，他面则所以收容应受保护处分之少年，以举矫正犯罪之实绩，故矫正院之设立，自有其独特之功效。将来我国关于少年感化之立法，究应采感化院与矫正院并立制，抑采感化院单独制，在立法政策上，颇有研究之余地。

日本昭和八年五月五日公布少年教护法，而将感化法废止，该法为补充感化教育之不备而扩充其内容之立法，然并无特殊更新之性质。该法所称少年，谓未满十四岁为不良行为或有为不良行为之虞者，即八岁至十四岁人，地方长官认为必要时，得收容而教育之。该法第四条规定：“少年教护院内得设少年鉴别机关。”此与旧感化法不同，而为个别调查儿童合于科学方法之组织。至该法名称，避用感化法而定名为少年教护法，则所以一新社会之观听，此于我国将来立法上，亦有商榷之价值也。

第八章　对于少年犯罪之刑事司法政策

第一节　少年法院之设置

依据刑事立法，运用刑事政策而为适宜之处分者，为刑事司法政策。立法机关机关为抽象的刑事政策的实行者，司法机构为具体的刑事政策之实行者。实则运用刑事司法者，除法院与检察官外，警察机关监狱看守所以及保安处分之机关，均有其责务焉。

为推行少年犯刑事司法政策，治本之计，首须设立少年法院，以审查少年犯罪之原因，施以适当之救治，使之趋入正轨，成为有用之良民。

少年法院之基础观念。为“儿童非罪人，儿童亦不能为罪人”。其成立之历史，在美洲始于一八九一年美国芝加哥律师协会及妇女俱乐部关于儿童犯罪应否与成人同视问题之研究，就其调查结果，成为美国设立少年法院之原因，一八九九年芝加哥成立第一少年法院，同年丹佛 Denver 少年法院亦告成立，至今美国四十八州中已有四十余州设立少年或儿童法院。此外如北美州之加拿大，南美洲之哥伦比亚、阿根廷及巴西诸国，亦皆相继设立。

欧洲方面，一九〇八年英国制定儿童法，乃包括一百三十六条三百八十四项之一大法典，少年裁判制度，于兹确立。而法、比、德、奥、匈、荷、瑞士、瑞典、亦均先后设立少年法院。意大利复于一九三五年七月十日施行保护少年之特别条例，依此条例设立新少年法院。

亚洲方面，印度已于一九二〇年有儿童法院之设立，日本则在一九二二年始依少年法设立少年法院，余如非洲之埃及与南非洲共和国，澳洲之澳大利亚与桂因斯兰（Queensland）等地，亦有少年或儿童法院之设立。

我国少年犯罪渐见增多，证以各国采行少年法院制度以纠正少年犯罪之成效，实已有急切成立少年法院之需要。

少年裁判制度之重要意义，在乎打破责罚观念，代以慈爱精神，其性质半为法律机关半为社会组织，与普通法院诸多不同。参证各国制度关于少年法院之设置，似应依照下列之原则。

1. 少年法院应与普通法院分离，成为独立之社会组织的司法机关。少年法院之建筑布置，不同普通法院，宜与社会机关仿佛，审判与庭丁概不必穿着制服，使少年犯不觉在法庭受审，而将真情吐露。

2. 少年法院之审判官，固应精通法律，洞彻少年犯罪心理，对于少年之保护与教育，更须具有充分之智识经验与兴趣，而又热诚慈爱者充任为相宜。必有是项人员充任审判官，始能本其慈爱观念以为国家感化儿童，而少年法院制度之真实价值，方能表现。

3. 少年审判之手续，以不妨害少年之保护教育为本旨。一般的刑事案件，程序繁重，其审判多属公开且使多数被告可以同席，而少年审判则应与其他被告隔别讯问，使其不得闻知犯罪手段之供述以煽动其模仿性也，又以不公开审判为原则，以保存其羞耻心、荣誉心，且使其不至为公众所不齿也。故各国少年审判法，大多禁止新闻杂志为关于少年犯审判事项之记载。而少年法院之旁听者，应以少年犯之法定代理人、成年家属及感化机关之人员为限。少年犯出庭以由法定代理人带领为宜，不应使法警拘提。审判官讯问时须用温和态度浅显语言，说明其被控之事实，而后逐一讯问之。

4. 对于少年犯之保护处分，各国法令所采之普通手段，大约如下：

（1）送还少年于其家庭，使为更适当之监督。

（2）少年家庭腐败或不适宜于少年之教育时，则委托于其他适当之家庭或保护团体，使其为保护监督。

（3）少年堕落之程度甚深，认为前项处分不能收效者，则收容于施以一定的矫正或感化教育之处所。

（4）如因精神上之缺陷，而为犯罪或有犯罪之虞者，为施以治疗得送于适当之病院。

少年法院惟依法律为相当之保护处分，以矫正少年犯之性格，而其事业之收效，则有待于从事于保护事业慈善事业多数有志者之援助，否则虽有少年法院之设置，徒存躯壳而已。故欧美各国少年法院之运动，多由社会有识之士，制造一般舆论，依社会上热烈的请求，始见诸立法上与司法上之实施，盖时机如未成熟，即不易贯彻少年法院之目的也。愿社会上有志之士及为民众喉舌之新闻纸，极力鼓吹提倡各种保护儿童之事业，使少年法院之成立，得早日见于事实也。

第二节　少年监之设置

少年犯当以送入感化教育处所施以感化教育为原则，若确有科以自由刑之必要，亦应送入少年监。以与成年犯隔离，始为合理之处置。

少年监之制度，滥觞于一七〇三年十一月十四日，罗马法皇克勒曼斯十一世，以桑米格尔病院的一部，设为幼年监，专收未满二十岁之幼年囚犯及不良少年，实行矫正主义，代国家而对幼年囚犯执行其刑罚，代父兄而对不良少年改善其品性，夜则隔离而分居于独房，昼则沉默而劳役于工场。其遇囚之要旨有云：“须使彼辈屈服于国法之威严，且使受教育于严正纪律之下。”今日各国之少年监制度，实当以此为权与。

比利时监狱制度在十八世纪已有可观，一九二〇年，创办学校监（Les Prisonsécoles）（即少年监）收容民法上未成年人（未满二十一岁）而在刑法上有责任能力（十六岁以上）刑期又在三月以上之少年人，若得司法部之特许，并得收容三十岁以下之犯罪人，其目的据克斯卜拉斯监狱典狱长特里纽克斯（Delierneux）于一九二六年在国际刑法会议关于少年犯罪问题之报告，认定百分之八十，由于社会病所产生，故学校监之责任，即少年犯父母所负之责任，必须代尽少年犯父母之责任，以教育社会基本分子，始无愧于少年监所负之使命。目前比国此种少年监，共有两所，一在刚城，为工业学校监，建筑分为监房工场两部，有监房一百四十七间，工场有冶工、铁工、细木、鞋子、缝衣、订书、建筑、图样工等科，此外有教室，音乐室、演讲、图书、阴雨运动场之设备。其二在抹萨婆尔斯，以农业为教育主旨，称曰农业学校监，与工业学校监工作种类固不同，而其处遇方法则一致，少年犯初入三个月，称为入监检验期，绝对分房，典狱长、教诲师、宗教师、监护人等，逐日访问，以察改造之所需，检验期满，根据结果，决定待遇之等级，共分观察级、恶劣级、良好级、优良级等四级，除观察级以三月为期外，其余各级以囚人之努力程度为依归，藉以鼓励其向上心，如达到优良级，确有生活能力，即可予以假释。

依英国幼年囚规程，其处遇方法大要如下：①刑期一月以上之幼年囚，押送于少年监，一月未满者，与年长者隔别拘禁于监狱。②幼年囚与年长者隔离而为运动及受教育，即在教诲堂中，亦当使其不与年长者接触，且应列于不能互见之位置。③对于幼年囚之监狱纪律，无妨稍宽，不可无卧床使其睡眠，刑期内得许其阅读书籍，工场及户外劳作得与他幼年囚混同服役，授以出监后必要的职业，体育上认为适当时，得许其每日散布与操练。④巡阅委员认为对于幼年囚之道德上及其前途有利益者，得特许为限制外之接见。⑤教诲师对于幼年囚，当特别留意，且须会同巡阅委员及出狱人保护团体，关于出狱后之保护，予以尽力协助。

民国十九年司法行政当局曾拟定训政时期之司法行政工作大纲，原拟于普通监狱之外，酌设少年监，专收二十五岁以下的初犯，以便实施教养，每省设置一所或二所，其收容人数，定为五百至一千人，预定第一年①预定本年内全国共筹设少年监二十八所；②督促各省司法长官，依照筹设法院监所工作等表所列次序地点办法，将上开各少年监，实行设立。第六年①预定本年内全国共筹设少年监十九所；②督促各省司法长官，依照筹设法院监所工作等表所列次序地点办法，将上开各少年监实行设立。直至民国二十二年始于山东济南设立少年监，次年继有湖北武昌少年监之设立，且有少年监阶级处遇规程及少年犯教育实施方案等之颁行，实施方案中规定，应依三民主义之精神，授少年犯以相当之知识与技能，以正确其思想，养成其勤劳，俾能复归社会生活为宗旨。此项事业，虽已由理论趋于实际，然至今成立者，犹不过二三处，去原拟设立之数目，相差甚远，苟国人确知少年监之重要，努力进行，共筹普设，则为犯罪少年求改善，即为整个民族谋复兴，企予望之。

山东少年监，容额为二百四十名，组织形式，虽有似于普通监狱，而教务所职权较为泛广，另有教师四人，教诲师一人之设置，管理采用阶级制，兹摘录该监阶级处遇规程之重要规定于下，以资参考。

1. 新入监者定其分类编入强制级，依其得分，循次进级（第三条）。

2. 在强制级或训练级，而行状善良，确有悛悔之实据时，得进训练级或自治级。达规定之分数后，十五日内刑期即可终结者，得不为进级（第四条）。

3. 分类变更及阶级升降，于监狱官会议决定之（第五条）。

4. 从他监转入者，审查前监狱之成绩，编入相当之阶级（第六条）。

5. 在强制级者，拘禁于独居监，在训练级者，拘禁于夜间独居监，在自治监者拘禁于杂居监。在第一类之强制级而行状稍良者，得拘禁于杂居监，在训练以后，认为必要时，仍得以独居监拘禁之（第七条）。

6. 犯规情节重大者，降一级或二级，在同一阶级一月有二次以上被处罚者，降一级（第十九条）。

7. 在自治级而行状善良，其经过刑期，有合于刑法第九十三条（假释）之规定并具备实质上之条件者，得为假释之声请（第二十一条）。

日本少年监为小田原、川越、松本、姬路、冈崎、岩国、久留米、盛冈等处，收容十五岁以上至十八岁少年犯罪，尤以小田原少年刑务所为最著，该所对于少年犯之教育，极为注意，每日须受二小时之教育，卫生亦较普通监狱设备周至，并领有旧军舰一艘，停于浦贺海滨内，设渔捞训练所，讲授捕捞鱼类及其他水族并水产制造之术。其奖励渔业之政策，竟及于少年犯之间，可想见其别有用心矣。

第三节 感化院之设置

依新刑法第八十六条，对于未满十四岁而不罚，及未满十八岁而减轻其刑者，既有得令入感化教育处所，施以感化教育之规定，则关于感化院之扩充添置，实为急不容缓之事。法院科刑，含有制裁之意，而感化处分，则重在改善品性与预防犯罪，德礼之不修，乃专恃刑威以齐其末，自非正本清源之道也。

一、感化教育之主义

1. 训练上之二主义。感化教育之训练方针，向有保护主义与自由主义之分。法国采保护主义，以保护干涉为主，对于少年犯行为，无论巨细，均不厌烦琐，加以干涉。美国采自由主义，依自由本位，训练少年，助其自由发展，使知负责任守纪律，以养成独立独行之自治能力。保护主义似嫌严格，自由主义稍涉放任，故英国之训练方针，调和于两者之间，一方加以严重的监督，他方又许以相当之自由，追折衷之主义也。

2. 集合感化之制度。感化院集合感化之制度有三种：

(1) 兵营式。其组织与兵营相似，教职员为将校，受感化之少年人为士卒凡起卧饮食及其他一切进退，纪律严肃，概与兵营无异。此种制度，以服从命令为最大关键，对于顽劣儿童，加以严厉约束，虽足以养成有规则的习惯，然感化教育，重在感情上之熏陶，贵能斟酌个人性格，以为改善，若临以威严，强令就范，终非心悦诚服，恐难消除其根本上之恶性也。

(2) 家庭式。收容若干儿童为一家，集合多数之家，为感化院，与家庭同。感化院之监督者，对于少年人，如父母对子女，其起居饮食，无异家庭，故曰家庭式之感化院。此制虽可矫正兵营式之弊，惟过重温情，轻于约束，又恐易生不守规则之习惯，且收容人数不多，管理需费颇巨，亦其弊也。

(3) 学校式。与普通学校之组织相类似，管理之法宽严得中，所有教室、寝室、膳厅等无不完备，实行强制教育，使其不再游荡而无依归。此制较前两者为优，盖训育方法，注重个性，启感德越趋善之心，无恃爱生玩之弊，而容量颇多教材易得费用经济，实行匪艰犹其余事耳。

二、感化教育之三方面

感化教育之实施，应注意下列三项：

1. 生产的技能之磨炼，养成少年人将来独立经营生计之能力。
2. 道德的判断之教养，养成其有精确判断是非善恶之能力。
3. 道德的品性之陶冶，养成其趋善避恶努力向上之品性。

三、各国感化教育之概况

英国感化院之首先成立者，为一八一七年伯明罕（Birmingham）附近设立之感化所。盖自伊丽莎白（Clizabeth）女王对于失教儿童及幼年犯，深加注意，及英人勃兰顿（Captain Brenton）等主张十六岁以下之犯罪儿童，不应拘禁狱中，当组织特殊机关加以训练，遂引起若干新制之探试。一八四六年始得国会通过，由政府设立，一八四七年圣乔治（St Georges）区域之感化院，且注意及于有犯罪倾向之儿童，于是此项运动，日益进展。一八五四年国会通过感化院法，在法律上之地位益固，其最著条款如①须有工艺训练。②管理采家庭式。③厉行假释。④少年家庭如有经济来源，父母须担任一部分之经费。⑤收容少年年龄在十二岁以上十九岁以下。⑥感化期间三年以上五年以下。现在英国感化院已达二百数十处。其中有少年感化学校，工艺训练学校，流浪儿童训练学校等之区别。合计男女人数约在二万以上。

美国感化院，始于一八二四年纽约州兰达儿岛（Randall's Island）之庇护所（The House of Refuge）。惟以前对于训练，重在经济方面，认定贫穷为儿童犯罪之主要原因，经历年研究结果，方知道德问题，尤为重要。一八七六年勃洛克为（Z. R. Brochway）任爱尔米拉感化院（Elmira Reformatory）管理员，主张感化方法，当先养成少年人之自治及自尊之心理，故其根本原则，认定①少年犯有改良之可能。②少年犯改过迁善，为其权利，同时为国家义务。③改良少年犯人当察个人需要而纠正之。④少年犯人改良，当设法使之自动。⑤应先决定少年犯在院时期之久暂，方可得到改良圆满结果。⑥改良方法纯用教育方法，必使个人身心，因教育能获到自由之进展。

苏俄对于少年犯有布耳什服（Bolcheves）、温尼哥罗（Zwenegorod）等劳工区域之组织，重在集合劳动之训练，收容人数有二千人或千余人之多。其场所如一乡村，不用环墙围绕，亦无多数守卒，而脱逃之事，甚少发生，盖其精神戒护有足多也。除努力施以相当工业知识之训练外，并有网球场及其他运动方面之设施备，有称此为全世界少年感化机关最人道最合理者。

比利时感化教育之设施，除少年监外，为国立教育所，收容十六岁以下之刑事无责任能力之幼年犯，有男教育所、女教育所之分，其处遇分可望改善、确能改善、已经改善三级，各斟酌需要而施以适当之教育。此外尚有病态儿童教育所之设立，除用智育德育培养外，并用医学方法，为病菌之扫除。

丹麦对于十五岁至二十一岁之少年犯，亦以教育感化代监禁，教养期间，不由法院判定，法律仅有一年至三年之限制，其责由教养机关在范围内，酌察教养结果如何，以为伸缩标准。

荷兰感化院，全采教育制度，收容十六岁以下之少年犯，得留置至十八岁止，全国共有四处，其一为女子感化院，对于少年男女施以感化教育，使其得有入社会中生活之准备，而手工艺及其他一般教育，亦甚注意。

捷克斯拉夫，有感化院二处，一在密古拉，专收容二十岁以下之少年犯，其刑期在六个月以上者；一在哥夕斯，其中分为二部，一部分收容刑期六月以上之少年犯，一部分收容道德堕落或缺陷之少年人，皆注重感化教育之实施。

日本自大正二年公布修正感化院法，规定北海道及各府属最应设感化院，经费由各该地方负担，收容八岁以上未满十四岁之不良少年，于团体或私人设立之感化事业，得代用为感化院。现全国共有感化院五十余所，收容人数约一千二三百人。感化院中国立者为琦玉县大门村之武藏野学院，收容品行不良程度较高之少年，此外办有成绩之感化院，为井之头学园、小笠原修济学校、龙之川学校、巢鸭家庭学校及其分校函馆训育院、下谷东京感化院、大阪府立修馆院、小石川儿童一时保护所以及妇女矫风保护所。至于横滨家庭学校，专为收容不良少女之惟一机关。

我国在民国十年以前，尚无感化机关之设立，民国十一年二月，始由北京政府司法部，颁布感化学校暂行章程，同年秋间，香山慈幼会为教育不良儿童，设置感化院，实为我国感化教育之发轫。民国十二年法部筹设感化机关，乃商于香山感化院，合组北京感化学校，地址在宣武门外下斜街，占地十四亩，令各省新监幼年犯，概移送该校施行感化，采用普通小学课程及工业之训练，德知兼施，以期达到“感化成为良民”之目的，此我国国立感化教育机关之创始也。国民政府成立以来，刑法已经一再修正，社会防卫主义之色彩益趋浓厚，而感化教育机关之设置，尤感需要，据民国二十四年司法行政部统计室所发表各省保安处分执行处所之调查，其中关于感化教育机关共有公立二十五所、私立十九所，分析之则如下表：

感化院			
私立（所）	公立（所）	所在地	省
5		上海第一、第二特区法院	江苏公立1所 江苏私立10所
1		上海地方法院	
1		吴县地方法院	
1		镇江地方法院	
1		江都地方法院	
1		松江地方法院	
1		铜山地方法院	
1		句容地方法院	
1		南汇地方法院	
1		海门县政府	
1		如皋县政府	
1		淮阴县政府	
1		淮安县政府	
1		丰县县政府	
1		邳县县政府	
	1	新昌地方法院	浙江公立1所
	1	怀宁地方法院	安徽公立4所
	1	凤阳地方法院	
	1	凤台地方法院	
	1	望江地方法院	
1		安候县政府	福建私立1所
	1	北平地方法院	河北公立5所
	1	盬山县政府	
	1	吴桥县政府	
	1	故城县政府	
	1	井陉县政府	

	1	开封地方政府	河南公立6所
	1	郑县地方法院	
	1	宁陵县政府	
	1	柘城县政府	
	1	永城县政府	
	1	阌乡县政府	
	1	青岛地方法院	山东公立4所
	1	章邱地方法院	
	1	城武县政府	
	1	文登县政府	
	1	高等法院第一分院	江西公立4所
	1	南昌地方法院	
	1	九江地方法院	
	1	上饶县政府	
19	25	总计	

五、设置感化院应注意之事项

我国感化院为数甚少，殊不足以供应当前之需要，今后应积极提倡，普遍设置，实为司法行政之中心工作。惟其设置，当求其完备且合于我国之情形，似有可注意者数端，足供商榷。

1. 感化院之目的，在于收容不良幼童或犯罪少年授以知识道德并适当之职业教育，使其将来得立足于社会，成为有用之良民。

2. 感化院系感化教育之组织，应仿效学校组织，不可类似于惩罚组织之监狱。

3. 感化院宜设于乡村，既可与城市恶劣环境相隔离，又可受大自然之感化。

4. 感化院之教育程度，授以普通教育为原则，年龄稍长者，则施以补习教育，图书馆运动场均须设置，尤应提倡旅行名胜各地，以调和其精神健全其体格，及增加其爱国之情绪。

5. 德育方面，除授以三民主义之精神要旨，及古圣名贤之言行外，对于新生活运动之原理，尤应特别加以说明。使其尊重中国之固有道德。

6. 感化院对于将来终须离院入于社会生活之儿童应许其有相当程度之自由，以养成自修自治自立之精神。

美国欧本（Urban）矫正院，采用自治制，院中组有各种团体，使少年各基于其特殊才能，自由集合，共同作业。教员非于必要时，不滥加以监督指导及协助，其设备及议决等种种之创作，须使彼等信为发于自身者。男童中所组织之团体，为体操团消防队、童子军、卫生队、音乐队、动物爱护会、植物培养会等，女童所组织之团体，有儿童音乐会、声乐会、跳舞会、女童俱乐部等，各团体男女，均有集合所，以养成儿童之自治与合群之心理。

7. 感化院为培养儿童之职业技能，应设置农场与工场，农场之面积宜大，农业之范围宜广，使其出院后得以深入内地，为复兴农村之干部。至工场设计，不以机械工业城市工业为主，而当注重于手工艺技乡村工业，以养成勤劳朴素之生活习惯。

8. 感化院之职员，应于教育界中选任之，不应选用曾服务于监狱之人员，盖此辈受职业上多年之陶熔，势必视感化院如监狱，视儿童如成年之犯人也。

第四节　添置查访少年犯之警察

国家设置警察之目的，以预防与侦查犯罪为其主要之任务，故任司法警察之职者，平素应留意社会之变迁，人心之趋向，考究关于犯罪诸般之现象，期尽其职责而无遗憾，尤应谨慎言行，廉明公正，敏活周密，联络调协，不为外议所动，不为私情所泥，尊重道义人情，毋害善良风俗。至其行使职务之时，更应恪遵法令，严守秘密，以防止侦查之障碍与犯行之传播，尤不可毁损被疑人及其他关系人之名誉。

预防犯罪既为警察之重要使命，则各地警察机关，应设法消灭种种引诱犯罪之现象，使社会上下至有违法之事件发生。据美国中央与各州监狱之统计，社会上不法之徒，大多为青年之变相，一九二七年狱囚四四〇六二人，有百分之二十三为二十一岁以下之青年，足知大多数成年人之犯罪，其始皆由于少年堕落而起，则关于少年犯罪之预防，实为司法警察之重要工作。如荷兰首都警察厅，特设儿童部，执行其任务，日本警察官署，对于少年犯罪，亦有专设警察，处理其事。日本司法警察执务规范第七章，且设关于少年之特则如下：

1. 对于少年事件，应以教养保护为主之精神处理之。

2. 对于少年被疑人为调查时，不应触他人之耳目。

3. 少年被疑人应使其与他之被疑人隔离，毋使接触。

4. 少年被疑人，除有不得已之情形外，不得拘束之。

5. 逮捕或解送少年人时，所用之方法及强制之程度，应为慎重之注意。

6. 对于少年人被疑事件，虽认为犯罪事实轻微无处罚之必要，亦不得为微罪处分，仍应送交检察官。

7. 对于少年之刑事案件，不独关于侦查及预审，即付公判之事项，亦应严守秘密，少年法院审判之事项亦同。

执行保护妇女与儿童之工作，男警察不若女警察之为妥善，盖男警察以性别关系，有打草惊蛇之虞，女警察则能不动声色，混迹其间，从事视察及探取情报，尤以处理性的犯罪时，对于妇人或少女之讯问，如交女警察办理，更属相宜，故德国于一九〇三年即有女警察之设置。一九一〇年美国加州洛杉矶，首先任用女警察，大战开始后，伦敦警察厅委任大批女警察，派在伦敦街上，担任巡逻与侦探之工作，今则女警之添设，已风行于欧美各国矣。女警察专用以办理保护妇女及儿童范围内之警察事件，如看管留置之妇女或儿童，调查及保护妇女与儿童之私奔与迷途者，侦查妇女与儿童之犯罪行为，取缔或教诲娼妓，取缔贩卖妇孺，取缔对于妇女之猥亵行为，调停家庭纠纷，监护无业流浪有入邪道之虞的妇女与儿童，尤以预防社会一般少年，使不陷于堕落，为最要之使命。盖今日之少年，即将来国家与社会之柱石，关于其一言一动，均不容任其放僻邪侈，贻误终身也。

兹录美国积彩市警局女警部之工作统计于下，以见女警成绩斐然之一斑：

1. 十七岁以下之少年男女被处理之人数　五〇一八名。

此等案件中发生之问题如下：①失踪儿童　八十名。②无人料理与待救护之儿童　一二四八名。③无保障之少女　四一四名。④逃学不受约束之少女　七四二名。⑤偷窃不受约束之少女　二九七名。⑥与下流人来往　八〇九名。⑦不道德　五五〇名。⑧其他　一二三名。⑨在法庭案件中之证人　七五五名。

2. 上述案件之处理。①被整理　二八二七名。②交私人机关　一一七六名。③在少年法院发备案　一三三名。④交其他公共机关　六七六名。⑤送还其他城市　二〇六名。

余以为欲完成对于少年犯罪之刑事司法政策，警察机关中亦应仿照各国设置儿童部，并添置专对少年犯罪之男女警察，分发城市内各地段、商店、公共休息所、公园车站、轮埠、码头、职工介绍所、餐馆、宿舍、形迹可疑之旅店、公共场所、跳舞场、戏院、娱乐场、咖啡店、酒排间、茶室及私娼出没之地，专注意失迹儿童，沿街做小买卖之儿童，逃学与离家之儿童，街上与男青年相识之少女，引人注意或竟向人兜揽生意之私娼，与恶人同行之女子，酒醉之青年男女，向少女引诱之男子，在商店或沿途扒窃之儿童等，则其预防犯罪与保护少年男女之成绩，必有可观也。

第九章 对于少年犯罪之刑事社会政策

刑事社会政策者，从社会事业的各方面，设法减少或防止犯罪之政策也。对于少年犯罪应采之刑事社会政策，其最要者如次：

第一节 虐待儿童之防止

我国家庭内部的不健全，无可讳言，新家庭的风范和机构，又未树立，充满冷酷、迷信、顽固与倾轧之风，对于子女，非溺爱姑息，即流于遗弃或虐待，家庭环境恶劣如此，实为促成少年犯罪之因素。

原始时代，因谋生艰难与文化幼稚，对于未生儿设法堕胎，对于既生儿恣意残杀，乃司空见惯之事。希腊大哲学家柏拉图，首先主张孩儿由社会公养，又高唱"愿儿童为自由之人，宁死不为奴隶"之论，其高足亚里斯多德，复提倡家庭为教育儿童的单位，因而当时社会上遗弃或虐待儿童之风气，随之一变。十一世纪初，保护儿童的理论，因宗教宣传与经济背景，日益阐发至十三四世纪。德、法、瑞士等国，专门从事救济贫穷儿童之妇女，竟有二十万余人之多。

十八世纪，欧洲发生产业革命，经济基础发生动摇崩溃，儿童受遗弃、虐待或奴役的痛苦，其悲惨之境况，几无异于原始社会之遭遇。有识之士，乃发起组织研究儿童之团体，期由了解儿童，以为保护儿童之张本。二十世纪初，各国纷纷为保护儿童之设施，如一九二〇年在华盛顿举行国际劳工会议，决议禁止未满十四岁之儿童被雇于任何公共的或私人的工场工作。是年七月，国际儿童幸福促进会，在比京勃鲁塞尔成立，其宗旨在于沟通各国对于儿童幸福的意见，而期在立法上给与儿童一种有力的保障。该会于一九二五年在日内瓦开第一届会议，到五十四国代表，轰动全世界之"保障儿童宣言”，即该会所发出，其重要之昭示如次：

1. 须研究各种必要的方法，使儿童的身心，得到正常的发展。

2. 儿童之冻饿者，须给以衣食，疾病者须予以看护。劣儿应予以辅导，不良儿应予以感化，至于孤儿弃儿应设法予以救护。

3. 凡遇危险的时候，儿童应最先予以救护。

4. 须设法使儿童获得谋生之必要的能力。并须庇护一切被虐待的儿童。

5. 须教育儿童，使其以全部能力，为人类幸福而贡献。

欧美各国为救护儿童防止虐待，以预防犯罪于未然起见，又有虐待儿童防止会之设立。其事起因于一八四四年之秋，有一纽约传教士，适在护养贫困之肺病妇人，其二楼有一少女，不堪继母之虐待，涕泣之声不时刺入楼下病妇之耳鼓，妇人顿生怜悯之念，转请传教士设法救济，传教士为其热烈的同情心所感动，遂救出被虐待之少女，委托于虐待动物防止会会长而受其保护。其后一八七四年，即有虐待儿童防止会之创设，此实各国虐待儿童防止会之嚆矢。

纽约之虐待儿童防止会，为搜索虐待事件之机关，设置多数之巡视员，付与以警察官同样之权能，使负随时巡视市内之责任，巡视之际，如发见或风闻有虐待事实，即救出被虐儿，置于防止会之下，同时对于虐待者，诉之于法庭，巡视员自为证人，向法庭陈述其真相。防止会接到教会或私人之通告时，亦立即派遣巡视员调查其事实，轻微者谕诫之，重大者则诉之于法庭。

英国于一八八九年公布防止虐待儿童之法律，一九〇八年公布儿童法，将防止虐待儿童之规定，编入于儿童法中，而由虐待儿童防止会，严厉监督该法之执行，如有虐待儿童者，即加以训诫忠告或监视，若仍无效，始诉之于法庭，一面收容或救护被虐之儿童，移置于感化机关或学校保护之下。

我国关于虐待儿童之禁止，刑法中及其他法令，虽有若干之规定，而虐待儿童防止会之组织，则犹属罕观，此后似宜急起直追，从根本上救护儿童，以免其因遭受遗弃虐待而堕落于犯罪阶层也。

第二节 儿童给食与收容

少年犯多数产生于贫苦之家庭，故在入监前，大半未受教育，即稍受教育，而其学业与操行成绩，亦以不良者居多。此辈少年，由于营养不佳，体格不能发育，其境遇原极可怜。欧美各国对于此种已届学龄之儿童社会上有种种保护之法，最重要者为给食与收容，分述如次：

一、给 食

英国距今五十年前，伦敦市有贫困儿童给食协会之设立，其后因学校卫生之进步，认为儿童学业之不良及精神之缺陷，由于营养不良所致者颇多，朝野之间，高呼学龄儿童给食事业之必要，卒于一九〇六年十二月二十一日，以教育法一部分名义发布食料给予法，伦敦市即于次年变更私设救助委员会，改为儿童保护委员会，以公立之机关，实行儿童给食之事业。各校校长，认为某一儿童有给食之必要者，即可将其人名通知儿童保护委员会，委员会接到通知后，立即调查其家庭状况，以决定其有无给食之必要。

法国在一八八二年强制教育法公布后，即有许多公私设立之学校食堂，实行救养贫儿之事，巴黎与各重大都市，固不待论，即其他村落小学有学校食堂之设备者亦不少。一九〇九年法国八十八县之内有五十四县二千三百六十七所学校食堂，总计受给食之儿童，有十四万八千人。其他若德、意、瑞士、荷兰、比、奥、美国等，无不有儿童给食事业之设施。

我国关于此种事业，犹属罕见，一般儿童因家庭贫苦，不能有相当之营养，或因父母无智怠惰，不负抚养之责任，或因继母虐待恶意遗弃不给食物者，为数极多，此辈儿童因之身体衰弱，学业荒废，流浪堕落，至于与乞丐为伍或陷于犯罪，乃当然之事，国家社会之应负起责任救济儿童，已属急不容缓之事也。

二、收　容

关于儿童之保护，有依年龄加以适当处置之必要，故欧美各国对于婴儿，则有婴儿保护所，学龄儿童，则有学童委托所，学龄前之幼儿，则有幼儿委托所。

儿童教育，除学校训育外，尤须赖有家庭中父母之善导，然在劳动生活之家庭，其父母对于儿童教育，不加注意，儿童于课余假日，无人监督，或徘徊街道，擅为恶戏，或出入于游艺场中，好买零食，以致感染年长者之恶风，怠惰学业，终至化为不良少年而入监所者，比比皆是。此等少年之不良性，以中等以下之家庭传播最广，实为社会上至可寒心之事。欧洲之学童委托所，即为救济此等现象而设。专收课余假日父母监督不周之儿童，代其父母而任保护监督之责，且辅助学校教育，使父母为劳动者毋庸顾虑其儿童，得以专心从业，一方固系保护儿童，他方所以间接保护劳动者之机关也。

德国于大战前已有一千二百四十五处学童委托所，收容儿童之总数，达八万四千余人。此等托儿所，或由协会经营，或由市乡经营，亦有由工厂经营者，除温习学课外。并教以手工艺之智识，及唱歌、游戏、体操等，对于女童，则授以裁缝及其他家事智识，并与以酬金，为之存储生利。

法国以同一目的及类似方法，设有多数之学童寄托所，大多由市乡经营，奥国、瑞士略与法德相同。英国则有儿童慰安会，尤以瑞典之托儿所，成绩最优。瑞典于一八八七年有一贵妇人为纪念亡夫，即有托儿所之设立，今已普及全国。瑞典托儿所，以对于儿童施以职业教育为其特色，七岁至九岁者，授以制笼、毛织、裁缝、编物等，十岁至十四岁者授以锻冶、雕刻、制靴等手工业，期于小学卒业后，充分学得手工的技能，其制作品，每年陈列于劝工场一次，就其卖得之款，充购入原料之费用。儿童之监督，则由有教育之妇人及少女充任，不取酬金，其教育感化成绩极佳，入托儿所之儿童，极少犯罪之人，即乞丐之流，亦甚少发见云。

我国幼童失养，学童失教者，遍地皆是，单就上海一市而言，据大公报记者调查民国二十六年五月间上海流浪儿童有五千余人，皆由父母双亡，无人抚养，或农村遭灾，流离失所，亦有因赋性劣顽，或懒惰好闲致被家长逐出者。此辈流浪儿童，欲在路上讨钱或倒冷饭，必要先拜"爷叔"，而所谓"爷叔"者，势力大者能管二三百流浪儿，小者亦能管三四十人，流浪儿乞讨或偷窃抢夺所得者，必须孝敬"爷叔"，据谓每日每人至少须缴出国币两角，否则便受一顿毒打。此辈流浪儿，均有一定地段，分轮埠、桥头、马路三类。在轮埠之流浪儿，多帮码头小工推车滚桶，或为旅客搬运行李，以博低微之酬劳，间亦有乘机窃取旅客之物件者。在桥头之流浪儿，则帮车夫拉车过桥，每次代价铜元一枚，间亦有乘机抢帽子者。在马路上者，则所在多有，或跟追行人讨钱，或沿门挨户乞食，或卖夜报，或告地状或在大公司前为人照管汽车，或遇婚丧喜事时做小堂倌或背对聊花园，各依"爷叔"所在地，划定地段，各不相侵。此辈偷窃对象则为包车上之车褥车灯，妇女菜篮中的铜元，过桥客人的帽子，乡下女子的耳环，亦有身怀利刃专窃他人皮夹者，其偷窃手段，均由"爷叔"所传授。而此辈流浪儿的下体，时有花柳病发生，据云皆被"爷叔"们蹂躏所致。至其吃冷饮，穿破衣，餐风宿露，踯躅街头，亦殊可怜也。

上海江湾路屈家桥，有一个上海福童所，于民国二十二年(1933年）自建会所，占地七亩，现有儿童数十人，专收马路上的流浪儿童，半工半读，上午读书，下午做工，衣被鞋帽，概由该所供给，剃头治病，亦均齐备，经费来源，全年三四千元，均由各委员会负责捐募。初入所时之流浪儿童，大抵野性难驯，经数月之教训，始知安分守己，而于上感化课时，每有自伤身世，不禁热泪夺眶而出者，至足悯也。我国失学失养及流浪之儿童，既若是之多，此后亟应提倡托儿所、收容所、福童所、儿童公育院等之普遍设置，以资救济，甚望从事幼善事业者之注意及此。如最近意大利之人民育儿阵线，做有计划的扶植儿童之事，苏俄建筑之儿童宫，每日可容五六千儿童游息，其所组织的班会可供一万人参加。皆足为我国借鉴也。

第三节　戏剧电影之取缔

少年犯罪，受戏剧与电影之刺激暗示者颇多，吾国旧剧良莠至不一致，其有关历史文化者，固应保障，其足以诲淫诲盗者，则应禁止，以免少年人受其流毒。

欧美各国少年犯，受电影之诱发或模仿而为窃盗暴行或诈欺者，为数甚多。大陆各国，乃采禁止主义，以法规限制少年观览电影，而英美各国则采选择主义，使儿童选看适当之影片。英国之电影检阅所，于检查后发给二种证明书，一为第 U 种（Universal）任何人均许观览，一为第 A 种（Adults）只许成年人可看，此种区别，并无绝对的限制，无非促少年人保护监督者之注意而已，美国与英国约略相同。

德国电影法规定，电影片非受特别之许可不许未满十八岁者观览，违者处二年以下惩役或科或并科十万以下马克之罚金。又规定未满六岁之儿童，不得令其入电影场。奥国电影取缔规则，对于未满十六岁之少年，除特许之影片外，禁止观览，而电影场之从业人有阻止少年入场之责任。

丹麦采统一的检查制度，设置中央检查委员，使负检查之责，其有害儿童之教育者勿论矣，凡于道德宗教或政治上有妨害者，及足以过度刺激儿童之想像或使其感情兴奋者，概在禁止之列，儿童未满十五岁者，下午八时以后如无成人携带不许入场，违者处以罚金，若教育上有益之影片，则政府又不惜补助费用，以促其成也。

意大利电影检查法，则以小学教员，充任检查委员，十三岁未满之儿童，非由成人携带，不许入场，教育上有益之电影。则免课税捐，如与道德有害者则禁止之，违反者科以罚金。所谓有害道德之标准，如下：①妨害善良风俗者。②有伤国威害及公安或妨害国际关系者。③关于犯罪者。④有伤官署及警察之威严者。⑤虐待动物或外科手术等足使观览之人战栗恐怖者。

我国关于电影事业，亦采事前检查制度。民国二十六年二月，内政部曾召集各机关代表，讨论限制儿童观览电影年龄，经议决六岁以下儿童，绝对禁止观览电影，七岁至十五岁，除教育影片外，仅能观览经检查许可之影片，但不得观夜场。盖亦采禁止主义为原则，尤望制作电影者，多制有益少年之影片，则我国少年犯受电影之影响或不如各国之甚耳。

第四节 不良图书之取缔

新闻杂志，销行最广，内容记载稍一不慎，即足以发生严重之影响，故西人谓“由于新闻记事之诱惑，其结果非入监狱即趋自杀，非趋自杀即成疯狂”。吾人鉴于新闻纸上公开记载诲盗诲淫之事件，深觉西人之言，实有至理存焉，尤以富于模仿性之青年男女最易受其诱惑。故英国有新闻同盟之组织，凡有害风教之记事，及犯罪事件，法庭旁听记录等，均加以相当之限制。我国出版法，关于新闻上记载有害公序良俗及禁止旁听之诉讼事件者，亦有限制之规定。

其余之不良图书，亦往往足以刺激少年之脑筋，蔑视道义，诱发性欲，使其品性卑下，陷于犯罪。如冒险小说恋爱故事之类，每多蒙科学之假面具，而为诲盗诲淫之记载，少年思想之受其恶化者比比皆是，其应严格取缔，不容舒缓。

德国多数都市，设有取缔或扑灭不良图书之委员会，该会由市议员、学校教员、教育会劳动团体、职工联合会之代表者及邮电交通事业之代表者等各阶级之人，组织而成，于定期集会，互相报告不良图书之宣布或毁灭之情况，同时合议取缔或扑灭之方策，其成绩非常良好。

为使儿童及父兄熟知不良图书之为害，则将对于不良图书之警告书，张贴于工场门口或通衢大道引人注意之处，或对于学校生徒予以训导，或对于生徒之父兄散发印刷物，告以何种不良图书应加注意。

一般书籍业者品格颇高，深感自身对于社会责任之重，公认贩卖不良图书之商店，为同业之公敌，即思合力排斥之。德国书籍业协会于一九〇九年五月即有决议案之宣布，略谓："本会感于近来不良图书之流毒，荒颓民德，妨害公安，尤以少年人身体精神之健康受害更甚，其足以危害本国文明之道德的基础，深抱遗憾，爰集合德奥瑞士书籍业之代表，共同决议以拒绝不良图书之著作者及发行者，为吾辈公正书籍业者之当然的天职，将来共谋优良图书之普及，努力防遏不良图书之流行，凡足以流毒于国民思想之图书，必思竭力尽瘁，概行扑灭而后已。"其他各地之书籍业，纷纷组织团体，贩卖不良图书之奸商，为之敛迹，而书店中之不良图书，为之一扫而空。

不良图书固应排斥，然为儿童搜集适宜图书，建筑特别图书馆或于学校中附设特别图书室，亦属必要之举。世界上图书馆事业最旺盛者莫若美国，全国大图书馆中，无不有儿童阅览部之设备，其阅览室中置有陆栖动物之标本及养鱼之玻池，壁上则悬挂绘画照相等，不时掉换，以增儿童审美之观念，椅桌之类，亦依儿童之身体年龄，设大小高低之区别。

美国儿童图书馆，对于未有充分读书能力之儿童，为鼓励其爱好图书起见，采用种种之方针，如陈列美丽之绘画本或华美装订之书籍，使女馆员取出与许多儿童共同翻阅，以促进其读书欲，定期或临时开谈话会，集合年龄学历相类似之儿童于馆内，由馆员就历史地理传记博物中，寻出话题，灌输儿童以清新之智识，同时使其认识可读之书籍，以引起爱好读书之兴趣。

美国学校与图书馆之关系甚密，教员每划出授业时间率儿童赴图书馆，听馆员关于图书之说明，学校召集保护人开会时，图书馆员亦可出席，或由图书馆召集父兄，作关于儿童读书问题之谈话，故图书馆教育与学校教育，有相互提携之必要也。

第五节 恶性遗传之防止

恶性遗传对于少年犯罪，有相当的影响，故扑灭恶性遗传，改善优良民族，亦属必要之图，此各国所以有人种改良学即优生学之提倡也。

改良人种之思想，当纪元前六世纪之前半期，希腊哲人柏拉图（Plato），早已主张“国家对于国民应如畜牧者之芟除恶种保存优种，以选择良善之国民，则国家不至因民族腐败而灭亡”。至近代优生学之创设者则为英国人葛尔顿（Galton，1822－1911）氏于一八六五年发表“遗传能力及性格”一论文，鼓吹改善人种，可适用一般生物之遗传法则。美国首先实行优生学，最近德国亦极端适用此种学说，其能阻碍犯罪遗传性之发展，实属无疑。

积极的优生学，为使优良的人种得充分发展之机会，鼓励优良者之结婚与生殖，如美国结婚须先经医生检查身体，为宜否结婚之证明，即优种结婚之限制也。最近德国有结婚费用补助办法的规定，亦不外以此为根据。

至消极的优生论，则含有排除生殖的意味，即对于体质恶劣或有缺陷者，用隔离与断种两法，使其无繁殖之可能。所谓隔离法，即对于有犯罪遗传性者在可能生殖期间，隔离两性，使其不能性交，惟实行较难，各国采用者甚少。至断种法实行较易，事前对于犯人的身心状态，经专门家详密检查，确定其为有遗传性者，即施行医学上的手术，男子切断输精管，女子切断卵管，局部麻醉，手术简捷，生殖受胎，虽不可能，然性交则仍无碍。近时复有用X光线照射者，据云亦可达到同一之目的。断种立法以美国为先驱，一八九七年密歇根州议会提出断种法案，虽未采用，一九〇七年三月九日茵台那州之断种法，事实上见诸实行。近来美国关于断种之法律，有六十三种，现在有效者为二十六州，以前制成法律现未实行者有四州，自茵台那州断种法开始制定以来至一九三一年十二月一日止，受断种施术者已达一万五千一百五十六名，其半数在加里福尼亚实行。

德国总理希特拉，在其《我的奋斗》一书中，关于断种，曾云："有缺陷之人类，必须救治其不能生育同样缺陷之子孙，此为最明白之理性的要求，使此计划得以实现，乃人道的行为。"国社党基于此种指导原理，制定二种法律，一为"关于遗传病的子孙之防止的法律"，规定严密的优生学之"断种"。一为"对于危险的惯犯之法律及保安矫正处分法"，内设"去势"之规定。

根据国社党之断种法，断种的对象如下：①先天的精神薄弱者。②精神分离症者。③循环的精神病者。④遗传性癫痫病者。⑤遗传性舞蹈病者。⑥遗传性盲者。⑦遗传性聋者。⑧重大的遗传性畸形者。⑨重的酒性中毒者。

以上各款，均从医学经验上认定有恶性遗传之必然性者，始用外科手术施行断种。

"去势"与"断种"有别，因去势需除去生殖腺（睾丸，卵巢），而断种则不除去生殖腺，性交的行为能力依旧保存，惟生殖能力消灭而已。德国之去势，即我国古时之宫刑，秦始皇曾尽量用此刑罚，史记秦始皇本纪所载"隐宫徒刑者七十余万人"，三辅故事谓"始皇时隐宫之徒，至七十二万，所割男子之势，高积如山"，可想见当时之严酷也。

德国之去势，仅适用于男子而不适用于女子，依保安矫正处分法规定，关于强迫猥亵利用妇女之不自由奸淫，对小儿的猥亵行为强奸，为满足性的冲动之刺干而为公然猥亵之行为，就其行为全体的评价之结果上认定为危险之风俗犯人，且为满二十一岁之男子者，法院得宣告处刑之外命其去势。

我国犯罪激增，人种夭弱，为改良民族与防止遗传计，则断种，或去势之采行，实亦刻不容缓者也。

第六节 儿童教育之注意

教育的有无，与教育程度的高低，对于少年犯罪有相当的影响，若欲补救缺陷，左列各端，应当注意：

一、义务教育

我国的教育落后，文盲遍于各地，据最近统计：①关于专科以上学校，大学及独立学院合计不过八十校，内公立者三十六，私立者四十四。专科学校不过三十校，内公立者二十一，私立者九，学生在学人数仅四万一千七百六十八人。②民国二十一年全国中学共一千九百二十校，内初中一千三百八十六校，高中四十一校，初高中合设之中学四百九十三校，其中公立者一千〇二十五校，私立者八百九十五校，学生在学人数不过四十一万五千九百四十八人，内初中学生三十四万九千六百二十三人，高中学生六万六千三百二十五人，中学生人数仅占全国人口千分之一弱。③初等教育，就民十八年至二十二年五月间统计如下：

年　度	在学儿童数（人）	占学龄儿童百分比及其逐年增加度（%）	
十八年	8 882 077	17.10	
十九年	10 948 979	23.07	4.09
二十年	11 720 596	22.16	0.09

二十一年	12 223 066	14. 79	2. 62
二十二年	12 383 479	14. 97	0. 18

最近几年初等教育统计，尚未得到结果，惟就下表每年入学儿童之增加度，平均为百分之一. 九七弱，则近数年在学儿童人数，可以推测如下：

年　　度	在学儿童数（人）	占学龄儿童百分比（%）
二十三年	13 308 748	26. 94
二十四年	14 281 957	28. 91
二十五年	15 255 65	30. 88

此系从四九，四〇一，四四三名学龄儿童中照前五年逐年增加的百分比，平均额推算而得之数字，至于最近两年短期小学的统计如下：

年　　度	短小及简小等班数（个）	儿童数估计（以每班四十名计）（人）
二十四年	64 065	2 562 600
二十五年	112 562	4 501 040

总计两年的在学儿童人数，应如下表：

年　　度	在学儿童数合计（人）	占学龄儿童百分比（%）
二十四年	16 844 557	34. 10 弱
二十五年	19 756 205	39. 27 强

比前数年，虽然增加许多，但失学儿童人数，犹有二千九百万左右。失学儿童若是之多，于少年犯罪，当然有极大的影响，吾以为义务教育，应当积极推进，教育部推行义务教育的计划，原想到民国二十八年要达到在学儿童占学龄儿童百分之八十以上，若不加倍努力，恐此计划，实现匪易也。

二、职业教育

少年人大多数无业，亦是犯罪之一原因，故对于少年人之职业教育，实属不容忽视之要图，依民国二十二年度统计，中等学校共有三一二五校，其中普通中学有一九二〇校，师范学校有八九三校，而职业学校不过三一二校，以吾国之大，似此少数职业学校曷足以应目前之需要，所以一般中小学生毕业无力升学的人，不是困于生活而陷为犯罪即成为终日游荡的无业游民，真如胡适之所说"一个小孩在小学念了六年书，毕了业回到家中，穿起了一件长衫，便不屑助哥哥做禾，帮爸爸种田了。"（见二十四年一月六日在港侨中学演词）

记得国民政府成立以来，关于确定教育设施之趋向案，着重生产教育之设施，曾决定六大原则：

1. 各级学校之训育，必须根据总理恢复民族精神之遗训，加紧实施，特别注意于刻苦勤劳的习惯之养成，与严格的规律生活之培养。

2. 中小学教育，应体察当地之社会情况，一律养成独立生活之技能，以增加生产之能力为中心，务使大多数不能升学之学生，皆有自立之能力。

3. 社会教育应以增加生产为中心目标，就人民现有之程度与实际生活，辅助其生产知识与技能之增进。

4. 尽量增设职业学校及各种职业补习学校，职业教育之制度科目，应使富有弹性，并接近固有之经济状况，私人筹设职业学校者，国家应特别奖励之。

5. 尽量增设各种有关产业及国民生计之专科学校。

6. 大学教育以注意自然科学及实用科学为原则。

上列六项原则，希望能从速实现，使人人有业，自营独立之生存，岂徒少年犯罪之数字可以减少，即整个国家之犯罪数字，亦必可以锐减。

三、道德教育

少年人的缺乏道德观念，亦是犯罪的重大原因。我国过去学校教育最大缺点，偏重于学术方面，教育者只知注入智识于学生，而不注意学生的道德训练，于是人欲横流，演成社会上种种诈奸腐恶的现象，确是民族前途的危机。目前当道正在提倡新生活运动，主张恢复固有的民族精神如礼义廉耻之四维，与忠孝仁爱信义和平之八德，诚属救时之良药，果能竭力宣传始终不懈，当道诸公更能以身作则为民模范，则民族道德之提高，必有极大之效果。少年时期，如果深印道德之观念，则凡事自能慎重，从善抑恶，自不至群趋犯罪矣。

四、法律教育

我国如诚欲成为一完善之法治国家，则法律教育的社会化，实属急切之需要。现在大学法科限制招生，不但使一般人漠视法律，且数年之后，恐司法上将感用人之不足。依余之见，非但大学法科不应限制招生，且无论大学任何各科，均应授以法律概念，使其了解法律与人生之关系，则人人皆知遵守法律，而法治国之理想，定能于短期内实现。“民可使由之不可使知之”，此乃古代封建君王治理国家的方针，已与现代思想绝不相容。法律之任务，在使民由之，教育的任务，在使民知之，诚能以教育力量，实行法律知识之社会化民众化，使家喻户晓，父戒其子，母戒其女，兄戒其弟，姊戒其妹，吾敢信少年犯罪之数，亦定可减少许多也。

第七节 改善儿童之家庭环境

少年犯罪，受家庭环境不良影响甚巨，故改善家庭环境，亦系防止少年犯罪之一法。改善之道，约有数端：

1. 对于非婚生子女，不可歧视。
2. 继母对于继子女，不可虐待。
3. 对于子女虐待与溺爱，都非合理，须要纠正。
4. 父母要负起教养子女的责任。
5. 家庭教育须要父母以身作则。
6. 提倡恋爱结婚，限止离婚，严禁通奸，则家庭自能充满和睦气象。

一九三三年德国内政部所颁关于学校规程之小册中有云："在此复兴之国家内，我人视家庭为民族之基础，故必予以适当之保护。"国社主义之妇女运动，系以儿童之抚育为前提，按之希特拉之理论，抚育子女乃女子对其民族应尽之天职，故两性生活必须与以合理及自然之分配，两性间不但不应有彼此冲突之事，且应共同合作以改善生活。

德国新近之法律，即以家庭之保护为目标，尤以血统优秀及人口众多之家庭为然。其犹在起草中之刑法，即以家庭制度为民族之重要基础，而设立特别之保护，即该法拟规定故意玩忽婚姻及母责者均须处罚此外又规定夫对于妻生产期间，不予供养，以致危及母子生命者，得严重处罚之。可见德国立法关于保护家庭及儿童之注意，足为吾国借鉴也。

第八节 其他防止犯罪之方法

少年犯罪之原因，既有多端，故其防止之方法，亦应对症施药，就各种犯罪原因，施以相当之防止。除上述各节外，兹复摘示数端，以终本编。

1. 由于性欲之发动而犯罪者，其防止之法，应注意下列各端：

(1) 两亲之卧室，与少年卧室，分离为妥。

(2) 矫正少年手淫之恶习，使其多运动，养成身体精神上之耐劳习惯，寝室气温宜冷，被褥不宜温软，并应提倡早起，注意卫生，则恶习易于矫正。

(3) 对于少年之性教育，在相当范围内，有予以指示之必要。

(4) 注意少年往还之密友，使其不受诱惑，而花晨月夕，尤为可以注意之时令。

2. 由于饮酒吸烟之嗜好而犯罪者，则应诫以饮酒吸烟之弊害，使其自知戒除。为父母者尤应以身作则，则少年自不至于模仿。同时尤应订定强制之法规，以资儆戒，我国内政部曾订有禁止未成年人饮酒吸烟规则，其用意至善也。

3. 由于游荡而犯罪者，其防止应注意下列各端：

(1) 实行救贫政策则贫民减少，其子弟衣食无忧，自能向上进取。

(2) 提倡职业介绍事业，使长幼均有所事，则游惰之人自然减少。

(3) 普及义务教育，强行补习教育，则少年知识丰富，复有自立技能，当不至甘自暴弃也。

(4) 对于出狱之少年，尤应提倡出狱人保护事业，使其不致陷于再犯。

4. 由于社会风习之不良而趋于犯罪者，则应矫正风俗，改良习惯，如我国现时流行之新生活运动，确属救时良药，尤望其深入民间，继续努力，则收功必巨也。

5. 由于都市之诱惑而犯罪者，应注意下列各事：

(1) 严密都市宪警组织，力矫都市淫靡习尚。

(2) 振兴农村经济，恢复农村繁荣，农村教育与农村工业，均应设备完全，则一般人民，自不至离乡背井，群趋万恶之都市矣。

（3）都市无正当之市民娱乐场所，亦系增加犯罪之原因，故关于运动场、公园、图书馆、博物院、动物院、植物院、美术馆应普遍设置，使市民有调节精神游览赏玩之处所，则少年犯罪之人数，自亦随之减少矣。

要之，防止少年犯罪之方法，虽有多种多样，纠正于事后，终不若防患于未然。世界上防止一般犯罪与少年犯罪最有成绩之国家，当推英国居首，而其成功之原因，则在于幼年保护制度之注意，尤以不良少年及未成年犯罪者之感化制度为独具特长。以我国今日之情形而论，都市成畸形之发展，农村感经济之衰弱，教育既未普及，民间大多贫苦，犯罪数字，年有增加，少年犯罪之人数，亦复有加无已，诚欲讲求防止之法，除应实行改良社会之各种政策外，关于少年法之制定与少年保护事业之推广，尤属首应实现之根本计划也。

（赵琛著：《少年犯罪之刑事政策》，长沙商务印书馆一九三九年版，重庆商务印书馆一九四五年再版。）

监 狱 学

卷 头 语

著者编监狱学一书之动机，约有三端：

1. 行刑要旨，在于感化囚人之心性，俾其出狱，复为良民，而国内司狱官吏，能谙此旨者，固不乏人，然未尽理解者，亦非少数，本书目的，首在使司狱者充分了解行刑之要领。

2. 监狱学为法学系统之专门科学，近年以来，举国上下既瞭然于法治国家的树立，先须注意法学知识的培养，然环顾国内，关于监狱学之专书，寥若晨星，本书之目的，盖欲供研究法学者参考之一助。

3. 领事裁判制度之撤废，虽已见诸国府之明令，而列强顽抗不肯履者如故，其藉口之理由，佥以吾国监狱腐败为惟一之焦点，本书最后之目的，希冀举国人士留意于监狱之一切原则主义组织及运用之方法，以督促当局之改良狱政，则正式承认领判权之撤废，或能于最短期间，见诸事实。

著者自愧学理未深，经验未富，贸然付梓，必贻大雅之讥，第过于藏拙，使斯学不彰，则何以尽吾辈对于文化上所负之使命？谚云：抛砖可以引玉，他日者果有更善更美之监狱专书，出而问世，尤为鄙人所馨香祷祝者也。

本书讨论之范围，限于监狱学上之一般的原理原则，至关于监狱内各种实务，则详于监狱法论（容后续编）。兹将本书之参考用书略举如下：

1. *John Howard and the Prioon-world of Europe*, By Hepworth Dxon.

2. *The Crofton Frison System*, By Mory Carpenter.

3.《狱制沿革史》，留冈幸助。

4.《监狱学》，小河滋次郎。

5.《监狱法讲义》，前人。

6.《狱事谈》，前人。

7.《狱务揽要》，前人。

8.《监狱学提要》，前人。

9.《监狱学》，谷野格。

10.《监狱法提要》，辻敬助

11.《行刑上之诸问题》，正木亮。

12.《狱制研究资料》，谷田三郎。

13.《监务实务讲话》，坪井直彦。

14.《欧美近世监狱制度》，印南于菟吉。

15.《监狱官教科书》，中村襄等。

16.《英国监狱制度》，日本司法省调查课。

17.《佛国监狱制度》，同前。

18.《免囚保护事业》，谷田三郎。

19.《刑政》（杂志），日本刑务协会。

20.《刑事政策与免囚保护》，长尾景德。

21.《日本监狱法》，佐藤信安。

22.《监狱学》，王元增。

23.《北京监狱纪实》，前人。

24.《中国监狱问题》，严景耀。

25.《监狱学讲义》，曾劭勋。

26.《狱务大全》，孙雄。

27.《寄簃遗著历代狱制考》，沈家本。

28.《民国十八年司法统计》，国府司法院秘书处。

29.《前司法部京外改良各监狱报告录要》，王文豹。

30.《北京政府司法例规》，前司法部。

31.《国民政府司法例规》，司法院参事处。

中华民国二十年十月一日　韵逸赵琛识

第一编　绪　论

社会愈进，竞争愈烈，人口愈繁殖，则趋于犯罪之途者乃愈众；物质愈文明，则长于犯罪之术者亦愈多，及其犯罪，便入于刑，既入于刑，遂成犯人。刑罚就是制止于既犯之后的方法，一方在收刑一儆百之效，一方尤重改过迁善之旨，至于怎样才能使一般受刑罚制裁的人，悔悟已往之过咎，而端正其未来的趋向是，实系于监狱制度之良窳。

往昔之视监狱，直以为监狱不过是拘禁犯人的场所，设备不周，防卫不慎，非刑滥用，人道全无，无怪其不能收感化之效果，反至成为犯罪之学府。自十八世纪，西洋各国经人权运动之鼓吹，相继改良监狱，我国受其影响，乃亦努力于监狱改良之事业。

领事裁判权撤废问题，关系国家主权，自前清迄今，终未完全取消，民国成立以后，司法改良，厅监分立，便预备要求此项法权之撤废，欧战后巴黎和会成立之时，我国曾提是议，未获成功，及在华盛顿开太平洋会议，又续行提出，可恨各国又以我国司法制度，未臻完备为辞，不允立时撤废。国民政府成立以来，颇注力于撤废领判权之运动，曾于民国十九年一月一日明令宣布废止此项法权，而事实上依然存在者，就有英、美、法、荷兰、挪威、巴西及日本等国，至其争持不肯放弃之理由，仍藉口于我国司法官吏监狱制度之未能尽满人意。不过反观我国内地监狱，表面上各省虽有模范新监之名，而各县旧监，太半如故，漠视卫生，不课作业，训育未加，纪律弗严，狱卒多弊，监啸时闻，监狱现象如斯，恐距完全撤销领判权之期尚远，思之能不令人浩叹！

监狱与刑法，原有形影相随的关系，旧时的刑罚，既不适合于现代，旧时的监狱，岂复许存在于新刑法施行之今日？既不许旧监狱之任其旧贯，自必从根本上改设适于新刑法之新监狱，以壮各国之观瞻，而应时代之要求。于是而考其由来并其所以然，对于狱囚，施以教养之道，对于释囚，筹其自新之路，举凡监狱制度、职掌、构造、管理及一切细务，都有其厘然不易的准则。本诸原理以植其体，征之实施以瞻其用，务使历来对于监狱言之必惊闻之鼻酸的惨酷观念，一扫而空，改修旧监，多设新监，组织完备，管理合法，戾气化为祥和，明刑复以弼教，鞭策当局，努力改良，则我国监狱前途，大放异彩，而各国领判权，亦必不撤自废。吾辈既知监狱改良之不容缓，又知改良事业之非可苟为，即知非将监狱一科成为专门学问以研究之不可。

第二编 监狱与监狱学

第一章 监狱之意义

一、古代监狱之字义

监狱之用语，拉丁文称为 Caroer，瑞典文为 Hā kta，英文与法文为 Prison，德文为 Gefängniss 亦称为 Kerker，都不外从捕获或系留人畜之辞意，转化而出。所以西洋古代的监狱，并没有特定设备的建物，或囚禁于宫殿厅舍、寺院、塔宇之一隅，或禁闭于荒仓、败舰、土窖、兽槛之中间，甚至一木一石，画地为牢，亦可称为监狱。

我国古代，或称牢狱，或称犴狴，或名囹圄，又名圜土。考说文牢者闲养牛马圈也，古从牛，释名狱；狱字古作狱，从犬从言，二犬者，明守卫之意，言者讼也，从本义解之，为严守因讼被拘者之地。可见当造文字之日，已先有狱制了，惟其后因无特定的制度与专属的用语，遂将狱字移用为诉讼之通称，如云“狱讼”、“庶狱”、“折狱”、“狱成”、“狱得平反”之类就是。其后为划分狱字与讼字之相异，至不得不加监字牢字于其上，以明其为监狱或牢狱。犴狴古写豻貔，说文犴，胡地野狗也，韩诗乡亭之系曰犴，进行曰狱，广韻犴狴兽也，又狴本作貔，牢也。囹圄，说文囹狱也，从口，令声也，圄守之也，又与圉同，所以拘罪人也，初学记曰囹领也，圄御也，言领录囚徒而禁御之也，又曰囹令也，圄悟也，令罪人入其中，自行悔悟也。又圜土，《周礼》郑注狱城也，言筑土之表墙，其形为圆。是则牢狱者取意于兽类之拘系，犴狴者取意于兽类之威吓，囹圄有惩戒使其悛改之意，圜土则其状如城，此项关于监狱的用语，其义意与西洋古代，如出一辙。

二、现今监狱之意义

晚近因监狱学之发达，监狱的语意，亦随之而变迁，其意义有二：

1．广义的监狱，即指凡以威力监禁一切人类的场所而言。拘禁于此项场所之人，非必基于国法或有刑事上的关系，无论为俘虏，为乞丐，为浮浪，为癫狂，为滞纳租税，为解犯教律，甚或因负债务或单因请求财产之目的，千差万别，无不可拘留于其中，所以拘禁之目的如何，拘禁的原因如何，拘禁的种类如何，于国法是毫无根据的，这在中古以前及现代未开明国之监狱，大抵是如斯的。

2. 狭义的监狱，此指今日文明各国的监狱而言。更有法制的意义与法理的意义二种：

（1）法制的意义之监狱，即依国法，以一定目的，拘束人身自由行动之公的营造物。如看守所之拘押刑事被告人，徒刑监拘役监之执行自由刑，拘留所之留置违警犯，管收所之拘押民事被告人，以及为达保安上及教育上检束惩治之目的，而居于劳役场、惩治场、疯人监者，都可说是属于法制的意义之监狱。

（2）法理的意义之监狱，乃指依国法，专以囚禁受自由刑之执行者，所特设之公的营造物而言。此种监狱，必备下列之要件：

其一，监狱须依国法而设备，监狱必依国法而设备。中古时代，虽然私斗公行，败者囚禁于城砦，今则人格平等之思想，为法律上所保障，私狱制度，已与近世监狱观念，不能相容了。

其二，监狱专以囚禁受自由刑之执行者，监狱为剥夺或制限人类自由，而拘束其行动之场所，换句话说，就是对于已定罪者执行其自由刑之既决监。自由刑为刑罚之一种，其采为主要之刑罚，始于十八世纪的末叶，而从前的监狱，则并不以执行自由刑为限。

其三，监狱为特设之公的营造物。监狱为依司狱官吏之指挥监督，以监禁囚人之一定的场所，就是行政法上所说的公的营造物。这种营造物之管辖权，直接属于国家，不过是国家机关的一种，所以只是公的营造物，而不能称为营造物法人的。监禁囚人，虽为监狱，然于寺院拘禁僧徒，于妓楼抑留无钱狎客，于精神病院留置疯人之类，不能说是监狱，因为都不是依国法所指定之公的营造物。至于欧洲各国之感化院，及供行政上或司法警察上一时拘束人身之留置场，虽都属于公的营造物，可是国家未尝特行指定其为监狱，所以亦都不能直呼之为监狱。监狱之为公的营造物，尤须出于人工造成，则如执行流刑的岛屿，与禁闭于自然的岩窟之类，都不能直视为监狱的。

法理的意义之监狱，就是今日的既决监。法制的意义之监狱，则除既决之囚人外，即拘禁未决囚与毫无犯罪嫌疑或性质者之场所，均包括在内。后者含义，自比前者为广。如德国旧破产法及民事诉讼法上拘置民事原被告之民事监，各国收容乞丐、浮浪、懒惰者、卖淫妇等之劳役场，以及惩戒不良分子之惩治场与拘押刑事被告人之拘置监等都是属于法制的意义之监狱。

要之最狭义的监狱，仅指法理的意义之监狱而言，其目的以执行自由刑感化犯罪人为主旨。所以我国关于羁留刑事被告人者，命名为看守所，拘押民事被告人者，命名为民事管收所，惩治幼年犯罪及失教者，命名为感化院，惟对于监禁徒刑及拘役之囚人者，始称为监狱，不过看守所亦得代用为监狱，是法规所特定的。

第二章 监狱学之意义

监狱学者，乃关于监狱之一切原则主义学说及其法令的智识，简言之，就是研究监狱制度之学问。如监狱之管理与构造，狱吏之养成与任命，囚人之入监与释放，监狱内之德育与智育，囚禁与戒护之事务，卫生与病囚之看护，免囚保护之事业，囚人之劳役与工资，囚人之惩戒与奖赏，以及会计记录，统计报告等，均属于监狱学研究之范围。

监狱学一语在德为 Gefängnisswissenschaft，即关于监狱的科学之意，法国学者名此科学为 Science Penitentoire，Penitentoire 含有强制悔过之义，与惩戒感化罪囚之义颇合，或有批难此名词，以其不能包括拘禁刑事被告人之看守所，遂谓为不甚妥当，不知最狭义的纯正的法理的监狱，原以徒刑监、拘役监为限，此项自由刑的执行，都不能违背惩戒感化之旨，则其令名，何能谓为不当。

十八世纪以来，欧洲各国，因道义的、政治的观念发达的结果，刑罚思想，随之变迁，行刑制度，亦蒙影响，对于监狱上的智识，遂开科学的研究之端绪。往古非无关于狱制之记载，如我国杨椒山所纪监中之情事，及旧约圣书中摩西律法内所载之行刑制度，都不过记述当时各种监狱之组织及其实况，并非研究监狱之性质目的与主义学说，所以不能谓为科学的研究。

监狱学的精神，在使狱囚改良感化归于正路，则其为学，自必有理论上的基础，与实际上的经验，而后始得完全，所以监狱学又可说关于监狱管理之学与术的科学。学理虽甚深邃，狱则虽甚完备，然非实验丰富机智明敏之当局，则必不能收治狱之良果，所以学者有欲命监狱学为行刑术者，固不能因其偏重实际而加以一概的排斥。十九世纪中叶，学者搜集狱制资料，取舍分合，确立其一定之主义方针，遂至成为独立之科学。今日各国大学法科之科目中，殆无不有监狱学之一科，而俄意等国大学，复特设专门进座，以研究此种学问，足见其科学上地位的重要。我国监狱诸待改良。罪囚未能感化，对于斯学之研究，实在更有特加注意之必要。

第三章 监狱学在科学上之地位

监狱自形式[1]上观察，为执行自由刑的场所，所以监狱学可说是刑事学的一部分。自实质上观察，为强制教育犯人的机关，所以监狱学又可说是广义教育学的一部分。今就其在于两者中之地位，分述于下：

第一节 监狱学在刑事学上之地位

近代科学昌明，刑事学的研究，亦随之而发达，就其分类的不同，包举下列之数科：

---

〔1〕原文为“刑式”。——编者注

刑事学
- 刑法
- 刑事诉讼法
- 法院组织法（刑事部分）
- 监狱法
- 监狱学
- 比较刑法学
- 刑法沿革史
- 刑法哲学
- 刑法思想史
- 刑事人类学
- 刑事心理学
- 刑事社会学
- 刑事统计学
- 审判心理学
- 刑事术式学
- 刑事探侦学
- 刑事精神医学
- 裁判化学
- 法医学
- 刑事政策

刑事学研究之目的，在于预防及镇压犯罪，刑法为其体，其余各科为其用，然刑法如无完善之监狱法，则执行刑罚不足以自行，如不研究监狱学，则刑事学之目的亦无由达。论列监狱之现实法规为监狱法，讨论监狱制度之原理为监狱学，监狱法与监狱学，几有一而二、二而一之趋势，其关系于刑事学者，为尤密切，此监狱学所以在刑事学上成为一种重要的学科。

第二节 监狱学在教育学上的地位

教育因人而施，可大别为任意教育与强制教育二种：

- 广义教育
  - 任意教育…人才教育…吾国强迫教育尚未实施所以任意教育之范围甚广
  - 强制教育
    - 迁善教育……对于监狱之犯人施之
    - 国民教育
      - 普通教育（对于一般儿童务令得国民常识）
      - 特别教育（对于聋盲哑等不具之人务令受相当之教育）
    - 感化教育……对于感化院之不良少年施之

监狱为执行刑罚的机关，刑罚之运用，对于一般的人，有刑一儆百的功效，对于犯人本身，则具迁善改过的宗旨，所以监狱制度为强制教育之一种。

管理、训练、教授为教育上三大问题，而都备于监狱，不过学校教育，教育常人，监狱教育，教育犯人，这一点为两者所不同。依现行监狱规则所定，监狱之于囚人，有戒护，有劳役，有教诲以涵养其德性；有教育以增进其知识，虽限制其行动的自由，而对于囚人身体的健全，则不欲稍加损害，所以又有给养卫生及医治的规定；此外明赏罚以奖其为善，定假释以速其自新。出狱之后，则又请求免囚保护之策，其一贯的宗旨，要皆以犯人之迁良向上为依归，且以管束与教训兼施为原则。此种用心周密与人俱善的意旨，与教育初无二致，所以可说监狱学为广义教育学之一部。

第四章 监狱学与其他科学之关系

监狱之内，聚多数人于一处，凡社会百般之事，罔不备于监狱，所以监狱不啻为社会的缩影。如欲对于监狱的制度，为科学的研究，则必涉及于诸般事项，就错综复杂的各种材料，集同排异，求一贯之主义与方法，而于整齐的秩序之下，以组织之而成为有系统的学问。监学既无异于一个小社会，则监狱学即无异于研究社会诸般现象之社会学，社会学在诸种科学中，其关系范围最广且甚繁复，而监狱学亦由各种专门科学之集合而成，因此学者亦有称监狱学为集合学者（Collectivwissenschaft)，未始没有相当的理由。监狱学在科学上之地位，已如前述，兹复就与监狱学有重要关系之科学，略述其例如次：

第一节 监狱学与法律学之关系

法律学为监狱学的直接基础，刑法即监狱之体的方面，刑事诉讼法与监狱法，即监狱之用的方面。有刑法而无刑事诉讼法，则无适用刑罚的准则；有刑诉法而无监狱法，则无执行刑罚的准则，故三者与监狱学有不可分离之关系。

“非依法律，不受逮捕、监禁、审问、处罚”，为立宪国保障民权之铁则，我国训政时期约法，亦有规定，所以要拘禁于监狱，而受人身自由的限制，必须有法律之根据。如未决囚之羁押，须依刑事诉讼法，既决囚之监禁，须依刑法及其他法律的规定。是则关于监狱管理的要旨，无论为学理的与实际的，对于现行法律的范围，不能不努力以求其适合。因此，司法裁判官，固不能超出法律规定之外，任意轻重其罪刑，监狱行政官，亦不许私擅措置，以执行其刑罚。昔日裁判专行于隐秘之间，刑罚公行于露天广众之场，而今日则裁判主公开，刑罚主秘密，以为治罪的原则。审判公开，则一般公众，已可监督法廷之是否专擅，刑罚之不能公众行的监督，则为维持风教确保人道的必要。就是因为刑罚秘密执行，则监狱中私擅滥权的行为，亦自易发生，是则全仗上级官厅之能严厉督责，与监狱人员之当慎重选用，方始可以贯彻行刑之目的。

立法上关于监狱法应否规定于刑法之内，为颇值注目的问题，就各国之实况而言，解决此项问题者有二主张：其一为德、法、日等国，刑法上只揭自由刑之种类与其区别及适用，至自由刑的执行方法，则皆放任于刑法以外的规定。其二则关于刑罚执行的事项，概以刑法规定，而不容行刑机关有便宜之处置，如北美合众国的二三联邦，即采此例。二说比较，应以第一说为较优，所以我国于刑法之外，另有监狱规则，以为执行刑罚的准则，就是采第一说之立法主义的。

监狱学与刑事法的关系，既这样的重要，那么，关于刑事之立法者、法学家、司法官等，都应知道监狱管理的实况，而加以深切的研究。假使不悉行刑的实质，惟以呆板的适用或解释或制定行刑法规为能事，则必如闭门造车，不能适合于实际。又如印刷工人，于无意识之间排列活字版，而毫不知其所以然。所以研究刑事法的人，对于监狱行刑之理与术，不可不三致意的。

第二节 监狱学与哲学之关系

刑法的学派，有新派旧派之分，刑罚的学说，又有绝对的应报主义、相对的预防主义及折衷主义之别，其科学的研究之根本原理，都不能离开哲学之范畴。监狱学既是研究行刑制度的学问，则其对于哲学，亦有同一的、通晓的必要。

实践哲学之伦理学，与监狱学最有关系，因为犯罪人大半缺乏道德伦理的观念，或为恶习所移，或为境遇所迫，致掩蔽其道义的观念，趋于罪恶的一途，因此监狱官吏，必须研究应用什么方法，开发犯人的伦理观念，使其觉悟前非，勉修善行，而尽人生应尽的义务。所以监狱学与实践哲学有不可分离的关系。

第三节 监狱学与行政学之关系

以行政组织及行政作用为研究的对象者，为行政学。监狱既为行刑的机关，则其机关本身的组织，监狱官吏之法律关系，以及检束教诲给与卫生作业等的施行法，都与监狱法有密接的关系。因为行政上的原则，法律所不备者，得以命令补充，命令所不及者，又当赖于官吏的便宜处置。而实际上关于行刑的事项，为法律所不载及不能载者颇多，就不能不参酌一切法律以外的规定，依据命令或其他的行政原理，以为活用。从此点观察，监狱学与行政学，当然关系深切，否则治监狱者，不谙政治行政之学，哪里能收到管理监狱的良好效果呢？

第四节　监狱学与心理学之关系

行刑的要旨，在使犯罪者，于其心理上，自觉其所犯之罪为不正。执行刑罚的主体，固要有健全的意识，即在被执行自由刑的主体，亦须为有普通意识的人格者。人心不同，犹如其面，虽属同一罪质的犯罪者，而其性情，其习惯，其境遇，尚且千态万状，不相一致，至于罪质不同的犯罪者，其心性关系之异，更不待论。所以监狱内对于多数囚人，讲说人生的意义，开发伦理的观念，使彼等得以改善感化，而求刑罚用之适当施之有效，必须先就多数囚人——受刑者——一一详究其个人之心性的实质，及变化的状况与所以变迁的关系，方始能收相当的效果。大凡人情，或外强而中怯，或内刚而外柔，或则喜怒无常，或则轻视褒贬，或制以温和而反傲慢，或加以强制始克平服，或犯大恶而非缺德，或犯小罪而实无良，其化导难易的如何，毕竟赖于行刑当局的伎俩。假使司狱者不注意于囚人心性上的关系，则举措不得其当，结果适得其反，所以学监狱学者，不可不研究心理学。

今日科学昌明狱制改良之结果，从来刑事制度上的犯罪事实主义，已移于犯人人格主义，而特注意于犯人之个性，于心理学上遂又成立刑事心理学一门。其要旨即在殚明犯罪者之心性的关系，借以判明犯罪责任之有无轻重，所以欲达刑罚适用及执行之目的，又必待于刑事心理学之力。

第五节 监狱学与医药卫生学之关系

监狱的位置与构造，务要适于卫生，而拘禁、规律、衣食、作业等，亦无一不与卫生学有密切的关系。监狱之为物，其性质最易惹起精神状态的异常与生理机能的病态，而鉴识精神病患之有无虚实，更为狱内至要至难的任务，欲全此任务，又不可不藉医药学之力。况自由刑的制度，重在自由二字，苟因处自由刑而害其健康，则何异于应处自由刑者而处以身体刑，其或害及健康而致犯人于瘐毙，则何异于应处自由刑者而处以生命刑，所以自由刑只是限于自由之剥夺，而不能害其身体与生命。寒为之衣，饥为之食，病为之医，疾为之药，更讲求种种卫生方法，务使犯人以健康之身体入狱者，刑期既满，仍得保其健康之身体以出狱，始不越自由刑的限界，且得达刑法的目的，从可知卫生医药之学与监狱学关系的重要。

第六节 监狱学与经济学之关系

监狱有独居杂居之制，一律分房独居，则经济之力，常虞不足，然一律杂居则又恶习潜滋，增加犯罪，而监狱经费的支出亦益见其多，所以各国狱制设备，虽甚周密，亦兼采两种办法，以为调剂。假如办理不善，巨款虚糜，则社会的实益未见，而国家的经济已大受损。至如完善之监狱，其建筑费则动辄巨万，常年费亦所费不赀，倘不顾国家经济，任意糜费，亦难收监狱的效果。吾国监狱，至今仅具雏型，杂居独居，尚无定制，杂居容额之多，夜间分房之少。还须惨淡经营，苦心擘划，倘非具有经济学上的知识，则经费虽钜，惟消耗于不经济之途而已。

第七节 监狱学与建筑学之关系

监狱不仅严重取缔，以管束罪囚的自由，尤须个别待遇，以防罪恶传播之弊，及善视其衣食起卧，以保全其健康的身体，是则对于监狱的建筑方法，应如何有便于囚徒的管束？如何使无害于卫生？如何防止其恶习？如何陶养其群性？倘非于建筑之学，有相当的研究，则监狱建筑不良，亦难达行刑之目的。

第八节　监狱学与统计学之关系

监狱内对于囚人犯罪之轻重，既须研究其个性，而对其入狱后的状况，尤须注意，以为相当的处置。举凡犯人的年龄、籍贯、职业、罪名、宿舍分合、男女人数、工场配置、劳役种类、给养情形、作业盈绌，以及赏罚与假释的效果等等，莫不赖实验以资改革，恃统计以核利弊。所以研究监狱学者，对于统计学，尤应有相当的认识。

第五章　监狱与刑罚之关系

刑罚制度，鼎立为三，即立法、裁判、执行三者，相互为用，各有独立的机关，而刑事制度，方始日趋于发达。古代刑制，死刑适用的范围甚广，因为在威吓主义之下，执行的便利，费用的节省，莫过于死刑。及由威吓主义变为感化主义，死刑的适用范围，渐见缩小。自由刑的范围，日加扩张，在从前死刑的执行方法，一刀一枪而已，一人执行而已，而今日自由刑的执行，其刑期须费数年或十数年的长年月日，始奏实施改良犯人的手段。所以行刑之事，决非少数寻常人所能胜任，行刑之地，又决非简陋湫隘的建筑物所可应用，盖未有监狱不改良，而可以施行自由刑的。要之刑事立法，虽甚善良，刑事裁判，虽甚公允，假使执行刑罚机关的监狱，尚未完备，则虽用自由刑，竟可说与执行死刑相同，或且谓为更甚于死刑亦无不可。比如我国旧时的监牢，入其中者，不死亦成废疾，反不如死刑之痛快。所以西人有言：“采用自由刑，而不改良监狱制度，是不啻无血的杀人机器。”可以发人深省。

第三编　监狱史及监狱学史

第一章　刑罚法之沿革

古时文运未进，人智未开，并无监狱之学，有之自较近监狱发达之后始。监狱学既随监狱而发生，故欲知监狱学史，必先知悉监狱的沿革。

刑法为维持秩序的法则，刑罚为强行法律的手段，因刑罚有死刑、体刑、能力刑、财产刑与自由刑的分别，而监狱亦随之有增减伸缩的必要。即监狱与刑罚，同其发达的步骤，互有前后表里的关系，所以欲知监狱的沿革，又必先述刑罚之略史。

法制史家梅因尝言：“刑事法为未开社会惟一的法典。”我们翻开世界史一看，的的确确可以证明刑事法为任何国家最先发达的法律。

敷法设会，检束非行，定刑课罚，强行法令，此乃治国的常轨，不论东西古今，苟有团体，必备课罚的方法，惟刑罚随团体的习俗性状之不同，而其种类亦至东西不等古今不同，自磔锯、凌迟、枭首之悲惨，以至拘役、罚金、缓刑的宽和，每因习俗时期之所异，遂见刑罚法则之有差。

第一节　社会的制裁时代

原始时代，族制盛行，氏族内的权力与制裁，都归于家长或族长的专断，而无一定的准则，此时所谓刑罚，实不过一家族一氏族内的惩戒方法而已。

迨家族制度衰，民族制度行，族内的制裁，一转而为社会的制裁。此时主权稍稍统一，关于兵马财豨的政务，渐专属于团体之统驭者，惟其团体，方急于防卫外部的压迫，尚无暇整理其内政，团体员相互间的权利毁伤之事，一任于被害者或其承继人的复仇。惟私人的复仇，尚缺刑罚的本质，复仇的起因，在维社会的生存，所以学者称此时期为放任复仇主义时代；其制裁则为社会的，而非国家的制度。

第二节　国家的刑罚时代

一、第一期

未开时代之人民，大抵愚顽不灵，畏怖自然之力，迷信宗教，以为可达安心立命的境界，而神佛威力僧侣权势，与国家主权，争雄角胜，以至发生含有宗教主义的国家思想，所云国家的刑罚，即始于此时。对于公罪，则由国家自行处理，于严刑峻罚之下，以威吓一般的社会，对于私罪，则采反座制度，以监视放任复仇主义的实行。

公罪者，直接侵害国家的生存或污损神祇的尊严之谓。在基础脆弱的国家，尤有禁止此种犯行的必要。所采者即威吓主义的刑罚，其目的在于杀一儆万，惩前戒后，而不着重于犯人的悛改。故其刑罚极其残酷，往往公开执行，以引起万民的恐怖，如炮烙的悲惨，汤镬的峻酷，以及磔刑、锯刑、火刑等，皆此期的产物，像我国、希腊、罗马、日耳曼、日本等国，沿革上无不经过这一个时期。

反之私罪者，其犯行侵害私人的权利，而于国家的生存，则无直接的影响。在国权未强时代，尚未加以干涉或课罚，只于法定制限之内，公认私人暴力的复仇制度，即学者所谓制限复仇的时代。国家制定反座法，使于加害者与复仇者间，保持相当的权衡，一面使加害者解除犯行的责任，一面使被害者不可超过必要的程度，如以目报目、以齿偿齿者是。

虽然，放任复仇主义的废绝，不一定以反座法为惟一的效果，因为同时还有宗教主义赎罪的牺牲之制度，与反座法并行不悖。赎罪的牺牲，不外供牺牲以解神怒的意思，一般迷信宗教的人民，以为反座制是与神意背驰，解除加害者责任之惟一的方法，无过于和畅神意，于是刑罚史上，遂有以牺牲之供御为制裁的一个时期。

逮后反座与牺牲供御，都不适应于社会的要求，一变而为赎罪主义，犹如较近民事上的损害赔偿，被害者虽有受诺或拒绝赎金的权利，然往往强制其受诺，而以其偿金的一部，纳入于社会的统治者，以赎其罪。

二、第二期

此时国家自卫权，渐见完成，反座赎罪之制，已告废绝，国家对于犯罪，无论为公罪为私罪，概以威吓为刑罚惟一之目的。生命刑、体刑盛行，流血遍野，悲惨的呼声，震荡天地，当局者顽守此种主义，垂数千百年。逮降中世，其刑罚及执行方法，依然保存旧态，虽以威吓为刑罚最终之目的，而犯罪的增加，仍不少衰。

三、第三期

刑罚史上国家的刑罚迁移于第三期的动因，约有四端：

1. 实际上的必要。欧洲各国当十字军的战役，浮浪者漂泊各地，掠夺民家，极其横暴，各国政府，虽用严刑峻罚，尽力驱除，无如随逐随来，害无底止。西班牙对于初犯割耳，再犯绞杀，约一千四百名的乞丐各杖六十。法国议会于一五八三年决议，谕告浮浪者云：犯者直当绞杀之，不与以诉讼救济之道。英国于一五七五年至一五九七年，发布多种法律，规定各种情状，处以割耳绞杀诸刑。德国对于浮浪者，公认追放、曝市、绞杀之刑。当时刑罚，残酷已极，不足以寒浮浪者之胆，乃知徒用畏吓刑，绝不能保全社会的秩序。

2. 国家主权的确认。当国权未达巩固时代，内忧外患，国础动摇，以有罪必罚，为自然的法理，如有漠视国家社会的准则者，即以国家公力，抑制私人，或迳处以杀死，或驱逐于团体以外，使其报偿损害，此盖为国权自卫起见，对于重大的犯行者，有刑戮放逐以绝祸孽的必要。可是国家秩序，渐次整备之后，个人或私团体，已不能抗拒公权力，而死刑追放刑的处罚，亦渐减少，所以晚近文明诸国，已有废止死刑，即未废各国，亦已限定死刑适用的范围了。

3. 道义思想的变迁。犯行者所受痛苦与酷遇，不堪言状，恻隐之心，人皆有之，刑罚问题，遂成为重要的社会问题。在预防镇压犯罪的口号之下，犹采绝对畏吓主义，像禽兽般虐待同胞，究竟是否适应神意背驰人道，至于引起识者的怀疑。此种仁爱思想，古代哲学家柏拉图提倡于前，论定刑罚主义，不可忽视惩戒改善的目的。基督教教义宣传于后，以为人类皆上帝的罪人，各人应互相宥恕，以得神的赦免，为人生之最终目的。对于神的犯行虽当处罚，惟可赎偿以解消其罪恶。当基督教盛时，名僧硕儒，接踵辈出，认定此种天则，以立其法律上的见解，对于刑罚的执行方法，附与以重要的感化，从无告的穷境中，救出犯罪者，使免精神上及肉体上的毁败。当时刑罚思想。遂引起一大变化。

4. 经济思想的发达。杀有罪，戮犯行，于国家社会，究有何益？况人类具有天然的生产力，若犯罪恶，固当使负行为上的责任，然必使之耐痛苦忍残酷而加以刑戮，徒见生产力的减少，转不如只剥夺其自由，令服国家的必要役务之为得。所以古代埃及、希腊、罗马，对于犯人代用的刑罚，或令服务于矿坑的劳动，或遣为道路的夫役，或使为海上的船夫，其制度早已推行。此种刑事经济思想之传播的结果，遂有法国查理九世的敕令，强要裁判所对于尔后船夫的刑期，至少须为十年以上的宣告。不过古代矿夫与中世舟奴的制度，其目的一在使囚人与社会隔离，一在畏吓囚人以为镇灭的方法，而与晚近自由刑的制度，却不可以相提并论的。

因有上述各种原因的推动，遂达于第三期自由刑全盛的时代。关于死刑、体刑，毕竟背驰正义人道，不合经济政策，且难奏防止犯罪的实效，而与国家进运，亦不相容，终至渐次减缩其适用范围，而不得不让其地位于以惩戒感化为目的的自由刑了。今代不论东西各国，凡以开明国自任者，无不排斥或限制适用畏吓主义、复仇主义之残物的死刑、体刑，都以自由刑为其国内刑罚之基本组织。

第二章 监狱史

监狱是囚禁众人的场所，关于奸黠少年的惩治，无赖恶徒的强制劳役，以及刑事被告的羁押，虽亦不失为狱政的一部，然以监禁犯罪人为惟一主要的目的。监狱与刑罚，相互发达，既于前章论及，而监狱的发达史，亦可分为二大时期，加以说明。

第一节 社会的制裁时代

此时对于犯行的制裁，纯系一家一族一私人间的私事，生杀予夺的权力，操于家长族长或被害者之手，无须囚禁犯行者，而得迳行拿杀或引渡于被害者，所以没有监狱的必要。而且此时所云族内制裁，与复仇，都以私人暴力，对付加害者，所以更没有像现代所云国家制度的监狱观念之存在。

第二节 国家的刑罚时代

一、第一期

国权统一刑稍巩固，对于私罪，公认反座之法，对于公罪，则采威吓主义，而执行生命刑与体刑。惟刑戮之先，必须逮捕，一经逮捕，又须广大的刑场，以为拘置囚禁之所，此时虽不能谓为已有整备的监狱，而监狱的萌芽，则不能不说在此时期。

据历史所载，若希腊，若罗马，其古时拘禁人众的场所，没有宏壮的设备，或则幽闭于宫殿城址的一隅，或则囚禁于塔守朽槛的废墟，甚者桎梏手足，使炙夏日之炎威，起卧道地，令受隆冬之寒冷。印度古时的囚狱，状如兽槛，以木或石做成，放置于路上，囚人禁于铁窗中，形若饿鬼，呼饥叫渴，惨不忍闻。埃及古时的狱制，白天虽止手铐脚镣的痛苦，夜间则拘束囚人的全身，仰天露卧，使其终宵不得动弹，且多笼居斗室之中，湿秽之气，充塞狱内，恶臭袭人，闻之作呕，而其囚人，又不限定为犯罪人与刑事被告，有高僧，有硕学，有政敌，有盗贼，有债务不履行者，有疯癫白痴者，老幼不分男女同席，其混乱的状态，不可名状。

此种无规律的人身保管场，实是监狱的胎芽，惟其目的，则彼此间未必相同，或在保管囚人，或在防其脱逃，而惩戒隔离，使之悛改的作用，无非是附随于上项目的之当然的结果，于是可知古时今代之监狱，名同而实异，欲知变迁之大要，先须明了古时监狱的性质，其性质大抵具有三种：

1. 有拘置场的性质。当时的刑罚，以胁吓为惟一目的，即生命刑、身体刑的全盛时代。本来生命刑在于断绝生命，身体刑在于毁伤身体，似无所用其拘禁，不过在科刑之前，总得有一番审问的手续，遂不能不设拘置的场所。古代听讼止滞，判官贪婪，讼争日久，判决不下，而拘置一事，乃为当时监狱的主要目的。

2. 有囚禁场的性质。所谓囚禁，乃抑留债务不履行者之谓，其目的在于使其履行债务，不在执行刑罚，故其目的与晚近的监狱不同。因为以债务之不履行，混视为刑事上的犯罪，原是未开时代的通弊，而不解民事上的不法行为，乃囚禁债务者，以强制其债务的清偿。所以此时的囚禁，不过是一种强制执行法，其执行不以财产为标的物，只在于直接羁押债务者的肉体。

3. 有威吓场的性质。未开时代，民风栗悍，磔枭笞杖，尚嫌宽和，乃罗致于囚狱，虐遇酷使，百方苛责，而后驱之于刑场，故其监狱之目的，在于酷待囚人，增其痛苦，以威吓一般的世人。当时暴君，苛征重敛者，往往对于不纳赋税者，加以囚禁恫吓，不过充其贪婪无厌的欲壑而已。

第一期的监狱，有拘置场囚禁场与威吓场的性质，未能谓为近世监狱的起源，至于如何变迁推移以迄今日，请于后论之。

二、第二期

（一）人身保管场

第二期的刑罚主义，在于绝对的威吓，凡有犯行，不问公罪私罪，国家必有以威吓，刑名愈严，囚狱之惨益重。惟当时囚人，尚不甚多，出入于狱者，多系市井的无赖，未足惹起一般注意而促其改良，监狱性质，依然保其旧状，只不过变债务者囚禁的性质，成为异教者闭禁而已。

前文说过，第一期的囚狱，为拘置场、威吓场，又为债务者的直接强制场，可是世运进化，民事与刑事之责任，知其有别，犯罪与债务之不履行，绝难混视为同一的不法行为，而强制履行的囚禁，逐渐见其废绝不用。

此时正当基督教高唱世界主义，东兴于亚细亚，经希腊而达于罗马的帝都，基督教以一视同仁为教义之根本基础，与诸国帝政不能并立，遂为各国仇视，欲以峻刑酷罚，尽力扑灭，使其不能传播。无如崇拜教义者视死如归，以为脱离尘界，转可早升天国，任凭没收财产，断绝生命，曾不足以强制其改宗。因之教徒日增，教区日广，各国乃利用监狱以为抑制，不过当时监狱，无非使囚禁者选择劳苦与改宗之二途，如囚人愿意改宗，就可出狱，但是宗徒信奉上帝，持节不屈，竟有死于狱中的人，所以当时的监狱，可说是以异教者的囚禁，为其特质的。

第二期的监狱，虽已变更其囚禁场的目的，可是内部组织，仍是无规律的、不整齐的状态。因为囚人多，狱房少，横眠倒卧，浊气不通，给养不足，死尸垒垒，虽经基督教传布其宽和的思想，而狱政要不能完全改善，只不过其间有大小广狭的差别而已。如法国芝鲁之狱，英国伦敦古塔之狱，意国比义斯宫廷之狱，德国纽龙堡议堂之狱，皆中世时期的产物，而其状况，与旧时的囚狱无异。

（二）惩治监的创始

西历纪元一五五〇年，伦敦感化院成立，一五八八年纽龙堡惩治监及阿姆斯达登惩治监成立，一六一三年卢比克惩治监、一六一五年汉堡惩治监亦均创立，此种惩治监的目的，不在拘置，不在囚禁，亦不在威吓，而在对于囚人与以教育感化，与以惩治改善，及罗致无赖游民，羁束而使之劳作，以养成其恒心与恒产，所以惩治监的创始，对于监狱，已一新其目的。不过思想的变化，必有其起因，其以教育与感化，为监狱之目的，不能不归功于基督教的教义。

1. 惩治之观念。基督教传播的结果，使拘置监带有异教者囚禁的性质，异教者的囚禁，不曰科刑，不曰处罚，只是一种强制法，使囚人改宗，为其穷极的目的，乃以甘言诱惑，酷遇胁迫，令其自行改宗，此即不外为惩治的观念。按以感化为监狱的主义，乃晚近发达之事，而惩治监不过其胎芽，至于惩治的观念，则与基督教的勃兴，同见于第二期的监狱。

国家主义对基督教的激战，既告终局，基督教遂奉为罗马帝国的国教，高僧硕学，接踵而出，其教义直将传播于世界各国，此时各教徒目击囚狱的惨状，大有感愤，一二名僧，既出入狱中，以从事于囚人的训诫慰喻，不知不觉之间，而监狱自成为惩戒感化的场所。尤其是寺院的囚狱，早已采用改善惩治的主义，课以一种自由刑，而其目的与制度，则与晚近之独房主义极似。因为异教者的囚禁，名僧硕德的训诫，以及寺院囚狱的惩戒，都含有惩治感化的思想，自囚禁而为训诫，由训诫而为惩治，其发达变迁之迹，历历可见，而惩治监即是此种思想的实现，其创始决不是偶然的。

2. 惩治监之性质及其发达。惩治监的创始，既如上述，而各地状况不同，亦属当然之事，惟门亨（München）惩治监规则及汉堡（Hambarg）惩治场布令，则有足以窥见其一般者，就是惩治监所囚禁的人有二种，一为贫穷者，一为无赖者，此辈皆是国家的寄生虫，乃罗致于监狱给与以粗衣恶食，强制以力役劳作，使养成其独立自活的惯习。监狱学大家约翰·霍华德（John Howard）曾云：惩治监的主旨，在于“使之勤勉，乃有恒心”，可谓精确的见解。当英王耶可布一世之时，曾发布一新法，令各伯爵家，可设一惩治场，受下级法官的指挥监督，使囚人从事于骨牌、水车、辘轳等类的制造，可知当时设备惩治监的趋势。

3. 晚近监狱的滥觞。晚近监狱的滥觞，不是威吓犯人的拘置监，亦不是单重感化的惩治监，而是混和拘置监观念的惩治监。因为国民思想渐渐变迁，以为监狱不单是国家事业，社会亦自觉其有犯行防止的责任，所以醉心于基督教义者，屡次捐资设立财团，使刑余之徒，力役劳作，如汉堡免囚惩治场及桑米格尔感化场便是。

第一，汉堡免囚惩治场。是纪元一六六九年汉堡市议会会员彼得·林吉尔所设立的财团法人，当时偷儿娼妇之辈，课以百般的体刑，不足使其悛改，处刑之后，随即犯罪，能善其终者少，所以彼得深怜此辈将来的危险，乃出一万马克，以为惩治场设立的费用，使偷儿娼妇辈，受笞刑曝市之后，仍当留置于惩治场中。

第二，桑米格尔感化院。罗马法皇克勒曼斯十一世，于纪元一七〇三年十一月十四日，以桑米格尔病院的一部，设为感化院，收容二十岁以下幼者，以威吓而感化之。至其幼囚，则有二种：就是刑事幼囚及无赖幼囚，代国家而对刑事幼囚执行其刑罚，代父兄而对无赖幼囚改善其举措，囚人夜则隔离分居于独房，昼则沉默而劳役于工场。

以上二者，虽足助长囚人惩治的观念，犹未至于确认自由刑的制度，因为上述狱制，不外刑事法的反射，所以只[1]是监狱的滥觞，未可说是狱制上积极的改良。

三、第三期

免囚惩治场与感化院，既已创立，加以实际上、道义上、时势上的必要，时人的刑罚思想，渐生变化，至十八世纪中叶，遂现出自由刑的全盛期。当时之人，或谓身体刑、生命刑，不足以防止犯罪与不道德之事；或谓惩治犯行者，属于社会团体的重要义务；或谓欲达此目的，当罗致之于惩治场，课以长期的自由刑，且须强制以过度的劳役；然以刑事法未有论理的组织，只不过行使命令权、裁判权或警政权，科以有期无期的自由刑，代替身体刑、生命刑而已。嗣后自由刑思想，渐增其势，至于形成近代刑事法典的基础，刑罚思想既已一新，旧时监狱，自不能充其需要，而监狱新设论、狱制改造论，沸腾一时，甲论乙驳，异说纷歧，于是监狱学遂成为独立的学科，以论定监狱制度的当否。

此期监狱固有依据新思想而设立者，惟当时的状况如何，则可一考当时的狱制，据霍华德的《英格兰及威尔斯州监狱状况》，开

---

〔1〕 原文为“止”。——编者注

姆的《刑罚及犯罪的防止》，狄沙唐的《法国之古狱》，裘白衣的《英国之监狱》，丰奥宁的《犯罪及刑罚论》，莱宾采的《囚人惩治论》的著作，得以略知其大势。

1. 狱舍。狱舍多成于荒塔废屋或土窟，室中狭隘，日光不入，外气不通，潮湿污损，异臭难闻，甚则水渍浸床，不堪起卧，囚徒无数，蠢蠢欲动，疫疠之生，势所难免，而其监狱，遂成为病魔育成所。如一五七七年英国牛津巡回裁判所，发生一种监狱的猩红热，不一昼夜，死者达三百余人，而韬顿伦敦各处，均被蔓延传染，其势至速，数千生灵，尽遭疫毙。此种猩热，各国均苦于扑灭之无法，而其源始，则实在于上项病魔育成所。且其建筑不固，守备不严，囚人易于脱逃，狱内毫无纪律，男女老幼不分，故壮者欺凌老者，喧哓殴斗，层见叠出，男女奸淫，堕胎，婴儿压毙之风，公行无忌，而幼囚则伐可借此学习犯罪，白痴囚则转成为全监的玩弄物。

2. 囚人。其囚人有未决囚，有既决囚，有国事犯，有奸淫犯，有丐儿，有孤儿，有精神病者，有民事原被告，有无告的穷民，有赤诚报国的革命志士，有反抗贪污暴敛的侠客，以至无赖汉、浮浪人、白痴者、强窃盗，无不可为囚人，居其中者，衣不足以御寒暑，食不足以疗饥渴，藁屑一束，以为卧床，粪矢狼藉，污朽不堪，其惨状有如是者。

3. 狱吏。当时因国帑空虚，不能任用多数的狱吏，如开尼斯堡监狱，以四狱吏管理二百余囚人，又如郭塞尔监狱，以一狱吏看守六七十囚人；雇其报酬，则甚微薄，殊不足以维持狱吏的地位，乃营私业，役使囚人，因袭既久，苞苴公行，如囚人有所馈贻，则衣食薪炭，可以卖与，妻妾僮仆，可以携带，不夜之饮，可张狱内，管弦之音，朝夕不绝，而其狱政权，无形之中，遂为金钱的魔力所左右，狱吏仅伴居狱室而已，甚有在职期年，犹不识狱室在于何处者。

要之中世的监狱，非惩治场，毋宁称为酒楼青楼，或共同便所，无怪当时普鲁士司法大臣丰奥宁氏之呼为“犯罪学馆”也。

第三节　近世各国狱制改良之现状

自约翰·霍华德（John Howord，1726—1790）以热诚唤起世人改良监狱的注意，当时欧洲思潮，既被人道主义的提撕，又悟威吓主义的不当，而感化囚人之法，则知非采自由刑不可，自由刑兴，死刑的适用日少，监狱的改筑，更不容缓，所以自十九世纪以来，各国监狱所采方法，虽然不同，可是无不从根本上改革，而一新其面目的。兹略述近代著名各国狱制改良的沿革及其现况，以供读者的参考。

一、瑞　士

新狱制最先之输入者为瑞士，其所采为沉默制，于一八二五年建“铿孚监狱”，一八二六年新筑“罗桑监狱”，实行其主义。惟其成绩，无甚足举，而犯罪反见增加，乃取舍于沉默主义，而立汇类制约的新案，于一八三三年在“铿孚监狱”及一八三九年在“星得格林州的星得耶可布监狱”实施之。所云汇类主义者，分囚人为数阶级，与以适应团体生活的待遇，而汇类的标准，则以囚人的年龄、性别、刑期、罪种、犯数、教育程度、劳役能力、身体的强弱、惩治的能否为主。盖汇类主义，汇类囚人，分房监禁，以防止恶习的传播，不外为一种精神的沉默主义。依“铿孚监狱”的行刑法，其汇类制照待遇的宽严而分囚人为四类：

1. 第一种（刑事囚及累犯囚）。拘置惩役囚与某种曾受前科之惩役囚及十六岁以上的再犯囚，其囚人在一月至三月间必须独房离隔，始可共同劳作，而劳作之际，严守沉默，即此种狱制，在于强行严正的沉默主义，而依囚人的行状，或移送于第二种囚监，或延长其刑期的执行。

2. 第二种（某种刑事囚）。第二种的囚监，拘置情节轻微之初犯、惩役囚与由第一种囚监移送之惩役囚及曾受前刑执行再受处罚的惩治囚。惩役囚，八日至十四日间，惩治囚，五日至十日间，应受独房囚禁，经此期间以后，当沉默而从事共同劳作，囚人之怠于劳作者，则迳移送于第一种囚监，其勤勉者，则可沐缩短刑期的恩典，或可移送于第三种囚监。

3. 第三种（某种惩治囚）。第三种的囚监，所以拘置初犯的惩治囚，与情状轻微而不属于第二种者，及由第一种或第二种囚监移送的惩治囚。囚人于四日至八日间居于独房，旋即沉默而从事于共同的劳作，然得交换信书，接见亲故，则与第二种囚监有异。

4. 第四种（幼囚及悛改囚）。此种囚监，为十六岁以下囚人与十六岁以上十八岁以下囚人而曾受行政上的处罚者，及自上级囚监移送者拘置之所。初犯囚徒三日间，再犯者八日间受独房囚禁后，从事于沉默制的劳役。惟囚人于休息时得与狱吏及其他囚徒对话，以慰其寂寥幽郁的情怀。

此制至一八四二年，犹继续行之，于犯人惩治上，收效甚宏。一八三九年“星得耶可布监狱”成立，所采制度稍异，即其汇类的标准，一依劳作能力与所犯情状，而各阶级的待遇，则皆一律。要之“铿乎行刑法”以有种种非难，至十九世纪中叶，已绝其迹，其所受非难，不外为①汇类标准依犯罪种类为不便；②道德上汇类甚难；③事实上汇类更难各点。汇类主义虽遭非议，犹不失为杂居行刑制上的必要成分，现时各国，或采用独房分居制，或固守纯粹杂居制，原则固有不同，而不参以汇类制者，却甚稀少。

二、比利时

比利时于十八世纪初叶，既启狱制改良之端，后受挫于奥国，复隶属于法国，而狱务遂告中绝。迨比利时独立王国建成，国人锐意革新狱政，遂采夜间分房昼间杂居之制，于谦德市试验其当否。

时学者如德可配丘、邱德黎等极力非议此制之不适宜，乃于一八三二年发布法律，使监狱隶属于司法部之下，且采用严正的分房制。一八三五年“谦德”及“维尔伐特”之分房监成立，一八四四年德龙格雷之新狱告竣，遂至于新设二十余的新监，支出一千七百余万比金的巨额费用，狱制改良，结果甚佳，一八七〇年以后，厉行分房制的法律，其基础愈加巩固而已。

三、意大利

当一七〇三年法皇克勒曼斯九世，曾开改良狱制的端绪，中经刑法学家倍加利亚的提倡，而刑狱局势，为之一变。一八三八年各监实行分房制，一八八八年公布意大利刑法典，全废死刑，而采一种终身刑，其始十年，囚禁独房，以后则由沉默主义，使之共同劳作，近年应用新制，日有改进。其狱务监督的组织与司狱官吏养成的方法，大足取法，如刑事学泰斗龙伯罗梭等，均为意国人，复进文明，其势殊不可侮。

四、荷　兰

荷兰自一六〇九年以后，狱制改良殊早，男子使劳作于苦役，妇女使尽职于纺织，其刑期因所犯之罪而异，而其监狱的根本主义有三：一须使幼年者习于勤劳，二罪囚宜善导以劳动教养的方法而感化之，三凡行状善良的罪囚，则缩短刑期，以资奖励，直至近今，仍奉为监狱主义的原则。其狱中格言有云“须使其勤勉耐劳，即由是以成良民”，大为监狱学泰斗霍华德所赞赏，尝云：“监狱改良的要旨，在于是矣。”荷兰狱政，曾因法国蹂躏而中绝其改良事业的进行，无几何时，于一八一三年，复兴其独立的国基，始脱法国刑典的羁绊，而复活其固有的行刑法，终至议会于一八二三年宣布社会有矫正感化罪囚的义务，其他有力的学者、政治家亦均努力于行刑组织革新的事业。迨一八五一年采独房主义，一八五四年六月廿九日的法律，付与推事以宣告独房囚禁的权限。一八八一年的刑法典，对于十年以下与五年以上的刑期，均以五年禁于分房，一八八六年实行新监狱则，于法理实用，兼筹并顾，而监狱制度，益臻完善，尤注意于阶级制的实施，自设户外监狱以来，成绩亦佳。

五、瑞 典

瑞典于一八四〇年，成立独房监狱，一八七三年五月三十日的法令，对于长期的苦役囚，先就其刑期的六分之一至少六个月间当囚禁于独房，一八七八年全国狱房已有三千八百余，至今益有进步。

六、法兰西

拿破仑法典，于近代欧洲刑法上有强大的势力，而于一般狱制沿革史上，亦有相当的关系，当拿破仑一世之时，监狱限于拘禁禁锢囚及刑事被告人，一八一一年将其费用由国库移于地方经费的负担，遂致监狱改良的新芽，受一番的蹉跌，其结果至于行刑紊乱，犯罪增殖。经一八三〇年的革命，舆论争以改良狱制为号召，乃派毕尤蒙、德邱毕尔二氏调查美国的分房狱制，一八三四年作成改良狱制法案，提出于议会，已得下院的可决，一八四七年方将提出于上院的议事日程，佥谓可以通过而无疑，乃不幸遭遇一八四八年的革命，与拿破仑第三帝政的成立，此新法案遂成画饼，而狱制回复于第一帝政的旧模。至一八五三年使内务部长发布禁止分房制的训令，一切新筑的分房监狱，不得不改变内容而用为杂居监，奈如斯逆行的制度终不能保其运命。于一八七五年的新法律，确定刑事被告人及刑期一年以下的禁锢囚，概拘禁于分房制的监狱，其费用的几分，归由国库补助，而大部分仍由地方负担经费，以其负担过重，而改筑工事的实施，不易着手，自新法律公布后，经十二载的星霜，全国三百八十二所监狱，依法实行改造者，仅十有四所，其法律几等具文。法国监狱区域，本分四十五处，于一八八八年减至三十三处，一八九七年减至三十一处，一九〇九年减至二十处，至一九一八年以阿尔萨斯、劳伦两省的加入版图，合成二十三处。至一九二五年取消二处，一九二六年取消五处，现有狱区共十六处，其监狱管理，组织虽佳，而各区狱制，犹有杂居制的残留，流刑之制，亦未全废，颇为各国所嗤笑。按法国狱制改良的学者，代有人才，独于本国狱制，则鲜改善，较之各国，未免稍有逊色。

七、德意志

德国为沉默制的继承国，先实施于哈雷监狱，一八三五年提出劳伊亚法案以后，新监概用沉默制，而无成效。一八四六——一八五二年间威廉四世所设计的分房监若摩比德监狱、普利斯洛监狱、勒寄堡监狱、明斯德监狱，次第落成，嗣以再犯暴增，归咎于狱制不良，复斤斤于分房阶级诸制的利害，议论纷歧，未尽实施，且其监狱管辖权不一，以一部隶于警察官，一部隶于裁判官，后复分辖于内务司法两部，迨一八八〇年后，监狱悉归司法部管辖，狱制状况，始臻统一，多趋向于宽和派的分房制，扩张施行的区域，严厉狱内的纪律，贯彻遇囚的主义，若巴敦、白利寨监狱等，占有全世界模范监狱的声价，大战前后，犯罪人多，学者又倡大杂居制，惟狱室用层累式，以省经费，间亦有采行者。

八、英吉利

一五五〇年伦敦设有惩治场。仿效者继起，惟其制并未完善。自一七七九年议会中通过霍华德氏改良狱制议案，英王乃创设二大监狱，卒未实行，迨一八一一年建新监于密尔般库，施行阶级制，至一八四二年于伦敦新设平腾罘监狱，乃采用分房制。此制对于徒刑囚之囚禁于平腾罘监的独房者，考查其性行如何，而为派遣于凡吉孟斯岛的预备，或迳与以释免证，或给考查证而得囚禁上劳作上的特权，至其性行最不良者，则囚禁于独房约十八月之久。实施六年之间，造诣颇佳，仿此制者，多至五十四处，计监房达万间以上，继乃创立采分制。采分制者，英国麦可诺大尉首创实施于澳洲，以奖励囚人作业，养成劳动习惯为主旨。就是以作业上分数，换算刑期，作表计分，及格者便可释放。精勤者自可因此缩短刑期，尤适于惩治之目的。惟囚人天赋不同，以劳动能力的多寡，测其劳动心理的如何，终觉不甚准确。所以此制本质上颇不完全，发达区域不广。于是截长补短，而阶级制发生。

一八〇〇年顷，德、意、法各国，曾折衷独房制、杂居制，于定期的独房囚禁之后，许囚人的杂居，以考查其宜否释放，使为社会生活的准备，此即阶级主义的萌芽。至阶级制之成为行刑法，则当归功于爱尔兰克鲁副东大尉，当一八五三年克氏被任为爱尔兰狱制调查委员，锐意研究之余，遂倡导于独房囚禁及假释之间，应有过渡的囚禁法。其提议为政府所采纳，翌年八月七日通过新狱制法案，实施过渡的囚禁制，嗣后逐渐推广，顿成为国际社会上之理想的狱制。爱尔兰过渡囚禁制，其执行分为四期，就是①独房囚禁期；②夜间囚禁于独房，昼间则为共同劳作的时期；③过渡囚禁期；及④条件附释放期。对于男女，异其待遇，爰述大略如下：

第一，男囚。

第一期：通常以九个月为独房囚禁的时期，然依囚人的性行，或延长为一年，或缩短为一月，而此时期又区别为二期，以最先四个月为第一期，第二期的囚徒，得在劳作上、给养上享有多少的特权，而第一期的囚徒，则所受待遇特严，不给肉类，其劳作亦极困苦。

第二期：夜则囚禁于独房，昼则使之共同从事土木工程或军用品的制作，而另用采分制，以奖励囚人的作业。

第三级：依劳动及教育的结果，将囚人一日的成绩，分为优上中三种，各给以三分、二分、一分，待其达于十八分，使进于第二级。

第二级：第二级囚徒，许以劳作上、给养上、囚禁上的特权，若超出五十四分，更使进于第三级。

第一级：第一级囚徒若得百〇八分，则其特权，愈可增加，而得共同从事于炊事洗濯等狱内的劳役。

第三期：此时期将囚人留置于过渡狱，所云过渡的留置，就是与以假释的特典以前，在一定期间，留在狱中之谓。囚人在狱，服于定役，备受劳苦，一旦解除威胁，恐回复于懒惰残虐的旧态，加以境遇激变，生存竞争为难，最易翻其悛悔之情，此时若果因其刑期终了，立予释放，决非得策，必于其间，立一囚禁之法，以考查其悛改的真伪。使得复为社会的良民，而绝再犯的恶念，这就是设置过渡狱的理由。过渡狱或属普通监狱的管辖，或属特别官厅的管理，而其制度则一，不论狱内狱外，均保障囚人的自由，囚人不但依其劳作，而得多额的劳银，且得通信接见，或得许可而出狱外，其服色等亦与普通囚人不同，由是以考查其性行的何如，或移独房，或许假释，至其出狱许否之权，则一任于管理者的判定。

第四期：英领澳洲，短缩善良的徒刑囚之刑期，付与以出狱表，而实施假释的制度，此制声价日增，遂成为爱尔兰阶级制之一要素。出狱者须戒慎其性行，速就正业，每月须报告其动静于警察官署，此等义务，皆明记于出狱表的背面，出狱者若违背其一款，立即取消其假释。

第二，女囚。

第一期：独房囚禁的时期，为最先的四个月间，与男囚异，许其共同劳作，用采分制以资奖励。

第二期：属于此期的女囚，许其杂居而就劳作，且得取其工钱，其执行期间，则依刑期不能同一，例如三年刑期，为二个月间，四年刑期，为十个月间，五年刑期，为十八个月间，十五年刑期，则七十二个月间，系于此期的囚禁。

第三期：此期女囚，留置于保护所，从事劳作为通常。保护所为过渡狱的一种，所异者在于设备的公私而已。

第四期：假释制度，男女无异，惟女囚当第二期终了之时，依其情状若何，有时直得假释，不以留置于保护所为必要。

爱尔兰过渡狱制，大约如上，惟爱尔兰于一八五七年全废徒刑而采阶级制，区分三级，一为独房囚禁，二为共同劳役的强制，三为附条件的释放，即所谓格雷氏的考试制者是。

初，英王维多利亚第二及第三，于一八三九年前后发布监狱法，屡促其厉行，徒因治狱事务，为地方团体与大地主所掌领。未奏统一的效果，卒于一八七七年尽解地方的维系，所有经费管理诸事，一概操之于中央政府，监狱整备，始告就绪。实施结果，非但经费节省，罪犯减少，而改筑新监所到之处，其行刑制度，全国划一，得以适切施行。要之英国狱制改良以迄今日，已举国采行阶级主义，至其分房囚禁的组织，不惟应用于自由刑的执行，即刑事被告的羁押，亦无不若是。

九、奥地利

自一八四九年八月廿四日敕令，实施分房制行刑法，以囚禁拘留囚及惩治囚，一八五二年五月廿七日公布之刑法，忽废此制，而输入分房畏吓主义，迄一八七二年四月一日之法律，始复活分房制的旧态，乃改筑旧监，而有种种新监狱与讼廷狱的设备，无不实施分房行刑的制度。近年设纳道甫女监狱，可容女犯三百名，刑期自一年至终身不等，有女劝导员四十人，劝善规过，各女犯咸能守秩序，并勤于工作，工资亦足自给，可称为欧洲的模范女监。

十、丹　麦

丹麦于一八四六年，发布法令，采用分房囚禁制，制分四级，各异待遇。

第一级：执行期为三个月以上，囚人自由全被剥夺，期内不许劳作，不借图书，法定器皿以外，一物不使所有，且严禁面谈接见，不准交换书信，惟因情节，可许三个月间，通信一回。

第二级：此期许其从事劳作，给与工资，准带镜面历书，每阅二周借与图书，令赴讲堂，听受教诲，每二个月，许其接见访客，受送信书，至此级的执行期间，以六个月以上为原则。

第三级：执行期间，得在十二个月以上，一日给以三先令的工资，必要器具，可以携带，每七日得借阅图书，每隔六周许其接见访客，受送书信。

第四级：一日给以四先令的工资，亦许携带器物，每隔六周可以受送书信，接见亲友。

十一、美利坚

美国当十八世纪中叶，爱国志士辈出，高唱改良监狱的必要。一七七六年独立革命后，遂鼓舞其新胜之余勇，努力于狱制的改良。研究结果，卒于一七九六年创设分房监狱于宾夕佛尼亚州，根据独居主义（Solitory - system）而实行昼夜严格的分房离隔之监禁法，即后世所谓“宾夕佛尼亚制”。一八二〇年纽约州新设奥布伦监狱，根据沉默主义（Silent - system），而有“奥布伦制”之称。二者绝恶交，奖善行，使罪囚知所反省悔悟，固无所异，惟一则严正分房，一则夜间分房，日间共同作业，较为宽和而已。

奥布伦监狱，有狱舍，有作业室，有食堂、礼拜堂，又有广阔的庭园，绕以宏壮的围墙，武装的看守，监视于狱舍之顶，囚人之在于作业室、食堂、礼拜堂，均不离隔：故其建筑，不甚复杂。狱舍高四十尺，长二百四十尺，幅四十六尺，为箱状的大建筑物，内有五层的箱状狱舍，隔以箱状的围障，前后共约十尺，其楼五层，每层均有坚固的障壁，区分为二排小的卧室，卧室为六立方米的小独房，其数有五百五十，各有出口入口，与坚固的门户，此闭锁之。门的上部，为格子状，以便流通空气与放射光线，户外为幅十尺的回廊，各层回廊前，开大窗二排，以取空气与日光，回廊间有暖炉，有电灯，由格子以通于卧室，看守常在回廊上监视各囚人的举动。奥布伦监狱成立之后，赞成其主义者不少，而严正分房制颇受非难，“宾夕佛尼亚州”又于一八二一年决议设置东西二部感化院。

1. 西部感化院。落成于一八二六年，为圆形的建筑，内外分为二部，内部狱房与外部狱房，只隔一壁，未能尽绝囚人的交通，故不合于独居制的本旨。

2. 东部感化院。为方形的地段，正门旁有一小建筑物，区分为办公室、官舍及病室等，办公室屋上有一高塔，内悬警钟，以备不虞。狱地的中央，有八角形的看守塔，狱舍分为七翼，看守坐于塔中，可以俯瞰狱舍，一目了然。翼舍内，回廊左右各有十九间独居室及散步场，共计二百六十六间，室内备有卧床、桌椅、作业器具、水管、便器等，开窗以取日光，有瓣状小扉通于回廊，由二重铁门，以连接于各自的散步场，囚人则日夜独居于室内，单独饮食，单独睡眠，单独作业，单独散步，几无一不是单独的。惟有时解读书接见之禁，可借阅有益的书报及与狱吏、教诲师、监狱委员等面谈。至一八二五年，工事扩充，四年之间费美金二十五万。纽约州于一八二九年又公布新法，修正刑事法及监狱法，乃有改筑监狱必要，始修西部感化院，继改东部感化院，而向之严正分房，至此稍见调和，而东部感化院，改为二三层楼，废各室之散步场改为分房，从前二百六十六间分房，遂增为五百八十间，狱内又有染工场、匠工场、锻练场等的设置。

“宾夕佛尼亚分房制”与“奥布伦沉默制”，因沿革上异其发生地，感情上不能并立，互相辩难，当时英德法各国均派委员赴美调查研究新制实施的利害，各委员意见，或赞成“奥布伦制”，或信仰“宾夕佛尼亚制”，欧洲大陆诸国所采分房制，大抵属于“奥布伦制”，而英国“平腾罘监狱”，则采“宾夕佛尼亚制”。

美国嗣以扩张“奥布伦制”的结果，欲得监狱费用，取偿于囚人劳力之所得，甚或施行全部承揽业，使代国家任一切行刑管理之事，而行刑之本旨，全已失却。且也州各异制，狱各异规，新旧不一，瑕瑜互见，虽累犯者特别处分，病肺者特设病房，以及近年各州有采用累进制者，颇有自由改进之长，但其监狱官吏，往往随政潮而进退，缺乏老成练达的人才，典狱者识浅才疏，忽采严酷主义，或采宽容主义，而其狱规，遂不能整然有序。

近据美总统胡佛所组调查罪案与法律实施状况委员会，于一九三一年七月八日发表其调查监狱报告，内称“美国监狱中仍多毒刑虐待囚犯情事，幼年犯尤时受虐待，鞭笞为常有之事，往往囚犯仅因在狱戏笑，或轻微犯规，或藏匿狱内小件什物，致遭鞭笞并停止给养，每日只给饮水少许，幼年犯在狱常令寝于地上，或木板上，并无睡具及其他卫生上必需物品，此辈罪犯大半系违犯禁酒律、移民律，或盗窃汽车致监禁于联邦监狱内，其中在十八岁以下的男女幼年犯共二二四三人，又称美国监狱亟须大加切实改良，否则改过所将成为装造愍不畏死的犯人地方”云云。所以就今日宽况而言，美国狱制，未免有退步的倾向。

十二、日　本

日本监狱古时谓之牢屋，孝德以后，采用唐制，设左狱、右狱于东西两京，置囚狱司，凡囚人禁于狱舍，依罪之轻重，人之资格而异，囚人给衣、粮、芦席、医药等，其狱舍修理费，皆以赃赎物充用，无时则用官物。迨镰仓时代，狱制甚为残酷，至德川时代，狱舍名牢舍又曰笼舍，组织大都简陋，平民常遭惨虐，而华贵诸族，则异常优待，狱政因以日敝。

自明治维新，日人知领事裁判权之足以亡国，谓非撤废不可，而欲撤废此权，又知非改良监狱不可。明治二年，遂诏设囚狱司于刑狱省中，专以宽恤囚狱为主，力除旧来恶习。四年改刑部省为司法省，派员赴西洋各国，考察狱制，复命后，采其议，遂定监狱规则及建造监狱的图样，颁于全国，其绪言有云："狱者所以仁爱人，非以残虐人也，所以惩戒人，非以痛苦人也。"此实为监狱改良主义实行的初步。

明治六年，废笞杖刑，七年移全国各府县已决、未决两监，归内务省管辖，以冀狱政的统一。八年定囚徒给与规则，十四年废给与规则，而定在监人佣工钱规则，复颁布改正狱则，采混同杂居制，自非完备的狱则，不过实行此规则，历八九年，虽其中尚多缺憾，而改良的基础已立。其监狱规则废改者不一次，至明治二十二年，又见第二次监狱则的公布，其监狱共分六种：一集治监，二假留监，三地方监，四拘留监，五留置场，六惩治场。悉采欧美新制，一新从前面目，欧美人士，亦许可之，以为虽不及西洋规则，而有其精神，惟其中尚有不能脱杂居制的旧习者，则以经费窘迫之故。

当时治狱官吏的当局者，内务大臣如山县伯，司法次官如清浦奎吾，尤具具异常的热忱，学者如小河滋次郎、穗积陈重、木下广次、富井政章、江木衷等，均有改良的计划，知徒法不足以自行，则聘德国监狱专家丰硕巴得为顾问官，而设狱官讲习科，以养成司狱官吏，知非集学会不足资讨论，则开监狱评议委员会于内务省中，以究狱政改良上重大的事件，此时正在明治二十三年，自是改良狱政，与月俱进，明治四十年改正刑法公布，四十一年三月二十八日乃以法律第二十八号公布监狱法，分监狱为四种：①被处惩役者拘禁于惩治监。②被处禁锢者拘禁于禁锢监。③被处拘留者拘禁于拘留场。④刑事被告人及受死刑之宣告者，则拘禁于拘置监，一跃而采完全阶级制。全国监狱，概由司法省行刑局管辖，狱费统由国库负担，加以宗教家、慈善家、政治家协力提倡，如出狱人保护协会、少年感化院等，积极建设，狱制日臻完善。

现在日本监狱，内地有刑务所五十五，支所四十二，出张所六十二，少年刑务所八；朝鲜有刑务所十六，支所十，少年刑务所二；台湾有刑务所四，支所二，少年刑务所一。其建筑有仍旧者，有增筑者，有改建者，有全系新造者。查在昔明治四十年时预算表，监狱经费约五百七十五万七千三百九十一元，又查其三十九年全国犯人工作项下收入之款，得一百零二万九千四百八十八元，约当经费五分之一，大正昭和以后，更有增加，兹查得昭和四年度实行预算所载，支出监狱经费为一千四百二十九万零二十二元，而监狱收入则为六百五十四万七千四百六十四元，于此可以想见日本监狱进步的一斑。

第四节　我国狱制之沿革

中国监狱制度，发生甚早，考其沿革，可分四期以说明之。

一、上古之监狱

（一）狱之名称

兹将古代监狱名称，及性质相同者并考于下：

1. 夏台。《竹书纪年·帝癸》：“二十二年商侯履来朝，命囚履于夏台。”《史记·夏本纪》：“桀谓人曰，吾悔不遂杀汤于夏台，使至此。”《续博物志》：“夏曰夏台”。《水经注》：“夏曰夏台”。

2. 均台。《礼记正义》：“焦乔曰，夏曰均台”。独断言四代狱之别名“夏曰均台”。

3. 羑里。《史记·殷本纪》：“西伯昌闻之窃叹，崇侯虎知之，以告纣，纣囚西伯羑里”。《通鉴》前编“十有一祀……囚西伯于羑里”。《水经注》：“殷曰羑里”。《竹书纪年·帝章》二十：“十三年囚西伯于羑里。”《续博物志》：“商曰羑里。”

4. 灵台。《竹书纪年》："四十年周作灵台"。《左传》载："春，秦伯获晋侯以归，乃舍诸灵台"。

5. 犴狱。《诗》："哀我填寡，宜岸宜狱。"《小雅·小宛》毛注："岸亦狱也。" 韩诗："乡亭之系曰犴，朝廷曰狱"。

6. 圜土。《竹书纪年》："夏帝芬三十六年作圜土"。《礼记》焦乔注："周曰圜土"。

7. 囹圄。《独断》："周曰囹圄"。《风俗通》："夏曰夏台，殷曰羑里，周曰囹圄"。《玉编》："二王始有狱，殷曰羑里，周曰囹圄。"《管子·五辅》云："善为政者，仓廪实而囹圄空，不能为政者，仓廪虚而囹圄实。"《晏子春秋·内篇谏下》："景公藉重而狱多，拘者满圄"。

8. 嘉石。《周礼·秋官·大司寇》："凡万民之有罪过而未丽于法而害于州里者，桎梏而坐诸嘉石。"

9. 丛棘。《易·坎卦》："上六，系用徽纆，寘于丛棘，三岁不得，凶。" 莆阳张氏云："坎为刑狱，荀九家易坎为丛棘"。傅云："丛棘若今之棘寺。"

10. 念室、动止、稽留。《博物志》："夏曰念室，殷曰动止，周曰稽留。"

（二）狱之刱制

我国狱制，创于何时，考诸典籍，足征者寡，惟证之上举名称，狱制若始于夏，似乎唐虞之世，尚无此制。不过帝舜之廷，五刑虽许代以流放，而鞭扑的执行，岂能没有先事拘禁的处所？就是四凶的流窜放殛，亦岂竟没有事前留系的区域？况观"狱"字从"犬"从"言"，其本义为两犬严守因讼被拘者之地，可见当刱造文字之日，已先有狱制的存在，不应至唐虞而遂湮没，反复二典，竟无一语及之，惟《广韻》谓狱为皋陶所造，足征狱制的刱始，实在三代以前。

（三）狱之建筑

我国于裁判行刑两事，自来混合，所以司法官兼有执行刑罚之权，而所云拘禁罪人的监狱，不过是司法署的附属物而已，既非独立机关，又无特定制度，所以要想研究古代监狱，求得概略，已非易事，哪里还谈得到建筑的细节呢？前云狱为皋陶所造，狱本旧有，不过皋陶时特定其建筑的制度。兹得其建筑监狱的一节，见于《广韻》彭氏注："皋陶作狱，其制为圜，象斗，墙曰圜墙，扉曰圜扉，名曰圜土。"复商之狱，其构造如何，在先秦典籍，不可得考。惟后世《水经注》与《续博物志》皆云："夏曰夏台，殷曰羑里，周曰囹圄，皆圜土也。"

周仍虞制，亦曰圜土，《周礼》"以圜土聚教罢民"，注：谓狱城也，或者其状如城，较虞代旧制，稍为崇广。战国时春申君造吴狱，庭周三里，虽其制度不详，惟其构造，则似宏敞而不黑暗，可以想见其略有进步。

（四）狱之作用

我国自唐虞以迄姬周，文物制度，灿然大备，即监狱制度，十八世纪的欧人所不过托诸梦想，而倡道所谓惩治监感化院者，孰知我国二千年前，早已实行。证之《周礼·秋官·大司寇》云："以圜土聚教罢民，凡害人者寘之圜土，而施职事焉，以明刑耻之，其能改者，反于国中，不齿三年，其不能改而出圜土者杀。"

据上经文，可分数段说明，以见其作用之所在。

1. 聚教罢民凡害人者寘之圜土。郑康成注："聚教罢民，其中困苦以教之为善也。"郑锷注："天之体圜，而大德曰生，狱城圜，主于仁而已，民为不善，有致死之道，圣人之心，常欲生之。"罢民即浮浪者，不愿劳作，故有似于"罢"，贾疏："罢谓困极罢弊，此圜土被囚而役是不慜作劳之民，有似罢弊之人也。”国多游民，本为贫弱之原，食众生寡，于国家生存上，有莫大的损害，所以文明国对于浮浪者，多设严密的取缔，使入劳役留置场，用以预防社会犯罪的举动，而保全人民生存的幸福，此制实得其当。所云“凡害人者，寘之圜土”，其范围较广，其用意亦可想见。

2. 施职事。今日文明各国，监狱中无不有工业的劳役，使犯罪者养成劳作习惯，有一艺之长，庶几异日出狱，不至艰于谋食。而周时圜土之制，实肇其端，郑康成解“施职事”三字，谓为役使其所能，邱濬解为夜则禁之，使困苦其心，日则使之困苦其身，此尤合于今日监狱学上的劳役主义，因为经过困苦，必易追思从前的过恶，深自悔恨，而勇于改善的。

3. 以明刑耻之。郑康成注：“明刑书其罪恶于大方版，著其背。”《周礼·秋官·司圜》亦有“而加明刑焉”的明文，据郑锷注：“明书其罪于背，所以告人使知其以是罪而至于如此也。”即明书罪状，与众共知，使其知耻自新的意思。今日文明国监狱，虽非用著背方法，而于各监房门首亦悬有木版，详记该犯处何罪刑，并其年岁、姓氏及在监中有无过恶，可说与古制同其意义。

4. 改者反于国中，不齿三年。此即所谓假释与特别监视的制度，查英国法犯人于刑期内实有改悔的情状者，许假释而加以特别监视，日本仿行其制，颇有成效。经谓改者反于国中，即舍之使还故乡。不齿者指不得列于平民，期限则定为三年，即特别监视的期限。《周礼·秋官·司圜》者云：“能改者上罪三年而舍，中罪二年而舍，下罪一年而舍。”苟于期内无有过失，即舍之而为平民。此种良法美意，欧美诸国号称文明，及至近时，积几多的实验，经大儒的论究，始见今日的实行，这因为法制进化，随人群而俱变，原非容易的事。独怪我国当姬周之世，正欧西民族泽渔林狩的时代，而我国古圣先哲，已能本其高深的理想，演为光明的法制，这岂不是历史上的光荣，所可夸示于全球的吗？

二、中古之监狱

《史记·李斯传》："二世以李斯属，即中令赵高案治，李斯拘执束缚居囹圄中。"又云："仰天而叹曰，嗟乎悲夫，不道之君，何可为计哉，从狱中上书。"此盖暴秦苛政，以狱代刑，其监狱全用威吓主义，所以史载当时赭衣塞路，囹圄成市，咸阳之狱，惨虐异常。

洎乎叹世，其名复杂，其主要者如下：

1. 中都官狱。《宣帝本纪》"徐氏曰按后汉百官志考，武以下置中都官狱二十六所，各会长名"。

2. 廷尉诏狱。《周勃传》"诣廷尉诏狱"。

3. 上林诏狱。《成帝本纪》"罢上林诏狱"，师古曰："汉旧仪云上林诏狱主治苑中禽兽官馆事。"

4. 郡邸狱。《宣帝本纪》"曾孙坐收郡邸狱"，注云："汉旧仪，郡邸狱治天下郡国上计者。"

5. 掖庭秘狱。"刘辅系掖庭秘狱"，《三辅黄图》云："武帝改永巷为掖庭置狱焉。"

6. 共工狱。《刘辅传》"徙系共工狱"，注："考工也。"

7. 保宫。李陵母系保宫。

8. 请室。《袁盎传》"绛侯反系请室"，注：狱也。

9. 暴室。《宣帝本纪》注云："暴室，宫人狱。"

10. 若卢诏狱。王商诣若卢诏狱。

11. 都司空狱。"窦婴劾系都司空"，又《伍被传》"为左右都司空诏狱书"。

12. 居室。《灌夫传》"劾夫系居室"，注云："后改为保宫。"

13. 内官。《东方朔传》"昭平君系内官"，又如《张汤传》"廷尉谒居弟系导官"，师古曰："导择也以主择米故曰导官，时或以诸狱皆满，故权寄在此署系之，非本狱所在。"

此外又有都船狱、未央厩狱、太子家狱及京兆狱，并东市西市长安钱塘诸狱，皆有令丞及吏卒，而当时狱吏之贵，已胜王侯，狱卒之弊，恒有苛虐，其狱中惨状，于司马迁报任安书中，略见一斑。景帝注意狱务，曾下令对于八十以上八岁以下及孕妇之类，宽缓囚禁之事。后汉初狱政渐省，和帝时乃复置，有黄门北市狱，都内诸狱。

三国迄晋，太康初置黄门狱，后又有长沙狱，晋时狱室，厚其草蓐，无令漏湿，渐知卫生，惟徵之晋世谚语："廷尉狱，平如砥，有钱生，无钱死。"则又可见其苛虐。

六朝时梁天监中，初立诏狱，建康县为南狱，廷尉寺为北狱。陈因之，若北齐天宝时有地牢，惨酷殊甚。

唐代肇兴，中央监狱初置于御史台，后改归大理寺，有大理狱。武后时，有羽林狱，又置制狱于丽景门内，入是门者非死不出，人呼之为例竟门，可见其残酷。其他京兆河南有狱，长安万年洛阳诸县亦有狱，凡州府县各置典狱，上州十四人，以下递减。有狱官令一篇，凡囚加杻校等，皆从罪之轻重有差，凡狱舍五日一虑囚，夏给浆饮，每月一沐，惟禁金刃钱物，疾病给医药，重者释械，每岁正月，刑部遣使巡检，所至阅狱囚杻校粮饷治不如法者。当日监狱，虽不免有时虐遇，可见男女异狱，注重卫生，这不能不说是唐代监狱进步的特色。

宋时行刑机关为御史台，有狱。开宝二年，上以暑气太盛，深念缧绁之苦，乃下手诏两京诸州，令长吏督掌狱据，五日一巡视，洒扫狱户，洗涤枷杻，贫不能自存者给饮食，病者给医药，轻系小罪，即时决遣，无得淹滞。维熙元年，令诸州十日一具囚账及所犯罪名系禁日数以闻，使刑部纠举之，又察天下冤狱之多，遣殿中侍御史于诸州审讯狱吏之弛怠，并命御史亲自决狱，不得委于胥吏。淳化初，令诸路置病囚院，复置提点刑狱司，管辖以内州府，十日一报囚账，有疑狱则往视之，州县稽留不决按谳不实者，则使劾奏。迨元丰初复大理狱，并有台狱，另有同文馆狱。至崇宁三年，宰臣请仿周官司圜之法，令诸州筑园土，以居强盗，贷死者，昼则役作，夜则居之，视罪之轻重，以为久近之限，许出圜土充军，无过者纵释，诏从其情。惜未十年遂废，而监狱仍循故辙，往往擅制私刑，虐遇囚徒。高宗中兴，令州县狱犴，不得辄为非法刑具，后景定四年，复诏禁在京置窠棚，私系囚，并非法狱具。可知当时州县各监，已敢擅制私刑，非法滥用。

明代刑部，有司狱司六人，都察院司狱司司狱一人，外者提刑按察司司狱一人，各县亦有司狱司，凡牢狱禁系囚徒，分男女收禁，又年七十以上十五以下，废疾散收，轻重勿混杂，于是分别男女之外，老幼亦有区别，至枷杻常须洗涤，席芦常须铺置，冬设暖匣，夏备凉浆，无家属者给仓米一升，冬给絮衣一件，夜给灯油，病给衣药，司狱官常拘钤狱卒，不得苦楚囚人，提牢官不时点视，凡提狱月更主事一人，修葺囹圄，严固扃钥，省其酷滥，给其衣粮，囚病许家人入视，脱械锁，医药之，笞罪以下，许保管，于外治疗。是其厚加给养，留意卫生，并不许虐遇加以酷楚，其用意良深，其制度甚善。惜乎当时狱司，未能一律奉行，所以周琅言奸吏悍卒，倚狱为市，或扼其饮食以困之，或徙之秽溷以苦之，备诸痛楚，十不一生者，历代几如一辙。

三、近世之监狱

清初监狱，一依明制，兹分述其概略如下：

（一）监牢所在地

清代司法行政，权限不分，监牢不过为各衙门一附属物，统计全国为数不下二千余，无种类可以区别，不分斩绞军流，尽拘于一牢之内，除司监拘禁秋审人犯及要犯外，余皆无择。所云府监县监，不过拘禁一切犯人的场所而已。其所在地分为两项：

1. 中央监（刑部监），内分南北两监。

2. 地方监：①司监。②府监。③州监。④厅监。⑤县监。

（二）有狱官与管狱官

典狱一职始于唐虞，自秦以来，刑狱渐繁，治狱之官，为世诟病，汉时路温舒《尚德缓刑书》所云：“秦有十失，其一尚存，治狱之吏是也。”盖狱官为世人所轻视已久，亦属我国狱制不发达的一因。兹将清代附属于各衙署的狱官，列表于下：

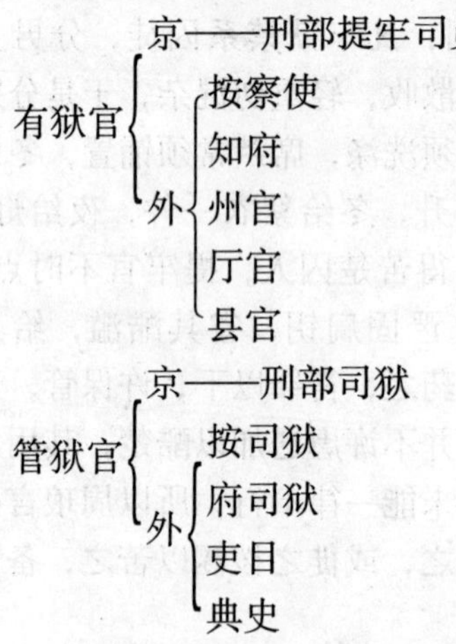

有狱官有统辖的权能，无管理的责任，管狱官为监牢专官，所以法定狱务员的上司，不得滥行差调，使专其职。不过狱官二字，既久为世人所嫌忌，政府亦视为不更爱惜的下吏，如是而望有刑狱专家，起于其间，当然是不可能的事。况且禁狱不严则有罚，禁犯逃越则有罪，位至卑而责至重，俸至廉而事至琐，贤者才者不屑就，其就者亦惟谨加防守，求免处分，就算毕其能事。至于禁犯如何使服规律，如何使勤劳役，如何使适卫生，如何使知悔改，本无此等规则，而他们更亦不去研究的。

（三）待遇在监人的情形

顺治八年，上谕刑部，通察刑狱、五域、司坊、顺天府、京县各察监犯之无罪干牵连者，即日释放。乾隆五年谕各省监狱，每有一案，人犯佐证未齐，以致经时累月，囚系不释者，或有事涉牵连，有司不分轻重，概与正犯同系囹圄者，屋既湫隘，人复众多，浊气熏蒸，疾病传染，因此致毙者，不一而足，着各督抚，严饬所属，逐一清厘，有牵涉多人者，速为开豁，并将牵狱，不时扫除，以免疫疠传染云云。是于狱政，亦颇注意。中叶以后，狱政日敝，其牢房仅足以蔽风雨，其饮食仅不至于饿死，例给衣被，实多犯人自备，其受例给者，则龌龊碎破比乞丐所御者更当加倍。夏则多人聚处一牢，遗矢狼藉，不加洒扫，渴不得饮，垢不得浴，冬则衣不足以蔽寒，私刑之具，又种种不一，用以威吓囚人，藉为苛诈之具，惨无人道，言之寒心。但从他方观察，则犯人之得自由，又莫如旧式的监牢，不问罪质、犯数、年龄、男女，终日杂居一处，可以唆供教奸，可以谈笑打骂，起卧可无定时，接见可无定则，所谓受种种惨苦者，不过是贫苦的囚人，其不贫者，在监牢中可以饮酒，可以吸烟，可以御裘，可以食肉，甚至赌博，亦无不可，则更自由之至。西人谓我国旧式监牢，为犯罪养成所，良非虚语。

（四）狱政之改良

逊清末叶，显士大夫，始倡改良监狱之议。光绪二十八年山西巡抚赵尔巽，奏请各省通设罪犯习艺所，将军流徙等罪犯，收所习艺，经刑部准后，于是京外习艺所相继而起，或特建署所，或就庙宇仓廒改设，其构造组织及一切设备，于监狱学理，虽不能尽合，实为改良监狱的嚆矢。

一九一〇年（宣统二年）华盛顿举行国际监狱会议，清廷派许世英、徐谦代表出席，二氏感受会中刺激不少，归国后奏请改良监狱，并派员出国，学习刑律，考察狱政。初光绪三十一年，清廷聘请冈田朝太郎来中国掌教刑律，以造就中国司法人才。光绪三十三年改刑部为法部，设典狱司，专掌狱政。翌年法律学堂添设监狱科，这是中国学校研究监狱学的发轫。是年又请日本监狱学家小河滋次郎博士主教，当时并由小河氏起草监狱律草案都凡二百四十条，惟以改革伊始，学理上固多问题，事实上距离亦远，一时卒难实行，逮后民国二年十二月颁布的监狱规则共一〇二条，就是根据小河原案，酌加删改，而存大纲的。宣统即位之初，法部大臣沈家本奏请设立京师模范监狱（即现在河北第一监狱）。参照各国新制，除正式监房外，别附幼年监及病监，图式为小河博士所规划，奏上报可，翌年兴工建筑，同时通令各省，一律赶办。其时奉天湖北两江云贵等省，亦已筹设，旋以武汉起义，库款空虚，遂告停顿，此为我国监狱进史上第三期的历程。

四、民国成立以来监狱改良之概况

兹划为北京政府时代与国民政府时代，而分述其狱政。

（一）北京政府时代之狱政

监狱改良之议，倡于前清末叶，辛亥武昌举义，肇造民国，改法部为司法部，典狱司为监狱司，掌理全国狱政。元年三月颁布暂行新刑律，十一月，就京师模范监狱，开办北京监狱，革除数千年桎梏幽囚之苦，实施教养感化之法，京师狱制，遂焕然一新。二年改顺天府习艺所为宛平监狱，订监狱处务规则及监狱图式，又另订看守所暂行规则，使羁留刑事被告人处所与监狱划然分立。其他旧监改良办法，假释管理规则，出狱人保护事业奖励规则及监狱官制，看守服务规则等，次第颁布，而最要者为监狱规则，于是我国监狱成典，始具规模，监狱改良之状况，亦渐有成绩。三年订监狱报告规则，又另订管收所暂行章程，以拘押民事被告人，维时保定清宛监狱成立，宛平监狱，亦从新建筑，遂改北京监狱为京师第一监狱，宛平为第二，清宛为第三，俱归司法部直辖。其各省罪犯习艺所，亦次第改为监狱，并将各省会的新监及推广者，按照成立次序，省会为第一，其余为第二、第三等监狱，以期名称的划一。而改良全国监狱方针，即于五年发布，令行各省遵照筹办。迨处民国七年，综计监狱之已改革者，约有三十余处，其完整可观，具有详细报告者，除京师外，有直隶、奉天、吉林、山东、山西、湖北、江苏、安徽、江西、浙江等十处，但亦仅能实施有限的杂居制，而未能适用分房制的原则。九年颁布监狱作业规则，以定犯人作业的标准，又订监犯保释暂行条例，以为疏通监狱的方法。次年收回中东铁路线内的俄国监狱，十一年京师第一监狱，始行昼夜分房制，由哈尔滨监狱，先后酌拨俄犯六十名，移京执行，于是中国监狱乃有收容外人的设备。普通监狱之外，对于幼年犯罪，则有感化学校；出狱人的保护，则有新民辅成会；对于外人，则有俄犯救济会。司法部又通令各省法院及监所，对于应兴应革事宜，照前订办法，切实筹划，俾臻完善。十三年又暂定实施监狱教育计划，十四年新式监狱组织完备者已有三十六处，适收回领事裁判权之议，各省倡行，司法部乃请令各省财政厅拨款，实行前所议定的法院与监狱的改革，以期领判权得以及早收回，惟以内战频仍，经常费且难按时支给，新建设更无款项，自国民革命军誓师北伐，北廷政府，难以支持，各省监狱，遂亦一时停滞。总括北京政府时代监狱的整理，约可分为数项：

1. 养成狱官。民国三年司法部定考察监狱学校格式令，各省高等检察厅考核不合格式者，饬令整顿，或令停办，复订练习规则，派监狱学校毕业生实地练习。

2. 明定职守。狱政重要，非设官分职，不足以专责成，于是有监狱官制的公布。

3. 严定考成。各项考成规则，先后由司法部公布，并定监狱报告规则，编列表式，限期造报。

4. 整顿作业。旧监向无作业，新监虽有作业，而不划一，自民国以来，迭加整顿，有工作虽经兴办，而工场不敷者，则添设工场，有工场虽敷用，而就业人犯不多，则设法扩充。复励行外设，凡在监人犯，罪名较轻者，使出狱就役，从事于土木各工，利用囚人劳动，以节省国家经费。次则征集成品，择优展览，设法出售，以广销路，所以新监作业，颇有进步。

兹将北京政府时代关于狱制上各项重要的计划、训令，统计、报告，采录数则于后，以见当时狱政之一斑：

附录一 民国元年司法总长许世英司法计划书

司法独立，为立宪国之要素，亦即法治国之精神，然必具完全无缺之机关，而后可立司法之基础，必审缓急后先之程序，而后可策司法之进行，尤必有一定不易之方针，而后可谋司法行政之统一。前清筹备宪政，亦即有年，司法一端，区划甚详，而言之或不能遽行，行之未必其遽效者，匪惟制度之阙略，障碍之丛生，人民信仰之未坚，京省情形之互异也，人才之消乏，财力之困难，实为一重大原因，而督抚之牵制，州县之破坏，士夫之疑议，幕胥之阻挠，犹不与焉，非造车而合辙，乃求剑而刻舟，此而欲司法独立，譬航行绝流断港，而斩至于海，盖必无之事矣。民国肇造，政体更新，潮流所趋，万方同轨，国民心理，渐次改观，将欲挈中外而纳于大同，其必自改良司法始。世英德薄能鲜，适当改革漩涡，责任所关，固不敢放弃职权，重负国家之委托，亦不敢冒昧从事，致贻欲速不达之讥，早作夜思，殆忘寝馈，深虑凭夫理想，则易于立言，征诸事实，则难于责效，受命数月，苦心擘划，粗已得其纲领。窃谓作事谋始，必熟究其利害之所存，苟利一而害百，废而莫举可也，利十而害十，仍循其旧可也。若事关于约法，关于国体，关于外交，关于全国之生命财产，而又有百利无一害，则当殚精竭虑，赓续励行，图之以渐，持之以恒，出之以至诚公正之心，深之以坚固不拔之气，通力合作，期于必成。已有者力与维持，未有者急图建设，对于旧日积习，贵有螫手断腕之谋，对于改良前途，贵有破釜沉舟之概，庶司法独立，可实见诸施行，而领事裁判权，终有拒回之一日，爰就千虑所及，约举数端，以内外协商，为统一之方针，分年设备，为进行之次第，执法官吏为固定之机关，慈善事业，为公家之辅助，仍就人才财力两大问题，为根本之解决，如组织法庭，培养人才，厉行律师制度，试办登记，改造监狱，改良看守所、幼年犯罪之法庭并感化院，以及监狱协会出狱人保护法，皆有互相维系之端，即为递年应办之事，谨撮举大概，分条说明，用资商榷，惟大君子裁择焉。

请先言分年设备之理由。工师之营室也，必先相度地势，若者宜堂，若者宜房，若者宜庖湢，规划既定，树立基址，然后继长增高为垣墉为栋宇为牖户，最终乃饰以丹雘，而室之能事毕，顾其始之经营，鸠工庀材，穷年累月，断非一朝夕之功，一手足之烈也。吾国司法，方在萌芽，基址未臻巩固，非常之原，又为黎民所惧闻，人且侈为平议，矧在庸流，通都尚胥动浮言，矧为僻坏，况法律知识未尽灌输，骤语以宪法之条文，共和之真理，鲜不色然骇者。至于法院则更多不识其名，故组织法庭当以开通之地为先，而偏僻之地稍从后焉，此斟酌地方之情形，不能不分年者也。承学之士，近十年中国内外卒业者不乏其人，而聚之一隅则有余，分之四方则不足，况法官资格，法定綦严，监狱人材，经验并重，若于一年之内，即欲全国法院、监狱完全成立，无论势所难行，亦万无如许合格之官吏，此审察人材之消长，不能不分年者也。军兴以后，元气大伤，虽造新邦，实承旧敝，军旅疲于供亿，闾阎困于输将，遽谋普及全国，必多惊扰，稍一不慎，訾议随之，欲设法以济其穷，宜宽限以纾其力，否则利国转以蹙国，福民适以厉民，始则百废皆举，总则百举皆废，前车不远，覆辙可寻，此酌量财力之盈虚，不能不分年者也。现定以民国三年至民国七年为设备各行省法院检事局监狱之期，每年皆是七月起，至来年六月止，用符预算之年度。至藏、蒙、青海等处，则俟行政区划确定后，再行着手进行，分年设备之理由，既如上述，请申言分年设备之法，吾国广土众民，为者二十有二，为县一千七百有奇，就司法区域而言之，以法理论，司法区域本不必与行政同，以习惯论，前设之法院，多与行政区域合，以实际论，设法院本所以便民，采四级三审之制，若使地方法院区域过广，则初级上诉之案，道途辽远，诸多不便，故为今之计，祇仍以行政区域为司法区域，每一县设一地方法院，附郭之初级法院，即合设于其内，其因事繁，设二初级法院以上者则当然分立，综计全国已设之审检厅外，大约不及十分之二，其余有正在筹办而中止者，有全未筹办者，有逐渐添设者，俟司法会议调查报告到部，当可得其实数。现拟自今日起至民国三年六月以前，先就已设之审检厅，次第改组，俾苏喘息，而便预筹，统计全国应设院局二千有奇，分为五年设备，每年至少期以成立五分之一为率，扣至第五年一律完成，先由各省就地方之情状，分开办之先后，院局之设备，大略如此。

若夫监狱制度，则与刑罚裁判有密切之关系，狱制不备，无论法律若何美善，裁判若何公平，一经宣告，执行之效果全非，外人领事裁判权，所以绝对不肯让步者，大抵以吾国法律、裁判、监狱三者均不能与世界各国平等，故常藉为口实，实吾国之莫大耻辱，今改良法律，改良裁判，而不急谋所以改良监狱，犹未达完全法治之目的也。世英前年赴欧美考察司法制度，及参预第八届万国监狱会时，曾有监狱会报告一书，力请改良，本年八月初就职时，即通电各省，派员调查各县监狱实况，及将来划分区域建筑之地点，以为筹设监狱地步，约计二十二行省，次第举行，亦当分为五年，去年则先开办北京监狱，树全国之先声，二年以后，筹办各省会及各商埠监狱，除已设者益求完善外，须设已决监六十余所，建筑及开办费，约需四百万元左右，至三年七月一律成立，四年以后则筹办各县之未建设者，然一县一监，势难办到，拟选各县交通适中之地，合数县设监狱一所，较易集事，计全国一千七百余县，以六七县共设一监狱，核算当有二百四十余所，平均每监以十万之计，需建筑及开办费二千四百万元左右，扣至七年七月一律告成（合计五年之内，可成监狱三百余所），按四年均摊，每年只通筹五百余万元，谅不至艰于措理，建筑监狱之法，容留二百五十人以下者，采用单十字形，容留五百人者，采用双十字形，经费固可节省，管理尤属便利，若常年经费，全国监狱既拟设三百余所，每所容罪犯五百人，每年所需当在五万元左右，三百余所，合计共需一千五百余万元，就表面观察，增加此种巨款，似属骇人听闻，不知东西各国，经费大半由作业收入，国库支出，衹其少许，吾国游手好闲者固多，一经犯罪入狱，势难责其各执一艺，以偿所出，然能假以数年之物的教育，更得官吏之切实董劝，则监狱作业所入，当可收入一千万元上下，而国家所补助者，度不过五百万元，即有参差，亦复不中不远。至拘禁制度，纯取杂居，既生罪恶传播之弊害，纯取分房，又起需费浩穰及易罹精神病之问题，惟折衷二者之利害，厉行阶级制度（以分房、杂居、假出狱为三级而执行其刑。例如一犯人处有期徒刑三年，初入使居分房监六月或一年是为第一级期满，移居杂居监是为第二级，在此期内如实能迁善改过则使之假出狱是为终级）。庶于刑事政策，经济政策，两无妨碍。然此仅就已决监狱而言，查各国监狱通例分已决未决两种，未决监用以拘禁刑事被告人，命意所在，不过预防逃走与湮灭证据二点，此系为辅助裁判进行之机关，而非监狱之一种，乃各国学者所主张也。吾国旧制，如待质看守等所，皆系拘禁刑事被告人，本与教养局、习艺所性质绝不相同，窃谓此种制度，适合法理，拟将未决拘禁之所，与已决监狱，截然分立，另订为待质所名称，不在监狱范围之内，其筹办方法，即就初级地方各法院所在地之旧监或看守所，推广改良，以谋裁判之便利，而期名实之相符，此已决未决监之设备也。

以上两端，系就财力问题先为解决，然徒法不能自行，则培养人材，尤为当务之急。培养之法，分为三种，一曰振兴学校，吾国疆宇广大，需用之法官、狱官，预计五年完成时，法官逾四万人，狱官将及二千人，国内外已成之学者，为数本鲜，又况所学多系政治、经济两科，亦复不适于用，至于监狱之学，攻者益鲜，法官为人民生命、财产、名誉、自由之所寄托，典狱看守长为执行自由刑之官吏，若以不学者而治之，是无异立朝夕于运钧之上，檐竿而求其末。盖不可得也。今拟于中央设一司法专门学校，内分为普通特别两科，入普通科者限于中等学校以上之毕业，入特别科者限于三年法律之卒业，普通学科则注重民刑法与诉讼法，及各国监狱法，并德国文字，特别科学，则专授以民刑监狱实务之学，其宗旨在养成一般高尚之法官、狱官，而期见诸实用，各省如能仿行，则更众擎易举。一曰注重经验，学识经验，二者并重，此为古今中外所同，世英既拟于民国三年著手推广法院监狱矣，则所用之官吏，即合格之学生，所患者不在无学识，而在无经验，此东西各国所以重见习一门，我国旧法院编制法所以有学习一途，盖学识为体，经验为用，有经验而后学识之用乃宏，现拟将民国三年各省应用之法官及监狱官吏，皆于明年就合格之人分发已设各院局监狱实地练习，以为三年院局监狱成立之预备，凡新院局监狱之长官，则于已经为法官及监狱官吏中选之，以资熟手，筹备期内，更用褫推之法，甲年养成，乙年任用，乙年养成，丙年任用，此对于有学识而加以经验之办法。其未经毕业而曾任推事、检察官各员投闲置散，亦殊非爱惜人才之道，本部业已提出旧法官特别考试法，经由国务院会议议决送请参议院公议在案，如果议决通过，即可举行考试，合格者即行任用，以为过渡时代人才缺乏之补助，此对于旧法官而特重经验之办法。以上二者，皆系培养国内人才之方针，当兹二十世纪，列强竞争，吾国之所以劣败者，虽由于海陆军不能振兴，亦由于法律之不完善，且由于施行法律者，不知文明各国法官之威信，法庭之整备，公开之秩序，审讯之周详，与夫一切诉讼手续之繁密，故治事多与法理相违，恒为外人所蔑视，又况监狱学问，日新月异，较诸吾国牢狱，实有霄坏之分，若仅凭法制，而未觇先进国之实施，终多隔阂，有此种种，则吾料领事裁判权，永无拒回之期。领事裁判权既不拒回，则国家永无强立之望，试观埃及、土耳其诸国，能不怵目惊心，引为殷鉴乎？今拟自民国三年起，每年遣派通晓外国文字合格之法官四十四员，各按其所学，分往各国实地练习法庭实务，以二年为期，扣为五年以每省高等院局有六人为限，至监狱官吏，亦如法官遣派之法，但每省一人为限，如此办理，庶练习员既灌输文明之知识，而列邦亦真知我国改良之趋向，将来提议修正条约，谅不难就我范围，此对于有学识者增以世界成绩经验之办法。三者若果具备，世英敢断言，必收良效。一曰先行试办，全国法院之建设，既期以五年，则未设法院之处所，若纯由行政官担任，事务殷繁，实际上必不能兼顾，现拟于未设院局之县亦选合格者，专充审员，每县以三员为率，使司法行政逐渐分离，一旦敷设院局，即可改为法官，既资驾轻就熟之才，自有事半功倍之效，兹事山东全省业经试办，全国仿行，或无流弊，天下事取精乃用宏，有备斯无患，此对于人才问题，宜为之审慎周详，而求其完备者也。

以上数端，皆为分年设备之事，其有不关于分年设备，而亟须创办者，则莫重于律师。律师为司法三职之一，大抵拥护被告人权利者为多，前清采用检察制度，而律师从略，按诸世界通例，殊为缺点，夫搜索证据，为检察之职，主于攻击，代人辩护，为律师之职，主于防御，设检察官而不设律师，是有攻击之方，并无防御之术也。吾国人民法律知识，尚为薄弱，如刑律，如民律，如商律，如民刑诉讼，条理精密，手续繁重，又皆吾国素所未行，国民耳目所未尝闻见，一旦强之以所不知，则积疑而生畏，责之以所不习，则盲从而盲违，故必律师能尽辩护之职权，而后法官得行公平之裁判，公庭既可资以折服，刁健不得肆以诪张，凡法官之偏断，罪犯之狡供，以妇女废疾之紊乱、法庭秩序诸弊，得律师以为之指导，皆无自而生，故厉行律师制度，亦改良司法之一端。世英前已订定律师暂行章程，及登录章程，通行全国，并请大总统提交律师法，及施行法、考试法、惩戒法各案于参议院矣。惟律师重才学，又重道德，始不至枉直作曲，混是为非，否则未受律师之利，先蒙律师之害，其祸将不可胜言，此世英对于今后之律师，而抱无穷之希望者也。

律师既实行矣，则保障人民权利之道，尤宜多方为谋，登记一事，似亦不容过缓，考登记之法，仿自欧洲，流传日本，考其种类，则有不动产登记、商业登记、船舶登记、夫妇财产契约登记、身份登记，以及其他一切登记，名目虽有不同，而究其原因，其为确定私权，预防侵害，用意实相一贯，第千端万绪，并举为难，审度国情，宜先从不动产登记入手，今请略言利弊：其一，关于诉讼之便利，诉讼以证据为先，而证据以登记为确，举凡关于私权之创设，变更消灭，既无不登之簿籍，则遇诉讼按图而索，是非可以立判，其利一也。其二，关于人民之便利，权利转移，为人民日用必需之事项，而对不动产关系尤大，今以登记簿公之于世，则各人之财产状况，彼此皆知，断不虞有虚伪诈欺之举，其利二也。其三，关于经济之便利，司法收入，以登录税为一大宗，此征于各国成规，可以概见。中国不动产之额数，合计全国，宁复可量，今税率假定以千分之五计之，收额当已甚巨，以充司法经费，亦可稍轻国库之负担，其利三也。具此三端，是不动产登记实应提前赶办，毫无疑义，说者谓氓之蚩蚩，难与图始，开办之际，人民恐未周知，奸黠之徒，冒为登记，将来法庭据为法要，则便民之具，反足害民，将如之何应之，曰吾将假登记之法以救之，一年之内，凡有登记者，皆不发生效力，并将登记簿宣布于外，俾众周知，经过一年，无人反抗，则其登记，即为确定，确定之后，即不许再生异议，如此办理，尚属可行；或者又曰假登记虽可以济冒认之穷，而未经确定之先，诉讼烦兴，从此多事，又将如何应之，曰国家兴利除弊，只当为百年久远之谋，不应为苟且目前之计，须知此等诈欺诉讼，即不办登记，何日无之，特一则散之于平时，一则聚之于一日耳，明知不可避之困难，与其拖延日月，权利永无确定之期，何如缩短范围，使诉讼早有澄清之望，权其轻重，利害昭然。综上数点观之，实觉有利而无弊，迨至岁时稍久，不动产登记，见信于民，则其他登记，更不难推行尽利。世英往岁在奉天厅丞任内，曾办一登记讲习所，由各州县各选送一人入所学习登记方法，业已毕业，拟先从不动产登记入手，曾经呈明前法部有案，乃以未奉部覆，事遂中止，兹事关系甚巨，望我同僚，共加意焉。

此外尚有为世界上最新之学说，吾国所宜采用者，则幼年之法庭，从前刑事立法，多用报复主义、事实主义，自法学昌明，遂一变而为感化主义、人格主义，故幼年犯罪处分，成为刑事政策上一大问题，通人博士，论说纷繁，盖少时血气未定，偶罹罪罟，出于无心者为多，审判不得其宜，或自认为有罪之人，未由湔祓，转以汩其良知，恶习复从而浸润之，累犯所以日多也。幼年犯特别审判制度，为各国法学家所主张，瑞士已编制法案，期于实行，凡不满十六岁之幼年，不满十九岁之少年，均归特别审判法庭审判，而对于幼年少年犯罪之审判，又各有不同之点，例如幼年有罪，审判衙门得察其性格及出身关系，依教育原则，施行处分：一谴责，二交付学校管理员惩罚，三于适当之处为八日以下之拘留，令教诲师监视，四交付其家庭或教育医治监护，并于此项判决，不视为刑事之宣告。少年犯罪，则适用刑律，而以谴责代罚金及禁锢，或以罚金代自由刑。少年非与成年人同时为公判者，审判均不公开，凡以消其桀骜不驯之气，使之趋于感化向善之途，意美法良，较减轻责任年龄之学说，尤为适用，拟即采用此制，凡发见此等案件，于地方法院内临时组织幼年法庭。其详细办法，另以法律规定，经费既无出入，而与风俗人心，裨益匪浅。

幼年法庭既拟设立，即当有感化院以为之助，庶审判确定后，乃有归宿之区。盖法庭纯属裁判制，感化院则重在预防，德礼之不修，乃专恃刑威以齐其末，非正本清源之道也。自近世发明感化制度以来，欧美各国之士夫，以及慈善宗教各家，竭力经营，惟日孳孳，国家复发帑金补助，蕲达其感化之目的。英国感化院分为两种：一授产院，收十四岁以下放纵游荡，或将流为乞丐，及十三岁以下初犯禁锢，或其他之轻刑者；一矫正院，收十六岁以下之犯罪，由法官判定送入者。两院皆以小学教育为主。德国并收家庭教育不良之男女，及精神不健全者，教育专重德育。荷兰则规模尤备，择地必远城市，组织无异乡村，院有田园，有森林，有河，有畜牧，有工作，有家庭教育，一以资质为断。意大利虽组织不如他国，而罗马一院，则设有教授电机气机各学科，亦其特长之处。至于经费，英则由地方会担任国家补助，感化生之父母津贴；德则内部出三分之二，地方会出三分之一，荷、意与德微异，而皆归行政官厅监督，故感化性质，纯与监狱不同，一经入院，概以学生资格待遇，养其性天，远夫耻辱，民德归厚，有由来矣。世英往者第八届万国监狱会报告书，曾请由前法部或前民政部，先行创建感化院于京师，以为提倡，并通行各省，切实讲求，多方劝导，以期普及全国，条上办法四宗，迁延至今，未能举办，民国新立，首重人权，而欲民俗之善良，当先知人格之可贵，故设立感化院，亦为吾国今日万不可缓之图，庶幼年人犯，在法庭则以审判代教育，在感化院则以教育代审判，道德之扶持，固远胜于刑法之制裁也。

感化院固为补助幼年法庭之机关，亦为补助监狱之机关，监狱协会出狱人保护法，则专为补助监狱之机关，监狱属于官吏范围，协会保护法，则系社会性质，不惟可以辅佐监狱改良之进行，并可以神妙监狱改良之作用，何则，犯人一人囹圄，便与家属隔绝，饮食居处，疾病医药，无一不仰给于公家。为官吏者，管理待遇，或因性质而判宽严，或视勤惰以分奖罚，又无一不根据于法律，而不能以意为重轻，故监狱事理，至为琐悉，监狱职务，至为繁杂，监狱学问，至为精密，觇国是者，且以狱制之文野，定其国家进步之迟速，与其人民知识之高下。吾国监狱，甫议改良，制度疏略，前无所承，经费拮据，时虞不给，开创草昧，苟无良好之导师，擿埴寻途，将茫然无所措手。欧美各邦，于监狱事业，殚竭心思，成效卓著，复得监狱协会以资救济，规划日精。日本维新，亦有监狱协会之设，是以进步迅速，今谋改良监狱，而不谋所以协助之，是南辕而北其辙也。盖协会要点，在汇辑万国之狱制，研究监狱之学术，调查监狱之状况，议形式之良楛，比较程度之优劣，不特拘禁改良，防遏犯罪清洁卫生之法，各有意见，皆可在会发表，以贡献于国家，即未入监前，已出监后，何以维持调护，俾无妨害社会之方法，亦可常研究，建为学说，编为杂志，供当途之采择。各国凡裁判员、警察员、地方自治会员，及慈善家、宗教家，均得入会共同讨论，集思广益，收效宏多，此创设监狱协会之不可从缓者也。凡人初性本善，未有生而犯罪者，其不幸而陷于刑纲，大抵皆出于迫不得已之行为，即如盗贼困于饥寒，杀伤起于相抗，若此之类，更仆难敷，然既成为有罪之人，即不齿于齐民之列。吾国人之心理，对于犯罪者常有贱恶之思，对于出狱者，遂不免存猜嫌之念，避之若浼，弃之如遗，甚或外与周旋，内存顾忌，防备之不暇，尚何保护之足云。然而特此观念，永永不变，则曾经犯罪者，虽欲迁善改过，而既为社会所摈弃，亦遂甘心作恶，荡然无复廉耻之萌，就令刻意自新，而无术谋生，弱者转乎沟壑，强者安于攘夺，再犯日众，狱费日繁，国民之负担，日以增重，亦殊非社会和平之福也。泰西诸国，由私人公立出狱人保护会，凡罪人释放后，该会即与之交接，解衣衣之，推食食之，无所栖止者，则为之筹居处，无所职业者，则为之谋生计，或给予资本，使自为营生，或备贷器用，使不至空乏，或与以旅费，使之回藉，以免于流落，虽为慈善之用心，实得人心之大顺，出狱人之便利不一端，即出狱人保护之法，亦不一端，要而言之，涤其旧染之汙，开其更生之路，是保护会之惟一宗旨，各国此会甚盛，日本之保护法，即源于此，其则不远，又吾国所宜取法者。

综上诸说，略举大凡，未敢谓司法改良，遽尽于此，而过渡时代，此实为必经之阶级。院局监所，组织固赖乎人材，举办断资夫财力，司法行政，纯粹为国家行政，则取给于国家税者，法所当然，理无以易，顾国家税典地方税一时猝难划分，自当有通融办理之法，既免因噎废食之嫌，乃无废事失时之诮。世英拟由中央编制统一预算于税则未分以前，由本省量度本省财力，暂照向来习惯，实行支配，或酌盈而剂虚，或挹彼而注此，本未雨彻桑之计，为三年蓄艾之谋，其隶于官府者，固宜思艰图易，同任仔肩，其属于慈善者，尤望度势揆时，共为提倡，方针既定，自有整齐划一之规，程序可循，渐收法律普及之效，机关无缺，则形式已底于完全，精神即昭其严肃，庶中华之名誉，可以抗衡欧化之文明，逼处之强邻，不至狭小汉家之制度，采大同之主义，增人民之幸福，实维热心诸君子是赖。世英力小任重，复悚时虞，值新陈递嬗之交，措施难洽，处指视严集之地，责备恒多，惟求毋忝于国民，不负于职守，将以法权之巩固，垂民国之荣光，即以此日之敷陈，作后来之希望，尚祈同心协力，勉为其难，内谋秩序之安全，外审环球之趋势，主动者强，得全者昌，三权分立，乃非托诸空言，而司法前途，庶乎有豸。至编纂法典，为中央专责，现已从速起草，送院议决，刻日颁行，蒙、藏、青海等地方，则俟确定行政区域后，随时筹办。总之世英对于司法计划，抱积极宗旨，行稳健手段，区区意见，如斯而已，海内宏达，幸匡助之。

附录二 拟定监狱图式通令

民国二年一月十六日训令第一三号

监狱之与刑法，其利害常息息相关，狱制不良，即不达刑期无刑之目的，矧吾国监狱黑暗，久为各国所訾讥，前清末年，亦思力祛积弊，顾新监狱之建设，至今仍只十数省，每省亦不过一二处，然建筑与组织，亦多未能完备，故或工程太费，收入无多，或收容过多，而空气不足。不求统一，安望改良，本部企想宏图，窃惩前失，念当时之财力，固未敢踵事以增华，稽列国之规模，亦未便因陋以就简，用特博采各国狱制，制成图样，并附监狱图目录，及图式说明书作法说明书各一件，虽不敢谓遽跻完善，但使依式建筑，或可收改良之效果，为此令行各该处长，嗣后新建监狱，务须按照部颁图式，切实办理，庶期于世界各邦同立于平等之地位，而为拒回领事裁判权之先声，本部有厚望焉此令。

监狱图目录

第一张　监狱地盘图

第二张　监狱大门图

第三张　事务楼正面图

第四张　监房横断图、夜分房外面图、昼夜分房外面图、杂居房外面图

第五张　工场正面图

第六张　病监图

第七张　炊场洗衣室及浴室图

第八张　樑架图、监房铁门图、监房窗外铁槛图

第九张　大门图、窗户图

附录三 旧监狱改良办法

民国二年二月四日训令第六七号

1. 各旧监狱，专收已定罪之人犯，但未设有看守所地方，所有刑事被告人，亦得羁禁于此，惟须另行划分一部，严行离隔。

2. 各旧监狱，除杂居房外，应酌设分房。

3. 各旧监狱之杂居，如系漫无区划者，即须酌量形势，实行离隔。

4. 各旧监狱，须视收入之多少，设相当之工场。

5. 各旧监狱应划设病室。

6. 各旧监狱，大抵空气缺乏，光线不足，地势卑湿，即须设法整理。

7. 刑事被告人收入各旧监狱者，应按本部第七号部令看守所暂行规则办理。

8. 管狱各职员，应在监狱内值宿办事。

附录四 改良监狱切实推行令

民国四年七月八日申，七月九日政第三六号法

改良监狱，仁政所先，而囚徒作工，足以检束身心，学成职业。前据司法部呈设监狱出品展览会，披览图说，灿然可观，傥能逐渐进行，益求粗美，既兴固有之士货，更杜将来之漏卮，且在监人犯，习于勤劳，出狱为民，得以自谋生活，洵属意美法良。惟各省情形，尚未一致，维持提倡，端赖长官，应责成各该省高等检察长会同审判厅长，禀承巡按使随时设法，切实推行，凡属省会，宜有一守备之新监，以为全省模范，增设必要科目，俾在监人犯，全体作工，其各县旧监狱，亦应通饬酌量财力，使之分途渐进，适于

卫生。总之新监狱以作业为感化，毋徒袭形式为文明，旧监狱以除弊为要图，再徐谋粗浅之工艺，务令所收之犯，变为生利之人，出监以后，永无再犯之事。京兆地居首善，众所具瞻，狱务改良，尤不容缓，着京兆尹及时举办，俾早观成，法下车泣罪之仁，采城旦鬼薪之意，明刑弼教，庶几遇之。此令。

附录五 奉令建设新监扩充作业饬

民国四年七月二十八日饬各厅及各处

为饬知事本月八日奉大总统申令（照录前令）此令等因，奉此，仰见大总统注重狱政，振兴作业之至意，各该厅处长职权所在，自应实力奉行，查现在各省设有新监者固居大半，而局于财力，因陋就简者，亦尚有之，亟宜督促进行，以期悉臻完善，除京师、直隶、奉天、吉林、山东、山西、江苏、浙江、广西、湖北、云南、贵州各省新监已具规模，作业渐臻发达，仍应循序渐进，力求完备外，余如江西、四川、陕西等省，虽已建有新监，而建筑未尽合宜，设备亦多逊色，又如河南、福建、安徽、湖南、黑龙江、甘肃、新疆、热河、绥远、察哈尔等处，对于建设新监一事，或曾经筹议，尚待兴修，或仍率旧观，未遑新制，均应责成各厅处长赶速设法筹办，及早观成。至各县旧监狱惟河南厉行作业，其出品送部者，共有四十余县，山东、奉天、浙江、山西、吉林等省，亦均拟有改良办法，分别进行，此外各省，则尚未一律举办，应仰一并督饬切实办理，要之新监必期建设，以树全国之风声，作业务求扩充，以免囚徒之坐食。狱政所关，勉之勿忽，并将办理情形，尅期详部，以凭核夺。此饬。

附录六　遵令认真筹办监狱通咨

民国四年八月二十日

为咨行事，本年七月八日奉大总统申令（仍照录前令）此令等因奉此，仰见大总统注重狱政，振兴作业之至意，查现在各省设有新监者固属大半，而局于财力，因陋就简者，亦尚有之，亟宜督促进行，以期悉臻完善。至各县旧监狱，或拟有改良办法，分期进行，或尚在筹办之中，尚未能举办，亟宜一并督饬切实奉行，以仰副大总统渐臻刑措之厚望。除分行外，为此咨请贵公署查照，转饬该高等检察厅检察长认真筹划，及时进行，并希将筹办情形见覆，以备汇报，至纫公谊。此咨。

附录七　民国八年所制司法制度完备计划中各省区新监狱分年筹设表

年别	省名	监狱名	地点	辖属县数	收容人数
第一年即民国九年	山东	第三监狱	济南县		300 名以上
		第四监狱	即黑县龙口商埠		100 名以上
		第五监狱	柳城县		同第三监狱
	山西	第四监狱	太谷县		
		第五监狱	汾阳县	汾阳、介休、石楼、临县、显县、永和、平遥、孝义、霍县、中阳、离石、灵石、汾西	500 名
		第六监狱	长治县	长治、长子、襄垣、屯留、壶关、黍城、沁县、沁源、潞城、平顺、和顺、榆社、武乡、辽县	500 名
	河南	第一监狱			500 名
	安徽	第三监狱	阜阳		
		第四监狱	省城		
		第五监狱	凤阳		
	甘肃	第一监狱	皋兰		
		第二监狱			300 名
		第三监狱			400 名
	湖北	第三监狱			
		第四监狱			
	江苏	第二监狱			
		第三监狱			

	四川	第二监狱			
	四川	第三监狱	泸县		200名
	四川	第四监狱	雅安		同前
	四川	第五监狱	阆中		同前
	浙江	第二监狱	鄞县		500名
	浙江	第三监狱	永嘉		300名
	浙江	第四监狱	绍兴		400名
	江西	第二监狱	九江	德安、瑞昌、湖口、彭泽、星子、都昌、永修、武宁、修水	500名
	湖南	第一监狱	长沙	长沙、浏阳、醴陵、甯乡、湘阴、湘潭、益阳、攸县、茶陵、安化	700名
	贵州	第二监狱		镇远、天柱、邛水、剑河、台拱、施秉、黄平、炉山、麻哈、平越、瓮安、余庆、思县、清溪、玉屏	300名
	贵州	第三监狱		郎岱、贞丰、兴义、南笼、册亨、兴仁、关领、紫云、镇宁、安南、普宁、盘县、益安	同前
	福建	第二监狱	龙溪		
	广西	第二监狱	邕宁县		
	山西	第七监狱	临汾县	临汾、洪洞、浮山、河津、乡宁、典沃、稷山、吉县、新绛、垣曲、赵城、襄阳、绛县、冀城、安泽、大学、汾城	500名
	山西	第八监狱	宁武县	宁武、神池、五塞、岢岚、偏关、保德、河典、兴县	300名

第二年即民国十年	甘肃	第四监狱			300 名
	湖北	第五监狱	郧县		
	江苏	第四监狱	铜山县		
	四川	第六监狱	万县		同第二监狱
		第七监狱	自流井		同前
	浙江	第五监狱	嘉兴		同第四监狱
		第六监狱	金华		同前
	江西	第三监狱	赣县	信丰、安远、寻邬、龙南、定虔、南康	同第二监狱
	湖南	第二监狱	常德	常德、澧县、慈利、桃源、临澧、石门、大庸、沅江、汉寿	400 名
		第三监狱	衡阳	衡阳、耒阳、安仁、常宁、永兴、酃县	400 名
	贵州	第四监狱	毕节	毕节、黔西、大定、织金、水城、威宁	同第二监狱
	福建	第三监狱	晋江		
	广西	第三监狱	郁江县		
第三年即民国十一年	山东	第六监狱	临沂县		同第三监狱
	山西	第九监狱	右玉县	右玉、平鲁、左云、朔县	300 名
		第十监狱	忻县	忻县、静荣、代县、灵邱、岚县、定襄、崞县、繁县、繁峙、五台	同前
	河南	第二监狱	信阳县		同第一监狱
	安徽	第六监狱	合肥		
	甘肃	第五监狱			300 名
	湖北	第六监狱	恩施县		

	江苏	第五监狱	淮阳县		
	四川	第八监狱	宜宾		同第二监狱
	浙江	第七监狱	临海		同第三监狱
		第八监狱	衢县		同第三监狱
	湖南	第四监狱	沅陵	辰陵、长鸡、溆浦、泸鸡、保靖、永顺、龙山、桑植、乾城、古丈	同第二监狱
		第五监狱	宝庆	宝庆、武冈、永绥、新宁、城步、湘乡、新化	同前
	贵州	第五监狱	遵义	遵义、正安、绥阳、湄樟、桐梓、仁怀、赤水、鳛水	同第二监狱
	福建	第四监狱	南平县		
	广西	第四监狱	马平县		
第四年即民国十二年	山西	第十一监狱	晋城县	晋城、高平、阳城、陵川、沁水	300 名
	奉天	第十监狱	辽源		
		第十一监狱	海城		
	甘肃	第六监狱			同第五监狱
	湖北	第七监狱	钟祥县		
	四川	第九监狱	南充		同第二监狱
		第十监狱	资中		同第二监狱
	浙江	第九监狱	吴兴		500 名
	江西	第四监狱	吉安	莲花、泰和、吉水、永丰、安福、遂川、万安、永新、宁冈、峡江、宜春、萍乡、新淦	同第二监狱

	湖南	第六监狱	岳阳	岳阳、平江、临湘、华容、南县、安乡	同第二监狱
		第七监狱	桂阳	桂阳、临武、宜漳、柳县、汝城、台东、嘉禾、蓝山、资兴	同前
	贵州	第六监狱	思南	思南、石阡、松桃、铜仁、省溪、江口、印江、沿河、德江、婺川、凤泉、后坪	同第二监狱
	广西	第五监狱	龙州县		
	福建	第五监狱	建瓯县		
	山东	第七监狱	益都		同第二监狱
第五年即民国十三年	奉天	第十二监狱	西丰		
		第十三监狱	复县		
	河南	第三监狱	洛阳县		同第一监狱
		第四监狱	汲县		同前
	安徽	第七监狱	太湖		
	甘肃	第七监狱			同第二监狱
	湖北	第八监狱	安陆县		
	四川	第十一监狱	达县		同第二监狱
		第十二监狱	三台		同前
		第十三监狱	平武		同前
	浙江	第十监狱	建德		300 名
		第十一监狱	丽水		同前
	江西	第五监狱	上饶	玉山、弋阳、贵溪、铅山、宏峰、横峰	400 名

	湖南	第八监狱	芷江	芷海、凤凰、会同、靖县、黔阳、麻阳、绥宁、通道、晃县	同第二监狱
		第九监狱	零陵	零陵、祁阳、道县、宁远、江华、永明、东安、新田	同前
	贵州	第七监狱	榕江	榕江、都匀、八寨、平舟、独山、三合、荔波、丹合、都江、下江、锦屏、永从、黎平	同第二监狱
	福建	第六监狱	霞浦县		
	广西	第六监狱	百色县		
第六年即民国十四年	奉天	第十五监狱	抚顺		
	湖北	第九监狱	襄阳县		
	福建	第七监狱	长汀县		
第七年即民国十五年	山东	第八监狱	德县		同第三监狱
	安徽	第八监狱	宣城		
	福建	第八监狱	龙严县		
	江西	第六监狱	临川	金豁、崇仁、宜黄、乐安、东乡、进贤、南城、资溪、黎川、南丰	
第八年即民国十六年	福建	第九监狱			
	江西	第七监狱	鄱阳	余干、乐平、浮粱、德兴、余江、万年	300 名
第九年即民国十七年	山东	第九监狱	荷泽县		同第三监狱
	安徽	第九监狱	歙县		
	江西	第八监狱	宁都	云都、石城、兴国、瑞金、会昌、宏昌	同第七监狱

第十年即民国十八年	江西	第九监狱	高安	宜丰、上高、丰城、靖江、新喻、分宜、万载、奉新、靖安、安义、铜鼓	400名
第十一年即民国十九年	山东	第十监狱	奉安县		同第三监狱
	江西	第十监狱	大庚	崇义、上犹	同第八监狱
第十二年即民国二十年	山东	第十一监狱	惠民县		同第三监狱

附录八　一九二五年调查法权委员会报告书第二编附表

（一）新式监狱地点及收容人数一览表。

省　区	监　狱	驻　在　地	收容人数（人）
京师	第一监狱 第二监狱 第三监狱	北京 北京 保定	1000 1000 500
京兆	第一监狱 第二监狱	北京 涿州	250 150
直隶	第一监狱 第二监狱 天津分监 保定分监	天津 万全县 天津 保定	500 300 700 200

奉天	第一监狱	沈阳	1000
	第二监狱	辽阳	500
	第三监狱	铁岭	400
	第四监狱	营口	400
	第五监狱	昌图	300
	第六监狱	锦县	100
	第七监狱	安东	200
	第八监狱	海龙	100
	第九监狱	洮南	100
	第十监狱	辽源	500
	第十一监狱	西安	100
	第十二监狱	复县	300
	第十三监狱	新民	300
	第十四监狱	兴京	300
吉林	第一监狱	吉林	500
	第一监狱	长春	500
	第三监狱	哈尔滨	500
黑龙江	第一监狱	黑龙江	300
山东	第一监狱	济南	500
	济南分狱	济南	100
	第二监狱	烟台	500
	第三监狱	济宁	300
	第四监狱	益都	300
	青岛分监	青岛	100
河南	第一监狱	开封	300
	开封分监	开封	100
山西	第一监狱	太原	1000
	第二监狱	安邑	300
	第三监狱	大同	300
	第四监狱	太谷	300
	第五监狱	汾阳	500
江苏	第一监狱	南京	500
	第二监狱	上海	500
	第三监狱	苏州	500
	第四监狱	南通	300

安徽	第一监狱 安庆分监 第二监狱 第三监狱	芜湖 安庆 无湖 阜阳	300 100 300 300
江西	第一监狱 南昌分监 第二监狱	南昌 南昌 九江	500 200 200
浙江	第一监狱	杭州	500
福建	第一监狱 福州分监	福州 福州	300 200
湖北	第一监狱 第一分监 第二分监	武昌 武昌 宜昌	500 300 200
陕西	第一监狱 第二监狱 第三监狱 第四监狱 第五监狱 第六监狱	西安 南郑 榆林 安康 凤翔 乾县	300 200 200 200 200 200
甘肃	第一监狱 第二监狱	兰州 武威	300 300
云南	第一监狱	云南府	300
贵州	第一监狱 第二监狱	贵阳 镇远	300 300
广西	第一监狱 第二监狱	桂林 邕宁	500 300
四川	第一监狱	成都	500
绥远	第一监狱	绥远	300
察哈尔	第一监狱	张家口	300
东省特别区域	第一监狱	哈尔滨	300

（二）表中所称甲系指较为完善之监狱，乙系指未尽完善之监狱，丙系指分监而言，至从前各县设立之监狱表中概称为旧式监狱。

省 名	新式监狱			旧式监狱（所）	总共（所）
	甲（所）	乙（所）	丙（所）		
北 京	3				3
京 兆		2		18	20
直 隶	1	1	2	116	120
奉 天	1	13		42	56
吉 林	1	2		33	36
黑龙江		1		37	38
山 东	2	2	2	106	112
河 南		1	1	107	109
山 西	1	4		72	77
江 苏	1	3		56	60
安 徽	1	2	1	57	61
江 西	1		1	79	81
浙 江	1			74	75
福 建		1	2	62	65
湖 北	1		2	67	70
湖 南				75	75
陕 西		6			6
甘 肃		2		66	68
新 疆				40	40

四 川		1		145	146
广 东				94	94
广 西		2		75	77
云 南		1		95	96
贵 州		2		79	81
热 河				14	14
绥 远		1		7	8
察哈尔		1		6	7
东省特别区域		1			1
总 共	14	49	11	1 623	1 699

(二) 民国政府时代之狱政*

自民国十六年国民政府奠都南京以来，迄今五年，政府对于法律之修订及司法之改善，颇能积极进行，十七年十一月成立五院制新政府，实行五权分治，益能表现司法独立的精神。今者全国上下，一致决心，以期达到司法完整的目的。各种重要法典的编纂，如约法、民法、刑法、商事法、民刑诉讼法，以及诸种行政法规，均已次第公布施行。各级法院的扩充，亦在财力可能范围，力事增设，现在全国新式法院计有最高法院一所，高等法院二十八所，高等法院分院三十二所，地方法院一百〇六所，地方法院分院及县法院二百〇七所，共计三百七十四所，较之民国十五年时法院之数目，几增两倍。并拟于短时期内废止县政府兼理司法制度，设立组织较简的县法院一千三百六十七所。至关于监狱的改善，除由司法

* 该标题与本书本版第380页“（一）北京政府时代之狱政”相对应。——编辑注

行政部，随时派员前赴各省切实调查指导改善外，并颁布各种法规，以资整饬。其关于管理者则有监狱规则、看守所暂行规则，其关于处务者则有监狱处务规则、监狱教诲师、医士、药剂士、处务规则，其关于俸给者则有监所职员官俸暂行条例等。全国新式监狱，亦努力扩充，计现在各省已完全成立之新监，江苏、山西各五所，辽宁十四所，山东、陕西各六所，河北、安徽、浙江、甘肃各四所，吉林、河南、江西、湖北各三所，福建、贵州、广西、察哈尔、东省特别区各二所，黑龙江、云南、四川、绥远、宁夏各一所，共计七十九所，查民国十五年全国新监，共计六十三所，两相比较，已增加十六所，至于新式监狱扩充的计划，依"司法行政部训政时期工作分配年表"，亦定为分年筹设，按照各省交通情形，以若干县为一区，每区设一所至五所，以收容人犯的多寡，分为甲乙丙丁四级，甲收容一千人，乙收容七百人，丙收容五百人，丁收容三百人，预定全国共应增设二百十五所。并拟于普通监狱之外，酌设少年监狱，专收二十五岁以下的初犯，以便实施教养，每省设置一所或二所，其收容人数，定为五百至一千人。设累犯监，专收容恶性较深须严行离隔的累犯，以便特别处遇，每省设置一所，收容人数定为三百至五百人。设外役监，于青海、吉林、黑龙江、热河、绥远、察哈尔、宁夏、新疆等省筹设之，以便将内地监犯，经过相当刑期，而行状善良，宜于农业者，输边垦殖，收容人数，临时决定。此外又设肺病及精神病监，使此种病犯，得享医治的实益。至收容未决的看守所，则随地方法院的增加而附设之。自十九年一月一日，国民政府明令宣布撤废领事裁判权，凡侨居中国的外人，应一律遵守中国政府依法颁布的法令章程，并由主管机关拟定实施办法，以资适用。而上海公共租界法院及法租界会审公廨，亦相继成立协定，改组为中国法院，以及女监、民事管收所的收回，监犯的移送中国监狱执行，与北京政府时代迥不相同。

国民政府最近以坚决态度，公布管辖在华外国人实施条例，定于民国二十一年一月一日施行，凡在华享有领事裁判权国人民一切民刑诉讼案件，将一律由中国法院受理。司法行政部乃通令各省高等法院从速筹设审理外侨专庭，拟定于江苏、辽宁、河北、山东、湖北、福建、广东、云南、东省特别区域各高等法院，四川高等法院第一分院，暨上海、沈阳、天津、青岛、汉口、巴县、闽侯、广州、昆明、东省特别区域等地方法院，计二十处，各配置专庭一所。同时积极筹设外国人的监禁、羁押及拘留处所，拟一律采用分房制，由部分饬江苏、辽宁、河北、山东、湖北、福建、广东、云南、东省特别区域、四川等十省区高等法院在上开设立专庭各地方监所内，设立二十五立方米气积的分房室若干间，并划分监禁、羁押两部。其拘留处所，即在羁押处所划出一部以充之。所有病室、浴室均规定有相当的设备，且对于北地较寒的省份，如辽宁、东特区、河北、山东等省各监狱，均设置暖气管，以备冬季御寒之用，其他囚粮及卫生等费用预算规定，亦均周详。该项专庭监狱，指定苏为第二监狱，鄂亦为第二监狱，辽为第一监狱，冀指定第一监狱为监禁处所，津地方法院看守所为羁押及拘留处所，鲁为第六监狱，东特区为特区监狱，滇、粤、闽、川均为第一监狱，统限二年内一律竣工。

此外司法行政部为内地各监人犯拥挤，筹备移犯西北各省垦荒，已决定先从热河、察哈尔、绥远、宁夏、甘肃五省着手，指定宁夏为试办初步，于二十年七月令饬该省高等法院勘定荒地，以便着手。又由部商请南京市政府，征用八卦洲地八分之一，约二万亩，创办刑事农场，将各监犯先施农业知识及技能，俾移往边陲开垦。

总观以上所述，国民政府对于狱制改良之进行，自属差强人意，然我辈犹有数点意见，希望当局者的改革。

1. 目前新式监狱，所注意的，只在物质方面，而在精神方面，则监狱制度中仍脱不了旧时的报复主义，所以有许多违背人道处置不当的地方，而没有为中国犯罪同胞们着想，此层希望以后多多督促司狱者的注意。

2. 新式监狱的官员们，官僚气味太重，他们对于监狱的兴趣，只是个人的地位，并非犯人的幸福与改化。能看过监狱规则一遍的人，已不可多得，对于犯罪的原因，犯人的处置方法，是少有了解，所以目前的成绩，只是幽禁犯人，并非改化，而所谓新式监狱，仍旧有犯罪学校之讥。

3. 现在监狱管理上，缺乏专门人才，除少数受过训练以外，其余的大概多是民国初年入过监狱学校及训练所的人们，他们虽然有一点管理监狱的经验，可是整日地忙于做官，苦于谋生，又不得闲空研究新狱政的学理，在今日早为过时的人了，这也不能苛责一般办狱政者自己不求改进，实在他们不知何以改进，并且亦没有机会去谋改进，所以目前改良监狱，非先甄别以选择人才与训练以培植专才不可，使以治狱为专门事业，决不容为官僚入司法界的进身之阶，那末，中国监狱前途，可有无穷希望。否则墨守成规，率由旧章，不求有功，但求无过，这样敷衍下去，于狱政上是毫无进步的。

4. 为团结监狱界同志群策群力起见，应组织全国监狱协会，并与各国监狱协会联络，一致进行。同时刊印监狱杂志，以供学术上的参考，并唤起民众，打破传统观念，使对监狱发生信仰，而与以热烈的援助，则监狱改良的成效，必速且大。

5. 现在旧式监狱比新式监狱数目，超过太多，虽然训政时期司法工作计划，预备于短时期内，统统改为新监，可是我国官府，向来说话，都是冠冕堂皇，结果全都成为不兑换的支票，我们很希望现在的司法当局，要切实的积极的做去，再不要踏从前的覆辙，才能照分期改良计划，极力扩充新监，以消灭数千年遗传下来惨无人道的旧监。

6. 经费支绌，亦为监狱不能改进的大原因。各监官员，薪俸既然低微，自难望其安心从公。各监囚犯，已有人满之患，而经费预算，反较从前减少，间或有不减少的，也要七折八扣或积欠数月，以囚粮而论，从前三四元一石的玉米，现在要卖十余元了，从前米贱人少钱多，现在米贵人多钱少，此则救死犹恐不遑，那里还谈得到改进呢。

中国监狱经费困难，不能靠监狱作业解决，一因监狱工场太少，二因囚犯少有技巧的人才，三因没有基金购置机器原料，四因司作业的科长缺乏工商知识，所以“监狱经济独立”的话是谈不到的。最痛心的，各机关往往利用狱工以图便于拖欠债务，像河北第一监狱作业债务表（该表结至十七年七月十六日）：

名　　称	金额（元）
暂垫本署经常费	79 121.712
本署用度股	14 737.292
司法部	7 939.594
大理院	3 688.480
司法公报	2 285.065
司法例规	1 000.000
司法部账簿	738.900
总检察厅	158.710
司法部役工	118.380
司法储才馆	101.340
其他机关或个人	9 872.098
总　计	119 492.098

看上表可知河北一监作业所得，除垫办该署经费用度外，完全为直辖该署的司法机关所拖欠，上级机关不但不设法筹备经费，助进作业，反而以高压手段，从中取巧，令人何等痛心。

上海一区，四方杂处，其监狱的良窳，往年余尝率同学前往漕河泾第二监狱参观，颇多指疵之处。兹摘录民国十九年十一月上海地方法院首席检察官改良该监意见书以实余篇："其一，查该监舍原容留犯人额八百名，现在人犯激增，多至倍数，原有两工场，已改为杂居室，每室容纳百数十人，均为短期自由刑及军事未决犯，拥挤不堪，既恐恶性之传染，复失刑罚监禁之本旨，救济之法，应速扩充监舍，或先将军事羁押犯移禁他处，其囚犯中有合于假释条件者，应予以假释，以冀其迁善改过，用符感化原旨且可以免拥挤之弊。其二，查该监原有工场七八种，现已改为监舍，除女监外，余均停顿，而教诲师碍于犯额过多，难于施教。不无敷衍，无工作则终日枯坐，精神沉疲，无教诲则目濡耳染，意旨日乖，如此欲使其期满出狱，成为良民，戛乎其难。故宜设法规复原日工场，分派工作，及由教诲师按日输流实施训导，除工作训诲时期外，并许其自由阅览有益书籍，此不仅可解犯人之枯寂，且可使迁善而日臻康健也。其三，查该监羁禁囚犯达一千五百余人，本年度死亡之数，至一百五十人，虽或缘囚犯体质羸弱，有以致之，然卫生医药亦须改善，该监旧有中西医二名，今西医已裁，仅留中医一名，以一人诊治全监，草率不免，以后宜添聘医生，以资应付，此外囚犯之饮食沐浴，监舍之空气洒扫，须异常注意，庶几囚犯死亡率可减少也。其四，该监墙壁，多有倾裂，窗栅玻璃，亦破缺不少，以后天气渐寒，难蔽风雪，不特影响卫生，且虞越狱，若不急为修补，贻害匪轻。其五，查囚犯中之罹烟禁而羁押者，不乏其数，均与短期犯杂居，此种办法，应宜改良，因羁押本旨，原为拘束自由，感化迁善，若以无恶性之烟犯，与普通犯人杂居，恐未得感化之益，转有恶性传染之虞，应另羁一处，俾早戒除。"夫上海为首善之区，狱政尚且如此，内地各监，可想而知，甚望司法当局极力扩充司法经费，而监狱经济，尤当使其独立，则将来监狱行政，骎日上，或可与列强狱制，并驾齐驱也。

兹复采录训政期内之司法行政工作计划，监犯垦殖计划书，各监狱设置地点及其监房数目并容纳人数表，以觇国府对于监狱施政方针之大概。

附录一 训政时期之司法行政工作大纲

民国十九年制

一、筹设全国各级法院

甲、筹设县法院

第一年，①预定本年内全国共筹设县法院六百五十七所。②督促各省司法长官，依照筹设法院、监所工作等表列次序、地点、办法，将上开各县法院实行设立。

乙、筹设地方法院

第一年，①预定本年内全国共筹设地方法院一百三十四所，各附设看守所一所。②督促各省司法长官，依照筹设法院、监所工作等表所列次序及地点、办法，将上开各地方法院及看守所，实行设立。

第二年，①预定本年内全国共筹设地方法院一百四十二所，各附设看守所一所。②督促各省司法长官，依照筹设法院、监所工作等表所列次序、地点、办法，将上开各地方法院及看守所，实行设立。

第三年，①预定本年内全国共筹设地方法院三百六十二所，各附设看守所一所。②督促各省司法长官，依照筹设法院、监所工作等表所列次序及地点、办法，将上开各地方法院及看守所，实行设立。

第四年，①预定本年内全国共筹设地方法院三百七十五所，各附设看守所一所。②督促各省司法长官，依照筹设法院、监所工作等表所列次序及地点、办法，将上开各地方法院及看守所，实行设立。

第五年，①预定本年内全国共筹设地方法院三百七十七所，各附设看守所一所。②督促各省司法长官，依照筹设法院、监所工作等表所列次序及地点、办法，将上开各地方法院及持守所，实行设立。

第六年，①预定本年内全国共筹设地方法院三百八十三所，各附设看守所一所。②督促各省司法长官，依照筹设法院、监所工作等表所列次序及地点、办法，将上开各地方法院及看守所，实行设立。

丙、筹设高等法院

第一年，预定年内将西康省高等法院，筹设成立。

丁、筹设高等法院分院

第一年，①预定本年内全国筹设高等法院分院一十七所，各附设看守所一所。②督促各省司法长官，依照筹设法院、监所工作等表所列次序、地点、办法，将上开各高等法院分院及看守所，实行设立。

第二年，①预定本年内全国筹设高等法院分院二十二所，各附设看守所一所。②督促各省司法长官，依照筹设法院、监所工作等表所列次序、地点、办法，将上开各高等法院分院及看守所，实行设立。

第三年，①预定本年内全国筹设高等法院分院三所，各附设看守所一所。②督促各省司法长官，依照筹设法院、监所工作等表所列次序、地点、办法，将上开各高等法院分院及看守所，实行设立。

戊、筹设最高法院分院

第一年，预定本年内筹设最高法院第一分院一所。

第二年，预定本年内筹设最高法院二分院一所。

第三年，预定本年内筹设最高法院第三分院一所。

第四年，预定本年内筹设最高法院第四分院一所。

二、筹设全国各种新监

甲、筹设少年监

第一年，①预定本年内全国共筹设少年监二十八所。②督促各省司法长官，依照筹设法院、监所工作等表所列次序、地点、办法，将上开各少年监，实行设立。

第六年，①预定本年内全国共筹设少年监一十九所。②督促各省司法长官，依照筹设法院、监所工作等表所列次序、地点、办法，将上开各省少年监，实行设立。

乙、筹设普通监

第一年，①预定本年内共筹设普通监三十二所。②督促各省司法长官，依照筹设法院、监所工作等表所列次序、地点、办法，将上开各普通监，实行设立。

第二年，①预定本年内全国共筹设普通监四十四所。②督促各省司法长官，依照筹设法院、监所工作等表所列次序、地点、办法，将上开各普通监，实行设立。

第三年，①预定本年内全国共筹设普通监四十九所。②督促各省司法长官，依照筹设法院、监所工作等表所列次序、地点、办法，将上开各普通监，实行设立。

第四年，①预定本年内全国共筹设普通监四十八所。②督促各省司法长官，依照筹设法院、监所工作等表所列次序、地点、办法。将上开各普通，实行设立。

第五年，①预定本年内全国共筹设普通监三十二所。②督促各省司法长官，依照筹设法院、监所工作等表所列次序、地点、办法。将上开各普通，实行设立。

丙、筹设累犯监

第四年，①预定本年内全国共筹设累犯监三所。②督促各省司法长官，依照筹设法院、监所工作等表所列次序、地点、办法，将上开各累犯监，实行设立。

第五年，①预定本年内全国共筹设累犯监一十六所。②督促各省司法长官，依照筹设法院、监所工作等表所列次序、地点、办法，将上开各累犯监，实行设立。

第六年，①预定本年内全国共筹设累犯监三所。②督促各省司法长官，依照筹设法院、监所工作等表所列次序、地点、办法，将上开各累犯监，实行设立。

丁、筹设外役监（外役监另详，该部移犯垦殖计划）

戊、筹设肺病及精神病监

第六年，①预定本年内全国共筹设肺病及精神病监二十一所。②督促各省司法长官，依照筹设法院、监所工作等表所列次序、地点、办法，将上开各肺病及精神病监，实行设立。

三、整理原有法院监所

甲、扩充或改善各项设备

第一年，①预定本年内扩充及整理原新监一所（详各省筹设法院、监所工作年表）。②随时派员实地调查各省法院、监所最近实况，其建筑及他项设备，查有不敷用或不适用者，加以扩充或改善。③各省旧监所，查有积弊者，严行剔除，在新监未成立前，并一律使之注意清洁卫生，励行感化教育，兴办或扩充犯人作业；④厘定法院、监所各项簿册用纸定式（注意简明便利），通令依式仿行，以昭画一。

第二年，预定本年内扩充及整理原有新监五所（详各省筹设法院、监所工作年表）。

第三年，预定本年内扩充及整理原有新监十一所（详各省筹设法院、监所工作年表）。

第四年，预定本年内扩充及整理原有新监四所（详各省筹设法院、监所工作年表）。

第五年，预定本年内扩充及整理原有新监十五所（详各省筹设法院、监所工作年表）。

第六年，预定本年内扩充及整理原有新监五所（详各省筹设法院、监所工作年表）。

乙、甄别并训练现任职员

第一年，①调验各省法院法官、书记官及该所职员凭证办案文稿，或办事成绩书类，详加审查，分别去留。②随时派员实地调查各省法院监所职员是否称职，以凭黜陟。③严令各省司法长官遵照法院、监所职员考绩办法，随时认真考察，分别举办。④严令各省法院、监所实行设立党义研究会，使各项职员，悉受党义陶镕。

丙、增设少年法庭

第一年，厘定增设少年法庭办法。

第二年，督促司法长官依照厘定办法，于各省省会原有地方法院内，增设少年法庭。

第三年，扩充少年法庭，即于各省商埠及其他地方原有法院内，增设少年法庭，以适合需要为度。

四、训练司法人才

甲、扩充法官训练所

第一年，扩充法官训练所，广育法官人才（该所现已成立，惟规模较小，宜加扩充）。

第二年，①随时改善，并酌量扩充。②将在所毕业人员分发各省法院学习或候补。

乙、设立法医研究所

第一年，①厘定法医研究所章程。②依照章程，实行筹设，或令各省司法长官筹设（或附设各省医科学校内）。

第二年，①同上第二款。②随时考查，酌量改善扩充。③将在所毕业人员，分发各省法院使用。

丙、司法官之训练

第一年，①厘定司法官训练办法。②依照训练办法，将应司法考试及格人员，分发各法院学习，或送入法官训练所练习。③前款学习或练习期满人员，分发各省法院候补。

丁、书记官之训练

第一年，①厘定书记官训练办法。②依照训练办法，将应书记官考试及格人员，分发各法院学习。③前款学习人员成绩优良者，即任为各法院候补，或正缺书记官。

戊、监所职员之训练

第一年，①厘定监所职员训练办法。②依照训练办法，将应监所职员考试及格人员，分发各省实习。③前款实习人员成绩优良者，各任为各省监所职员。

己、法院吏警之训练

第一年，①厘定承发吏及司法警察训练办法。②督促各省司法长官，依照训练办法分别训练。③练习及格人员，发往筹设之各法院服务。

五、筹设蒙、藏司法事宜

甲、组织设计委员会

第一年，①厘定委员会组织条例。②依照条例，实行组织。③研究应办各项事务之进行方法。

乙、培养蒙、藏司法人才

第一年，①厘定培养蒙、藏司法人才之办法。②实施厘定办法，逐渐加以改善扩充。

丙、筹备蒙、藏司法机关

第一年，①调查蒙、藏关于司法事务之实在现状。②厘定筹设蒙、藏司法机关之各项计划。

第二年，①同上第一款第二款。②酌量实施上列计划，逐渐推广并改善。

六、实施发展各事务

甲、编造司法统计

第一年，①编制全国民事统计。②编制全国刑事统计。③编制全国监所统计。④编制全国司法行政统计。

乙、拟定刑事政策，减少刑事案件

第一年，①根据统计，调查多数犯罪之原因。②拟定减少多数罪犯原因之计划。③拟定出狱人工作介绍之办法。

第二年，①同上第一款至第三款。②实施上列计划办法，逐渐加以改善扩充。

丙、发展仲裁机关，减少民事案件

第一年，①厘定民事仲裁机关办法。②实施前款办法，逐渐加以改善扩充。③推广各省商事公断机关。

丁、酌用陪审制度

第一年，厘定酌用陪审制度之各项办法。

第二年，依照上列办法，酌量施行并逐渐加以改善扩充。

七、确定各法院经费

甲、确定各省原有法院、监所经费

第一年，依照各省所造预算，即各省司法长官所造关于原有法院、监所经常整理各费预算，确定各省筹设法院、监所经费，俾可实行整理。

乙、确定各省筹设法院、监所经费

第一年，依照表列数目（即各省筹设法院、监所工作年表所列建筑开办经常各费数目），确定各省筹设法院、监所经费，俾可实行筹设。

附录二 陈福民监犯垦殖计划书

一、绪 论

古有五刑，徒居其一，唐书刑法志：“徒者奴也，盖奴辱之量其罪之轻重有年数而舍。”于此可得二义焉，其一，徒之本意为役使，而非羁禁；其二，其服役皆有年限，无终其身者。降及清季，改从现制，不数年而监狱叠告人满，折笞改遣，虽先后试行，而皆无良果，积至今日，已成为司法上一重大之问题。况乎群治愈进，则犯罪愈多，犯罪多则文法益密，此为古今中外不可逃避之公例，此后监狱之人满，必较今日为尤甚，或且倍蓰亦未可知，使不早为之图，更将何以善后。夫赦典固不可屡邀，假释有一定期限，他如缓刑、折罚，为数无多，补苴罅漏，于事无济，福民沉思积年，以为疏通监狱，舍移垦外，无他道焉。监犯垦殖，有五利也，人之肢体，如机器然，不用则废，今使为适当之劳动，以强固其肢体，一利也。监犯期满放免，或因迫于生计而再犯，今使有陇亩之工作，以遂其生养，二利也。西谚以监狱为罪犯传习所，语虽过当，不无近似，今使变换环境，以改善其品性，三利也。监犯移垦荒区，变为熟地，既可调和社会经济，复可充实边防，四利也。国家岁糜钜款，以供监犯之执行，日增月益，势难为继，今移消极的给养，为积极用途，此后监狱经费，不第不至增加，而且可望减少，五利也。于监犯自身与社会及国计，均为有利，则移垦制度，无可致疑，试进而言其办法。

二、组　织

（一）关于垦务者

吾国腹地虽患人满，而西北各省，犹多旷土，然监犯移垦，与移兵屯垦，情势不侔，亦不宜过于边远。最好于察绥边境，测定垦地，以一万亩为一区，综其面积，约十八方里有半，以平方里计之，东西相距约四里半而弱，每区又分为九小区，如古井田式，每小区约地一千一百十余亩。区之周围为沟洫，以资灌溉，小区之周围为道路，以利行走，中一小区为庐舍，以供住宿。每区除沟洫、道路、庐舍以及硗确、泽卤，不堪耕种者，约居四分之一外，至少可得垦地四分之三，约七千五百亩，每人垦地三十亩，每小区可容三十一二人，每区可容二百五十人，每年垦地二十区，可容五千人以上，十年计算，垦地二百区，可容五万人。其垦务区图如下：

垦务区图

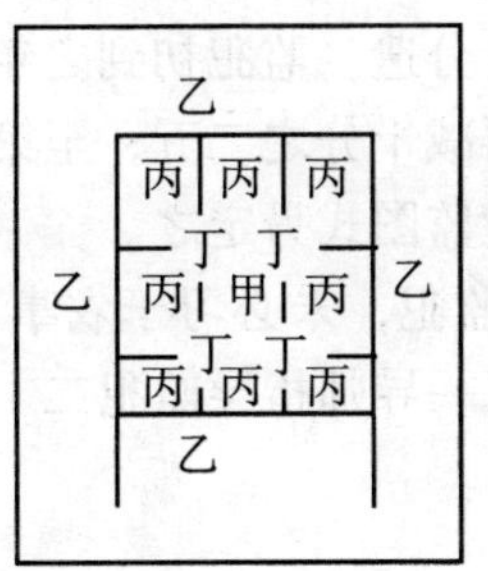

如图面积为平方十八里有半，每边约四里有半而弱，甲、丙为九小区，乙为沟洫，丁为道路，甲为庐舍（即外舍）。

（二）关于管理者

监犯移垦，以管理为最重要，亦以管理为最困难，兹拟具管理之机关及其员役之配置如下：

1. 垦务局。垦地测定后，于其适当地点设垦务局一处，以局长一人领之（或由所在地高等法院院长兼任），内分总务垦殖训练三科，设科长三人，科员九人，调查员十人，雇员十人，警士二十人，公役十六人。至垦区逐年增加，则地面辽阔，难于料检，应于相当地点，增设垦务分局，以十年计算，第四年设分局一处，第七年设分局一处，其辖区之多寡，以地势之便利定之，其员役人数，约减总局之半。

2. 外役监。监犯初到，教诲程度未齐，且工作又未开始，庐舍亦待建筑，不能不设监狱，以资过渡，谓宜仿照英美各国中间监狱之制度，每区合设一外役监，其监舍以足容一千二百五十人为度，设监长一人，会计庶务四人，看守长一人，主任看守六人，看守六十人，不设公役，以监犯任之。凡监犯初到，暂羁外役监，至工作渐次开始，庐舍渐次完成，择其品性比较纯良者，渐次分遣外舍（即中一小区之庐舍）居住，其已经分遣而不遵约束者，还羁监内，俟其悛改，再行分遣。监犯初到之年，全数羁监，第二年约减十分之五，第三年再减十分之二五，至第四年分遣尽净，即有留遣，不过少数。其外役监图式另定之。

3. 导师。移垦之监犯，未必习于农事，不能不雇用具有经验之乡农，分任指导，每一导师指导监犯二十五人，每区应雇用导师十人。

三、经　费

（一）支　出

1. 开办费。

(1) 关于垦务者。

第一，造房。每区造房八十间，每间八十元，需银六千四百元。

第二，掘井。每区掘井九口每口一百元，需银九百元。

第三，牲口。每区牲口一百头，每头六十元，需银六千元。

第四，农器。每区如梨、耙、锹、锄、轮、轴、斗、斛，以及其他关于农事上必要之器具，约需银二千元。

上四款每区需银一万五千三百元，每年垦地二十区，需银三十六万零六千元，十年垦成二百区，合计银三百零六万元。

(2) 关于管理者。

第一，垦务局。建筑房屋以及其他一切必要之设备，姑定为银二万元（分局附设外役监内，不另计费。）

第二，外役监。外役监每所以足容一千二百五十八人为度，至少须建筑监舍一百八十间以上，以及其他一切必要之设备，姑定为银三万元。

上二款需银五万元，垦区逐渐增加，外役监亦应逐渐添设，合计外役监十四所，需银四十二万元，列表如下：

外役监分年开办经费表

类别 年别	监数（所）	开办费（万元）	备考
第一年	4	12	
第二年	2	6	
第三年	1	3	
第四年	1	3	
第五年	1	3	
第六年	1	3	
第七年	1	3	

第八年	1	3	
第九年	1	3	
第十年	1	3	
合计	14	42	

上1、2两项开办费，以十年垦地二百区计算，合计银三百五十万元。

2. 经常费。

(1) 关于垦务者。

第一，犯人口粮，每人每月三元，每年三十六元，每区二百五十人，需银九千元。

第二，犯人衣服，每人每年十五元，每区二百五十人，需银三千七百五十元。

第三，犯人赏银，每人每月一元，每年十二元，每区二百五十人，需银三千元。

第四，种子，每区种子，以豆、麦、菽、粟等类，平均计算，每年需银一千元。

第五，草料，每牲口一头，每年约需银二十元，每区牲口一百头，需银二千元。

第六，肥料，每亩以二角计算，每区一万亩，每年需银二千元。

第七，预备费，每区修理庐舍器具，以及一切耗费杂用等类，每年约需银一千元。

上七款，每区需银二万一千七百五十元，每年垦地二十区，需银四十三万五千元，十年垦地二百区，合计银二千三百九十二万五千元，列表如下：

垦务分年经费表

类别 / 年别	区别	经常费（元）	备考
第一年	20	435 000	
第二年	40	870 000	
第三年	60	1 305 000	
第四年	80	1 740 000	
第五年	100	2 175 000	
第六年	120	2 610 000	
第七年	140	3 045 000	
第八年	160	3 480 000	
第九年	180	3 910 000	
第十年	200	4 350 000	
合计	1 100	23 925 000	

（2）关于管理者。

第一，垦务局。局长一人，月支五百元（兼任可减二百元），年支六千元。科长三人，每人月支一百六十元，年支五千七百六十元。科员九人，每人月支一百元，年支一万零八百元。调查员十人，每人月支六十元，年支七千二百元。雇员十人，每人月支四十元，年支四千八百元。警士二十人，每人月支二十元，年支四千八百元。公役十六人，每人月支十六元，年支三千零七十二元。一切开办及预备费，年支二千四百元，每年需银四万四千八百三十二元。第四、第七两年，添设分局两处，其经常费，减总局之半，每一分局，需银二万二千四百十六元，列表如下：

垦务局及分局分年经费表

类别 年别	局数（所）	分局数（所）	经常费（元）	备考
第一年	1		44 832	
第二年	1		同上	
第三年	1		同上	
第四年	1	1	67 248	
第五年	1	1	同上	
第六年	1	1	同上	
第七年	1	2	89 664	
第八年	1	2	同上	
第九年	1	2	同上	
第十年	1	2	同上	
合计	10	11	694 896	

第二，外役监。监长一人，月支三百元，年支三千六百元。会计庶务四人，每人月支八十元，年支三千八百四十元。看守长一人，月支六十元，年支七百二十元。主任看守六人，每人月支四十元，年支二千八百元。看守六十人，每人月支三十元，年支二万一千六百元。看守长主任看守及看守服装费，每人每年三十元，年支二千零十元，一切办公费及预备费，年支四千元，每监每年需银三万八千五百六十元，列表如下：

类别 / 年别	监数（所）	开办费（元）	备考
第一年	4	154 240	
第二年	6	231 360	
第三年	7	269 920	
第四年	7	同上	
第五年	7	同上	
第六年	7	同上	
第七年	7	同上	
第八年	7	同上	
第九年	7	同上	
第十年	7	同上	
合计	66	2 544 960	

第三，导师。导师每区十人，每人月支三十元，年支三千六百元，每年垦地二十区，需银七万二千元；惟监犯初到之三年内，必须导师指导，至第四年以后，可层递而下，不必加雇，列表如下：

导师分年经费表

类别 / 年别	区别	经常费（元）	备考
第一年	20	72 000	
第二年	40	144 000	
第三年	60	216 000	
第四年	80	同上	

第五年	100	同上	
第六年	120	同上	
第七年	140	同上	
第八年	160	同上	
第九年	180	同上	
第十年	200	同上	
合计	1 100	1 944 000	

上三款以十年计算，合银四百七十九万八千二百五十六元，上1、2两项经常费，以十年计算，合银二千八百七十二万三千二百五十六元。

分年支出总表

类别／年别	区数	人数（人）	经费（元）	备考
第一年	20	5 000	1 152 072	
第二年	40	10 000	1 676 192	
第三年	60	15 000	2 191 752	
第四年	80	20 000	2 648 168	
第五年	100	25 000	3 084 168	
第六年	120	30 000	3 519 168	
第七年	140	35 000	3 976 584	
第八年	160	40 000	4 411 584	
第九年	180	45 000	4 846 584	
第十年	200	50 000	5 281 584	

合计	1 100	275 000	32 788 856	

(二) 收 入

监犯每人垦地三十亩，第一年垦三分之一，第二年又垦三分之一，第三年完成。假定每亩每年收获粮食一石二斗，则每区一万亩，第一年可得粮食四千石，第二年可得粮食八千石，第三年可得粮食一万二千石，假定每石值银四元则第一年可得银一万六千元，第二年可得银三万二千元，第三年可得银四万八千元，余可类推，列表如下：

分年收入总表

类别 年别	区数	粮食石数（石）	银数（元）	备考
第一年	20	80 000	320 000	
第二年	40	240 000	960 000	
第三年	60	480 000	1 920 000	
第四年	80	720 000	2 880 000	
第五年	100	960 000	3 840 000	
第六年	120	1 200 000	4 800 000	
第七年	140	1 440 000	5 760 000	
第八年	160	1 680 000	6 720 000	
第九年	180	1 920 000	7 680 000	
第十年	200	2 160 000	8 640 000	
合计	1 100	10 880 000	43 520 000	

附分年收支盈亏总表

年别 \ 类别	亏数（元）	盈数（元）
第一年	832 072	
第二年	716 192	
第三年	271 752	
第四年		230 832
第五年		755 832
第六年		1 280 832
第七年		1 783 416
第八年		2 308 416
第九年		2 833 416
第十年		3 358 416

上表即合以前收支两表而得其分年盈亏之数，其十年统计净盈一千零七十三万一千一百四十四元，为数似不为多，若遇荒歉之年，且不逮此数。然犯人在监执行，本有给养与管理上之一切费用，每人每年需银一百元，在监工作所得，每人每年不过银二十元，是每人每年之实支数为八十元，如移垦实行，则此项支出，可以停止，列表如下：

犯人在监分年经费表

年别 \ 类别	人数	支出（元）	收入（元）	实支数（元）
第一年	5 000	500 000	100 000	400 000
第二年	10 000	1 000 000	200 000	800 000

第三年	15 000	1 500 000	300 000	1 200 000
第四年	20 000	2 000 000	400 000	1 600 000
第五年	25 000	2 500 000	500 000	2 000 000
第六年	30 000	3 000 000	600 000	2 400 000
第七年	35 000	3 500 000	700 000	2 800 000
第八年	40 000	4 000 000	800 000	3 200 000
第九年	45 000	4 500 000	900 000	3 600 000
第十年	50 000	5 000 000	1 000 000	4 000 000
合计	275 000	27 500 000	5 500 000	22 000 000

上表监犯，在监执行之实支数，以十年五万人计算，为二千二百万元，即移垦无巨款盈余，而国家对于监犯经费支出之减少，固亦不在少数，况移垦至十年以后，关于管理上之一切费用，可以逐渐减少，以至于无，盈余数额，势必激增，此亦无可疑者。

四、移垦标准

监犯犯罪之种类，与夫刑期之长短，以及年龄之长幼，体质之强弱，至不齐一，于移垦事业，未必尽属相宜，如无限制，徒资糜费，当以合于下列条件者为标准。

1. 刑期，处无期徒刑及八年以上有期徒刑，在监经过相当刑期者。

2. 年龄，在二十岁以上四十岁以下。

3. 体质，经医师检定，强壮无疾病者。

4. 行状，品性善良，宜于农业或志愿耕农者。

五、服役期限

监犯移垦，本为外役之一种，然使此种外役之期限，与在监执行之期限相等，则无以引起其工作之兴趣，而增进其效率，其甚者或至于逃亡。欲使移垦之监犯安于其业，必须按照原判刑期，依次缩短其服役之期限，如处无期徒刑者，其服役之期限，定为若干年，处有期徒刑者，其服役之期限，定为原判刑期若干分之几，限满以后，其愿回籍或他往另谋生计者听之，并视其服役年限，及其工作之成绩，于盈余项下，提奖若干，其不愿回籍或他往者，则授田若干亩，为其所有，而使之纳税，一切权义，与平民无异，均应另定规程，以示准则。如是则每一垦区，至多经过若干年，必成为一良好之新村，不但以前一切支出皆可停止，而且几有收入，以供发展移垦事业之费用。全国监狱，永可无人满之患，利无大于此者。

六、总 结

以上所拟办法，仅具概略，其详细节目，应随时随地，斟酌损益，以期于必可施行，至于移犯垦殖时之舟车费用。可与交通机关交涉免费，其他零星杂费，为数无多，故不计算在内。

附录三 各监狱设置地点及其监房数目并容纳人数表

（民国十八年"司法统计"载二十年五月《司法公报》特刊）

省别	监狱	设立地点	监房数目(间)							容纳人数(人)	
			男监		女监		病监		计	可容纳人数	现容纳人数
			独居	杂居	独居	杂居	独居	杂居			
江苏	第一监狱	南京城北大石桥	48	104		6	25	9	192	800	1030
	第三监狱	东县娄门城内小柳贞巷		76			5	7	88	452	910
	第三分监	苏州胥门内司前街	8	36				4	48	208	256
浙江	第四监狱	南通县	8	48	2		4	5	70	295	340
	第一监狱	杭县钱塘门内风波桥		72		8		4	81	500	614
	第二监狱	鄞县北门	38	80		11		11	140	600	561
	第三监狱	嘉兴县西门		32		2		7	41	273	989
	第四监狱	永嘉县三府巷		20		1			30	250	272
安徽	第一分监	安庆城内北区饮马塘		14		1	5	1	21	85	82
	第二监狱	芜湖县城东门内	64	64		10	10	3	151	444	255
江西	第三监狱	阜阳到西关外	78	60		10		14	162	482	49
	第一监狱	南昌市永和路	13	55		10		6	84	500	310

湖北	第二监狱	九江东门关帝坡		78				1	87	500	158
	第一监狱	武昌文昌门天街	40	120		15	8	12	195	489	1072
	第一分监	武昌汉阳内监墙角街	18	48				8	74	258	283
福建	第一监狱	福州城内经院巷	16	35				4	55	300	103
	第一分狱	福州市按司前	8	9		3		3	23	92	76
	第二监狱	龙溪县陆安西路	20	30		5	4	2	61	195	181
广东	广州监狱	广州市高华里		92		13	4	4	113	000	464
河北	第一监狱	北平永定门内南下洼姚家井	424	125	6	12	17	11	595	956	785
	第一分监	北平彰仪门外	7	77			2		86	230	187
	第二分监	北平德胜门外	98	206			38	8	350	900	687
	第二分监	涿县城内马神庙街		2			2	3	7	150	101
	第三监狱	天津小西关西营门外教军场	70	122		10	8	3	219	728	1210
	第三分监	河北保定箭道街	16	45	2	3	3	3	72	300	124
河南	洛阳监狱	洛阳城内东北隅附设县政府内		12		2		2	16	240	51

山东	第一监狱	济南普利门外护城河西岸	48	96	22	8		10	204	634	407
	第二监狱	山东福山县区烟台西沙旺	34	78		8		6	126	538	201
	第三监狱	济南城内光明街	28	74		6	4	8	120	296	156
	第四监狱	青州府益都县东关教场街南首	28	4		6	10	10	138	526	328
	第五监狱	历城县南关后营坊街	4	60			1	3	68	304	175
	第六监狱	青岛李村		42		3		3	48	240	232
陕西	第四监狱	安康到	20	34		6	3	3	64	198	82
	第五监狱	凤翔县城内西大街	10	40	5	5			60	300	41
绥远	第一监狱	归绥县城隍庙街		48		3	5		56	360	352
辽宁	第一监狱	省城内西南隅	101	245	5	20	5	14	391	1 000	2 136
	第二监狱	辽阳城内县署街路南	8	70		3	2	4	87	450	300
	第三监狱	铁岭县北门里路西	1	7		1		1	10	290	282
	第四监狱	营口县扬武门街	30	68	1	4	2	4	109	500	414
	第五监狱	昌图县城内		40		3		6	49	300	142
	第六监狱	辽甯锦县北门外自新街西首	19	54		3	1	3	80	300	150
	第七监狱	安东县镇山路	32	40		5		5	82	300	181
	第八监狱	海龙县城内西南隅	6	36		3	1	2	48	280	176

	第九监狱	洮南城内官街路北		5		1		1	7	120	140
	第十监狱	辽源县西南隅城隍庙胡同	6	58	1	1	1	1	68	300	204
	第十一监狱	西安县城内	2	24		3		3	32	250	288
	第十二监狱	复县瓦房店河西	1	1		1	3	5	12	300	152
	第十三监狱	新民县鸳鸯胡同		46		1			47	500	47
	第十四监狱	新宾县	1	70		1		4	80	300	80
	第十五监狱	抚顺县千金寨		32		2		3	37	180	55
黑龙江	第一监狱	垣东北隅	64	128		5	4	4	205	753	216
	第二监狱	呼兰城东南隅	3	37		3		3	40	200	114
东省特别区域	东省特别区域监狱	哈尔滨道里中央大街	13	15	2	2	2	4	38	260	300
	东省特别区域分监	满洲里	8	6		1	2	3	20	150	18
合计			1 447	3 197	40	260	192	249	5 396	21 956	17 880

第三章 监狱学史

第一节 监狱学之起源

自十八世纪末叶，刑罚主义中，既采用自由刑的观念，监狱制度上，亦输入惩治囚人的思想，而监狱目的，陡然一新。至监狱学的发生，则更有其他的原因，试分述之。

一、事实上的理由

中世囚狱，如厩厕，如犯罪学院，凶恶出于是，病菌发于是，其设备不周，有害无益，已于前文一再言之。在此种狱制黑暗时代，放一线的光芒者，实为荷兰与比利时二国。

当十六世纪荷兰共和国宣告独立之后，尽力于国事的改善，狱政亦颇注意，以为犯罪乃社会的罪恶，社会不应专事威吓罪人，而有惩治的责务，乃改造囚狱，革新狱政。是时欧洲监狱，悉在阴云惨雾之中，惟荷兰却能屹然独立而以合法适理的狱制，见诸实行。监狱学鼻祖约翰·霍华德氏血泪所成的著述，以为后世改革的资料者，实受荷兰之赐为多。霍氏于所著《监狱事情》一书，述及荷兰的狱政云："民刑事囚减少的主因，在于儿童的惩治，国家确信'使其勤劳乃有恒心'的前提，全废流刑制度，而采惩治主义，男子则使劳作于苦役监，妇女则使服役于纺织监，教诲训谕以改悛其举措，其宗教师，不仅主掌礼拜之事，且千方百计，熏陶囚人，用能举惩治的效果。"其刑期依犯罪种类，自七年至于无期，采刑期缩短之制，奖精勤作业之囚，因此十四年的刑期得缩短为八年或十年，十二年的刑期，得缩短为六年或七年，即便施行，且切实用，囚人受此缩短刑期的恩典而全行悛改者，确非少数。惟荷兰的改革事业，亦尝因隶法而稍受顿挫，及一八二三年，成为独立王国，遂仍恢复其旧有的精神，而迈往精进了。

继荷兰之后而模仿其狱制者，为比利时。当一七七二年新筑囚狱，按罪种而异囚监，依罪情而分狱房，囚人昼则共同劳作于严峻的监督之下，夜则退处于独房之中，然此不过改正其刑法典刑罚执行法的第一步。至其监狱制度的改善，则在一七七六年以后，各州公设感化院，强制囚人劳作，以合惩治的本旨。此国狱制，虽因隶奥、法而中阻，逮王国中兴，本一定的计划，酌经费的缓急，稳健进行，日升月进，以至今日，成绩为各国冠。其进步之速，固由国小易于措施，要亦其实心实力有以致之。霍华德亦曾考察比国，叹其狱制之佳，可与荷兰称为改良狱制的先驱，而监狱学的渊源，亦可说发生于荷、比二国。

二、学术的进步

自文艺复兴，欧洲各国，竞尚希腊时代的文化，法律与文学上，名儒辈出，学术思想，崭然一新。迨倍加利（Beccaria）创废止死刑之议，即社会无可弃之人。罗迪（Roder）揭刑罚监护之词，斯国家有教养之责。龙伯罗梭（Rombroso）则谓犯罪者由于身体的不健全，加之以刑，势必更不健全，所以教养之道，亟当讲求，对于犯罪者，首须善其生计。而铭芝劳富（Minzloff）又谓犯罪原因有四，一为病的状态，二为社会关系，三为堕落，四为遗传，科学进步的结果，终有消灭犯罪二字的一日。刑罚主义，受学术进步的影响，渐倾向于改善预防，而自由刑的范围日见扩张，各国对于刑事法典的编纂，亦复风起云涌，于是刑罚的目的，重在预防，监狱的精神，端在感化，而监狱学在学术上的地位，亦渐巩固。

三、思想的变化

自由、平等、博爱三义，为欧西各国革命的口号，良以专制政治之下，纪纲废弛，弊窦百出，重征暴敛，苛政如虎，自荷人格洛秀斯出，而信仰自由之义萌，法人卢梭民约论成，而天赋人权之说盛，加以耶教博爱主义的磅礴，日相激荡于人心。先起于英国的革命，继有美国独立革命，最后现出法国的政治革命，而自由、平等、博爱三题，遂成为盛行一代的思潮。此种思潮，推行于监狱制度之中，竟打破拘置贱民的旧观念，而代以改善感化的博爱思想，所以这也可说是监狱学发生的一个原因。今则改良狱制之议遍乎各国，国际监狱会议，且已聚集学者，开会十次，举凡分居累进之制，教诲感化之方，以至免囚保护犯罪预防，莫不勇往迈进，以求彻底的改良，监狱学的前途，正未可量呢。

第二节　监狱学发达史上的三大明星

监狱学的发达，实有种种原因，已如上述，而促成其进步，以放璀灿光明垂于今日者，在监狱学史上，可举者犹有三人，述其厓略如次。

1. 罗马法王克勒曼斯十一世。十七、十八世纪之交，罗马法王克勒曼斯十一世鉴于当时欧洲各国，虽有惩治监的设置，实则不能收感化之效，且增社会的危险，乃笃志于监狱事业的改良。于一七〇三年，出其私资，辟山弥开鲁寺院的一部，创设一幼年监，专收未满二十岁的少年犯罪者及一班不良少年而惩治之，与成年犯罪者的居所及待遇，判然不同，课以作业，授以知识，均须严守沉默。其遇囚的宗旨则云："须使犯罪者屈服于法，且使受教养于严正纪律之中。"其用意盖在示以法守，沐以教化，使其感悟，而知自新。今日自由刑的制度，形式上虽渊源于英、荷惩治监的创设，而精神上却可说以克勒曼斯的幼年监为权舆的。

2. 比利时子爵威廉十九世。十八世纪比利时子爵威廉十九世，于铿德建一大狱，极似克勒曼斯十一世幼年监。兴工于一七七二年，落成于一七七五年，采夜间分房制度，区别犯罪的性质、轻重、年龄、初犯、再犯，而各为相应的配置，且守沉默纪律，以免传播罪恶，惜是监创设未久，值约瑟父二世的苛政，改良狱制，颇受顿沮，但威廉氏对于监狱学上功绩甚巨，要不可没。

3. 约翰·霍华德。英人约翰·霍华德（John Howard），一七二六年生于伦敦豪富之家，母教甚良，且赋性仁厚，遂终身致力于慈善事业。年十七，失怙，拥遗产七千磅，会以体弱，游历大陆，旅中染病，几不起，感看护妇劳苦，与之结婚，时妇已五十二岁而霍氏正二十五岁，老妇少夫，时人以为奇事，氏独悲悯为怀，不随世俗所好，即此一端，已可见其志趣的卓越。一七五五年接葡京地震之报，死伤甚惨，氏以救恤自任，挺身附商船前往，时值英法七年战争（Seven years war），途中为法国巡船所俘获，遂入狱，沉吟铁窗之中，目击法国监狱惨毒，及释放归国，乃极力求改良俘虏之道，其毕生大业，即发轫于此。一七七三年被英皇擢为郡长，视察“辟达福特监狱”，监中狱吏，均无俸给，唯取酬于囚人，囚人释放时如未清缴规费，即须作为债务囚而仍拘于监中，氏大不谓然，力争于裁判所，并以“免除罪囚规费”、“酌加狱吏俸给”二事建议于政府，政府以无先例，未予许可，乃辞职以自费考察国内监狱，搜求先例。一年之间，足迹遍全英，始知监狱的黑暗与狱吏的贪鄙，尚有出于意料之外者，就觉得规费的存废问题，犹其末事，而根本上须改良监狱制度之念，遂益坚决。归后乃痛陈监狱秕政，闻于国会，国会中人感于其义，亦大激动，而狱制改良论，顿成为重大的社会问题。一七七五年更旅行于大陆，初历法、德，见其监狱内容，与英无异，颇为失望，及至比利时得悉威廉十四别异罪囚从事感化的方针，抵荷兰又见其狱中有“须使其劳动勤勉，俾彼由是以成良民”的格言，乃大有所悟。一七七七年第二次外游既终，遂举所亲历以公于世，名其书曰《监狱事情》，书中材料丰富，立论精警，引起世人改良狱制的注意，迄今犹不失为监狱学的基本文献。氏于书中表示理想监狱的希望如下：①不良少年及贫民，当使其养成劳动勤勉的习惯。②对于罪囚，不容以驱逐监禁，遂谓已毕能事，必须以劳役教诲，善导而感化之。③当采用缩短刑期的制度，以奖励囚人的改悛。

其见解仿荷兰狱制，然为当时狱制改良论的基础观念，所以在监狱学史上特有记载的价值。

第三次游欧陆，经荷、德、奥、意渡地中海以至非洲，所至以改良监狱说各国当局，归国后力主废止流刑，嗣因受任建筑新监委员，与同僚意见不合，复辞去。更游丹麦、瑞典、挪威、俄国、波兰、荷兰、普鲁士等国，归后席不暇暖，又赴葡、西、法诸国考察，旅中一病几治，病后复精查比、荷狱制而归。氏每游国外归来，即巡视国内监狱，见闻益广，造诣益深，所著书益富。时氏已届暮年，犹上六次的征途，频行理遗产，托后事，不望生还，乃渡荷、德深入俄境，劳瘁过度，卒至客死途中，时在一七九〇年。综其生平，以一平民，抱济世大志，毕生心力，专注于狱制的改良，可云六十余年如一日，足迹所经，凡十余国，前后旅行历程四万二千余英里，耗私财三万磅，鞠躬尽瘁，死而后已，史家尊为监狱学的鼻祖，诚非虚语。

第三节 国际监狱会议

一、总 说

犯罪为世界的公敌，近世国际关系，日益密切，而关于监狱的国际会议，亦就应运而生，第一次的会合，为一八四六年的佛兰克孚尔特会议，一八四七年开会于伯鲁塞尔，一八五八年在佛兰克孚尔特开会之后，忽告中绝。

一八七二年国际监狱会议的运动复兴，第一届在伦敦开会，一八七八年在瑞典之斯特克孚尔姆开第二届会议，一八八五年在罗马开第三届会议，一八九〇年在圣彼得堡开第四届会议，一八九五年在巴黎开第五届会议，一九〇〇年在比京伯鲁塞尔开第六届会议，一九〇五年在匈牙利之伯达百斯特开第七届会议，一九一〇年在华盛顿开第八届会议，旋以大战中止，迄至一九二五年复在伦敦开第九届会议，当时议决一九三〇年在捷克之勃拉克开第十届会议，前九届均名国际监狱会议（Congrés pénitentiaire International），第十届始扩大范围，更名为国际刑罚会议（Congrés pénel et pénitentiaire International，原文应译为“国际刑罚及监狱会议”，简译为“国际刑罚会议”）。我国当第八届会议时曾派许世英、徐谦参加会议，第九届派何基鸿参加，第十届又派刘克隽赴会。

二、佛兰克孚尔特国际监狱会议

自从改良刑法及改良狱制之说兴起，各国知严刑不足以禁奸，狱制当首重感化，虽莫不励精改革，可是其间制度参差，各是其是，可否得失，迄无定论。于是各国有志改革的学者，像德国的密忒尔迈耶尔、荷兰的斯林格、比国的丁克别其阿、法国的孟罗克斯托夫、英国的何威德斯勒塞尔等，力谋解决协议的方法，遂于一八四六年会议于德国的佛兰克孚尔特，其所议决，即采附条件的分房行刑制（除幼年犯罪者不适用此制外余皆分房）所论条件，有如下述：

1. 许从事工作，准自由游行，既施以道德上、宗教上的教诲，并许接见教诲师、狱吏、医生、监狱委员，及囚人保护会的委员。

2. 对于长期囚徒，则施行阶级制，渐次宽其待遇。

3. 对于病囚，免其分房监禁，而留置于别房。

4. 本囚人的性情举止，得缩短其刑期。

5. 拘留监亦可施分房制，但其囚禁的程度，以防止相互交通为限。

以上为该会所决议的办法，并由该会议定于次年在比京开第二届会议。

三、伯鲁塞尔国际监狱会议

一八四七年，第二届会议于比京伯鲁塞尔，与会者除热心改革的学者外，各国政治家、法律家及政府代表人数，数倍于第一届会议，所讨论的重要问题，厥有二端：

1. 幼年犯罪问题，其议决案约可分为三项。

(1) 特设监狱。

(2) 教养保护。

(3) 条件附放免。刑期既满，仍约令就业，故与“假释”略异。

(1)、(2) 两项各国已有行之者，惟“条件附放免”之制对于“有罪幼年”之在幼年监者，尚未实行，至处“无刑幼年”的感化院，则已有实行者。

2. 分房建筑问题，以英国的“平腾罘制”为标准。

四、佛兰克孚尔特国际救济会议

第三届会议，预定在瑞士或荷兰开会，以革命中阻，越十年，复开会于佛兰克孚尔特，时一八五八年也，它所讨论，不徒以行刑防遏犯罪的方法，亟当讲求，即对于犯罪发生的原因，亦须研究其预防之策，贫民的救济与教化，均属预防犯罪的重要问题，亦是会中最注意之点，故曰救济会议，可是它所标榜的范围过广，议论多而成功少，而该会议的信用，逐渐薄弱，该会的命运，因以中绝，为可惜耳。

五、伦敦第一届国际监狱会议

其后一八七二年，由美国政府发起，得各国同意，开国际监狱会议于伦敦，初美国瓦因斯博士，因各州刑法及狱制不同，特组织一“美国监狱协会”，以谋各州狱制之统一的改革（此会今至犹存），至一八七一年美国政府派瓦因斯博士，遍访各国，要求更开国际监狱会议，次年始由各国派代表，集于英京伦敦。

这次会议，鉴于前次（范围太广空言无补）的弊窦，特确定其范围，趋重于事实，首先征求各国狱务上的报告，就各国报告事项，较其异同，评其优劣，而议题凡二十有九。①监狱中囚人至多容纳若干。②各种行刑制的囚人汇类法。③行刑法规。④可否以体刑为狱内惩罚。⑤囚人施教的方法。⑥看守学校的设立。⑦统一自由刑。⑧徒流刑。⑨可否以剥夺自由为惟一的刑罚。⑩以强制劳役代自由刑。⑪不定期刑。⑫假释。⑬警察监视。⑭惯行犯的处置。⑮狱内劳役。⑯监狱的监督。⑰统一监督权。⑱少年犯罪的处置。⑲国际监狱统计。⑳免囚保护。㉑免囚恶性复萌的处置。㉒收卖赃物的处置。㉓体刑是否绝对废止。㉔有期自由刑的最长期。㉕拘留囚的待遇。㉖国际罪人交付条约。㉗行刑制度。㉘小监狱的研究。㉙女监的共同工作。

至其决议的大旨，以折衷分房制及阶级制为依归，即对于短期囚，全适用分房制，长期囚则于定期分房囚禁以后，适用阶级制。

本会议所讨论，原不过就前次议决大纲，加以补缀修正，然自一八五八年佛兰克孚尔特会议中断后，至此中兴，故现代监狱学者，亦称之曰第一届国际监狱会议。

六、斯特克孚尔姆第二届国际监狱会议

一八七八年，开会于瑞典的斯特克孚尔姆，亦曰第二届国际监狱会议，讨论事项分三部。

（一）刑事立法问题

①行刑法规。②统一自由刑。③徒流刑。④中央狱务监督机关。

（二）行刑制度问题

①国际监狱统计。②看守养成。③狱内惩罚。④假释。⑤分房囚禁。⑥分房囚禁的期限。

（三）犯罪预防问题

①免囚保护事业及国家的补助。②防制惯习犯。③无论曾受刑之宣告与否的少年犯罪者，及少年无赖者的管理。④对于犯罪的国际法。

七、罗马第三届国际监狱会议

一八八五年，更开国际会议于意大利的罗马，议题经前届会议时预为决定，其研究方法，及应汇集的材料，亦经明定，故各国均照它的决议，以为准备，至临时提出的新问题，亦复不少。时意大利医生 Rombroso 本医学上研究的结果，觉人类有“生而犯罪者”，以为历来犯罪的观念大误，于是有刑事人类学的创始，Ferri 等复从而演绎之，各国学者群起研求，亦为此会议中一新问题。是会讨论事项，预定者亦分三部。

（一）刑事立法问题

①市民权或政权的剥夺。②推事的刑期裁量权。③对于少年人犯罪其父母的责任如何？④对于少年犯罪人推事的权限如何？

（二）行刑制度问题

①分房监狱的构造。②对于拘留囚及短期行刑囚的监狱。③农业国的行刑。④监督委员。⑤囚人的给养。

（三）犯罪预防问题

①免囚保护所。②犯罪者国际人名表。③罪人交付条约。④浮浪者的处置。⑤保护会会员的入监访问。⑥狱内学童。⑦星期日囚人的工作。

这届会议，并议定每年开会一次。

八、圣彼得堡第四届国际监狱会议

一八九一年，开第四届会议于俄京，时值约翰·霍华德逝世百年的忌辰，并举行约翰·霍华德百年纪念大会，俄皇亲临致祭，极一时之盛。

九、巴黎第五届国际监狱会议

一八九五年，开会于法京巴黎，时为第五届国际监狱会议，议题略同前述，惟流刑问题，法国学者盛言其利，他的理由不外：其一，“以犯人放之远方，不致罪恶传染”；其二，“移囚开垦，为一种殖民政策”。日本代表法学博士小阿滋次郎极端反对，赖赞成者多数，卒决议认为可行。

十、伯鲁塞尔第六届国际监狱会议

一九〇〇年开第六届会议于比京，对于幼年犯罪问题，特加注意，其审议增为四部：

①刑事立法问题。②行刑制度问题。③犯罪预防问题。④幼年犯罪问题。

十一、伯达百斯特第七届国际监狱会议

一九〇五年开会于匈京伯达百斯特，此为第七届国际监狱会议，从前到会者，除政府代表外，不过刑法家及监狱学家，至是则各国教育专家亦多有莅会者，而监狱学的前途，遂益光明，盖几合刑法、监狱、教育三者而为一矣。匈京闭会时，由巴何斯宣读美总统罗斯福的通告书，请下届开会于华盛顿，各国咸欣悦赞成，美政府乃盛加预备，而一九一〇年，乃有华盛顿的第八届国际监狱会议。

十二、华盛顿第八届国际监狱会议

第一届国际监狱会议，虽创自美国人，而前七次开会，均在欧洲，一九〇五年，美国议院提出议案，邀求政府通知各国，第八届开会于华盛顿。经各国赞同，于是美政府预备美金二十万元，以为会费，定于一九一〇年十月二日开会，时正我国前清宣统二年八月

二十九日，当时清廷派许世英、徐谦与会，为我国加入国际监狱会议之始。

此会始自十月二日，终于八日，以美洲民主事务所为会场。与会之国，三十有五，各国政府派员及以个人资格加入者，男女会员都百有十一人。

讨论事项仍分四部，即一刑事立法问题，二行刑制度问题，三预防犯罪问题，四幼年犯罪问题是也。分部讨论决议后，更经总会审定，而问题因以议决，所有议案，爰分述于后：

（一）改良刑法的议案

又可分为三项：

1. 不定期刑之推行。不定期刑如与刑法原理不背，则须明定下列二事：其一，对于何种罪犯可以适用，何种罪犯不得适用；其二，不定期刑，既无最长及最短期限，当以何法施行，始无害于人的自由。

不定期刑，如与刑法原理相悖，则对于特定犯罪，能以不定期刑，作为附加刑否？并讨论其实施的程序，其结果略如下述：

（1）定期刑仍当保存。

（2）不定期刑名词既泛，范围太广，恐有流弊，所以适用时，应注意下列三点：第一，幼年罪犯，适用不定期刑者，须加以迁善教育。第二，累犯者必释放出监后，确于社会大有危险，方得适用不定期刑。第三，适用不定期刑时，须兼采假释制度。

（3）下列四种犯人，得于判决确定时，附判不定期刑，至刑期满时，临时酌定其应否适用。第一，最长期监禁者。第二，习惯犯罪者。第三，以犯罪为业者。第四，犯罪原因，非由外界感触，而其人具有犯罪特性者。

这四种人，对于社会危险很大，颇难望其自新，故须附加不定期刑，至其判断权，则由审判官、检察官、监狱官、医官、行政官所组织的合议法庭行之，当开临时法庭的时候，须独立判断，不受外界影响。嗣更议决不定期刑，对于有精神病的罪犯，亦得适用。

2. 外国裁判的效力。

(1) 本国人因重罪及公法上轻罪，曾在外国罹失权及禁锢的处罚者，如回本国，仍应科同式的刑罚。惟从国际法言，这种刑罚，非认外国裁判的效力，顾可以特别诉讼程序，移请犯人本国的法院，按定同式的刑罚科断。

(2) 这种特别诉讼程序，可施于在外国犯重罪及公法上轻罪的外国人，依外国政府的请求，亦得适用。

(3) 犯人在外国，因犯重罪或公法上轻罪被处罚者，如逃至第三国犯法，该国得认为再犯，按照本国法律科断。

(4) 下开二事，当由文明各国订结条约。第一，这国所定罪名，他国必须承认其效力。第二，他国如欲知本国人因重罪及公法上轻罪的案情，请求本国详查者，当尽情相告。

(5) 应组织国际法律事务所，俾互相移告各国法律及审判与侦查事宜。

(6) 凡犯人经法庭认许假释而出狱者，无论至何国，皆当认他有假释的自由。

以上 (1) 至 (5) 各条，不适用于国事犯。

本会议并请以下列三端由各国会商，下期开会时讨论。

(1) 一国裁判所宣告损失资格的罪案，在他国亦有效。

(2) 犯人在一国所犯的重罪、轻罪，他国裁判所，亦应注意，以备再犯加重及准予假释时，有所择列。

(3) 各国所定的重要案件，当设一国际法律事务所，以司移告。

3. 防止罪徒的结合。欲预防罪徒结合，可否以同谋及参预犯罪行为为特别罪状，或认共犯为加重罪情，其结果议决如下：

(1) 以同谋为特别罪状，似与各国刑法的精神不合。

（2）近来集合同谋犯罪者日多，而同谋复为犯罪者的惯技，各国裁判官，应有权加重治其罪。

（二）改良监狱的议案

又可分为三项：

1. 感化院的改良。近世感化院制度，应据何种良法，方为合宜，犯人入院，应否分年岁等级，少年犯罪及怙恶不悛者，应否特别监视，入院后是否等他恶性全改，始行释放，辩论的结果议决如下：

（1）凡犯人无论年龄如何，以至再犯、累犯，总希望他改过迁善，不可有绝之之心。

（2）凡犯人在监禁的时候，须从惩戒及感化两方面着手。

（3）凡感化犯人对于德育、智育、体育三种，须并注意，使他出院后，足以自立。

（4）感化院期限，以长期为宜，俾可养成完全人格。

（5）感化院既定长期，必须兼用假释制度，惟出院时必经临时法庭认定，出院后必须有相当的人随时监督。

（6）对于幼年犯罪者，当有特别管理法如下：第一，幼年犯罪，应付感化院者，其期限的长短，由审判官临时酌定，不必拘定法律，总以幼年人须如何时间，才能变化气质为断。第二，长期的囚犯，于刑期未满时，确能改悔自新，经临时法庭许其出院，则原判决的审判官，亦当认可，不得异议。第三，凡幼年犯罪者，候审时，应与短期监禁人分别场所，不得合在一处。

2. 假释制的适用。假释制度，能否更加改良，判定假释的权，应由何种机关行之，其决议如下：

（1）假释制度，当有一定法律，凡罪人在监，须满最短期的监禁刑，才能施行假释，无论何人，皆有享受假释利益的资格。

（2）有判定假释的权者，即临时法庭的官吏，惟出狱后，仍须随时监督，如察其不能改悔，仍可随时拘引入狱。

(3) 假释制度施行后，政府须设一定官吏，监督假释的人，如一时未设专官，地方慈善会，亦可受政府委托，管理此事，惟犯人的行止，在相当时期内，须随时报告政府。

(4) 所有永远监禁的罪徒，不得假释者，当由司法部司其特赦。

3. 监狱中的工作。监狱的大小，何者适宜，监狱的犯人，应否一律作工，其决议如下：

(1) 全国监狱，宜设一专部统辖。

(2) 监狱中的犯人，无论刑期长短，无论监狱大小，皆当使他作工。

(3) 宜设大监狱，俾可容纳多数犯人，经营规模较大的工作，比多设小监狱较为有益。

(4) 如不能多设大监狱，则小监狱中，亦必使犯人从事小工作，不可使他闲居。

(5) 大监狱中经营大工作，组织必求完备，须以这种监狱，视为工业学堂，此中犯人出狱后，可以叫他为小监狱中的执事人。

(6) 监狱官吏中，至少须有精通工业，可以指挥一切的一人。

(三) 预防犯罪的议案

又可分为四项：

1. 缓刑制度的推行。缓刑制度，各国有已经实行者，它的成绩如何，应否再行推广，对此问题，其决议如下：

(1) 缓刑的罪犯，必须使他不得扰害社会。

(2) 对于罪犯，必确信其人，不必监禁而能自新者，才得享缓刑的待遇。

(3) 缓刑期间，必须有人随时监督。

2. 防止游手的办法。防止游荡无职业者的办法，认为仍应遵照一八九五年巴黎国际监狱会议的决议。

(1) 社会对于流氓、乞丐，有采取防范方法的权利，虽加以强制，亦在所不恤，但亦有组织公共赈济所及私人周济事务及维持会的义务。

(2) 乞丐、流氓，其类不一，约可分为三种：第一，有残疾的穷人。第二，偶为流氓、乞丐者。第三，以乞丐、流氓为职业者。

本上述分类为相当的处置。

(3) 第一类的流氓、乞丐，当赈济之至身体复原能自食其力为止。第二类的流氓、乞丐，当安置于公共或私人所设的赈济所、栖流所，并强令作工。第三类的流氓、乞丐，当以严刑惩之，禁其再犯。

外此更经决议者数端：

(1) 欲减除“以流氓、乞丐为职业者”，或“甘心为流氓、乞丐者”，须设工艺所，所中囚徒，须受严厉纪律者，应与他人分居，其有勤敏工作及举动合度者，当类别之，并设法勉励他复权。

(2) 工艺所中当以农工业为重，禁锢期当稍长，俾可竟其业，且使人知所儆戒。

(3) 被禁者身体上及精神上，均当尽心调治。

(4) 对于流氓、乞丐的拘留，亦须适用假释与监视（公家应尽力为之，如有慈善会协助亦可）的制度。

(5) 国际监狱会议，请设法推行乞丐、流氓的识别分类法。

3. 资助犯人的家属。犯人入狱，家属失其赡养，应如何设法资助，其决议如下：

(1) 所有监犯，在监工作，应照他所作工业的高下，酌予工资，分作二份，一半交他的家属，俾得养赡，一半等他出狱时，付作营生资本。

(2) 监犯酌给工资，其法虽善，各国尚难实行，即像美国监狱虽多，一时尚不能办到，惟慈善会及监狱协会，宜负此义务，不可使犯人的家属失所。

(3) 监犯酌给工资，既可保护他的家属，复能使囚徒出狱后，可以自立，其关系很为重要，但照目前情形，概难办到，宜请各国政府，对此问题，发表意见，等下届会议时再议。

4. 特别监狱的设置。近年来各国对于酗酒犯罪之徒及再犯，有建设特别监狱，而施以长期禁锢（二三年）者，它的成效如何？并应否设特别医药机关，以治此等罪犯？其决议如下：

(1) 万国监狱会，查得禁锢酗酒汉的长期（二三年）特别监狱，甚为有效。

(2) 万国监狱会，认为不必设特别医药机关，可是监中的卫生事宜，当由有才能、有经验的医士主持。

(3) 禁锢酗酒罪徒的事情，当由国家严加监督，俾于最短时期，废止酗酒习惯，以免屡施刑罚。

（四）保护童稚的议案

亦可分为四项：

1. 幼年犯的科刑。幼年犯罪，初无责任，审判之法，应异成年，生理、社会等学，既贵周知，保护监视之方，尤所当讲，不幸而犯罪，是否与成人犯罪同一处置？如不然，则处理幼年犯的程序，应遵何种原理？讨论结果，议决如下：

(1) 幼年犯罪，当特别办理，不得以处理成年犯罪的程序处理之。

(2) 处理幼年犯罪，当依下列各条的精神办理。第一，审判幼年罪犯的裁判官、预审官，当深知幼年人的性情，乐与幼年习近，并须具备社会学及心理学上的知识。第二，审讯幼年犯罪的时候，审判官、预审官的态度，当如劝谕，而有怀爱的心，不容刺讯，而具品评之意。第三，对于幼年犯罪者，亦适用假释制度，出狱后必有特定人的监督，惟此监督人，必须到庭听审，俾明了他的犯罪原因。第四，对于幼年犯罪，必须使深通社会学、心理学的医生，细研考察他的犯罪原因，报告于审判官，使案件易于解决，但这种考察所得，不得宣布。第五，幼年犯罪，以不逮捕为宜，逮捕状必于不得已时出之。第六，拘留场所，当与成年犯罪人隔绝，审判时间，亦应与成年犯罪人分离。

2. 异质儿的处置。幼儿及精神病者，于刑事上皆无责任，自不待言，若夫性质迥异乎寻常，趋问尤近于危险，纵之则有碍社会，惩之又不顺人情，是否应建特别监以居之，这问题与人类学关系綦切，但人类学的研究，还未能有完密的系统。讨论结果，认为采访未周，不敢遽断，仅决议如下述：

（1）国际监狱会议，对于这问题，不敢遽断，希望私人或国家，从速调查，调查应以各学者所定“异质幼童的心理分类法”为基础，而注意下开各事。第一，在异质幼童监中的人，其精神有危险的倾向者，其人数及比例率若何？第二，在迁善所或裁判所的幼童，有精神病者的人数，及比例率若何？

（2）下列二端，须由这种监所的管理人，发表意见，以备研究。第一，这种幼童，仍可留于所在的监所否？第二，有何特别待遇法，及其成效若何？

3. 浮荡儿的减除。城市幼童，最易流于浮浪，浮浪者是致贫的媒介，为犯罪的初步，儿童犯此，危险尤甚，当用何法，以减除他不事生产的习惯，其决议如下：

（1）父母失教，应使负其子犯罪的责任，失养应强其抚养。如父母有恶习，或家庭教育不良，应责付其子，隶于公共机关，俾习一艺。

（2）公共教育机关，或私人对于儿童所学工艺，宜与儿童的利益需要相合。徒手工业应尽力推广。

（3）多辟公园及有益的游戏场、休息场，并附设运动场所，使幼童得养成他强健活泼的精神。

(4) 多开讲演会，以日用寻常的事，发挥家庭教育，使为父母者，对于儿童流于游惰、邪僻，知所防止的方法。

(5) 报纸、教士，对于“养正莫如戒惰”，亦须竭力鼓吹，指导社会。

4. 私生子的保护。私生子亦天壤间人，祗以父母的无行，而累及其子，谋所以恤之，不特为慈善事业，抑亦减少犯罪的一个好办法，其决议如下：

(1) 法律、道德及社会习惯，各方面均注意于私生子的保护，而勿加以轻蔑。

(2) 法律上应明定私生子的地位，虽一时社会情状，不能与正当婚姻所生之子，一律看待，惟看护、赡养、继承各事，必渐期其平等。

(3) 哺乳期满后，责付其父或其母的时候，应视“这幼儿的私益及其将来为国民的需要”为断。

(4) 私生子判归其父或其母的时候，有不能看护其子者，亦当供给款项，为赡养及教育的用费。

(5) 男女私通，多由愚昧，社会上应以演说或文字晓其利害，并使男女有精神上的平权，俾无知识者各知自重。

(6) 幼女私通，受孕后，其未生也往往堕胎，其既生也往往将私生子致死或抛弃，不幸丑行暴于社会，又每每流落为娼，各医院及其他公所中，如有这种幼女，往请调治或援助者，宜由保护幼童会，或其他慈善团体派员，照下列各端，帮同办理。第一，告以生子前后应行准备的事项，不使有堕胎或致死的行为。第二，调查其父，使负赡养责任。第三，为该幼女及其私生子的保护人，遇有困难，须妥为指导。

以上所述，均为各国学者，穷年研究的精华，志士仁人，苦心试验的结果，虽不必一一施于我国，而其忠厚恻怛，体大思精，要亦多足师法也。

十三、伦敦第九届国际监狱会议

自一八七二年在伦敦召集国际监狱会议，至此为第九届会议，会期自一九二五年八月四日至同月十日止。欧洲大战发生时，各项国际会合，一概停止，监狱会议，亦受影响，迨大战告终，和约成立，各国始有复活国际监狱会之议，因又在英京伦敦开第九届会议。其议案非仅关于监狱技术的研究，且深入于刑法与刑事政策的论议，其价值殊足宝贵。爰译其议题与决议于次：

(一) 立 法

第一问：对于诉追机关，关于起诉上便宜主义的原则可否承认？

如肯定这个原则，它的权能，应否加以一定的限制和监督？

对于裁判所，是否可许其即在犯罪事实已经证明时，有不为处刑宣告的权能？

决议：鉴于刑法进化的一般倾向，如犯罪的不诉追，而无害于公益时，则便宜主义的原则之应用，是值得推奖的。

关于警察犯，尤其是少年犯罪，便宜主义的原则，是可以广泛的适用，便宜主义原则的实行，应付犯罪者于 Control（意即监视)。但各国的司法，组织不同，要在国际会议上，决定 Control 的方法，是不可能的。不过 Control 可由司法官宪行之，也可用国民诉追的方法行之。

第二问：对于犯不重大之罪，或公安上不构成危险之罪者，应用什么方法，以替代自由刑？

决议：关于用其他的刑罚，代替自由刑之事，于此表明不要付诸等闲的希望。而且对于下列事项，加以推奖：

1. 应扩张执行犹豫（Probation）的制度。

2. 在可能范围之内，许裁判官以罚金代自由刑的权能，藉宏罚金的适用。而且为避用换刑处分的自由刑起见，容易行罚金的纳付方法。

第三问：不仅重大的犯罪，关于一般的犯罪，对于累犯的处置而适用不定期刑的原则，是否可能？而且限界如何？

决议：不定期刑，是刑罚个别化的必然的结论，是对于犯罪而行社会防卫的一最有效的方法。各国的法律，应规定不定期刑的最大限度，而且对于这最大限度的性质及适用，也应加以明定的。在一切情况之下，对于附带条件的释放，是有保障和规程之必要的，所以应照各国的情形和事实，使其实行为可能的设施！

第四问：使刑事裁判官，适当地应用刑罚个别主义的原则，宜用何种方法？

决议：不问哪一国的刑事诉讼，裁判官于宣告裁判之前，对于被告的性格、操行、生活样式，以及对于被告刑罚的正当量定上有必要的其他情事，应洞悉无遗，乃刑事诉讼上一重要的事项。于此：

1. 刑法对于裁判官，应使于各种刑罚及其他方法（预防方法及保安方法）之内，得以选用其一，而且这种权限，不可限制得太狭。刑法关于个别主义，是应照一般的规定，指导裁判官的。

2. 在可能范围之内，裁判所应特别化，尤其关于少年和成年的裁判所，应加区别，而且更要使各地的分权（Décentralisé）。

3. 应以犯罪学的教育，补充法律的教育。大学课程及此等的实习（尤其是心理学、犯罪社会学、医学、司法精神病学及刑罚学），凡执行刑事裁判官的职务者，均宜必修之。

4. 刑事裁判官，应专门地、永久地从事于刑事裁判的事务，而且使有充分升进的希望。

5. 为补充裁判官关于犯罪学的知识，应开始特别讲座。裁判官对于监狱及与此同类的施设，是不可不知道；而且应时加访问的。

6. 裁判官于用刑之前，对于被告身体的心理状态、社会的事情和犯罪的原因，应充分的明白。

7. 关于此点，在公判前，应为详密的调查。而且这种调查，决不可用秘密警察的方法，应由裁判官自身，或有此种权限的机关行之。

8. 刑事诉讼法应规定凡为裁判官者，对于被告的人格，社会生活的情形，能供给资料者，应使为证人，到庭陈述。

9. 裁判官对于被告身体的及心理的状态之探知，无适当的方法时，应有使医师及心理学者代为检定之权能。

10. 公判应别为二部：在第一部，为有罪性（Culpabilité）的辩论及裁判；第二部，则为刑罚的辩论及裁判。

（二）管 理

第一问：对于特殊的累犯者，采用特别的拘禁制度，以作镇压的方法时，应由何种官宪，宣告拘禁；而且怎样地执行拘禁？

决议：特别拘禁，应由司法官宪宣告之。拘禁的目的，虽重在预防，但也应使它带改善的影响。拘禁的设施，应较一般的刑罚为宽，期间应为不定期。司法部长或其他有权限的官宪，得各拘禁所所设的委员会之补助，有许与附带条件的释放之权，司法部长或其他官宪，关于规定一定时期而为附带条件的释放的事项，应从事调查。

第二问：关于囚人之科学的研究，监狱内是否需要一种设备？此种设备，对于犯罪原因的阐明，犯人个别处理的规定，是否有效？对于精神上有障害嫌疑的被告，在被起诉于裁判所之前，利用此种机关以事调查，是否适当？

决议：一切囚人，应受有技能医士之身体的及精神的检查。监狱为此种目的，应有适当的设备。这样的 System（体系），对于犯罪之生物的及社会的原因之决定，很有效用的，而且对于各犯人而定适当的处置，也有用处。

第三问：依囚人的性格，宣告刑罚和犯罪的轻重，而各别地适用不同的制度，是否适当？而且监狱关于此种制度，应怎样地组织？

决议：防止犯罪性轻的囚人而受犯罪性剧的囚人之传染，是监狱制度一最重要的原则。囚人应参酌其年龄、性别和精神状态而分类，而且应照各囚人的性质，以及其矫正的成分之多少，而行主要的分类。被处短期刑和被处长期刑者，应与以不同的处置和待遇。对于被处长期刑者，应设特别的制度，而且这种制度，当然不能适用于被处短期刑者。

第四问：成年受刑者的所持金（Pécule）制度，应如何组织？而且拘禁中和拘禁后的利用方法如何？对于正在受裁判执行的少年，他们由工资、赏与或其他名义而所得的金钱，应怎样地监督、管理及使用？

决议：囚人对于工作，本无要求工资的权利；但国家为刺激其工作的热心起见，以给以赏与为宜。此种赏与，如系金钱时，是不可扣留的。原则上囚人不得减少所持金，以充对于第三者的债务偿还。但于囚人的家庭，罹重病而不能受无代价的医疗，或陷于赤贫时，则属例外。所持金之不可扣性，是不适用于入监时所持金额，和刑期中受自外部的金额的。

所持金于对于囚人妻子的必要，而为适当地合理地支给之后，希望充作受刑者对于国家及被害者债务偿还之用。囚人即受释放后。也不应有自由处分所持金之权。应将所持金信托于受托者，使作善良的使用。少年须俟其已达成年，始可给与以一定的金额，对于他们浪费的注意，应较对于成年者更为严重。

（三）预　防

第一问：对于刑之执行犹预，或假出狱者，国家、团体或个人之最有效的监督方法如何？

决议：对于附带条件的处罚者及附带条件的释放者，应由警察监督之。这种监督，也得由受国家补助或监督的私设团体，以及官立或半官立的组织体行之。官立或半官立的组织体者，例如虽受国家的报酬，直接隶属于裁判所，但不属于警察之人员也。对于一切受附带条件的处罚者及附带条件的释放者，可行强制的监督。至对于刑期满了，即受确定的释放者，以任意监督为正当。

关于被释放者，从处罚的国家而赴其他国家，希望诸国的中央机关，容易为国际的协约。

第二问：国家间对于所谓国际的犯罪的斗争，如何才能最有效力？

决议：对于所谓国际的犯罪的斗争，如照下述方法，可更有效。即诸国允许他们的司法官宪及警察官宪之间，为直接的交通，藉使关于犯罪的诉追方法，得以敏速，关于危险犯人的知识，得以交换。所以各国应指定中央的警察官宪，使和他国的同样官宪，为直接地而且最容易地交通。

第三问：对于绘画，尤其是映画之不良的影响，可以刺激一般，尤其是少年之犯罪，或不道德的行为者，有何最良的方法以预防之？

决议：

1. 各国应设立以保护少年为目的之有力的检查所。而且应以特别的方法和对于影戏馆的监督，使检查的决定，得以确实执行。

查映画，不应单以紊乱风俗与否之点为限，其一切事项，对于少年德性，有恶影响者，均应监督之。而且对于少年，最好使演特别的影戏，对于摄制有益少年和一般公众的影片者，国家应予以补助。

影片的问题，是有国际的利害关系，所以对此，应规定国际的协约。各国对于在本国禁演的影片，应努力防遏其出口！

2. 关于影片以外的制作物，各国应促进一九二三年七月关于不道德出版物的国际协约之实行。

第四问：对于有危险倾向的成年精神障害者（精神不熟者，精神薄弱者）应采何种方法？对于同种类的少年，适用何种方法？

决议：对于有危险倾向的异常成年者，希望由司法官宪，收容于非刑事的设备，或殖民地方面。异常者在这种设备或殖民地，可受适当的处置和待遇，然后受附带条件的释放。附带条件的释放，应由有权限的官宪行之，同时，官宪又应受由专家所成的委员会之补助。同种类的少年，也应受同样的处置和待遇。但处置的结果，如属不良时，其收容的场所，应另择之。

附带条件的释放，释放后的保护及被释放者的监督，是绝对必要的。再据社会的见地，关于精神病的卫生和预防的事业，应设法发展之，而且应请求于适当的时期，发现异常者及精神薄弱者的方法。

第五问：收容已被诉追和受感化处分的少年于适当的家庭，应在何种情况，何种规定之下行之？

决议：裁判上受诉追而认为有犯罪的少年，如其两亲不能完全其道德的教育，应委托于其他适当的家族。这种委托，应以社会的改善为目标。如付少年于这种制度，对于少年的身体、心理、道德，应先为完全的检查。检查的结果，在认为既不应送交治疗机关，又不应移交感化设备时，始宜为委托处分。

关于被委托家族的选择，以由公的设备，或公认的私人协会之介绍和监督为适当。再对于委托之契约，应载明该家族的权利和义务。该家族对于少年，应完全地施行道德的和职业的教育。同时，家族对于此种费用而受赔偿，是正当的，俟少年能劳动时，家族应给以正当的工资。家族和介绍的协会，均应服从公的监督。

开设特别的讲演及讲座，关于被起诉的少年的教育，而教示必要的原理，是有益之事。于是对于出席此种讲演或讲座，而举良好的效果之人，关于少年的委托，而认为有优先权，也是有益之事罢！

关于最后一点，尚有动议提出，当即决议：家族委托，不仅被起诉的少年，即道义的、是被遗弃的少年，也适用之（备考）。

十四、勃拉克第十届国际刑罚会议

（一）开会情形

一九三〇年八月二十五日在勃拉克开会，以议会为会场，与会者除四十余国政府所派代表外，有各国大学教授、讲师、监狱官吏及专门家共六百人，以捷克刑法教授米利兹克（Miricka）为会长。所讨论的问题，已于一年前由国际刑罚协会公布，各国刑事学专家就这问题加以研究，作成论文，送交大会者有九十九册，先由国际刑罚协会交付专家研究，作成报告书，各组讨论标准，因所讨论的问题，分为立法、行政、预防、幼年人四项，即分为四组讨论，各组讨论决定后，再付大会公决。开会一星期，上午开各组会议，下午开大会，所有问题除第一项第三题讨论无结果，留待下届会议再行讨论外，均已解决，至八月三十日闭会，同时议决第十一届会议将于一九三五年在柏林举行。

（二）讨论的问题及其决议

第一项：立法。

问题一：①保安处分，采用者日多，究以何者为最适当，且应如何分类，如何整理。②缓刑是否可适用于保安处分。

决议：

1．保安处分足以补充刑罚制度之所不及，而保障社会的安全，对于犯人能改善者，改善之，不能改善者，隔绝之，使不至为害社会，司法者按其情形选择用之而已。以下所列保安处分，足以采用。

（1）限制自由处分。第一，危害社会的精神病及有危险性之变态行为人的拘禁，应注意于治疗，及其释放后生活的适应。第二，酗酒及嗜毒物者的拘禁，应以治疗为目的。第三，乞丐及无赖者的拘禁，应以使其惯于工作为目的。第四，惯行犯的拘禁，应以隔绝为目的，但仍应注意于改善，前款犯人，应以特别处所安置之。

（2）非限制自由处分。保护、监视，为保安处分中最有效力者。善良行为保证，或禁止其引起犯行的营业或职业，或禁止其入酒馆，均能得实在的效果，必要时得与保护监视并行之。

（3）有经济性质的处分。前两目以外，尚有以没收危害于公共安全的物品，或排除其危害性为目的者。外国人的驱逐出境，有妨国际排除此项犯罪的合作，实非一完善的方法。

2．对于安全处分，以不适用缓刑的制度为原则，如必适用时，亦应与保护监视并行之。

问题二：刑法中主要原则是否有统一的必要，如须统一，其范围及其方法如何？

决议：

1．刑法上主要原则如能统一，则各国共同防止犯罪的工作易于实行，而刑法学亦得因此有统一的基础。

2．各国刑法中有与历史俱来者，行之既久，深入人心，其势力甚大，统一的范围，应以不妨害这种势力为限。

3．法理家及实验家应致力于国际交际，使刑法大部分的观念逐渐融洽，如此努力，将来有良好的结果，且各国欲联合实行防止某种犯罪，亦恃乎刑法中根本问题有一致的解决，并应随时留意在研究一种犯罪行为范围以外而与此犯罪关系之问题的共同解决。

问题三：各种自由刑是否应废除之，而代以一种统一的刑罚。如代以一种统一的刑罚，其执行应如何，是否应采农业式的监狱，或不采农业式而仍采禁锢式的监狱，或采折衷式的监狱，或依犯罪的轻重，或依犯人的性质，而各别其监狱。

决议：本题因情形复杂，讨论未完，留待下届会议时再行讨论。

第二项：行政。

问题一：受刑人应使其改善及恢复其社会上之地位的观念，已为世人所公认，但对于刑罚的执行，应如何规定于现行法中，以下列方法，是否能达此目的。

1. 执行刑罚的时候，利用私人之合作。

2. 对于工作予以适当的选择，及予以工资。

3. 予以不妨碍于刑罚的性质，而有感化性的娱乐。

决议：为保障社会计，刑罚的执行，应以现在所用的一切教育方法感化及改善受刑人为主旨，且应利用犯罪生理上的检验，及按他所受感化影响之程度的分级安置，以发展受刑人的能力及培养他的道德与智力，欲达此目的，应用以下方法。

1. 执行刑罚时利用私人的合作，惟须择其性质良善者。

2. 予以适合其能力的工作，按其劳力，给与工资，其工资的一部分，可以供被受刑人扶养者之用。

3. 予以智力及体力休养的机会，但应与该地习惯相适合，这种方法，以后更宜注意。

问题二：监狱中的管理及监督人员，应如何训练。为取得关于监狱事务的干练人才起见，应如何限制监狱人员的资格，应予以何种利益。

决议：所有执行刑罚的人员，应特别训练，其高级人员，应有科学的知识。

训练高级监狱人员及看守人员，必须有特种学校及学科，监狱学及犯罪学的研究所，各国宜从速设立，以便研究，现任人员，亦应加以训练，所有训练，应注重社会教育。

关于执行刑罚的普通候补人员，应证明其有关于实验方面足以胜任的资格；高级候补人员，则更应以考试及实际工作证明其关于执行刑罚的一切问题能为科学研究的资格；一切候选人员的任用，必须经过试用期间，以便证明他除必要的实际及理论的知识以外，是否具备良好的本质，慈爱的性情，对于他人的认识、处置精神病及其他变态人的机警。

所有监狱人员，应依其劳力予以能保持其经济上安全是俸给，即非官吏，亦应予以与官吏相当的保障。

女员的训练，应注意女犯的特别情形，女监必须用女员，即宗教事务，亦宜以女子为之。

以上各项，适用于幼年监。

问题三：最新监狱制度杂居制以外，在何种范围以内，及用何种方法，可适用分房制。

决议：

1. 分房制应视为阶级制度中组织的一部，夜间以行分房制为原则。

2. 对于嫌疑人，原则上宜用分房制。

3. 受短期自由刑的人，日间的分房监禁，有利亦有弊，可以适当的医学方法及犯人的分类制度，用其利而免其弊。

4. 受长期自由刑的人，日间用杂居制，但不工作及不加监督者，绝对不予以杂居，杂居者的监督，不必如分别监禁者的严厉。

第三项：预防。

问题一：司法上及社会上常有了解某人之生平的要求，可是与复权的观念，及受刑人出狱后易于生存的主张相矛盾，应如何调剂之。

决议：

1. 应努力完成一种制度，以出狱仅为改良受刑人的一部，而假释者的工作，为继续其监狱中的作业。

2. 按其情形，适用以下方法：①利用舆论，及注意改良出狱者的言论。②能改善者应与不能改善者有别，例如保护监视团体关于救济出狱者的试验方法，仅可施之于能改善者。③出狱者的工作，应按其犯罪的性质及其社会上的地位，各别选择之。

3. 复权宜以法律定之。

问题二：关于缓刑及假释的法律适用以后的效果如何。缓刑及假释的制度，应如何改良，使其增加效力。欲知受刑人确知如能遵行法定条件，即可于最短期间假释起见，应采用何种制度。关于缓刑者及假释者的保护监视，国际间应如何组织。

决议：

1. 缓刑及假释，仅可施之于适宜于这种制度的受刑人，所以施行的时候，应注意受刑人的个性，及其对于社会的危险，分别处理之。

2. 审判官或其他为假释的官署，在缓刑及假释以前，应搜集保护监视团体或官署关于受刑人天然上、经济上、精神上及道德上的情形之详细报告，为缓刑及假释的参考。

3. 假释及缓刑以后，须有保护监视。

4. 未有完全国家保护监视制度之国，应予私团体以相当的补助金，使得雇用人员，为保护监视，惟对于这种团体的工作，国家应设员监督之。

5. 对于前款人员的教育，应有系统的组织，此事由国家所津贴、行保护监视的团体负责或由国家自任之。

6. 如能遵行法定条件，即可于法定最短期间假释的情形，不宜使受刑人知道，但在法定最短期间内假释的问题将由与当事人无关的机关审查的情形，应使他知道。

7. 所有一国的保护监视团体，应联合为一，而与他国为国际团体的组织，此国际团体应有关于保护缓刑者及假释者赴他国的规定，以后应本此旨，缔结国际条约。

问题三：关于犯罪变迁的考察及其原因的研究，国际间是否有合作的可能，如其可能，条件如何。

决议：国际间宜组织一委员会，对于犯罪变迁的原因，加以讨论，以统一的方法，作科学的研究，此项委员会的委员，由国际刑罚协会任命之，即直接隶属国际刑罚协会，每国至少须有一人为代表。

附言：在同一条件之下，可组织一委员会以研求关于犯罪者科学研究的统一方法。

第四项：幼年人。

问题一：幼年人法院应如何组织。幼年人法院的辅助事务应如何设施。

决议：关于幼年人犯罪的审判，无论为普通法院或其他官署，应付之于有认识幼年人的能力而且有保护幼年人的观念者。

幼年人法院，宜于独任制，以特别为幼年人审判者充之，陪审则应以医师、教育家及从事于社会救济事业者充之，审判官或陪审，可尽量以女子为之。

法院予幼年人处分以前，应详细考察该幼年人的过去生活社会环境及其性质，考察的时候，应尽量延聘心理学及教育学专门家及使用社会救济的一切设备。

幼年人法院的辅助事务，应付于有特别技能及愿终身从事于此者。

自愿为此事者，仅可许其加入，惟指导及监督，应归之以社会事业为职责者。

辅助事务，包括预防、监督、诉讼前、诉讼中及判决后而言。

为便于幼年人医学上及生理上、心理上的检查起见，应组织供法院使用的特别检验机关。

为法院对于幼年人所定处分便于执行起见，亦应组织特别机关，予法院以监督执行及改正、停止或中止处分之权。

问题二：普通法院，是否有安置幼年犯（即刑法上已负责任而民法上尚未成年者）于一特别处所之权。如安置于特别处所，其处置方法，是否完全取感化性质，或取惩罚性质。

决议：如对于儿童（例如未满十四岁者），一切审判官署应为犯罪前的保护，而对于第一级的幼年人（十四岁以上者未满十八岁者）的一切诉讼，亦应设特别法庭，则普通法院，对于已超过第一级年龄的幼年人（十八岁以上未满二十五岁者），亦可安置于一特别处所感化之。

问题三：未成年人受法院判决而执行时，其由工作所得的金钱或特别报酬，或以其他名义所得者应如何规定其管理方法及其用途。诉讼费用是否可以这项收入弥补。

决议：受法院判决而执行的幼年人，应为立一账目，而其收入及支出记载之。

如果某团体或私人不愿帮他立账目的时候，就撤销其管理或监督幼年人之权。幼年人存款的管理，属国家，或属团体，或属私人，以幼年人信仰者为宜。

存款的用途，应以法律规定之，得用于购制衣服及日常零用。

诉讼费用及其生活费，应由其家属负担，但认为其家庭无负担的义务，或其家属无力负担者，不在此限。

第四编 犯罪与刑罚

第一章 犯罪与犯罪人

吾人抱持的欲望，各各不同，使听其任欲而动，则国家将不能一日维持其秩序，乃对于个人的行动，加以制限，这就是法令滋繁的缘故。国家有法令制限人民的自由，人民就有不愿受制限的人，无论古今中外，国家所设法令，必有违犯之者，其罪情的轻重大小，固有不同，而犯罪的人数，则几有与日俱进的趋势，讲防止之策，谋减少之方，不知经过多多少少大政治家的筹划，终未见有何等的成效，此盖大率徒究其果未探其原之故。欲探其原，即当先知犯罪的原因。

第一节 犯罪原因概说

研究犯罪的原因，其说有四：

1. 意思说。犯罪直接的原因，归着于个人的意思，因为身体健全的人，必有辨别是非善意的能力，有辨别的能力，而犹为犯罪的行为，就不能不说他有犯罪的意思，所云为恶，亦不外本于个人的自由意思，此说培加利亚（Beccaria，1738—1794）主之。

2. 生理说。此说以为人类犯罪，本于身体自然的构造，而断定为先天的。犯人死后，试解剖其尸体，必具有与常人不同之犯罪的特质，甚且谓男子鬚少的易犯罪，男子发声似女子者易犯罪，女子声如男子者亦然，此等人生而具有犯罪的特质，非可感化，使之改良云。意大利龙伯罗梭（Lombroso，1836—1909）主之。

3. 社会说。谓人之犯罪，乃社会所使然。如文明国机械事业，日益发达，则人工省，而劳力者无所谋其生活，遂不得不为犯罪的行为。此说根本上以为人性无善亦无恶，视所处社会的环境如何，社会的刺激力强，则犯罪者多，否则犯罪者少，故除上智者外，皆具有犯罪的资格，如斐丽（Ferri）加罗法罗（Garofalo）等主之。

4. 社会、生理混合说。生理上虽有不肖，如果社会的激刺不强，不至于犯罪，社会的激刺虽强，如果生理上毫无缺陷，足以勉为良民，亦不至于犯罪，所以犯罪是个人的内界原因，与社会的外界原因，相并而发生的。德国法学大家李斯德（Liszt），就是主张此说最力的人。

以上四说，各有见地，要之生理、社会两说，涉于偏见，如果以犯罪为生理所使然，则改良社会减少犯罪，将至绝望，对于犯罪者，惟尽杀之使无遗类而后已，此说当然不可为训。至谓犯罪原因，都存于社会，则是以生人境遇的良否，断定犯罪的有无，何以处同一的境遇，受同等的激刺者，而或为非行，或为善良？可知原因不专在此。所以比较研究之余，觉得以混合说较为完美。

第二节 犯罪之内界原因

1. 犯人之身体的特质。龙伯罗梭谓犯人身体上有种种特征，节录其言于下："犯人的头盖恒呈变则，其内容亦不及平均之数，前额倾斜，额窦发达，眉弓突出，颧骨隆起，耳曲眼斜，鼻变额窄，颚骨突出，毛发粗密，髭髯稀疏，体量重大，手臂甚长，常利用左手，屡有心、肝、肾、胃之病，痛苦的感觉极微，触觉、视听觉，皆极迟钝，惟嗅觉及关于磁石的气象的感觉，则甚灵敏；且怠惰狡诈，性质迟钝，自治力、同情心、悔悟心、良心均甚薄弱，以其行为言，则轻忽浮躁，暴戾残忍，迷信无稽，狎侮神明；步履异于常人，运动时有窒碍；以其嗜好言，更有与人不同者，常自鲸其身，喜模仿他人，好秘密团结，耽于酒色，酷爱赌博；其他如言语、文字、笔迹等，亦常有特异之处。"惟此种事实，亦只能为概然的断定，某种变则的状态，虽为犯人所常有，然不能谓犯人以外，绝无具有同一特征的人，据种种的实验，非犯罪者，常具有同一的特征，不过犯人具此特征为特多，普通人则仅居少数而已。

2. 犯人之精神的特质。据教诲师、监狱官的考察，犯人的智力，远不如常人，其道德上感情，亦甚薄弱，而对于各种事物，亦乏理解能力，而易为外界激刺所制御。

3. 遗传关系。近世学者，于确定精神病的遗传关系外，认为犯罪亦有遗传的关系。据孟克莫利（Monkemolleag）的调查，谓强制教育场的幼年人二百人中，常则者有八十三人，变则者百十七人，其中有六十八人，为纯粹心神耗弱人，其余则为癫痫或有其他的精神病，常则者虽有八十三人，若以长久时日，再加精密观察，尚可发见有多数人为无完全责任能力者，至上项过半数变则的幼童，因父母的酗酒而变则者八十五人，其余则因父母的精神病、癫痫或其他的疾病而变则云。

4. 养育。私生子的养育，远不如婚生子女的周到，故犯罪必多。龙伯罗梭曾调查感化院三千七百八十七人中，私生子不犯罪者甚少，因为此辈都是父母造孽的结果，无家声可以顾虑，无慈母为之将护，就不会发生高尚的思想与为善的趋势了，所以后天不完全的养育与先天的变则，皆为犯罪的源泉。变则的矫正，固宜讲求，而养育的方法，亦未可忽视的。

5. 教育。教育现象，立于矛盾，一方足以减少犯罪，一方又足增加犯罪。西摩（Seymour）谓教育为权势而非道德，由此可以为善亦可以为恶，如科学发达结果，有电报、电话、炸药、密电等可以利用，遂有种种新奇犯罪的发生，而大盗竟有悔恨不识字之故不能横行世上者，甚则有喜读盗匪小说、刑事诉讼诸书而出于模仿者。觇此足知教育之与犯罪，仅有相对的关系，而无绝对的关系。

6. 性别。男女之间，除共犯外，有特种犯罪如强奸罪，非男子不能犯者，亦有特种犯罪如秘密卖淫，非妇女不能犯者。而犯罪之数，与男女性别，亦有关系，女子的性质及境遇，与男子不同，女子的性质阴险，故所犯的罪，亦多属阴险；男子的性质强暴，故所犯的罪，亦多属强暴。强暴者易为见，阴险者难为察，所以男子犯罪，恒比女子为多。

7. 年龄。心理上发达的顺序，与人类行为，有极大关系，年少壮者，胆量恒大，而又好奇，所以敢于冒险，中年者注意周到、思虑缜密，高年者经验丰富、觉悟独先，故处理事务，均极慎重。幼年人每欲得财产上的利益，以满足其嗜好，故犯窃盗罪独多。至十五六岁以后，身体发育，色欲增进，多犯伤害、毁损、猥亵、奸淫等罪。成年时期，血气方刚，所犯之罪，与少年异。据刑事统计，犯人年龄，多在成年至四十岁之间，所犯之罪，以杀人、伤害、诈欺、恐吓、强暴、胁迫为最多；四十岁以后，粗暴行动，渐次减少，至于老年，血气就衰，凡用体力及敏活行动的犯罪，固不能为，即其他犯行，犯之者亦甚少。

8. 精神病。于精神病发作时，或因精神病的结果而犯罪者，称为犯罪的精神病人，受刑罚执行的囚徒，于执行中，发现为精神病人，而有移送于精神病院的必要者，特称为精神病犯人。精神病人的心理作用，与一般人不同，刑法上有定其分界状态的必要，以通常而论，癫痫狂、歇斯底里狂、酒毒中毒及其他精神病的大部分，皆超过责任能力的分界，惟精神障害的程度轻微者，不必免除其刑事上的责任。

第三节 犯罪之外界原因

1. 季节。季节与犯罪，有一定关系。据各国统计，强奸、猥亵等罪，由春季始，渐次增加，至夏季为尤多，此盖夏令交通频繁，社交增进，而露出肉体机会较多，最易刺激人类的情欲之故。而窃盗等罪，则冬季多于夏季，因春夏之时，谋生较易，衣服、被具及其他物品的需要，亦不如冬季的迫切，所以窃盗等罪，不如冬季之多。

2. 都市与地方。都市的犯罪，其数多于地方，因为地方住民，类多纯朴，风俗习惯，亦较善良。而都市则娱乐游艺，设备甚周，志行薄弱者，往往流连忘返，一旦资财缺乏，必至诈欺攘夺，无所不为，此实都市中不可掩的事实。

3. 经济状况。经济状况的变动，即犯罪人数的有无增减，此为研究犯罪学者所公认。如一遇凶馑，物价昂贵，饥寒困乏之徒，往往流为盗匪，即其一证。

4. 家族生活。结婚者犯罪之数，较少于独身的人，因为舍弃家族，为人情之所不忍，无论如何困难，亦必尽力经营，以图一家的欢乐；而独身者，则无此顾虑，所以容易犯罪。结婚者犯罪之数，虽少于独身者，唯身体上、精神上未尽发育，以及没有维持家族生活能力的人，往往因结婚而陷于困难的境遇，以致犯罪者亦甚多。

5. 职业。职业的选择，与刑事现象有密切的关系，例如商人犯诈欺、侵占等罪者为多，工人犯暴行、胁迫罪者为多，兵士犯杀人、奸淫罪者居多，佣役犯窃盗、放火罪者为多，而公务员则犯渎职罪者为多。

6. 酒害。饮酒的害处，不独能遗传恶性于子孙，即家族生活，亦大受其影响。因为酗酒、泥醉、酩酊、昏迷，屡作恶剧，惹起争端，使幼年人耳濡目染，决不能增进其道德观念，如果因狂饮而犯法，因犯法而科刑，则为子弟者，亦将以犯法为常事了。欧洲各国，劳动工人皆于星期六支取工金，星期日全然休业，为狂饮最好的机会，所以犯罪者甚多。

7. 卖淫。先天的遗传与后天的不幸及其他社会的关系，皆足为卖淫的原因，所以意志薄弱者，每因生活的困难，就堕入卖淫一途，而此辈一旦生活困难，又必流为窃盗。此外因耽迷酒色而至于犯罪者亦不少。

8. 赌博。耽于赌博者，一旦败北，资财丧尽，必至流为匪类，窃盗、侵占，诈欺、抢夺，以冀补其损失，所以赌博亦是养成犯罪重要的原因。

第四节 文明与犯罪增加的关系

观各国犯罪的统计表，犯罪之数，有日益增加的趋势，这是因为社会愈进文明，其事情变动愈烈，而刺激力亦愈强，假使我们的意志不能制胜环境，就要陷于罪网，此种助成犯罪的原因，略分为三：

1. 因人口的增殖。世降文进，户口繁滋，各谋生存，遂有竞争，物力既艰，谋生不易，弱者流为浮浪，强者挺为盗窃，譬如都市中犯罪的人数，较多于村落，就是因为户口繁多，竞争剧烈的缘故。

2. 因法令的增多。法令是维持社会生存的工具，其繁简视社会为转移，昔汉高入关，适当兵战之余，人口减少，又苦苛政既久，畏法之心较强，故以约法三章治之而有余，可是不多几年，萧何就增定刑律了，可知稍经休养生息后的社会，三章约法，就不足以适用的。时世代变，法令亦代有增加，大清律例，视唐宋朝明律为加密，民国以来刑事法令迭有颁行，轻罪重罪，动遭刑罚，固有今日所谓犯罪，昔日不以为罪者，此非法令密而使犯罪者增加的显证吗?

3. 因智愚贫富的悬隔。文明日进，智愚贫富的距离亦愈甚，其结果愚者忌智者，贫者嫉富者，或起怨咨，或怀非分，终至驱许多贫而且愚者于犯罪的牺牲，例如贫者见富者衣服的华美，宫室的壮丽，舆马的乐趋，归而自憎，徒生羡慕，冀得悻获，遂生妄为，这都因为贫富阶级的悬殊，而社会上侈靡的风习，加以激荡，就增加了许多的犯罪者。

第五节　文明与犯罪种类的关系

推究贫富悬隔的缘故，自能力言，富者因富而越增加其智能，所以富者愈富；贫者因贫而益愚，所以贫者愈贫。自经济言，机器的用途日广，而以筋力谋生者，至失其经营生活的途径，于是就有趋于财产犯罪者。贫者谋生不遑，终年拮据，不能自养一身，则婚姻之事，难以解决，无如男女乃人之大欲，不易自制，而外界又加以炫惑，于是犯奸淫的罪者又加多了。婚姻事难，奸淫日滋，其结果遂多私生的儿女，此辈不足为国家健全的分子，父母既困于生计，就多有遗弃幼孩的犯罪了，即不遗弃，而此不幸的私生儿，势不能受相当的教育，彷徨失所，自幼即习为邪僻，于是国中遂增加了不良少年的人数。不良少年，感化最难，加以刑罚，不但无效，反而有害，查日本犯罪者的身份册，有犯罪至二十次三十次者，多系幼年时曾经犯罪的人，更查其身份，又多系私生子，或被遗弃的幼孩，可知因婚姻事难的结果，又足以增加累犯的。

文明进步，人民的权利思想，日益发达，于是妨害信用、毁坏名誉的犯罪，亦见增加。自由自主的观念日进，于是又增加了许多关于公益的犯罪。

综上以观，文明与犯罪，实有连系俱进的关系，将来世界文明日进，犯罪增加，将不知何所底止，不过犯罪必有原因，只要知其原因所在，而施以补救防止的方策，则文明虽无止境，而犯罪或许有止境的呢。如英国文明不后于他国，而犯罪人数，独不见增多，考其致此的原由，莫不归功于其感化事业的发达。所以补救防止，不是无据的空言。

第六节　文明与犯罪性质的关系

犯罪之数，今多于古，并非古时远胜于今，实因古时犯罪的原因少，而今时犯罪的原因多之故。犯罪的性质，亦与古异，大约古时犯罪，其性多刚而粗暴，今则多柔而险猾，这是因为古时国家组织不完，警察制度不行，所以虽在白昼杀人于道，越货于市，亦可悍然肆行，毫无顾忌，况古时交通不便，货币制度，尚未发达，居则藏重金于家，行则缠厚资于腰，所以易于剽窃劫夺，而难于发觉捕获。及至近世文明渐进，则在反是，犯罪者遂不得不变其性质，所以古时多杀人放火的罪，今时则多诈欺取财的罪，虽今日亦非无杀人之事，可是总没有古时的直接，而杀人者必用许多方法，以冀其证据的不易发见，这亦是随文明潮流而演进的。即以吾国今日的犯罪，与西洋的犯罪相比，其性质亦狠多差异的地方。

第七节 犯罪人的差异

1. 因男女而差异。男子犯罪，较女子为多，此在东方尤为然，因为东方女子，缺竞争的能力，亦乏竞争的地位，而受家族制度的羁束，又常足保其贞静的状态，可是西洋则不然，所以欧洲文明各国男犯与女犯之数，为一百与二十一的比例，而日本男犯与女犯之数，则约为一百与八的比例，我国今日风气开通的地方，女子颇多努力于生存竞争者，将来女犯的增加，自属意想中的事。

2. 因年龄而差异。就犯罪能力的年龄而言，可分为未成年期（十三岁至未满二十岁）、成年期（已满二十岁至四十岁）、垂老期（四十一岁至六十岁）、已老期（六十一岁以上）的四期，据各国犯罪统计以观，四期之中，以第二期年龄犯罪数为最多，第三期次之，第一期又次之，第四期为最少。因为未成年期，多在家庭监督之下，尚不能占社会竞争的地位，所以犯罪较少。垂老期气血少衰，竞争力渐退，然贪得之心，未尝减却，或且较甚，所以犯罪之数，虽不及成年期的人，而不减于未成年期之数的。至于成年期，正当气备方刚，勇于为善，在此壮年，敢于为恶，亦在此壮年，所以犯罪之数，特别居多。六十一岁以上，耄期已至，万事悲观，犯罪之数，自然减少。

3．因性别而差异。男子犯罪的人数，独身者多，结婚者少，所以国多鳏夫，实为增加犯罪的原因。不过结婚太早，男子职业未成，俯蓄无术，饥寒交迫，多有陷于犯罪者，所以国家当定结婚适当年龄，大约以二十五岁为最合。至于女子犯罪人数，则无夫者多，有夫者少，有夫而怨偶者多，佳偶者少，所以男女婚姻一事，以吾国习尚而言，全许儿女自由，固属不可，而有亲权者严格的干涉，绝不少容儿女的主张，不幸而所适非偶，则夫妇生活，唯有增加痛苦，所以应当改革旧习，惬乎人情，非特尊重人道，亦足以减少犯罪的。

第八节　犯罪人的分类

犯罪者的分类方法，大别为四：

1．从犯罪次数上分别。①初犯。②累犯。

2．从犯罪年岁上分别。①未成年犯。②成年犯。

3．从犯罪性质上分别。①偶发性犯罪。②惯习性犯罪。③职业性犯罪。

4．从犯罪精神上分别。①低能犯罪者。②完能犯罪者。③病的犯罪者。

国家制定刑罚，原属不得已之事，既认为是不得已而执行，则原情之举，值得注重。犯罪者法纲难逃，而情节实各有异，如果忽视人情，专论死法，刑罚虽严而不得当，如能衡情于法之中，则法明而情亦平允。如上列各类，初犯的科刑，当较累犯为轻，未成年犯，多不论罪，低能者亦然，病的犯罪如疯癫、白痴之类，不能为刑罚的目的，而对于惯习犯、职业犯，其恶性较重，当另行设法管理，严密检束其身心，授以教育及相当的业务，而刑期不妨稍长。因为罪情不同，其执行的方法，亦不能不异的。

第二章　刑　罚

第一节　刑罚的种类

刑罚以毁损法益，使受刑人感受痛苦，为其内容，所以应当斟酌人类生活的利益，以定刑罚的种类。前代刑罚，虽有种种残酷的惨状，可是近世文明各国，则均已废除苛刑，其种类亦已力求其简单了。我国现行刑法，刑罚种类如下：

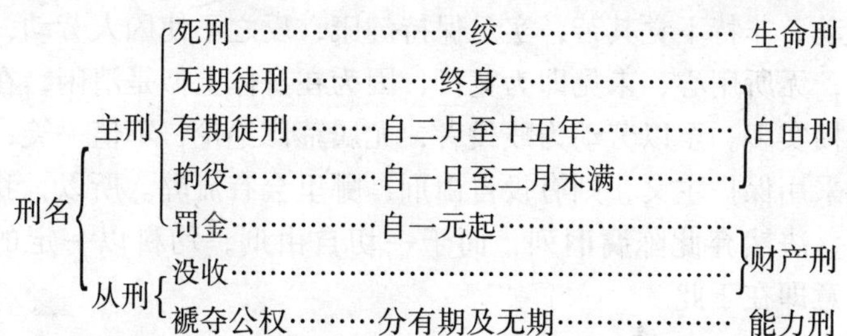

现在死刑的适用甚少，各国间有存者有废者，能力刑系从刑，经犯罪后剥夺或停止其能力。

自由刑与财产刑适用的范围较广，而自由刑的适用范围为尤广。

自由刑为犯罪的制裁，乃国家限制或剥夺私人自由之谓，为现代刑罚组织的主要部分，其种类不一，或监禁于狱中，或限制其住所，或单纯剥夺其自由，或于剥夺自由外，更科以强制的劳役。我国刑法，采用徒刑、拘役两种，且科以强制的劳役。

自由刑因期限的如何，而有无期、有期之别，因定役的如何，又有无役、有役之分。

无期自由刑，有主张废止者，以为罪刑有定，而人生修短无常，无期自由刑，对于修者未免过重，于短者又觉甚轻，按之罪刑均衡，未有得当，故应废除云云。殊不知此种不当，非特无期自由刑为然，即有期自由刑，亦势所难免。又有谓无期自由刑，使罪人终身囹圄，毫无生路，则感化效力，亦无从而生，不知赦免之章，即含有上天好生之德，假释之法，实寓有奖励悛悔之方，彼谓失感化效力者，徒有见于以此而致死，而不知有以此而全躯耳。不过法非尽善，吏不皆贤，彼既操有刑罚之权，有时执法如山，毫不宽假，是固人所甚畏，所以亦不可不为相对的淘汰。

无役自由刑，在欧美各国多有采用，其理由以为对于情节较轻及未丧廉耻的犯罪，无须科以定役，以保罪刑的平允。殊不知与适宜的劳动，非特不觉其苦，实足保持健康，反之不使囚人劳动，群居终日，无所用心，未见即为宽待，因为在身体上似是清闲，在精神上所损实多。至以劳动为贱役者，尤属荒谬绝伦，不值一笑，假使行刑采用保护主义，则有役自由刑，哪里会有流弊。所以，我国行刑法，决然弃此陈腐旧列，而于一切自由刑，均科以一定的劳役，用意即在于此。

第二节 刑罚之目的

昔时刑罚主义，专重事实，罪当杀则杀之，不问犯罪者为何如人，亦不问其为初犯为累犯，为偶发性的犯罪，抑为惯习性的犯罪。今则不然，重事实兼重人格，于特别预防方面，在于改过迁善，于一般预防方面，则在惩一儆百，对于同一犯罪，累犯则加重，初犯则减轻，于有惯习性的犯罪，则取缔较严，而无刑事责任能力者，则不罚，此即兼重犯人人格的作用。

人格主义的发达，无过于美国所行的“不定刑期制”，即裁判而不定刑期的意义。各国定罪，都先判以若干年的刑期，而后监禁于监狱，此则不断定若干年的刑期，全靠监狱官觇其已否改悔以为断，并不问所犯何罪，能改悔者即可释放，否则即轻罪，亦可终身监禁。但亦有一种限制，就是假使立时改悔，立时释放，难保没有矫饰伪行，以邀幸免，而且狱官即甚明察，亦何能于短日月立决其改悔与否的真相，所以虽知改悔，必一年期满始可释放，因为犯人伪饰一年之久，未有不露其本色者，果使始或伪饰，而能经久驯服于一定的规律，未始没有不知不觉中渐能迁善者，所以不定期刑是很能发挥人格主义的效用的。

国家为犯罪人设立监狱，无异为病人设立医院，医院目的，在于疗病，与监狱目的，在使犯人知所改悔，是很彷佛的。似今日的刑罚制度，对于一犯罪者，处以三年或七年的自由刑，判定于未入监狱以前，是何异于病者于未入医院之先，限定其住院的日数，告以必住若干日，万一病者未及期而病已愈，则不得出院，或已及期而病仍未痊，则期满又不得出，岂不是大谬之事。而判定刑期入监的犯人，其早已改悔者不得释放，永不改悔者，反得期满即出，这更是大谬之至。因此可以推知“不定刑期制”为最合于理论，而刑制改良上，所急当采用的。

第三节　刑罚执行之效力

刑罚以维持秩序保护利益为主旨，就不可无达此主旨的效力。以通常论，刑罚莫不有机械的及精神的两种效力，所谓机械的效力，由刑罚之有形的作用而生，从物质上制裁犯人，如生命的剥夺、身体的拘禁、物件的没收、罚金的征收等是。精神的效力，由刑罚之无形的作用而生，从心理上制裁犯人，即使犯罪人生一不快的感觉，以抑止其对于犯罪的快感。刑罚变更犯罪快感的效力，不独对于犯人，即对于一般社会，亦具有此种效力，前者即特别预防，后者即一般预防。此外，改善犯人性格，使习于规则的生活，亦为精神的效力之一端，因为犯人若更有性格不良，则于变更快感之外，尤须讲求改善的方法，使其习于规则的生活，方能完全达到刑罚的目的。

第四节 刑罚执行之要旨

行刑原则，其理至繁，撮述大要，可分十端：

1. 执行刑罚要保衡平。刑罚之能保公平，以自由刑最为适当，近代监狱改良的结果，力求改善囚人的待遇，不论贫富贵贱，概须平等看待，关于监狱的构造、衣食、巡阅、会议、赏罚、服役诸般方法的实行，首须司狱官吏的人，始能公平执行，毫无偏颇。

2. 行刑须具惩儆的原素。刑罚公行，足以养成人民的残忍心，故难采用，然审理判决，公开宣告，则足使人民知刑罚的威严与犯罪之不可为，以收惩一儆百的效果。关于监狱的建筑，在经济所许限度内，亦须充分庄严，使人民一望生畏，欧洲各国，对于监狱官吏的服制，其容装极为威严，能使人民见之肃然起敬。

3. 行刑须具教诲改正的原素。教诲囚犯，改正善行，亦以自由刑最能达到目的，从前对于囚人毫无教诲训谕之法，于幼年犯罪者，惟用笞杖使受痛苦，等到出狱之后，往往自暴自弃，流为再犯，所以受较长期的自由刑者，必须教诲以改善之，释放后方能保持其良民生活。

4. 行刑要止于一身。连坐夷族，乃野蛮的刑罚。罪不及孥，实现代的良制，自由刑在各种刑罚中，最适于此种原则，因为一人的拘禁，虽于家族中不无多少影响，而刑止一身，终不如死刑、身体刑的连累家族，其损失为更大的。

5. 行刑要得以伸缩。罪虽同而情各异，故定刑罚时，当比较犯罪情节以定刑罚的轻重，自由刑最富伸缩性，次之为财产刑，至生命刑、身体刑、能力刑等，则无伸缩的余地，所以各国刑事立法，均扩大自由刑、财产刑的范围。

6. 行刑要可以补偿、可以取消。法官非尽贤明，所以误认事实，误定证据，误用法律，误为判决等事，在所不免，如所处者为生命刑与身体刑，即已无法补偿，无法取消，惟有用财产刑，最足以偿还其损害。次之为自由刑，虽剥夺自由既已多日，似无补偿的可能，但是犹得以他物替代而偿其损失，至未了的刑期，则可以取消而为补救的。

7. 行刑不可使囚徒的身体、精神上感受永久的损害。如在囚徒精神上永久感受刑罚的痛苦，则犯人自暴自弃，绝其悔悟之心，易生再犯之念。如在身体上永久留有刑罚的痕迹，则释放之后，不宜于劳动，竟无自活的能力，与感化之旨相悖。所以刑罚的执行，万不可使囚人心身上永留不良印象的。此事与监狱论有重大的关系，因为长期的沉默独居，则身体上必受损害，如为放任的混居、杂居，则精神上过于痛苦，如何能管理得宜，宽猛相济，必须富有学理与经验而后可。

8. 行刑要有防止再犯的性质。防止再犯，无过于断人生命残人手足，然此种残酷的刑罚，与现代思想，已不相容，所以身体刑已废，而死刑亦已缩少其范围。今日各国，均注意于囚人的容姿指印，摄影保存，以为防止再犯之道。

9. 行刑须养成出狱后良民生活的习惯。刑罚中惟自由刑独具此种原则，因为狱中教以作业，养成勤劳习惯，出狱后既有薄技在身，即不愁不能生活了。

10. 行刑要适合于经济主义。以自由刑而言，监狱的经济，当求其自立，因为国家建一监狱，配备相当人员，管理监督，需用浩大，如一概仰给于良民，则良民何辜，增此重负，所以狱中作业结果，所有收入甚巨，当力求监狱经济的独立，以减轻良民的负担，且可因此努力于监狱本身的改良。

第五编 监狱之主体与客体

第一章 监狱之主体

监狱为国家的设备。狱政乃国家的行政行为，而狱政权在法理上当然属于中央的统治权之下，唯行政的实际，每设各种机关，分掌事务，因此对于监狱亦有监督机关与执行机关的分别，不过此种机关，并不一律依监狱的种类而异其制，如俘虏收容所与军事监狱，属于军政部的管辖，看守所属于法院的管辖，行政警察上的拘留所，属于内政部的管辖，均与拘禁刑事囚的监狱，异其制度，本编专就刑事监狱的管理组织，有所考究。

第一节 监督机关

一、监督的作用

监督的作用有二：

1. 定狱政的方针。举全国的监狱制度，如何使其统一，采何主义最为适当，从何处着手改良，预期几年工夫立定种种设施的标准，此项狱务，均有待于监督机关为全盘的规划。

2. 监察各监狱的执行情形。方针既定，若任各狱官自由执行，则仍有不能一致之虞，或阳奉而阴违，或敷衍以塞责，弊害之生，在所不免，于是实行监察，得升陟其勤于职者，而贬黜其不勤者，方合有治法兼得治人的宗旨。

二、中央司狱官厅

翻阅各国狱政史，其至高监督权的所在，因根据特殊的沿革，参酌各别的情势，而异其权限的配置。然其主义，大别为二：

（一）分属主义

法兰西、普鲁士等国采分属主义，将狱政的至高监督权，分属于二三机关，如法国拘置囚监，属于司法部，内地的行刑囚监，属于内务部，岛地的监狱，隶属于海军部，其他陆军部拓殖部虽各有所辖的监狱，而以属于内务、司法二部为常态。普鲁士的监狱，所属有三：一为司法部所辖者，其数约一千，地方法院或区法院的讼廷狱及独立的大监狱属之，而由高等法院检察官、地方法院检察官、区法院推事，执行各管辖范围内的狱政或监视其执行；二为内务部所辖者，其数约五十，如威丁堡监狱、格洛顿监狱、柏林监狱、勃郎丁堡监狱等属之；三为莱因地方的乡村监狱，其监狱由莱因地方经费维持，不过执行违警罪的刑场而已。

（二）统一主义

统一监狱的至高监督权，使属于单一官府的权限者为统一主义。稽监狱的本质，图行政的便宜，狱政之当统一，毋待深论，所以各国多倾向于统一主义，惟其采用的制度，稍有异同，有统一于司法部者，有统一于内务部者，有统一于独立的部局者，爰述大要如下：

1. 内务部制。英国的狱政，由内务部管辖，部中设监狱局，以行使监督权，局分二课，一掌徒刑的执行，一掌禁锢刑的执行。

2. 司法部制。

（1）比利时于司法部内设一中央厅，为管理狱政维持公安的至高机关，分设三课，第一课管掌总务，第二课处理会计事务，第三课主管建筑设计事项。

（2）奥地利以司法部直接管理大监狱，检察官间接管理中小监狱。

（3）荷兰监狱概由司法部管辖，各监置监狱委员，委员受国王的任命，指挥监督各监狱而执行狱攻。

3. 独立部局制。

（1）意大利于一八六一年十月九日发一法律，设一独立中央机关，称为狱政本厅，厅内有监视官，随时巡阅各地监狱而查核其实况。

（2）瑞典狱政的主脑，为中央狱政厅，虽附属于司法部，而有独立的地位，直辖于主权者，设总监一人、局长二人、技师一人、医师二人、其他补助官吏若干人，以直接管理各大监狱，小监狱则由地方长官间接管理之。

狱政如不统一，则狱制不能整备，此分属主义所以不足采用之故。唯在统一主义之下，如以检察官当其执行之任，则以原告主管被告所罚的事务，于理欠通。或谓预防犯罪，感化犯人，为内务行政的任务，故狱务可属于内务部的管辖，或谓特赦、减刑为司法部长的权限，所以行刑事务，亦当归属于司法行政的范围。依吾辈观察，自刑罚威吓的本质而言，狱务可属于司法行政，自惩戒感化的目的而言，又当归之于内务行政的管辖。司法行政论者，忽视预防犯罪政策之含有内政嗅味，而内务行政论者，又未尝注意于刑罚宣告与执行的关系，两者实均只有偏面的理由而已。要之刑罚目的，不在单纯的威吓，亦不在单纯的感化，而在于双方兼顾，窃以为欲贯彻此种主义，不妨将中央狱政机关，成立为独立的一部或一局，以示政府慎重囚狱的意旨，凡救济贫困、惩治无赖、保护免囚的预防犯罪事务，以及执行刑罚、儆戒犯罪、感化囚徒的镇压犯罪事务，统使属于同一官厅的职权，而后狱政可期划一，公安得以维持。国民政府以下的监狱，以司法行政部有最高管辖权（监狱规则第一条)，而握中间的监督权者为监狱司。司法行政部每年一次派员视察监狱，其视察员得以检察官充之（监狱规则第六条、第七条)。可知我国狱政，是采司法行政的统一主义的。

第二节 执行机关

狱政执行的机关，以典狱长为主脑，他是立于上级司狱机关之下，受其监督指挥，裁断狱政，有下级的狱务执行之权限。不过监狱事务，复杂冗烦，自狱政的当否，至戒护的宽严，以及管理、会计、卫生、劳役、教诲，数十百人治之，犹恐日不暇给，倘使只以一典狱当此重任，其弊必流于敷衍苟且，所以欲求狱政之有起色，必以一典狱总其成，复分多数的补助人员，使其分课任事，责有专属，而后事无不举了。兹将其组织系统列下：

典狱长
- 第一科……看守长
- 第二科……看守长
- 第三科……看守长
- 教务所……教诲师……教师
- 医务所……医师……药剂师
- 通译
- 技师

典狱长之资格。典狱长在监狱中有督率各课裁理各务之责，所以须具特别的资格，兹得分为三项：

1. 品性。要公正厚重，德望兼优，方能使各执事及一般囚人，心悦诚服。

2. 手腕。处理各种狱务，要有周密的头脑与敏捷的手腕。

3. 知识。于普通教育以外，更须有各种学术、技艺的知识。

典狱长之待遇。典狱长既如上所述，须有特别资格，是诚国家的有数人才，则国家对于彼辈的待遇，必当特别优厚，庶使贤者、才者不至沉沦下潦，而生骐骥伏枥的感想。吾以为待遇上至少须注意三点：

1. 保障。应与司法官同为终身官，非有惩戒处分，不得去官。

2. 地位。应与高等文官同等配列，依其在职年限，渐次升进其地位官等，但不许兼职，以专责守。我国现行官制，典狱长与荐任官同等。

3. 俸给。其薪俸亦应从丰支给，须无生活之忧，而不至有私营商业、克扣囚粮等弊端的发生。

典狱以下，如教诲师专教犯人以宗教伦理道德之事，教师则专司教育，统以教务长一人，狱医诊犯人的疾病，讲究监内卫生方法，药剂师司配合药剂，统以医务长一人，各科看守长统率看守，管束各犯，分掌一切杂务，技师即指授囚人工业的人。通译则备有外国囚人时通译言语。

第二章　监狱之客体

第一节　囚　　人

一、囚人之意义

囚人与犯人，不可相混，犯人者乃犯罪已判决的人，此处称为囚人而不称犯人，便是因为监狱所收禁者，并非都为有罪的人，有已判决者，有刑事被告人其罪的有无尚未证实者，复有受监禁处分人之不论罪者。

刑事被告人，只有犯罪嫌疑，在法本不应视为犯罪人，亦不能加以刑具，可是我国从前旧式牢狱中，则无论已决的犯人与未定谳的刑事被告人，待遇上竟无分别，果使最后的审结，确系无罪，得邀放免，无如在审讯时，已受种种的拷问，于收监时，又受种种的苦痛，不死亦成废疾，不分已决未决，概以犯人看待，无怪人民之久苦前代的苛政了。

吾国于犯罪的人，向称“犯”，而不更称“人”，如“斩犯”、“绞犯”、“盗犯”、“军犯”、“要犯”等名称，屡见于册籍，考“犯”字的意义，为抵为触，祇称犯人，不曰犯罪人，于义未完，乃并“人”字亦略而不用，仅云某犯某犯，更为失当。但是自来沿用称“犯”而不称“人”者，以此犯罪人，直不可复视为人类，故用一“犯”字以为代名词，而一切惨酷非法的待遇，遂视为当然而无足怪了。

监狱学上，不称“犯人”而称“囚人”者，乃统括各种监狱所收禁的人而言，不问其为已决者、未决者，凡被剥夺自由而收禁于监狱者都是。考说文“囚”系也，从口从人，系人于口中，明系拘系于一定域之内，使其身体不得自由的意义，所以囚人就是依法剥夺自由而受拘系于一定地域的人。

二、囚人之种类

广义的囚人，种类甚多，在国际关系上的囚人即俘虏，兹姑不论，至国内关系上的囚人，可大别为司法上与行政上的囚人。

(一) 司法上之囚人

司法上的囚人，指由司法权的发动而囚禁者，以镇压审讯犯罪为目的，关于军人、军属的司法，归军政部的军法司所管辖，普通的犯罪，为司法机关所管辖，因此而有军事囚与刑事囚之分。此外尚有民事囚，专管收债务的不履行者以确保其清偿为目的。

1. 军事囚。凡违背海陆空军刑法的军人、军属，均当受军法会审的裁判，而受刑罚宣告被拘禁者，即为军事囚，因与监狱学范围不同，故略而不论。

2. 刑事囚。又分为二：

(1) 行刑囚。亦曰既决囚，监狱学上狭义的囚人，即指此而言。既决囚者，就是犯罪事件审理既终，由法院宣告有罪的判决，而发交监狱执行刑罚的犯罪人，纯为镇压既发的犯罪而与以囚禁的。其囚禁方法，因罪质的如何，而不同一。

（2）羁押囚。亦曰未决囚，即为审讯犯罪的必要而受司法处分以制限其自由的刑事被告。此种囚人，羁押于看守所，看守所待遇被告人，须与平民相同，与监狱之执行刑罚者，自难混为一谈。

3. 民事囚。管收于民事管收所者为民事囚，原与监狱内的刑事囚不同，依管收民事被告人规则第三条："民事被告人有下列情形之一者应提出担保，其无相当保证人或保证金者，得管收之：①有逃匿之虞者。②有犯刑事之嫌疑者。③具有前二款原因之一而原保证人死亡或声明退保不能另有其他保证者。④判决确定显然有履行义务之可能而不遵判履行者。"

（二）行政上的囚人

行政上的囚人，是根据行政权的作用，为预防犯罪的必要而剥夺其自由权的，此种囚人，亦有几种：

1. 幼狂囚。幼年人与疯狂人法律上均认为无刑事责任的能力，故不处罚。惟放任不问，殊多危险，所以幼年犯罪者应送于强制教育场，使受感化教育，疯狂者应送于疯狂院使受监禁处分。

2. 拘留囚。违警罚与刑罚不同，因为违警罚是行政处分，不适用司法上的手续，因犯违警罚法而处拘留者，应囚禁于拘留所。

3. 贫浪囚。贫穷与浮浪，为犯罪的源泉，各国为预防犯罪起见，每用行政处分，将贫穷、浮浪、无职业者，囚禁于强制劳役场或养育院，使其养成勤俭耐劳的习惯，我国尚无此种设备，实因政治未上轨道，无暇及此。

第二节 监狱之种类

因人的种类不同，则囚禁处所，亦不能无有区别，惟本书对于监狱，系采狭义的意义，所以广义的监狱如民事管收所、俘虏收容所、强制劳役场、强制感化院、拘留所等，均不论列，仅就拘禁刑事囚的监狱，举其种类而已。

1. 自规模大小区别，得分为大监狱、中监狱与小监狱。

2. 自管辖区域区别，得分为县监狱、省监狱。

3. 自负担狱费区别，得分为中央监狱、地方监狱。

4. 自囚人种类区别，得分为单纯监狱、混合监狱。

5. 自囚人身份区别，得分为普通监狱、军事监狱。

6. 自囚人年龄区别，得分为幼年监与成年监。

7. 自囚人性别区别，得分为男监与女监。

8. 自囚人健康区别，得分为病监与普通监。

9. 自刑罚种类区别，得分为徒刑监、拘役监。

10. 自行刑制度区别，得分为分房监、杂居监、阶级监。

我国狱制，依小河滋次郎原案，本分监狱为三种：其一，拘禁处徒刑者为徒刑监；其二，拘禁处拘役者为拘役场；其三，拘禁刑事被告人者为留置所。而现行监狱规则狃于现状，仅分监狱与看守所而已。查监狱规则第二条“监狱为监禁被处徒刑及拘役者之所，有不得已时，看守所得代用为监狱”，于徒刑囚、拘役囚未为严行分界，而与小河原案所定“待遇拘役囚应宽于徒刑囚”，殊有出入，不可谓非立法上疏忽的地方。

第六编　监狱之制度

行刑之目的，在于严束自由，使服国法的权威，训导感化，以免罪恶的传播，俾其出狱以后，遵守国法，得以复归于良民的生活，行刑之时，其所采制度，必根据此种目的以组织之而后可。

医药之于人，善用之可以疗疾，误投之足以杀身；监狱之于国家，无异于是，不论何种，倘管理不宜，即难收行刑的效果。而管理之能得当，须先求制度的合宜，如果制度不良，则弊窦丛生，囚人首受其害，即国家社会，必俱受其影响，所以监狱制度，是甚值研究的问题。监狱制度，即囚禁的制度，亦称为行刑法（Strafvellxugssystene），学者谓改良狱制，犹如渡海，囚禁制度，实其暗礁，足见其性质的重要，各国虽有所谓杂居制、分房制、缄默制、分类制、采分制、阶级制的区别，而通例则大别为杂居制、分房制及阶级制的三种。

第一章 杂居制（Gemeinsame Haft）

一、杂居制之意义

杂居制者，集多数囚徒，使其起卧就役于同一监房、同一工场之谓。当监狱学尚未昌明时代，世界各国无不采用杂居制，唯我国唐代，有贵贱或男女异狱的规定，而欧西则于犯罪年龄、男女均无区别，其乱暴狼藉的情况，不堪言状。至于近世，多因男女、罪质、刑名、职业、年龄、犯数等，而施以相当的类别，虽不如曩时混同杂居的弊害之层见叠出，然足使受刑者养成犯罪的一点，固无以异。

二、杂居制的实况

杂居制施行的实况，因监狱的大小而异其趣，分述于下：

1. 杂居制小监狱。此种监狱，管理上一切设备，均不完全，不唯不能因罪质、年龄、犯数等而为适当的区别，甚或有男女接其房壁者，所称作业，多为仪式的动作，实无定役可言，狱吏人数甚多，纪律既不严明，视察复不周密，囚人种类，不外为曾受无数的短期刑而出入于数个监狱的乞丐、浮浪者，以监狱为常住所的惯习犯，因一时误犯微罪的未成年者，不辨东西的幼童。综合以上数种不同的囚人，使之终日聚处，促膝交臂，监房禁地，俨如交际之场，而彼初次入监者，一次与囚人相习，遂助长其作奸犯科之念，有变而为惯习犯者。彼等相聚而谈，非窃盗的神妙术，即浮浪的漂泊谈，各夸示其平日作恶玩法的豪语，而研究此后进行的手段，言者眉飞而色舞，听者魂夺而神驰，以几多可怜的愚民，因犯微罪而入监，孰知其沉吟铁窗之日，正为其盟心握手，而与惯习犯者结契订交的良会？且出入于此监，多为短期的受刑者，所以往来频繁，有如逆旅的过客，社会新奇事迹，比邮传为尤速，加以时受给食，被服适于时季，稍有病故，医药无所不至，致使受刑者不感刑罚的加于其身，转使误犯微罪者，不但不觉监狱为可畏，反且视为无上的乐土，慕恶友甚于爱妻子，遂不免相连而堕于惯习犯的深渊，有谓杂居制小监狱为犯罪小学校者，良非虚语。

2. 杂居制大监狱。容囚人五百以上千人以下，其上乘者，虽呈表面上纪律秩序及清洁整备之观，而于集同排异的方法，亦颇加慎密的注意。昼间区分三十乃至五十罪囚而为一小群，使就役于广阔的工场，监视以一二看守与授业人，一面掌理戒护，一面督励作业，可是混同就役的结果，终不能防止其托词于作业上的必要，而有喋喋交谈不安缄默的弊害。夜间少则三五成群，多则三十五十，囚禁一房，使就寝于灯光薄暗之处。休息与纪念节日，则免除劳役，平日亦与以三十分或二小时的休息，或任监房闲坐，或命补缀被服，或聚处于作业场，或群集于教诲堂，此时及夜间，正囚徒交换犯罪思想最便利的时期，戒护者虽加以周到视察，而亦防不胜防，甲与乙识，乙与丙亲，淫猥之风，充塞监内，姣好幼囚，夜不能睡，诈欺者思学窃盗，窃盗者则学强盗，强盗之流，更进而研究阴险残贼的手段。罪恶的传播愈甚，悔悟的真意毫无，监狱威信，扫地以尽。

三、杂居制的弊端

综其弊端，可分二面：

（一）在监中的弊端

1. 杂居制的行刑方法，有戾于刑法上的道德主义。因此制结果，使受刑者反至溃乱破坏其道德心，且因而不能保全国家的法规，个人感化，既鲜效果，社会安宁，益多危险。

2. 杂居制的囚禁法，有戾于行刑剥夺自由的主义，因为众囚杂处，声气相通，彼此之间，自由交际，即不能剥夺其交换犯罪思想的自由。

3. 杂居制的行刑方法，有戾于刑法上的严正主义。诚以集许多囚人于一处，寝食相共，促膝谈衷，如反抗狱吏、越狱脱逃诸事，皆其相互密谋的结果，既不觉刑罚的苦痛，更不畏国权的强制。

4. 杂居制的行刑方法，又戾于刑法上的公平主义。此制结果，罪恶蔓延，丑污凶恶之徒，视为无上的快乐，而稍有身份与良心者，则觉非常的痛苦。

（二）出监后的弊害

因在监时囚人彼此接谈，互通姓氏居业，出狱后往来益密，遂得为种种同谋犯罪的计划，所以杂居制又大背驰于防止再犯的观念。

四、杂居制的变体

杂居制弊害固多，然亦有其便利之处，即①合于沿革。②便于管理。③监狱经费不多。④不害囚人心身。因此欧美各国，混同杂居，虽已绝迹，而汇类杂居，依然采用。日本狱制中，尚有沿用之者，其分类标准略如下：

1. 因男女而分类，日本狱则，男女必分居。

2. 因刑名而分类，如处禁锢刑者与处惩役刑者不同居。

3. 因罪质而分类，如风俗罪者与犯财产罪者不同居。

4. 因年龄而分类，如二十岁以上者与以下者不同居。

5. 因犯数而分类，如初犯者与再犯、三犯不同居。

6. 因性格而分类，如囚徒性格危险者与和平者不同居。

西哲谓“杂居制的监狱，直以国家费用，养成犯罪”，汇类杂居，不过混同杂居的一变体，罪恶传播之弊，虽似能减少几分，终不能全归消灭。

此外杂居制尚有一变体，即昼间杂居、夜则分房的沉默制，因为改良杂居制，最重沉默法，不得任便交通，除共同工作的必要，囚人得典狱许可时，可以互谈外，其余眉言目语，亦皆严禁，违者必处相当的惩罚，丝毫不容假借。盖欲感化为善良，必先严杜其恶交，我国现行监狱规则，除采分房为原则外，第二五条规定“杂居者无论在监房工场，均须斟酌其罪质、年龄、犯数、性格等隔别之”，虽内容已有区别，仍属昼夜杂居的汇类制，而非昼间杂居、夜间分房的沉默制。

我国司法界，以囿于经费，不易改良狱制，有主张仿行德国大监狱制者，以德国泼劳仁监狱大杂居制，内分两部，每部有大室数间，每间置囚床数十，每床用铅皮隔之，高约六尺，上蔽铁丝网，床前有门，门亦有网。其状略如鸟笼。如行此制，约有四利：①可增多容额。②可杜绝不规则的行为。③空气易于流通，光线无虞不足。④看守易于监察。前京师第一监狱（即河北第一监狱）着手采用此制，业经呈准，民国四年监狱会议议决，应由外省人犯拥挤各监仿照试办。此种杂居制度，吾辈本难赞同，第以各省监狱人满为患，未遑建设新监，而监狱经费又甚困难，则酌量变通，未始非一时权宜之计。

第二章 分房制（Tinxelhaft）

一、分房制之要旨

分房制者，是囚人各别囚禁于监房的制度，或称隔离法，亦称独居制。今日所云分房制的组织，必合于后述的要旨：

1. 要贯彻刑罚的严正主义，使囚人感知其自由权之全被剥夺，而生尊重国法的观念。受刑人昼夜拘禁于监房之内，起卧就役，均在于此，左顾右盼，怜我有谁，铁窗高密，户扉严扃，听闻观望，全不相通，孤苦寥寂，深自痛愤，乃感法纪的尊严与国权的神圣，毕竟非一人微力所得任意干犯，遂使其确认一己自由全被剥夺。励行监狱纪律，毫不假借，能使刑罚表现其严正的精神，但遵奉狱则者则待以宽大，敢于违者，则遇之严重，此非徒不戾于正义公道的要求，且能使不良者益感痛苦，未甚堕落者，亦能得几分宽和，所以分房制当保持刑罚之道义的真谛。

2. 要防止犯罪者的互通声气，使无罪恶传播之弊。分房制度，当使囚人与同囚无相接的机会，即无由知同囚的氏名刑期，倘有偶犯禁而欲通声气者，则霹雳一声，忽来严罚，犯罪思想的交换，因而遏止，犯罪人中之狡狯老黠者，对于轻微初犯的囚人，既不能探所在而传蕴奥，复不能用秘术以图后会，所以分房制的设备，当使偶发者免于习惯犯罪的熏陶，初犯者绝其浸染罪恶的流弊。

3. 要绝恶奖善，使囚人复归于良民的生活。囚人虽处于狭隘的监房之内，但不可视为生体的埋葬，亦不可禁绝其社交，唯不许罪囚间为有害的交际而已，至有益的交际，只求无碍于狱中纪律，务当劝奖。看守人员，频加督励，司狱官吏，时访监房，或谕训词，或慰苦闷，或课作业，或施教诲，或授教育，或许阅书，有时准其亲族接见，有时与以适宜运动，囚人受感化矫正之后，当更深人静之时，鲜有不追怀既往，悔悟前非。而复活其良心，勉为善行者，分房制须顾及于此而组织，始能合于刑罚正理的要求，且得贯彻道义之目的。

二、分房制的施行

分房制施行方法，有二大潮流，即严正分房与宽和分房是也。

1. 严正分房制。此制的实行，以美国宾夕佛尼亚（Pennsylvania）为最早，盖美未独立以前，适用英律，罪刑甚酷，当时费拉特非亚府（Philadolphia）的奎格（Quaker）教徒，有鉴于刑制不当，乃在费府组织囚人扶助协会，实行废止苛刑改良狱制的运动。独立成功之后，死刑的适用，既严加限制，残酷的体刑，亦概行废止，强制劳役既已实行，自由刑制亦经采用，而分房制的监狱，遂成当务之急。于一九〇〇年法律中规定分房，凡依旧法已处定期苦役者，依此法应处死刑者，并据狱内规则应处分房拘禁者，一概试行分房的制度。此法既颁，乃首就滑拿脱监狱改为实验的场所，全部分房，囚人无论昼夜均隔绝。分房监狱之制，虽罗马及欧洲各国先于此已有实行者，大率昼分而夜不分，其能昼夜俱分严行隔绝者，实以此为权舆。

严正分房制，使囚绝对不许与他囚交谈接面，不分昼夜，不问休息、劳作、运动、沐浴，概须严行各别分离，其运动场式如下：

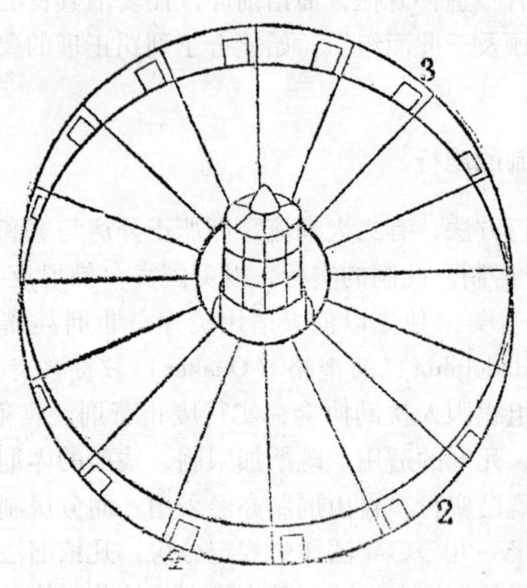

中央之塔为看守所，高大凡五米突，1、2 为廊下各囚人入运动场所通行之，各运动场，如图所示之区划，以使互不得见。3、4 为入运动场之户，入时可自开而入，出时非假看守者之手不能出，该运动场在监房之近傍，大小广狭不一定，其周围为流通空气计，以铁栅构造之。囚人出监房时，用布覆面，只露两目，使彼此不相识，至于教育、教诲亦然，教诲堂、教育室，为一种特别构造，教者居上，座下为圆形，前低后高，囚人坐处状如轿，左右后三面，隔以板，惟前面可见，而不能左顾右盼。至于讲堂为什么亦须严密隔别，因为囚人苦寂居既久，苟有机会可乘，即思与他囚交谈，往往有托于诵读唱歌，而吟唱其私事者，或记之于纸片，互示其前后左右的同囚，而声气相通之弊，将终不免，所以当严格区划，以绝其交通的机会。惟严正分房制，管理过酷，在宾夕佛尼亚实行时，亦不能推行尽利，各国采分房制者，逐渐有趋向于宽和分房之势。

2. 宽和分房制。此制较为宽和，囚人分居各室，惟运动、作业、听讲时，不如前者的严隔。昼则有时合作，使同处严肃静默之中，夜则绝对分房，而又无幽闭独居之苦，是以非难严正分房者，咸乐相从，不独北美狱制之竞事改革，即就今世各国狱制现状，一为比较，亦以采此制者为多。

此派理由，以为分房制足以达到使囚人远于不良社会与助长其良心复活的目的为止，而无采用超越程度以行极端隔离法的必要，若实行严正分房，则使囚人害其健康，溃其精神，其弊一；建筑甚巨，经费太耗，其弊二；作业训练，均感困难，其弊三；若遇事变，危险非常，其弊四。所以从理论上说，以宽和分房制为较当。

三、分房制的利弊

分房制的施行，学者有反对者，其所持理由如下：

1. 分房监禁，孤独寂寥，易生精神病或毁损其健康。受刑者分居监房之内，枯坐冥想，一物无睹，既失生人乐趣，遂发种种幻想，静极而狂，即为精神病的萌芽，愤不欲生，乃思以头触壁而自杀，且户扉闭锁，少见阳光，身体健康，亦易毁损，此均其流弊之可虑者。

此说在表面上视之，似颇有理，殊不知精神病的发生，在杂居制中发见者亦非不少。唯分房制因视察周到，故能发觉于精神病初起之时，因而疗养获痊者其数甚多，实不能谓分房制的发生精神病，多于杂居制的。加以监狱官吏，常出入于监房，为友侣，为教师，亦聊足破其岑寂，且常令其为适宜的运动，亦不至损其健康。

2. 分房制于作业、就役多有不便。囚人不可使有徒食无聊之苦，故当课以作业，并以为出狱后的生活。分房制所有工作，如制草履、纺棉纱、成衣、造车及各大工业之类，就役殊有不便，因为囚人各居监舍，安能逐一教授，甚有一事或须数人合作者，机器或非一室所能容者，则必被其牵制。倘用杂居制，视其所认作业的难易，器物的大小，以参酌其间而定人数，庶乎无不便利。不知分房制监狱内，常备数十种的作业，只选适于囚人的身份、技能、健康者，亦不必课以大工业或机器等物，以补助监狱的经费，分给囚人的余利，则作业、就役，决不至如说者所云之不便。

3. 需多额的建筑费。谓人人分房，则建筑费用，较诸杂居监狱，定加倍蓰，且施行一切方法，诸多窒碍，不若改良杂居制，经济上既有便利，政策上亦易措施云云。

分房制固然需费浩大，无可讳言。不过监狱学鼻祖霍华德曾说："犯罪影响于国家与社会的损害实大，若果能使犯罪者减少，则虽一时费去多金，以执行完全的行刑法，却比不完全的行刑法，反足养成或增加犯罪者之为愈，而亦可适于经济节约的要旨。"照他所说，苟真热心于狱制改良事业，使完全贯彻监狱最终目的，则宜为国家树百年长治之计，而采用分房制的监狱，虽然一时的要费去计多经费，而其为利，实属无穷。所以欧美各国，有见于此，一面欲实行分房制的热念愈盛，而一面则务求不必多费，至适于施行的构造法，工夫愈密，自不需巨额经费，而可建造完全的施行分房制的监狱，不过比之他种，自然要多几分建筑费的。

吾辈既主张分房制之当然采用，尤倾向于宽和分房的实施，因为分房制至少有下述几种的利益：

1. 分房制在积极方面可使囚人悔悟改行，消极方面可防止罪恶的传播。因为人类是交际的动物，交际的欲望，根于天性。今以罪犯，使屏居于四方坚壁围绕的斗室中，抑郁谁语，视听俱绝，其痛苦自不堪言，所以虽属残暴凶恶之徒，初入狱中，不无乱暴举动，卒因无一物横于眼前，无一人称其智勇，亦自觉其无谓，积威既久，遂折而归于镇静。或因独处寂寥之故，孤衾长夜，追忆往事，念及父母妻子昔时的乐事如何，现时的生活如何，萦回方寸，此一瞬间即苏生其忏悔良心的机会，善念萌动以后，所有一切感化方法，便可乘机而施了。

2. 分房制可使犯罪者知自由之被剥夺，并知国家权力之不可抗。自由刑目的，在使犯罪者悔悟改善，非欲使其生埋监中，囚人有害的交际，既绝对断其希望，而有益的交际，乃可施行。看守与技师，职务上每日必为数次的指导，教诲师、医师亦然，即典狱官亦时时访问，就囚人品性上，为有益的谈话，其他认为改良感化上有利益时，并许其最近亲族接见或通书信，孜孜励于作业，虽长日亦觉其短，有时使看有益的书籍，则心神亦为少舒，此皆感化囚人的方法，惟分房制行之最为有效。

3. 分房制合于刑法上的人格主义。刑法上趋重于人格主义，其结果刑罚的执行，即须着重特别预防，即个别待遇主义是也。分房制非但不与个别待遇主义冲突，亦惟此制，方可期其贯彻。凶恶者压抑之，狡猾者严讦之，怯懦者婉导之，鲁钝者教诫之，故能适应于真正的人格主义，自与杂居制的待遇囚人，管理以同一方法，拘禁于同一监房者，不可同日而语的。

有谓分房制不能防止手淫之弊，亦属事实，不过此事易于侦查，防弊亦非甚难，更不能说杂居制对于此弊较分房制为少，因为杂居制可以公演丑态于人前，其破廉寡耻为尤甚，且于手淫之外，竟尚有一种猥亵淫风，流行其间。

我国监狱规则第二十二条规定，在监者概以分房监禁为原则，但因精神身体认为不适当者不在此限。又第二十四条监狱长官及教诲师，至少每十日一次，访问分房之在监者，看守长须常访问之，足证我国改良狱制亦以分房为原则的。不过分房制比之他种行刑制度，特为严重，所以施行期限，有不能不斟酌各国民情风俗而定者，最长者为比利时，谓精神身体无缺陷者可使十年间独居于分房，此外荷兰定为五年，挪威四年，德国三年，英国二年，法国一年，分房制行之最广者。亦莫如比利时，据统计表观之，囚人疾病死亡人数，惟比利时最少，彼谓分房制大有害于囚人的精神身体者，其立论殊不足恃。我国监狱规则第二十三条：“满十八岁者分房三年后，非本人情愿，不得继续分房，未满十八岁者分房一年后亦同”，此则繇年龄而酌加规定的。至第二十二条因精神身体认为不适当者，不监禁于分房，此则由心身上关系而认定的，要之分房制之当推行，已无疑义，惟须慎重取舍斟酌行之而已。

第三章 阶级制（Stufen System）

第一节 阶级制之意义

照前章所说，囚禁制度，固当采用分房主义，不过分房既久，囚人性质渐与社会相远，一旦解其衔勒，不是故态复萌，就是性情乖僻。英国学者边沁（Bentham）：[1]“罪人出狱，最为危险，譬如自楼降地，假使中间没有阶梯，则非伤即死，假出狱，就是自楼降地的阶级。”所以待遇囚人亦须有一定的阶级，而后达到出狱的一步，方始没有危险。

阶级制者，区分刑期为数级，同分房而杂居，由杂居而假出狱，处置渐次从宽，以举其改悛的实效，乃狱制中最良的制度，此制折衷于分房杂居两制之间，故又名折衷制，因其奖励囚人的方法，层累而渐进，故亦名累进制。

第一级 分房

其分房监禁的状态，虽与所谓分房制无异，而其内容，则较分房制的分房，颇有不同之点：

1. 分房的时间甚短，通例为六月至一年。

2. 阅书籍、见亲友、通书信等恩惠的待遇，绝对禁止。

3. 课以简单而易于厌倦的作业。

第二级 杂居

所谓杂居，不过昼间使混同就役于同一工场，夜间则仍以之分

---

[1] 疑有漏字。——编者注

禁于狭隘的监房（通例亦须有十二至十五立方米突的容积）或区划的寝室之内，其监禁方法，又可别为二种：

(1) 阶段递进法。杂居监禁，复分上中下三级，或分五级，依囚人的行状以为升降，渐升则待遇渐宽，终至刑期未满而假出狱，其升降之法亦有两种：

第一，采分法，依囚人的行状及作业的成绩，计算分数，满若干分则升级。

第二，查勘法，先定进级期间，根据职权调查其行刑成绩，而后开监狱会议评定其宜升宜降的标准。

(2) 种类级别法。亦分三级，曰上级、中级与罚级，偶发及初犯出分房，升上级，习惯犯升中级，其不良者升罚级。上、中级复更分上中下三级，罚级则无之，在杂居监禁中，有违反纪律者，即由上级降中级，中级降罚级，此制阶级太繁，惟荷兰行之。

第三级　假出狱

即假释制度，经过第三级的囚人，有行状善良改过迁善的显征者，经考察确定，认为不虞其再为犯罪，乃得付之于假出狱，但如在外仍有犯规则的举动，则将从前所经过的年月注销，仍令入第一级，故此制适足使囚人有所惩戒、有所希望，而乐于改善的。考此制的施行，始于英国的爱尔兰，故亦名爱尔兰制，又发明斯制者为克劳甫顿氏（Crofton）遂亦名为克劳甫顿制。其实发生于澳洲英属诺福克岛（Norfolk I.）由英国武官麦可诺纪（Mach on ochie）所创始，当时上其议于英政府，以费钜不用。越十余年至一八五三年克劳甫顿大尉任爱尔兰狱制调查委员，主张行刑须用此制，乃复上其议，政府纳之，于一八五四年实行，所以英国采用阶级制，实最先而最善于各国。爱尔兰狱制，分为四级，一分房，二杂居，三中间监狱，四假出狱。男女复各异其待遇，囚人经第二级后入中间监狱，中间监狱为过渡的性质，介于自由刑与普通生活之间，待遇甚宽，构造与旅馆略似，朝出营业，薄暮来归，英伦、奥、匈各国，现尚有采用此制者。此种过渡狱中，执事均由囚人充任，出入有定时，法定制限之内，行动甚为自由，其待遇如次：①不设监视而为外役。②不着囚衣。③自己所获工赀的大部分，得以任意支配。④不设特别惩罚方法，惟有滥用自由或违背狱则者，仍令归还于杂居监中。⑤与他人之交际，完全自由，以为日后欲雇用彼辈者得于此时考验其能力与品性。⑥由此级可升进至于假出狱。要之此制的特征，在养成囚人守法的习惯，为由监狱返还于自由社会的过渡，理想诚属甚佳，不过各国以为既有假出狱可以替代此制，就不必多此一级，所以近世所谓阶级制，以三级者为多。

第二节 阶级制的利益

阶级制约的利益，大别为二，分述于下：

1. 唤发囚人的希望，促成善良的风习。蹈法网者，初犯居多，倘以一事之错，不审原因，遽使受监狱的痛苦，则愧沮之极，道德心益形消灭，自思即能脱狱，而一身受辱，将为亲族交游所不齿，由是甘于暴弃，无复有迁善改良的观念，而希望之心已绝，一旦释放之后，惟有重趋于作奸犯科之一途，如果任其如此，岂不是与国家设监狱的旨趣大相违背。所以司狱官吏，应当唤发囚人希望之心而助长之，对于下级囚人则陈说中级待遇之优，对于中级囚人，则陈说上级待遇之优，时加劝勉，触其羡慕之情，从此互生希望，久而久之，其风习自可转移，将来出狱之后，未有不安于良民生活的。

2. 期满释放，恐其不谙社会情形，易成再犯，乃设一假出狱的阶级，以试验其能否耐于合法的生活。入狱之始，性气粗暴，典狱者执法管束，日久之后，自有悔从中来，痛改前愆，加以阶级囚禁之制，诱其向上之途，囚人奋发自励，群存出狱的思想。不过囚人离弃社会已久，社会情形，多有隔膜，一旦骤令出狱，安能谋个人的生活，更难免再犯之虞，因此特设假出狱的一个阶级，暂行责人保释出狱，察其行为，如果已无恶性，至满期时，遂得免其残余刑罚的执行。

要之阶级制的要旨，在使囚人得复归于良民生活的顺序，故先之以分房拘禁，以改善其精神，总之以杂居囚监，使受职业的训练，终之以假释，以为能否抵抗外物的试验，层累而进，以力求改善主义的贯彻，循序化导，以驯养服从规律的习惯，意旨之善，方法之良，无过于此。欧战以还，刑事思潮，颇有改变，此制遂大有风行一时之概。

第三节 阶级制度之待遇

阶级制的实行，必有优遇方法，以生希望之心而达渐次改善之目的，其方法约有四端：

1. 各级囚人的衣服工场住室，均当视其阶级的等差，隔离而严别之，这是以居处服用而示优异的方法。

2. 食粮分量的多寡。与其性质的精粗，亦当分级制定标准，必进级后，始得增加分量，变更性质，这是以食品示优遇的。

3. 书信的受送，以及亲友的接见，各级均有一定的度数，以为限制，必须升进一级，乃得增加其度数，这是以交通示其优异的。

4. 赏与金为囚人作业的所得，同一服役，其应受的赏与金，亦必依进级而有高下，这是以经济示优异的方法。

典狱者时时以此比例而宣告之，使各囚互生羡慕，则在下级者，惟恐不得升至中级，中级者惟恐不得升至上级，不知不觉之间，自能刻苦精勤，诚意迁善，以求达其所抱的希望，而犯罪的念头，无形中也可以灭绝，阶级制的效用，真不可以忽视呢。

第四节 鲍斯德的阶级制

英国鲍斯德（Borstal）青年院阶级制，由一八九九年至一九〇九年经各监实验，以迄今日，其成绩之良，学者间推为阶级制中的模范制度，其主旨以为人类成年以前，精神身体，均未十分发育，如施以适当的感化方法，最富有感受性，因而在科学的法则之下，对于青年人，施以精神的、道德的且身体的个别处置，以抑制其犯罪的倾向，其惟一方法，即在采用累进的阶级制度，先养其服从的观念，继使自觉其向上努力的观念，终乃坚其信仰，养成爱誉自尊的观念，然后能复归于社会而为有用的人民。其阶级随男女而区分，略述大概如下：

一、男 囚

（一）普通级

初入监者编于本级。

处遇——课以家庭作业，不得会食与会谈，除入监时发信一回外，此级中仅得发信一回，接见一回（三十分为限），但得以发信代接见。

进级——司狱者精密观察其行状、纪律、学课、作业的成绩，以定其进级，其短期为三个月。

（二）中间级（A 组）

处遇——顾虑其释放后的职业，课以适于能力的职业，许其会食、会谈及土曜日的游戏，发信二回，接见一回（四十分），但得以书信代接见。

进级——与普通级相同。

（三）中间级（B 组）

处遇——作业、会食均同上，书信二回，接见二回（四十分），并许土曜日的野外游戏与周间新闻的阅读。

进级——短期三月，由院委员会每月例会选拔之。

（四）观察级

处遇——许其晚间游戏于院内，土曜日的午后及晚间得游戏于竞技场，日刊新闻可以阅读，发信接见（四十分）每二周得有一回，亦得以书信代接见。

（五）特别级

处遇——许其无监视而作业，书信接见（五十分），每二周间各一回，但得以书信代接见。

依模范的行状，每三个月，分别给以赏与金。

三个月后	五先令
六个月后	七先令六便士
九个月后	十先令
其后每三个月	十先令

上给的赏与金，得为购买认可的物品与赠送亲戚的用途，并与以为读书笔记等用的俱乐部室。

进级——院长细密观察之后，视其一般行状及能力，置于特别信用的地位而足以认为安全者，则使进于名誉特别级。

（六）名誉特别级

处遇——衣特别服，此级囚人，具各种资格者，得为级长，辅助运动场、会堂、共同室及各方面的行政事务，且得使就其他入监者之监督的地位。再是等囚人，起卧于大寝室，有特别的食堂，得以户棚绘图之类，具有家庭化的形式。

（七）惩罚级

院长认为囚人有不良影响及于其他囚人者，则为本人及他人考量其必要期间，编入于惩罚级。此期绝对隔离，使就困难劳动的作业，褫夺各种特典，院长于其日记中须详记编入惩罚级的理由期间与其他的事项。再被降级者，于院长所定期间，如非通过普通级的观察期，即不得复级于特别级。

二、女　囚

（一）普通级

初入监时，概编入于本级。

处遇——与他囚分类拘禁，受体育上的训练，午前午后共同作业，晚间劳作于室内，每六周间得以发信接见（三十分）。

进级——短期三月，凭院长决定。

（二）中间级

处遇——书信接见同上，进级于观察级时，许其特别发信，得为团体的运动，与周末的游戏。

进级——短期三月，由院委员会评定。

（三）观察级

处遇——书信接见（四十分），一月一回，许共同会食，周末会谈及运动与组织的游戏，午后吃茶时可以更衣，在自由时间得于居室内与他囚休养及自习，其居室唯夜间闭锁而已。各囚分配于适当团体，置于妇长监督之下，各囚得于一定时刻，自赴作业场。

进级——短期六月，慎重审查各囚行状的勤勉，若非认为尽善，不使升级。

（四）特别级

处遇——拘禁于特别场所，受特别官吏的监督，享观察级的处遇以外，书信一月一回，接见（四十分）二周一回，衣特别服，于共同室及居室给以上等的食器，各桌长及各部长由各囚自选，并许阅读新闻，依模范的行状，每三个月从下例使受赏与金：

三个月后　　五先令

六个月后　　七先令六便士

其后每三个月　　十先令最高可至二磅

受赏与金得以购入自己使用的物品。

宣誓后可许外出，或赴近邻作业，可否假出狱，须每二个月，受院委员会的审查。

进级——经院长细密观察之后，其行状能力，置于特别信用的地位，可认为安全者，得编入于名誉特别级或名誉组。

（五）名誉特别级

处遇——特别被服，得充各种资格的组长，或任为书记、图书员、看护妇等院内信用的事务，又得使就指导同囚或辅助庶务的位置。

（六）惩罚级

大体与男囚同。

第四章　假出狱（Vorläufige Entássung）

假出狱又名假释，为阶级制最后之一阶级，亦系从优待遇刑期将满之囚人的方法，不独可对于有期徒刑者行之，亦可对于无期徒刑者行之，且不独用阶级制度者行之，即不取阶级制度者亦有行之者。此制始自英国，传入欧大陆，至今世界文明各国，几无不采用之，唯假出狱须具一定的要件与手续，述之于下：

第一节 假出狱之要件

刑法第九十三条云："受徒刑之执行，而有悛悔实据者，无期徒刑逾十年后，有期徒刑逾二分之一后，由监狱官呈司法部，得许假释出狱，但有期徒刑未满二年者，不在此限。"依此规定，可知假出狱的许可，必具下列要件：

1. 须系受徒刑的执行者。
2. 其刑之执行须已经法定的期间。
3. 须有悛悔的实据。

非受长期刑的囚人，不许假释出狱，英以五年，德以一年为最短期，一则不免失之过长，一则不免失之过短。使刑期过短，则囚人果否真心悛悔，不能得知，使刑期过长，则除期限以上受刑者外，必有不幸而不及受此实惠的人，所以我国酌其最当期限，规定满二年为最短期。俾监狱官留心观察，认定其是否确已悛悔，而希冀出狱，伪饰善行者，知不易欺人于一时了。至无期徒刑已逾十年，刑罚效力，已足达其惩戒之目的，况能谨守规则，勤勉工作，真心改悔，而无再犯之虞，经监狱官认定事实之后，亦不妨许其假出狱，以资鼓励囚人的。德国狱制，囚人可许其假出狱时，必须由监狱定其出狱后有正当的职业，或得承诺人而确能自谋生活者方可，不然，则恐出狱者穷无所归，难保不流为再犯的。

第二节 假出狱之手续

吾国关于许可假出狱之权，仿多数法例，属于司法行政部，在监者虽达假出狱之期，如非监狱官确认为有悛悔实据，并得监狱官会议多数同意，不得声请假出狱，假出狱的声请，除填具该在监者历年身份簿外，并将监狱官会议多数同意书，盖印呈部，以昭慎重。

假释出狱人在假出狱期间应遵守下列各款：一就正业保持善

行，二受监狱监督，但监狱得以其监督权委托于警察官署或其他认为适当之人，三移居或为十日以上之旅行时，须有监督者之许可。如有违背此项规定者，监狱长官应停止假释的处分，一面报部。

假出狱期内如有更犯罪受拘役以上刑之宣告者，或犯假释管束规则者，得撤销其假出狱。撤销之后，即由检察官发拘票，依旧送监执行，出狱日数不算入刑期之内，仍须补足其未了的刑期。但假出狱期满，而未经撤销假出狱者，则其未执行的刑期，便可以已执行论。

我国近来各地囚犯，已有人满之患，假出狱制度，未能励行，即有假出狱者，出狱之后，则又置之不顾，殊失是制的本旨。所以司法行政部于民国二十年八月间曾通令各高等法院首席检察官云："查假释之真正目的，在改善人犯以保护良善公民之安全，西哲已有明言，顾犯人假释后，能否改善，全视监督者能否尽职以为衡，监督者果能尽职，则犯人正业可就，善行可保，不难复为社会之良民，否则善无人劝，过无人规，势必至作奸犯科，不妨害社会之安全不止，殊非办理假释之本意。本部制定假释管束规则，与监督职权规则，至为明晰，自应一体遵办，乃查各省监狱假释人犯，几不知监狱为何事，假释者于其职业生计，既不按期报告于监督者，监督者于假释者行状之良否，职业年计之种类及勤惰，亦多未按期制作调查书，送由委托之监督查考，而监督亦若以假释者一经出狱，即与监狱无涉，至于假释期间内之行状如何。职业生计如何，茫然无所知，甚至或犯撤销假释之处分，亦更复无觉察，是有监督之名，而无监督之实，欲求犯人改善以保护社会之安全必不可得，嗣后监狱假释犯人，直接监督者，监督权固应认真，使其被委托监督者，对监督亦不容任意放弃，至委托之监督，并应随时督促，务使监督者按期造送调查书，以资查议，似此则犯人改善可期，社会安全可保，而假释之真正目的，乃能达到。除分令外，合行令仰该首席检察官转饬所属狱长一体遵照办理。"

第五章 最新的监狱制度

二十世纪以来，美国方面狱制改良事业，日有进步，一改旧时代的面目，而现出世界上最新的模范狱制。

第一节 囚人自治制

囚人自治制（Inmate self - government），是假定监狱为一个社会，将行刑事务，使囚人自行处理的制度。一方与囚人以充分的自由，一方养成其相互的自治心与责任心，所有监内的取缔及教养，原则上委之彼等自身的经营，监狱官吏，不过立于辅助的地位而已。

此制在感化院中早有实行之者，而推行于监狱中，则始于一九一三年美国纽约的奥蓬（Auburn）监狱，为奥斯蓬（Mott Osborne）所手创，同年十二月奥氏任新新监狱（Sing Sing Prison）典狱长，将前在奥蓬监狱所订的自治同盟的组织，加以修正而施行自治制于新新监狱。

此制的基本观念，以为监督目的，不在造成善良的囚人，而在养成善良的公民，所云善良的公民，不应有“自我中心”的思想，而是有利他心与公德心的人物，不过要从囚人中去造成此种人物，首须着重于囚人之自治心（Self - Controd，Se - bst - verwaltug）的养成，这就是自治制行刑的中枢，而对于现代监狱界，成为破天荒的创举。

第二节 自治同盟之组织权限

囚人自治制之施行于奥蓬监狱与新新监狱，其内容大同小异，均有称为自治议会的最高机关，新新监狱的自治议员，依各工场在囚的人数而选出，总数五十五人任期六个月，选举一任各囚的自由投票，不容一切官宪的干涉，由此项议员所组成的议会，就是自治同盟的统御机关，重大事项，由议会会议决定，议会中复互选理事九名，以组织理事会，除裁判事务外，所有一切行政事务，均以理事会为处理机关，内分会员、作业、卫生、教育、运动、娱乐、音乐、应接、外役九部，由九名理事各担一部，必要时得置辅助人员。裁判部由理事以外的议员组织之，对于违犯监狱纪律或自治同盟规约的一切非行，均有审理与宣告惩罚的权限，裁判长由各议员轮流担任，其惩罚方法，则为停止会员资格与剥夺狱内一切特权，对于裁判部宣告有不服者，得控诉于典狱之审判所。典狱审判所由典狱、监狱医、主席看守长三人所组成。自治同盟的主事与书记，由理事会任命之，书记掌纪录及庶务，主事担任纪律的执行，即警察事务，日常风纪予以取缔之外，如集会的准备、会场的整理，均须有一番机敏活动的处置。必要时得增置主事的人数，或添设辅助员。以上就是自治同盟的组织与各机关权限的大要。

第三节　自治制之成绩

自一九一四年后半期实施自治制以迄今日，其制度的良窳，因犹在试验期间，故其价值亦在未知数之列。惟其待遇囚人方法，则一变而为别有一天，工场由囚人选出工场长负取缔之责，关于交谈、安息、娱乐、接见、通信、阅书等与以多量的自由，而其结果亦无脱逃者，犯则行为，渐形减少。作业收入在施行的当年即有二成以上的增加，纯益增至一倍以上，再犯的百分率，在一九一六年新新监狱出监者百人中不过十五人而已。

现在若朴资茅斯陆军监狱、德国汉堡监狱、英国诺丁汉监狱等其自治同盟的组织，均甚发达，日本自昭和以来，若久留米、小田原、冈崎等处的少年监狱，亦渐已施行自治制。

自治制的成绩，虽不能下确切的评语，然适于社会生活的准备，促进囚人自发的改善，与救济劣等的感情，确有其特长之处，而对于传统的封建的行刑制度，为一大革命，在现代刑事政策上不失为一甚值注意的新狱制。

第七编 犯罪之预防

第一章 出狱人保护事业

对于出狱人，防其再为犯罪的行为，莫如出狱人保护之制，在监狱学上为一至重问题，爰述其大要如下：

第一节 出狱人保护之必要

国家对于放免的囚人，莫不与之更始，期其重为社会的完人，而囚人当在狱时，经种种苦痛，受种种劝导，亦往往挟一出狱后誓为良民的决心。孰知刑余之人，一朝出狱，徬徨于置身之无地，因是使其从前的决心，减消大半，不陷于再犯者的几希，社会上阻其自新的障碍，约有三端：

1. 社会之轻视。囚人出狱，欲求见容于社会，乃以其曾有犯罪之故，人多厌恶轻视，遂不易得一职业，彼自度固不如自暴自弃，以求容于不良社会之为得。

2. 就业之困难。就业要素，不外体力、勤勉、技能三端，近世监狱改良，似应毫无流弊，而揆之实际，终不能绝无遗憾，例如日本三责会社用三池监狱囚人以开矿，类能勤勉守纪律，惟身体多不甚健康，三池为改良后的监狱，对于囚人健康，尚且不能无缺憾，其他不及三池者，可以想见了。

3. 环境之不良。犯罪原因，出于环境不良者居其大半，犯罪以前，既以环境促成，释放以后，仍与恶境为缘，虽然在狱已略收感化之效，而出狱后不良的家庭如旧，不良的戚友依然，欲不再犯，又安可得？

出狱人保护事业，就是对于释放的囚人，使其复归于良民生活，殷勤保护，免其陷于再犯，以计共同生活的安宁幸福，乃人道上与刑事政策上的要求。果欲免除囚人出狱后种种的阻碍，实有励行出狱人保护事业的必要。西哲有言曰：监狱之目的，非仅以监狱本身的作用所能奏效，必待社会道德事业中的出狱人保护事业，已臻完备，始能达其目的，而奏防压犯罪的效果，以是欧美诸国于着手监狱改良的时候，就必随之而经营出狱人保护的事业。

第二节 出狱人保护事业之起源

保护事业，发源于美，初有慈善家李却特·霍华斯脱者，其居宅与费拉特菲亚监狱为邻，目击出狱者衣服褴褛、形容枯槁、精神萎靡之状，辄谓“如此情形安能复与社会联络”，悲悯之怀，有动于衷，乃资助以金钱衣履以为救恤，社会有志人士，感于其义，群起呼号，彼复慨输巨万之资，组成团体，专任救恤出狱人之事，名曰费拉特菲亚出狱人保护协会，为欧美各国出狱人保护事业的起源，时正西历一七七六年二月七日，实在美国革命（七月四日）之先五月。

独立革命以后，美国监狱改良论主张甚力，波士顿于一八二四年、纽约于一八四四年均仿费府制度而设出狱人保护协会。一八七〇年北美联邦全国加入监狱改良团体而组成合众国监狱协会，遂有开设万国监狱会议之议，一八七二年卒能开第一届会议于伦敦，胥出于美国方面努力进行的功绩。嗣后美国出狱人保护会仿费府而设立者，不计其数，今则由北美，而英伦，而南美，而欧陆，而日本，莫不有团体的组织，专致力于斯业，茫茫禹甸，其亦有体此心、体此志而提倡保护事业者否？

第三节　出狱人保护事业之心得

研究各国保护出狱人事业经验之所得，应注意者，可举数端：

1. 保护事业官办不如民办。就是要认做纯粹慈善事业与社会事业，不可视为官吏事业，否则充满官僚习气，安能尽慈惠保护的责任。所以巴丁的司法部曾有一训令云："收养出狱后无依赖者而保护、监督之，原属慈善的公共事业，若以为官吏事业，终不免阻止其目的，故此事业，不须监督与其他官署的干涉，而一任民间有志者的计划，夫收养无赖流民，为社会犯罪的预防，计社会的安定，实可谓慈善的本分云云。"此种事业，由民间经营，固得其宜，不过当其幼稚之间，政府亦应尽量奖励保护其推行，使不至中途摧毁，阻其发达，且此事业亦不至陷于投机的、营利的窠臼，而常保其慈善的性质。

2. 须使保护者与出狱者间有亲密如家人的关系。保护者切勿以高级职员身份自居，而欺凌被保护者，尤不应像警察似的去严厉督责出狱人，而当以慈善温和的态度与之周旋，而后出狱人自会生出一种亲密如家人的信仰，衷心悦而诚服了。

3. 监狱与保护者要常有密接之联络。保护事业之要务，以媒介出狱人职业为主，监狱于放免应受保护者时，须附送关于该出狱者一身精密的调查书于保护者，俾保护者有所取舍举择，否则毫不与保护者以考量的余地，不问出狱人之应保护与否，而滥行介绍以职业，恐有有害保护事业的信用，要之不在被保护者人数之多，而当先求社会之对于保护出狱人的事业，能增加其信用，此则非保护者常要出入监狱精密调查不为功。

4. 保护出狱人须于未出狱时预为准备。出狱人的保护，凡应受保护者，一出狱门，即须收养，因欲达此目的，则保护者务必预先与多数的事业家、大工厂相联络，一遇放免的囚人，即佣使之，务令被保护者无失业之苦，不至再陷于罪罟。

5. 保护事业的资金政府只立于补助的地位。各国保护事业的经费，以慈善家出资为主款，其补助金虽可仰给于政府，但不可恃为惟一的来源。除美国外，各国皆有补助金，英国政府所费每年平均约十五万至二十万镑，而费多滥耗，出狱人受实惠者仅及其半，所以对于保护者无深厚的感情。丹麦经费的大部分，则会员支出，虽亦有补助费，非自国库直接支出，因为丹麦励行禁酒法，即以酒税补助各种社会事业，而出狱人保护事业的补助金，亦出于此，到是可以效法的。

6. 保护出狱人，与以金钱不如与以物品，与以物品又不如与以劳动。因为金钱、物品的取给往往一时即尽，职业劳动的补助，则终身用之不竭。美国往时，每以给与金钱为惟一救济方法，其结果则如乞丐得钱，徒奖其惰，所以现在已改良了。

7. 保护出狱人不可专收容于一处。出狱人的就业，既如是其急，而介绍职业后，又如彼之难，因此有感于斡旋职业的不易，而自设工场或寄宿舍以收养之者，殊不知出狱人混居一处，漫无限制，镇日言不及义，势必传播罪恶，是无异将监狱中苦心经营别异待遇的结果，尽都抛弃了。

8. 保护事业的经营者团体不如个人。团体事业，集资虽易，而责任不专，对于囚人的感情，绝不能如个人志于斯业者的浓挚，若归于个人保护或由团体中之具有美德者专负其责，则施之者初无责报之心，而受之者，往往感激涕零，亦自愿誓不再犯。

9. 妇女与幼年之出狱人应特设保护会管理之。若使妇女与男子保护会相并合，或以幼年人与成年人收养保护于同一组织之下，则方法必不得宜，其流毒之深与混同杂居无异，所以妇女保护会、幼年保护会，在欧美各国风行已久。

10. 如移送出狱人垦殖边疆应有一定的标准。各国出狱人保护会，每有移送被保护人前往殖民地开垦之举，其范围更见扩张，而可以移垦者分为三级：

(1) 良心尚未消灭之再犯以上的出狱人，于其乡里营生计有困难的情事者。

(2) 少壮有为的出狱者，因血气方刚而触罪网，若复归乡里，转有羞见亲戚故旧的情事者。

(3) 公务员、教员、宗教师、商贾等在社会上有相当地位，因曾犯罪坠其信用，恐不能再营旧业者。

属于上揭的出狱人，如令移转于新社会必能锐意以营其新生活，而监狱事业的目的亦得贯彻，我国边疆荒废，很可仿此政策，将来实行之后，敢信其必有效果。

要之出狱人保护事业，为监狱未尽事务的继续，亦可说是行刑的延长，如果要确保刑罚的效果，预防再犯的发生，就不能不采此种最有效而含有伦理价值之人道的慈善事业。不过必须资力求其充实，负责得有贤才，社会表以同情，而后可期保护事业的发展。

第四节 出狱人保护事业之规则

兹译巴丁出狱人保护会社之规则于后，以供有志经营斯业者参考之一助：

第一条：保护会社之目的，在对于一般的男女出狱人，与以精神上及身体上之保护，且介绍其适当的生计方法，使之复归于良民社会。

第二条：可受保护者，限于有与以保护之价值及必要且希望保护者，被保护者在获得恒久生业，或已得确实地位，或移住于外国，或有不妥行为前之间，皆须保护之。

保护之范围，通例以巴丁监狱所放免者或巴丁人民而由外国监狱所放免者为限，但刑事被告之放免者，亦包含之，至对于未成年之出狱者，尤应予以慎密之注意。

第三条：保护会社，设置于各区裁判所所在地，以承认负担一定之社费（平均一马克）或执保护事业之执务者为社员，又职务上与保护事业有关系者，得以社友待之。

第四条：保护会社设置相当人数之职员，各职员有互选之权。

社长得召集地方保护会社总会，使其议定关于社务的重要事项，若有社员五分之一以上之请求时，应召集总会。

属于地方金库之管理者如下：

1. 现在及未来应得之资本金及其利子（息），社员之年费及损助费。

2. 囚人携有之工钱及其他的储蓄金。

但对于二回以上之儆戒尚无改悛之希望者，解除其保护，此时，残余之工金，编入于中央金库之财产。

3. 中央金库所拨付之补助金，惟其支出从中央金库之指定。地方金库每年一月应为精细之收支报告。

第五条：出狱人得受其所欲居之地方的保护会社之保护，但因情节可直接绍介于会社所在地以外之社员或社友。

巴丁中央监狱，须将携有金同时直接交付于出狱人，由地方监狱及区监狱交付其携有金品者，则经由区裁判所或放免地所在之保护会社而交付之，被保护人变更居住地时，应交付其金品于移转地之保护会社。

第六条：绍介出狱人于外国，或由外国付于内国之保护者，要尽适当的方法。

第七条：适当时期，虽不请求保护，遇有特别情事，更得许可其请求。

第八条：出狱人之保护，职员得自任之，或委托于相当之保护者，任保护者，为社员、社友或与出狱者有密切关系之人，而对于被保护者应与以相当之协议及注意，保护者对于社长当报告其事业之成绩。

保护出狱之妇女，当与巴丁妇女协会支部协议，请求出狱人所在地之教育部代表的助力。

被保护者，因保护上之必要，得产付于产科医院、病院或养育院，其保护方法，当给与衣类、器械、家具等，或赠以归乡与移住之旅费，或领回质物，万不得已时，可以拨付现金。

第九条：巴丁之地方出狱人保护会社，概属出狱人联合协会，联合协会之事务，由中央监督部处理之。

地方保护会社，应于每年一月将上年度事业之成绩及会计收支的各种年报，提出于中央监督部。

第二章　救贫及教育事业

出狱人保护事业，为预防再犯的良策，而与一般预防则不相关。吾辈既知犯罪原因的大部分，是由于贫困与放纵之所致，则唯有提倡救贫与教育事业，方可匡正犯行而减少社会犯罪的人数。本来救于既患之后，不如防于未发之先，所以为政者及有识者，皆宜积极实行救助贫民，广施慈善事业，多设病院、养育院、孤老院、残废院、贫民工艺厂、天灾救恤场等，以及关于生命、身体、财产的保险，劳工生活待遇之改善，与实施轻利借贷的方法，都是从救贫以预防犯罪的手段。所要注意者，乞丐、浮浪之徒，万不可姑息之仁，惠以钱物，恐养成其倚赖心、无耻心、懒惰心，转足增加犯罪，故不如驱此辈人入于强制劳役场之为愈。

至于教育，除设立学校外，尤当注意于家庭教育、社会教育之改良，其他如义塾之推广，贫民教育之强制，授以德育，训以智育，培养其遵守纪律、注重清洁的观念，使驯至良民生活所必要之习惯，而后能克己制欲，知足安分，此于犯罪，亦有莫大之功，要之国家对于预防犯罪，有不可辞的职责，如徒对既犯而科以刑，未免太不负责任了。

第三章 警 察

警察有行政警察、司法警察之分，司法警察镇压犯罪于事后，而行政警察则预防犯罪于事前，其制度的良窳，于犯罪之增减，殊有关系。要知公务人员之深入民间知其疾苦者，就是警察，警察制度不善，则恐与犯罪者狼狈为奸，殃民纵匪，所以必于警察本身的待遇、教育种种方面，积极改良，使其充分了解国法及其职责，而又无生活之忧，然后自能尽保护秩序、预防犯罪的天职，在彼犯罪者，亦觉其一行一动，均须谨慎，庶不触于法网而受刑罚，则犯罪之数，自可减少。

第四章 监 视

依法国法例，凡窃盗、强盗，于主刑的自由刑期满后，附以监视，重罪者刑期满后亦然，被监视者每月必赴警察署二次，表明其出监后谨慎的情状，警察不时可以至其家内，调查其近来生活的状况，又被监视者，不得赴宴会。此法在表面上看去，好像似很妥的制度，日本从前亦曾采用，可是后来积了多年的经验，确认此法有害无益，所以至今已废止了。其废止的理由，以囚人已满刑期，既出狱门，即为无罪之人，应当与普通人一例看待，方始使出狱人易在社会解决生活问题，今乃使警察不时监视，竟直是夺其自由的生活，不特不能预防犯罪，反足使其陷于再犯，所以德国不采此制。曾于德国监狱法载出狱人对于监狱的情诉一段，可见出监者苦衷之一斑。录之如下：

“方余之出狱也，百方奔走，始得一生业，今不幸被警吏夺之而去矣。当警吏为监视而来审察余行状时，凡见余者皆知余为新被放免之囚人，因是多畏惧余，嫌忌余，终乃至无复有一顾余者。嗟乎，劳力求食，非天下至光明事耶？然社会竟不与余以劳食之地，偶或得之，旋复失之，社会殆欲使余为饿殍乎？不然，何迫余之甚也，余虽不欲怨社会得乎？社会非欲驱余再陷于犯罪乎？”

按监视之为附加刑，其目的在检束出狱者举动，视察出狱者行状，防其将来再为犯罪，使得时加惩惕，用意非不周至，然观上述所云，则以干涉过度，遂至夺其生活，反使出狱者有陷于再犯之虞，是诚立法者所不及料，所以我国新刑法，亦不采用此制。

但是上述的监视，与假出狱的管理不同，因为假出狱的囚人，尚在刑期之中，为应受刑罚之身，所以警察官吏，对于假出狱者，得以按照假释管理规则，使之就正业，保善行，并得发相当之命令或训示，而假出狱者亦须依法履行其义务，此是一种特别管理的制度，与监视不可相混的。

第八编 监狱构造法

行刑目的，在于感化囚人，迁善改过，刑法规定纵甚致密，行刑制度纵甚适当，然非有良好的监狱，终不能达行刑之目的，因而监狱构造论，在监狱学上占有重大的位置。

中世以前，大都以系禁及惩苦，为监狱之目的，不问厅舍、寺宇、城塞、地窖、兽槛之类，凡足使囚人感到精神身体上痛苦者，无不可代用为拘禁之具，所以在那时可说是没有什么监狱构造法的。一直到了十八世纪以降，监狱改良的论调，高唱入云，认为监狱不独是拘束囚人的自由，且须防止罪恶的传播，关于监狱的位置形状以及百般的设备应当如何，都得要有详密的计划，是以每当发生监狱建筑工事之时，所出种种的新案，至使当局者莫知适从。不过构造之法，当择善而行，则一切管理的方法，亦自易臻完备，所以监狱构造法，有研究的必要。但要注意者，监狱构造法，说它是学理问题，毋宁说是实际问题，因为要根据一国的法令与政略，而为适当的设备，断不能不顾国情而为一般论定的。

第一章 构造监狱之要件

监狱的建筑及其构造，为国别问题，而非纯粹的学理问题，然其构造的要件，亦不能毫无一定的标准，略举数则于下：

1. 要坚固足以拘禁囚人，而防其逃逸。监狱既为拘禁囚人之所，其构造自不容草率了事，致启罪囚觊觎越狱之心，务必厚其墙垣，围以铁栏，十分坚固，使难逃逸，我国晋令狱屋皆当完固，即是此旨。

2. 一切构造配置，要一望可以通观以便指挥监督。无论为杂居监，为分房监，若一概闭锁监房，将可以监视囚人的行动，所以应于狱舍的中央，筑一看守瞭望台，使看守长得以下瞰全部的监房，监视囚人的行动。

3. 杂居或独居或阶级制度，要能适当配置以别异囚人。监狱的构造，须合于所采的制度，因为适于分房者，则不适于杂居，适于杂居者，又不适于折衷制或阶级制，所以要先研究其所采狱制为何如，而后取适当的构造法，于管理上始能得当。

4. 对于在监人的卫生，尤须注意。监狱构造，须避去潮湿，使四围空阔，以通空气，庶无碍于卫生，至如厕所，尤宜注意，时时洗涤，以免污秽与传染疾病。我国古代，晋令无漏湿，宋诏五日洒扫，即是注重监狱卫生的意思。

5. 监中附属的设备，均需适当配置。监狱的内面，人数既众，器具必多，不能不设一贮藏库，又欲授以职业，不能不设工场，欲养其疾病，不能不设病房。其余如设教诲堂，劝其迁善，设教育室以授知识，种种设备，均须便利于监督，至若在监人日用起居，必须饮食、沐浴，则炊场、浴室，亦不可少，惟不可接近监房，以保卫生。

6. 一切建筑，以坚固为主，虚饰华丽，务当除去，尤以节省经费为要。监狱构造，只求坚固朴素，不必虚事装饰，若过于富丽堂皇，殊不合监狱形式，且亦不合经济节约之旨。我国监狱构造者，曾于民国二年一月十六日由司法部颁布命令，大意谓念当时之财力，固未敢踵事以增华，稽列国之规模，亦未便因陋以就简，用特博采各国狱制，制成图样，但依式建筑，或可收改良之效果，凡监狱图九张，说明书内分十二项，建筑法说明内分三十二项，于上述要件，亦颇注意。（参看本编附录）

第二章　构造监狱之位置

监狱位置，不宜建筑于都市繁嚣之地，其理由有四：都市地方，建筑监狱，其基址的长短广狭，难以如意布置，此其不可建筑者一。闹杂场所，时有繁华现象，最易传入囚人耳鼓，足以触动感情，而萌越狱之念，此其不可建筑者二。都市繁华之地，匪惟不能使囚人清心自悟，即教诲授业之时，亦不能潜心静气以听受，此其不可建筑者三。且都市中一切物料费用地价，均极昂贵，若建监狱，经费过巨，此其不可建筑者四。

然监狱亦不可建筑于僻远的地方，因为狱内囚人既多，所有日用器具、衣服饮食等项，一一须向市场购办，荒僻之区，采办为难，此其不可建筑者一。狱中所需的材料与囚徒制成的物品，均须运往输来，荒僻之地，交通既多不便，运送必甚耗费，此其不可建筑者二。

其最适当者，莫若建筑于离城市数里而沿近铁路线、火车站或停车场之地，其地价、物价既廉，而货物运输亦便，又无繁华闹杂状态，妨害刑罚的执行，所以监狱位置的选择，是不可不注意的。

建筑基地，宜空阔，地势宜高燥，宜水料充足，宜远山谷、潴泽，其地盘如须巨额费用，而需巨大工程者，亦须避去。建筑屋宇外，宜多留四围余地，使异日得以增筑，且可使长期刑的囚人学习农事。

拘留囚人的场所外，又有附属的构造，略举如次：

事务所。要与监房各翼舍相连接，其构造亦宜简易，如采楼房的建筑，则上面可造教诲堂，下面可设典狱室，各科办公室、接见室、会客室、讯问室、藏书室等。

教诲堂。在楼上或在楼下均可，惟须空旷且保持洁净、庄严的状态，在分房制则一囚设一坐位，囚人除与教诲师对面之外，前后左右皆不可使同囚相接，教诲堂亦得充教育室之用。

病室。其位置须与监房及事务所隔离，病室的多少，依监狱的大小而定，通常容在监人百分之六或百分之八为比例，其结构空气容量较广，阳光较爽，宜多栽花木于院内。至如颠狂室、精神病室、传染病室，皆须各别另设，颠狂室有特别的装置，四壁均用软木，以防颠触。

工场。在杂居制的工场，须与监房接近，空气光线，均宜注意。

运动场。或采集合运动，或取各别运动，随监房拘禁之制而定。

尸室。宜设于监内僻静之所。

医药室。设于病室接连之处。

炊所。宜高爽，樑柱用铁，砌地宜水门汀，以避火险而保清洁。

浴室。宜取分浴法，设于离监房不远的附属建筑物之内。

门房。于大门之中，另凿一小门，门房即设于其侧。

电铃。通各官舍以备非常。

轻便铁轨。监内搬运物品等件，都由此轨道传递，省时且便利。

蒸汽机关。大监狱可用之，煮食热水皆便，惟其装置颇需费用，且监内既多廉价的劳力，正可代用蒸汽之力。

灯火。须择价最廉，又可免危险者，若不可得，则监房之灯，不如勿用。

水料。设水盘于屋顶上，通引管于各处，以防火灾，并供每日的需用。

囚人书信室。形如轿，以板围其三面，使同囚彼此不相见，惟前一面则有看守立而监视，一望可以通观。

墙垣。其高厚可一任建筑技术上的考量，但不可接近一建筑物，亦不可接近一树木。

第三章　监舍之形状

狱舍形状颇多，有十字形、扇面形、八角形、星光形、算盘形、H字形、花状形、长延形、马蹄形、圆轮形、正角形、方状形之别。诸形各有长处，亦各有短处，或便于约束，而不便于卫生，或便于卫生，而不便于经费，从经验上称为最宜者，小监狱容二百人以上者，宜十字形，大监狱容五百人以上者，宜扇面形。

十字形使各翼为交互直角之状，其三翼以供拘禁囚人之用，一翼以充事务管理之所，其配置法使空气、光线分配均匀，管理处的一翼突起，使一望周见各房。

扇面形从中央集点建扇面状之四翼，更连接之建第五翼，以为管理之处。

无论为何种形式，必于中央集点，建一中央看守处，中有视察台，以便看守长常在此处视察戒护事务。

至于监狱规模，不可过大，亦不可过小，以监禁囚人三百以上五百以下为适度。盖规模过大，则繁复乱杂，势难兼顾，过小则人数稍增，便须添筑，故只宜容纳相当人数，庶易贯彻个别遇囚的旨趣。

第四章　监房之结构

监房有昼夜分房、夜间分房、杂居房三种，昼夜分房，保健上须有二十五立方米的体积，就业上须有八三平方米的容积，以宽二二米，长三八米，高三米为适当，依作业的种类，有必须广大面积者，故当设备约十一平方米的大分房若干，以谋作业的便利，此外尚须设备十六立方米的分房，以备执行短期刑之用。夜间分房则有十二立方米至十六立方米的气积，即足。杂居监房，须设大小两种，小者以收容三人或五人为限，大者以收容七人或十一人为限，每人的容积，可参照夜间分房定之，惟构造时，当虑及将来便于改为分房，故不问监房的大小，须本于分房构造法的标准以建筑之，因我国监狱规则，对于在监者，本以分房监禁为原则故耳。

分房监狱，亦必设备夜间分房，其数大约以在监人百分之五至百分之十为适度，杂居监房不适于行刑的要义，若不得已采用时，亦当分房、杂居并用，但须各别建设，以二者管理的内容全异之故。杂居监房，亦当采用单独寝室之法，单独寝室，有以障壁区划者，有仅用简单的间隔，只求遮断身体接触者。简单的间隔，不独不能防同房者通声气，且亦不能特别节约经费，用区划法时，每一区划，须有二米长，一二米宽，二二米高。

房壁务求坚牢，且能防火，故不宜用木料为之，房内开牕牖于高处，或作扁方形，或为乙字形，房门宜以铁为之，作凹形于中间，穴一小孔，大如钱，外广而内狭，以玻片障之，使纵外一望，可见房内全部，而从内望外，则一无所见。房壁之下部，多用水门汀，其壁及天井，涂以石灰色。或青色、黄色，入口之隅，设厕围，便于搬运便器，若固定便所，则有碍卫生。

分房的寝床，当用铁制，房内设物架，使囚人得以排置必要物品，架下令其悬挂衣服手巾等类。

监房内须装制通电的信号标，使囚人有必要或急剧时，得以通报于看守，女监与男监务须远隔，女监房戒护上的设备，比男监可稍轻易，日间因有必要，虽男囚与女囚，不妨共同工作，夜间则不可不绝对隔离。

附录　前司法部所颁监狱图说

一、图　式

监狱地盘图

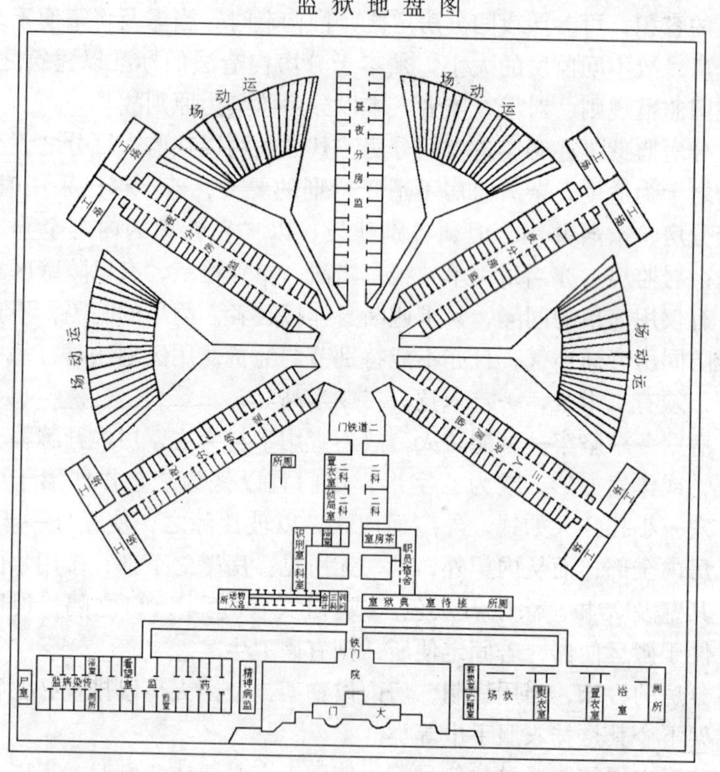

第一张

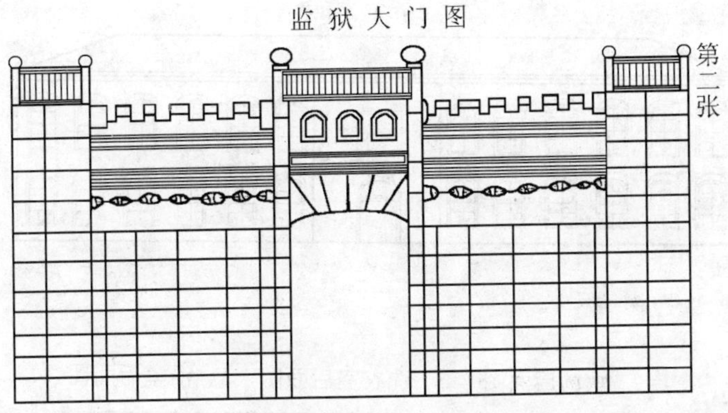
监狱大门图

第二张

事务楼正面图

第三张

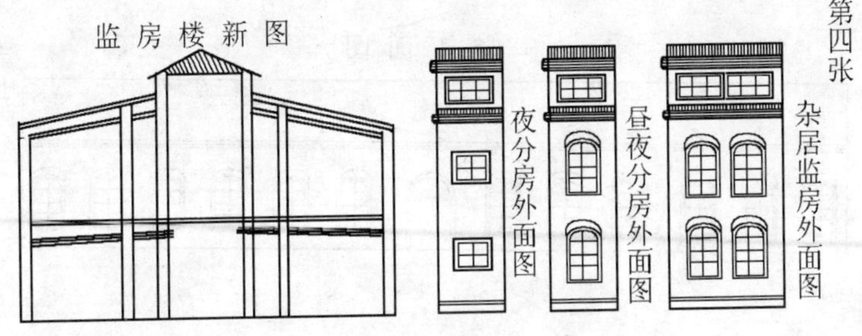

监房楼新图

第四张

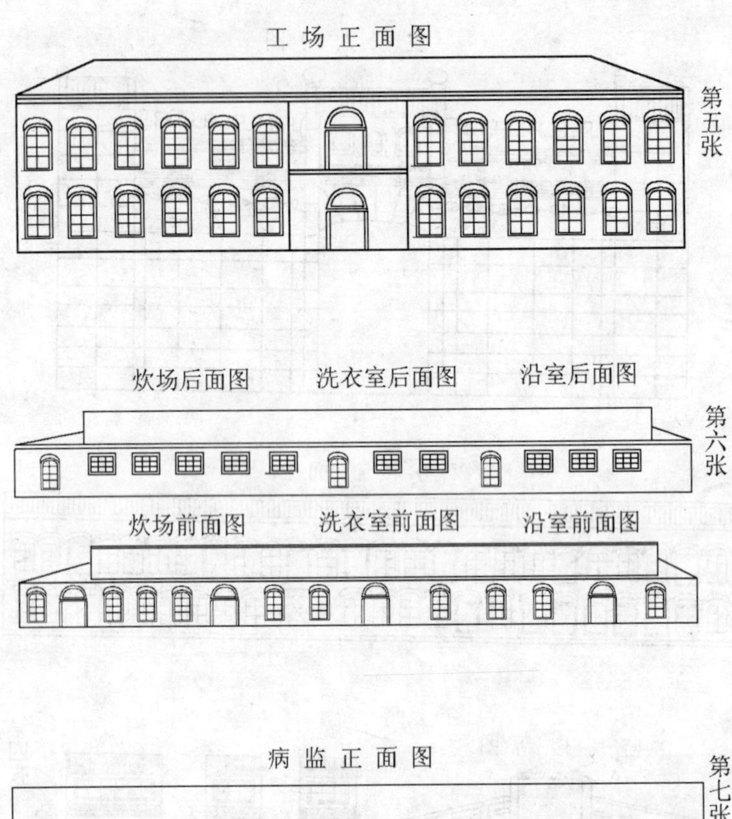
工场正面图
第五张
炊场后面图
洗衣室后面图
沿室后面图
第六张
炊场前面图
洗衣室前面图
沿室前面图
病监正面图
第七张

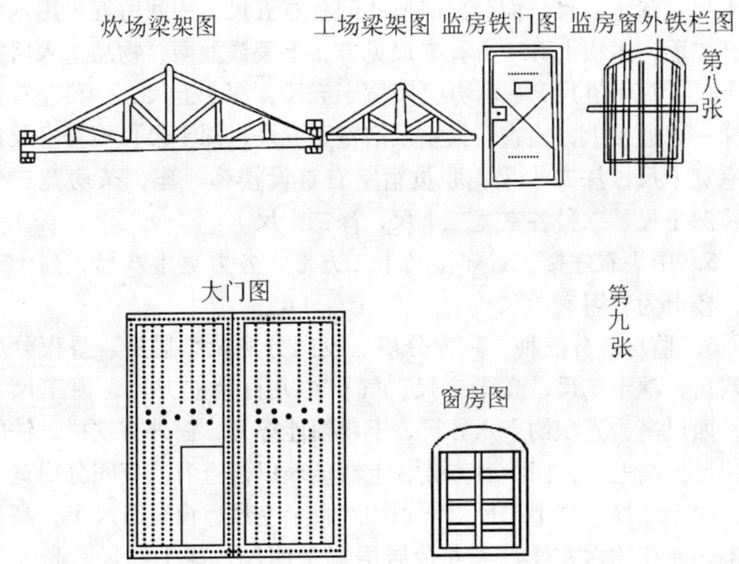

二、图式说明书

1. 面积及围墙。监狱面积须三十六万方尺，为四方形，每面六百尺，四周围墙高二十尺。

2. 监房配置。监狱内昼夜分房八十四间，夜间分房二百八十八间，三人杂居房四十八间，共容五百一十六人。

3. 监狱大门。大门宽十尺，高十四尺，门旁凸出七尺半作半圆柱形门楼，共宽五十七尺，高二十八尺，进深十五尺，门楼上有花栏圆柱凸出处，上有墙朵，大门旁门房、门卫房各一间，大门内小院一座宽一百三十五尺，深六十五尺。

4. 事务楼。事务楼前面及后院内有五尺宽游廊，楼上有铁栏，典狱室宽四十尺，深五十尺，高一十二尺，接待室同上，讯问室宽七尺半，深十五尺，三科办公室宽十三尺半，深十五尺，会计室宽二十尺，深十五尺，面会离隔所八间各宽五尺，中间留五尺用木板隔开二面，木板上开一方孔二尺见方，上蒙铁丝网，物品送入所宽二十尺，深十五尺，一科办公室宽十五尺，深十五尺，一科左首设楼梯一以通楼上，检查暂候室及浴室宽五尺，深十尺，检查室及识别室宽十尺，深二十尺，职员宿室右首设楼梯一座，茶房宽二十尺，深十尺，二科各室宽二十尺，深二十尺。

5. 中央看守楼。看守楼乃十二方形，各方宽十八尺，高十二尺，楼上为教诲室。

6. 监房。分三种：昼夜分房、夜间分房及杂居房。昼夜分房宽八尺，深十二尺，高十二尺，气积约九百余立方尺，窗三尺半宽，四尺高，光积约十六方尺，上扇窗能撑开，窗外有铁栏，铁门宽四尺，高七尺，门上有方孔，上镶玻璃以便查看。夜间分房宽七尺，深十二尺，高十二尺，气积约八百余立尺，窗宽三尺半，高二尺半，光积约六方尺。三人杂居房宽十四尺，深十二尺，高十二尺，每人气积约五百余立尺；窗二个，三尺半宽、四尺高，光积共约二十方尺。

7. 工厂。除昼夜分监在房内作业外，其余各翼后设一工场，划分四间，每间宽十八尺，深四十二尺，容三十余人，每人气积约三百立尺，每工场正面六窗，旁面二窗，每窗宽四尺，高六尺，工场楼上存放物件。

8. 运动场。由看守楼至运动场约一百二十余尺，运动场作扇面形，每扇设运动场十六个，每场长七十尺，进处宽四尺，深处宽八尺，深处设小顶盖一个，以备风雨，各运动场用八尺高木板隔开，每场中开设花池一个。

9. 病监。病监内设医务所、药室、看守室各一，独居病房十一间，宽九尺，长十五尺，杂居病房五间，宽十八尺，深十五尺，左首便门通精神病监，右首便门通传染病监，外附尸室二间。

10. 炊场。炊场宽六十尺，深三十五尺，左首附薪炭室一，宽二十尺，深十五尺，储粮室一，宽二十尺，深十五尺。

11. 洗衣室。洗衣室宽二十五尺，深三十五尺，两旁附置衣室、熨衣室各一间，宽十尺，深二十尺。

12. 浴室。浴室宽三十六尺，深三十五尺，中间用板壁隔开，里间设浴池。

三、建筑法说明书

1. 办法。监狱全部工程须按图样说明帖建筑，包工人不得稍有违背之处。

2. 地基。监狱须背北面南，包工人按照指定之地定准方向，照地盘图所注明之尺寸用灰线铺设地基，经监工人覆勘无讹方定开挖至应挖地基之尺寸。因各省地质不同，难以臆断，未能于图中注明。各省须有包工人按地质勘定，最少须宽三尺，深四尺，挖槽须直四角见方深，须挖至勘定之尺寸，槽底须于铺置三和土之前用适重之石夯或铁夯打平地基，用洋灰三和土或石灰三和土，由监工人按地质妥定。三和土做法详见后条。

3. 洋灰三和土做法。洋灰三和土须用一成洋灰、三成净锐沙、六成碎石，用适量之水在木板上拌匀。如用搅三和土之机器最好，如用人工，务须多翻数次至颜色均匀为止，再行铺入槽内。洋灰须用缓性洋灰，砂中不得搀土，碎石须坚硬者，其大小以能透过二寸方孔之洗筛者为度，不得再大。

4. 石灰三和土做法。石灰三和土须用一成石灰、二成黄砂或素土、四成碎砖三样拌匀，乘热下槽夯筑，随用随搀，凡碎砖块之大小至大不得过二寸洗筛，每层三和土均下十二寸，打实八寸，先用木夯再用石夯打平。

5. 隔潮油毡。随房内之地平线铺油毡一层，御潮气，其宽窄与墙相同，每接头搭三寸，接头愈少愈妙，油毡铺定再于油毡上刷黑臭油一次，更撒一薄层干砂，再砌墙（毡用黑臭油制透即为油毡）。

6. 砖件。全部用砖均须一律能用机器压制之砖最妙，或土制坚硬之砖。

7. 洋灰做浆法。洋灰浆须用洋灰一成、砂子三成，务须拌匀，随拌随用，隔夜者则须抛弃不准再用。

8. 白灰做浆法。白灰浆须用白灰一成、砂子二成，砌墙灰缝厚不过二分。

9. 墙内砌铁腰子做法。每墙身在架地板龙骨木下用大洋铁腰子铺两层接连四周围墙身，此洋铁腰先用黑臭油刷好砌在墙裹。铺铁腰两层，每一层隔砖两层，砌铁腰子处必须用洋灰坐砖仔细砌好一尺高，每扳旋处用洋灰灌浆，砌完后交手眼必须用洋灰坐砖堵成一样。

10. 洋灰窗户台过木做法。所有窗户台及窗过木全用洋灰料内加铁棍，用木模子做成，再上光面。

11. 木料。所有木料全用最坚固木料，成色须好，凡有节裂等料概不用，合同批后即行定买，所有门窗急须开工做成备用。

12. 屋内门口过木做法。门口过木每门口如三尺者三寸，四尺者四寸，此为每一尺一寸，此过木两头用臭油刷好再用。

13. 地板做法。所有一切地板须用一寸厚、四寸宽龙凤笋用暗钉钉好，地板上之缝子接头必须刨平以备上油。

14. 龙骨木（地板横架）做法。所有龙骨木料概用最好木料，十二寸宽、二寸厚摆龙骨木。每当十五寸见中，每顺龙骨木过六寸处用二寸方十字架小枚棍一蹚用大钉钉好。

15. 楼梯。楼梯由底层至上层用好木料做成，扶手五寸宽、二寸半厚，楼梯大柱七寸见方，小栏杆五寸宽、二寸半厚，踏板一寸半厚，立板一寸厚，俱安成一块，务极坚固。

16. 围墙板做法。事务室楼各房四围墙板全须十寸高，一寸厚，做成洋式，起线精美。

17．各门做法。各门用二寸厚料镶心，四块二面镶线，门上亮窗须用三寸、五寸料起线。

18．窗户框做法。所有窗户框大小全用三寸、五寸料起线，方板做完临安时须着抗水板一个。

19．窗户插锁做法。监房窗户上扇窗均要能撑开，活插锁俱要上等西洋铜货，各窗户大小插锁并通天插锁俱用上等铁货。

20．房顶梁做法。房顶梁架大小尺码并须照图样做好，用最好木料，两边有插铁，用螺丝上紧，事务楼料与工场架梁料同。

21．房顶做法。房顶须用木板钉成，再铺粗油毡一层，上盖二十四号瓦楞，白铁上下搭头须搭六寸，两旁须搭两楞，白铁螺丝钉须旋入，铁盘下须垫麻并浸以白铅油。

22．水沟做法。水沟须用二十四号白铅铁造成，三寸、四寸见方，淌沟八寸、五寸见方，接头接好不得渗漏。

23．板隔墙做法。所有一切板隔墙须用三寸、四寸见方木料，立柱支棍要房架子式立柱，每十五寸一根，用大钉子钉好，两边再用小板条二分厚、一寸半宽，四寸长钉好，上抹麻刀灰。

24．墙土粉白灰做法。各屋内墙上必须上麻刀灰一道，再上石灰浆一道。

25．大门抹洋灰做法。大门正面抹唐山洋灰，所有全部起线砖踩等处须抹洋灰，厚一寸或一寸有余至薄六分。墙身均抹洋灰，至于抹洋灰处所有一切楞角、檐子、柱子、大小花棱必用头等匠人小心成作，大门内修门房、门卫房各一间，四周围墙高二十寸。

26．事务楼做法。事务楼正面及院内留五尺游廊，楼上游廊有四尺高，铁栏房深十五尺，职员宿室及一科屋内楼梯各一架通楼上用板墙隔开，事务楼正面共梁十九架，左九右十余类推，梁设扇墙中间或门窗中间。

27．中央看守楼做法。中央看守楼高两层，中门两旁楼梯各一架通楼上，楼底有横架大挖二，宽八寸、厚十二寸，楼下两窗，楼上七窗。

28. 监房做法。监内楼上游廊架柱夜分房，七尺见中，昼夜分房八尺见中，杂居房七尺见中，游廊宽四尺半，相隔处用二寸宽、三分厚铁条做成架子，每档一寸五分，夜分房及昼夜分房门居中，杂居房门居旁。

29. 工场做法。工场后面、旁面之窗户之离隔一如正面各场，内有一楼梯，上工场梁架十尺半见中，过堂梁架九尺见中。

30. 运动场做法。运动场用寸板做成，高八尺，各场最深处设一小顶盖以蔽风雨。

31. 炊场洗衣室及浴室做法。以上各屋内共梁十四架，浴室内设浴池一个，用唐山洋灰做成。

32. 炊场洗衣室、浴室及厕所地板做法。先下碎砖六寸，用木夯打平，再下三和土六寸，用铁夯打平，后用唐山洋灰砂子抹一寸厚，上有花纹，用法一成洋灰、三成砂子，砂子洗净再用。

（赵琛著：《监狱学》，上海法学编译社一九三三年版）

附录　赵琛主要著述一览表

一、主要著作

序号	著 作 名	出版者及时间	内 容 简 介
1	少年犯罪之刑事政策	长沙商务印书馆1939年纳入王云五主编的“百科小丛书”初版,重庆商务印书馆1945年再版。	36开,共232页。主要内容包括:弁言、第一章少年犯罪之意义、第二章少年犯罪研究之必要、第三章少年犯罪之概观、第四章少年犯罪之原因、第五章少年犯罪之动机、第六章少年犯之处遇问题、第七章对于少年犯罪之刑事立法政策、第八章对于少年犯罪之刑事司法政策、第九章对于少年犯罪之刑事社会政策。
2	刑法分则实用	重庆大东书局1946年版,1947年沪第4版,1979年台湾梅川印刷公司出版第13版。	2册,共979页。本书按国民政府1935年刑法分则之体例配以例证逐条说明。第一册包括内乱罪、外患罪、妨害国交罪、渎职罪、妨害公务罪、妨害投票罪、妨害秩序罪、脱逃罪、藏匿人犯湮灭证据罪、伪证及诬告罪等十种。第二册包括公共危险罪、伪造货币罪、伪造有价证券罪、伪造度量衡罪、伪造文书印文罪、妨害风化罪、妨害婚姻及家庭罪、亵渎祀典及侵害坟墓尸体罪、妨害农工商罪、鸦片罪、赌博罪。
3	中国刑法总论	上海世界书局1935年版,1947年新1版。	25开,共261页。分绪论和总论。绪论概述刑法的本质、沿革、学派及刑罚权、刑法学、刑法解释、犯罪预防原则等。总论分法例、犯罪论、刑罚论、保安处分论四编,论述了犯罪的一般要素、犯罪构成要素及量刑等。

4	新刑法原理	上海中华书局1930年版	25开,2册,共578页。民国初年将《大清新刑律》略加修改定名为《暂行新刑律》于1912年3月10日公布援用;1914年北洋政府法律编查会又将《暂行新刑律》加以修改为《刑法第二次修正案》;1927年4月国民政府司法部依据《第二次刑法修正草案》增删编订《新刑法》,1928年3月10日公布。本书即论述这部刑法的原理、原则、立法精神。除绪论外,分犯罪论和刑罚论两编。后附《新旧刑法总则之比较》及刑法学的参考书目。
5	刑法总则讲义	1947年沈阳中央警官学校第三分校印行	32开,共348页。按1935年刑法分十二章,概述法例、刑事责任、未遂、共犯、刑名、累犯、数罪并罚、加减刑、缓刑、假释、时效、保安处分等。
6	刑法总则	重庆商务印书馆1944年版,1945年沪初版,1947年沪3版	32开,共423页。分法例、刑事责任、未遂犯、共犯、刑、累犯、数罪并罚、刑的酌科及加减、缓刑、假释、时效、保安处分等十二章,援引例证及中外法条讲述犯罪的一般构成要件及适用刑罚的一般原则等,并逐条加以说明。
7	最新行政法各论	上海法学编译社1932年版,1933再版	25开,共372页。除绪论概述行政法各论的研究范围及方法外,分纯粹行政、司法行政、立法行政、监察行政、考试行政五类。广收行政法规,就其特殊的法理原则,研究其规律性。
8	最新行政法总论	上海法学编译社1931年版,1933丛书本出版,1937年第5版	25开,共270页。分绪论与本论两部分。绪论概述行政及行政法的观念,行政学与行政法学,行政法的研究方法及法原;本论分公法关系、行政组织、行政作用、行政争讼四章。

9	监狱学	上海法学编译社 1931 年版，1932 再版，1937 年第 6 版	25 开，共 358 页。分绪论、监狱与监狱学、监狱史及监狱学史、犯罪与刑罚、监狱之主体与客体、监狱之制度、犯罪之预防、监狱构造法等八编。旨在讨论监狱学上的一般原理原则，至于监狱内各种实务，本书概未涉及。
10	法理学讲义	上海法政学院 1931 年版	16 开，共 79 页。概述研究法哲学的目的、法的理念、本质、进化、派别等。关于法律的进化，著者引述了美国庞德的五个时期说，即：古代法时代，严格法时代，自然及衡平法时代，法律成熟时代，法律社会化时代。后附著者的《最近法理学之新学派》。本书共分五章，脱稿于 1931 年 5 月。
11	保险法要纲	1929 年上海新建设书店发行	36 开，正文 78 页，附录 16 页。体例为弁言、第一章总论、第二章损害保险契约、第三章人寿保险契约、附录“前北京司法部公布商行为法关于保险部分之规定”。

二、主要论文

序号	论文名	发表刊期	发表时间
1	刑法修正案初稿之要旨	《法学丛刊》第 2 卷第 5 期	1934 年 1 月 15 日
2	行政法总论	《现代法学》第 1 卷第 1 ~ 9 期	1931 年 4 月起连载
3	讨论几个司法行政组织的问题	《法学杂志》第 6 卷第 2 期	1932 年 12 月
4	立法院修正刑事诉讼法之经过	《法学杂志》第 8 卷第 3 期	1934 年
5	我亦来谈谈检察制度	《法学杂志》第 9 卷第 6 期	1935 年
6	刑法学之任务及其辅助科学之教育	《法学杂志》第 7 卷第 2 期	1933 年

7	舜代刑法思想之一斑	《法科月刊》第1期	1928年12月1日
8	刑法之国际化的倾向	《中华法学杂志》第2卷第6号	1931年6月
9	抗战时期刑事立法政策之商榷	《中华法学杂志》复刊第1卷第11号	1938年9月1日
10	对于少年犯罪之刑事司法政策	《法学杂志》	
11	唐虞时代刑罚思想之一斑	《法学丛刊》第1卷第5期	1932年12月1日
12	我理想中的检察制度	《中华法学杂志》新编第1卷第5、6号	1936年
13	赵琛先生纪念集	1969年编	主要收入去台后所作论文22篇

图书在版编目(CIP)数据

赵琛法学论著选／何勤华，姚建龙编． —北京：中国政法大学出版社，2006.3

(二十世纪中华法学文丛)

ISBN 7-5620-2871-0

Ⅰ.赵... Ⅱ.①何...②姚... Ⅲ.法学-文集 Ⅳ.D90-53

中国版本图书馆 CIP 数据核字(2006)第 020520 号

书　　名　赵琛法学论著选
出 版 人　李传敢
经　　销　全国各地新华书店
出版发行　中国政法大学出版社
承　　印　固安华明印刷厂
开　　本　880×1230　1/32
印　　张　18.25
字　　数　470 千字
版　　本　2006 年 7 月第 1 版　　2006 年 7 月第 1 次印刷
书　　号　ISBN 7-5620-2871-0/D·2831
定　　价　40.00 元　(精装本)
社　　址　北京 100088 信箱 8034 分箱　　邮政编码 100088
电　　话　(010)58908325(发行部)　58908335(储运部)
　　　　　58908285(总编室)　58908334(邮购部)
电子信箱　zf5620@263.net
网　　址　http://www.cuplpress.com(网络实名：中国政法大学出版社)

本社法律顾问　北京地平线律师事务所